KB266196

나와 당신은 왜 분노하는가

나와 당신은 왜 분노하는가

1판 1쇄 인쇄 2026. 4. 15.
1판 1쇄 발행 2026. 4. 25.

지은이 커트 그레이
옮긴이 제효영

발행인 박강휘
편집 임지숙 | 디자인 조명이 | 마케팅 김새로미 | 홍보 강원모
발행처 김영사
등록 1979년 5월 17일(제406-2003-036호)
주소 경기도 파주시 문발로 197(문발동) 우편번호 10881
전화 마케팅부 031)955-3100, 편집부 031)955-3200 | 팩스 031)955-3111

값은 뒤표지에 있습니다.
ISBN 979-11-7332-586-1 03300

홈페이지 www.gimmyoung.com   블로그 blog.naver.com/gybook
인스타그램 instagram.com/gimmyoung   이메일 bestbook@gimmyoung.com

좋은 독자가 좋은 책을 만듭니다.
김영사는 독자 여러분의 의견에 항상 귀 기울이고 있습니다.

나와 당신은 왜 분노 하는가

우리가 서로를 적이라
믿게 만드는 마음의 함정

OUTRAGED

커트 그레이
제효영 옮김

김영사

서로를 이해하려고
최선을 다하는
모든 분께 바칩니다.

3 분열의 봉합
– 모두의 공통점으로 더 나은 미래 만들기

급회전
- 위협과 분노

　　사람들은 편을 가르고 싸워댄다. 다들 속에 분노가 가득하다. 여론조사, 사회관계망 서비스SNS, 저녁 식탁에서도 뭐가 옳고 뭐가 그른지 따지고 정치 이야기를 하다가 언성이 높아진다. 이런 충돌은 우정을 해치고 민주주의를 위협한다. 화내는 게 뭐 어떠냐고 생각하는 사람들도 있지만, 대다수는 덜 화내고 서로 더 이해하며 살고 싶어 한다. 이 책은 자신과 다른 '저쪽'을 이해해보려는 사람들, 그리고 도덕적 갈등의 심리적 배경을 알고 싶은 사람들을 위한 책이다.

　인간의 정신을 깊이 들여다보면, 도덕성과 관련한 모든 갈등의 원인은 하나다. 사람마다 위험과 피해를 다르게 인식한다는 점이다. 자신이 보기에는 분명 위험한데 누가 그렇지 않다고 반박하거나, 자신은 분명 피해자인데 그 사실을 인정받지 못하면 우리는 분노한다. 정치적 사안에서든 일상생활에서든, 사람들은 누가 '진짜' 피해자인지를 놓고 다른 의견이 들리면 화를 낸다. 누가 피해자인지 그 판단이 서로 달라 갈등이 고조되는 상황은 뉴스에서도 자주 접하고, 일터에서도 흔히 볼 수 있다. 나는 도로에서 그런 상황에 놓인 적이 있다.

열여섯 살 때의 일이다. 운전면허를 딴 지 얼마 안 된 어느 날, 나는 '강속구'라는 별명을 붙인 내 짙은 밤색 폰티악 그랜드 앰Pontiac Grand Am에 친구들을 태우고 교외를 신나게 달리고 있었다. 차 안은 친구들이 떠드는 온갖 얘기와 꽝꽝 울리는 1990년대 힙합으로 시끌시끌했고, 비가 막 그친 도로는 미끄러웠다. 다 함께 영화를 보러 가는 길이었는데, 상영 시각에 맞춰 입장하려면 서둘러야 했다.

질주하듯 모퉁이를 돌자, 저 앞에 환하게 조명을 밝힌 영화관이 보였다. 나는 가속페달을 밟았다. 지름길로 가려면 좌회전 차선으로 바꿔야 했다. 하지만 나는 마음이 급했다. 그래서 교차로까지 거의 가서야 직진 차선에서 핸들을 왼쪽으로 꺾었다. 순간, 자동차 안의 소음을 뚫고 뒷좌석에서 누가 비명을 질렀다. 좌회전 차선에서 직진 중이던 신형 메르세데스 한 대가 내 차를 향해 돌진한 것이다. 나는 메르세데스의 앞길을 완전히 가로막고서야 그 사실을 깨달았다.

다급히 브레이크를 밟았다. 젖은 아스팔트 위에서 자동차가 한 바퀴를 돌며 시끄러운 타이어 마찰음이 울렸다. 핸들을 꺾은 메르세데스 역시 겨우 멈추었다. 한밤중 텅 빈 교차로 한복판에서, 자동차 두 대가 그렇게 멈춰 선 채 김만 뿜어냈다. 우리 외에 목격자는 아무도 없었다. 나는 음악을 끄고 창문을 내린 다음 그 차를 향해 사과했다. 저쪽 운전자가 내리더니 차 문을 거칠게 닫았다. 나이는

20대쯤으로 보였고, 운동복 상의에 굵직한 은목걸이를 차고 있었다. 눈빛에서 엄청난 분노가 느껴졌다. 나를 손가락으로 가리키며 그가 말했다. "죽고 싶어서 환장했어!"

나는 당황해서 얼른 시동을 걸었다. 차 안은 쥐 죽은 듯 고요했다. 갑자기 벌어진 상황을 아무도 실감하지 못했고, 뭘 어떻게 해야 하는지도 알 수 없었다. 남자는 얼른 자기 차로 돌아가서는 우리 뒤를 쫓아왔다. 그리고 순식간에 내 차를 들이받았다. 머릿속이 하얘졌다. 너무나 두려웠다.

생각할 겨를도 없이 무작정 달리다가 대규모 창고형 매장 뒤편 주차장에 들어섰다. 텅 빈 주차장 앞쪽에 어렴풋이 하역장이 보였고, 다른 쪽은 가파른 언덕에 막혀 있었다. 컴컴한 계곡에 꼼짝없이 갇힌 기분이었다.

뒤따라온 메르세데스는 우리가 뒤로 빠져나가지 못하게 요리조리 막으며 내 차를 구석으로 몰아넣었다. 나는 하는 수 없이 차를 멈추었다. 나와 친구들은 덫에 걸린 동물이 된 것만 같았다. 이윽고 우리 뒤에 차를 세운 운전자가 내리더니 소리쳤다. "너 이제 죽었다!" 그러곤 성큼성큼 우리 쪽으로 다가왔다. 뒷좌석에 있던 친구들 중 한 명이 다급히 말했다. "문 잠가!" 내가 지금까지 살아 있는 건 아마도 친구의 그 말 덕분일 것이다. 문을 잠그자마자 남자가 손잡이를 덥석 잡고 고함쳤다. "가만두지 않겠어!"

나는 창문을 조금 열고 다시 사과했다. 순간, 그 좁은 틈새로 재빨리 손을 집어넣은 남자가 내 멱살을 붙들고는 마구 흔들기 시작했다. 그러면서 다른 손으로는 차 문을 열려고 했다. 나는 계속 사과하면서도 목덜미를 움켜쥔 남자의 손을 마구 때렸다. 나를 지키려는 가장 기본적이고 동물적인 본능과 남자의 화가 가라앉게끔 어떻게든 말로 풀어야 한다는 인간적인 직감이 뒤엉켰다.

그때 우리 중 가장 총명한 친구(내게 차 문을 잠그라고 알려준 바로 그 친구)가 마침 그날 자기 엄마에게서 빌린 휴대전화를 꺼내 들었다(1990년대 말에는 휴대전화를 갖고 다니는 사람이 그렇게 많지 않았다). "그만하세요! 경찰에 신고할 거예요!" 하지만 남자는 아랑곳하지 않고 내 멱살을 쥐고 흔들었다. 그러곤 잠시 후 멈추더니 정신 나간 소리를 했다. 자신이 그렇게 격분한 건 당연하다는 듯 이렇게 말한 것이다. "경찰? 불러봐! 네놈이 무슨 짓을 했는지 다 말할 테니까."

말도 안 되는 소리였다. 목숨이 위태로운 사람도, 차에 꼼짝없이 갇힌 사람도 나였다. 심지어 남자는 청소년인 나를 폭행하며 죽이겠다고 협박까지 했다. 그러면서 법이 자기편일 거라고 생각한 것이다. 화가 나서 그렇게 길길이 날뛴 당사자가 어떻게 도덕적으로 정당한 쪽은 자신이라고 확신할 수 있었을까?

내 분노는 정당하다

그날 밤의 일은 내 머릿속을 떠나지 않았다. 샤워 중에도, 자려고 누웠을 때도, 줄을 서서 차례를 기다리는 동안에도 그날의 기억이 스멀스멀 올라왔다. 그럴 때마다 헤드라이트에 비친 텅 빈 하역장 풍경과 그곳에서 느낀 당혹감과 무력감, 내 차 창문에 붙어 있

던 그 남자가 마침내 메르세데스로 돌아가 어둠 속으로 재빨리 사라졌을 때의 안도감이 생생하게 되살아났다.

시간이 흐르고 공포감은 차츰 흐려졌지만, 그가 표출한 분노는 잊을 수 없었다. 나를 위협한 건 정작 자신인데도, 어떻게 그토록 단호하게 내가 잘못했고 자신이 옳다고 한 걸까? 격분해야 할 사람은 나인데, 그 남자는 왜 내게 그토록 화를 냈을까? 그는 나쁜 사람이고 내가 희생자인데 말이다.

오랫동안 혼란스럽게 엉킨 실타래로 남아 있던 그날 밤의 사건은 하버드대학교에서 사회심리학 박사 과정을 밟으며 인간의 정신이 옳고 그름을 어떻게 이해하는지 공부하면서 비로소 풀리기 시작했다. 현재 나는 채플힐Chapel Hill에 있는 노스캐롤라이나대학교에서 심리학과 신경과학을 가르치면서 심층심리연구소Deepest Beliefs Lab와 도덕이해과학센터Center for the Science of Moral Understanding를 이끌고 있다. 도덕적 갈등이 왜 일어나는지 탐구하고, 갈등을 겪는 사람들이 서로를 이해하도록 도울 방안을 찾는 게 내 일이다. 이 분야에서 10년 넘게 연구하고 100편 넘는 논문을 발표한 후에야 나는 그날 밤 그 남자가 왜 그렇게까지 격분했는지, 그 일과 충분한 거리를 두고 생각할 수 있게 됐다.

그 운전자가 자신이 도덕적으로 옳다고 판단한 이유는 피해자가 자신이라고 느꼈기 때문이다. 자신이 해를 입었다고 느낀 것이다. 그는 내 무모한 운전 때문에 사고를 당할 뻔했고, 가까스로 그 위기를 면했다.

나는 내가 위협을 당했다고 판단했지만, 남자의 관점에서는 달랐다. 둘 다 상대방이 자신을 위험에 빠뜨렸다고 생각했고, 그에 따라 각자 자신이 도덕적으로 옳고 상대방은 잘못했다고 여겼다.

우리가 위험성을 어떻게 판단하는지 들여다보면, 오늘날 사회가 왜 이렇게 분노로 가득한지 알 수 있다. 도로에서 발생하는 갈등뿐 아니라 누가 진짜 피해자이고 누가 가장 고통받기 쉬운 힘없는 존재인지를 놓고 저마다 다른 주장을 펼치는 이유를 말이다.

분노로 들끓는 정치

사람들의 분노가 가장 뚜렷하게 드러나는 분야는 정치다. 정치 성향이 진보적인 사람과 보수적인 사람은 학부모 회의부터 정치 집회, SNS 등 어디서든 부딪치기만 하면 서로 윽박지르며 싸운다. 낙태를 합법화하는 문제를 놓고 개인의 선택을 중시하는 사람과 태아의 생명권을 중시하는 사람은 서로를 '괴물'과 '살인자'라고 칭한다. 이민, 인종차별, 검열을 둘러싼 논쟁은 각 정책의 구체적인 내용보다 누가 더 나치처럼 굴고 있는지를 따지느라 바쁘다. 친구나 가족끼리도 도덕적 판단이 다르면 서로를 사악하다고 비난한다. 2021년의 한 연구에서는 미국인 7명 중 한 명이 코로나19 대유행 시기에 그 사태에 관한 의견이 달라 절교한 친구가 있다고 답했다.[1]

도덕적 의견 차이로 인한 분노는 정부마저 잠식했다. 브루킹스 연구소Brookings Institution는 1940년대부터 정치적 쟁점에 어떤 입법이 뒤따랐는지 추적해왔는데, 그런 조치는 갈수록 줄어드는 추세다. 교통, 농업, 교육 분야 등에서 국민이 우려하는 사안에 합의를 이루지 못해 의회가 교착상태에 빠지는 비율이 1940년대에는 30퍼센트 정도였으나 지금은 중요한 쟁점의 75퍼센트가 그런 상태로 머물러 있다.[2] 정책을 추진하지 못하는 원인은 한쪽의 고의적인 필리버스터, 선거철이면 지지층을 만족시켜야 하는 국회의원들의 압박감 등 다양하다. 하지만 가장 핵심적 원인 중 하나는 국회의원 상당수가 정치적 견해가 다른 상대방에게 '악의'가 있다고 여기며, 그런 사람들과 타협해야 한다는 사실 자체에 분노하기 때문이다.

진보와 보수가 무엇이 나라에 가장 득이 되는 길인지 서로 다른 주장을 펼친 건 어제오늘 일이 아니다. 하지만 오늘날에는 정치적으로 대립하는 상대방이 가장 기본적인 도덕 잣대조차 없다고 여기는 경우가 허다하다. 2016년 미국 대통령 선거 기간에 민주당 후보로 나선 힐러리 클린턴은 도널드 트럼프 지지자들을 "개탄스러운 집단"이라고 표현했다. 인종차별, 성차별, 동성애 혐오를 비롯해 편견이 심한 사람들이 잔뜩 모여 있다는 의미였다.[3] 보수 성향의 유명한 정치 평론가 맷 월시Matt Walsh는 민주당을 "끔찍할 정도로 악의적인 조직"이라고 칭하면서 낙태를 합법화해야 한다는 민주당의 입장은 "영아 살해에 찬성하는 것"이라고 주장했다.[4] 우리 연구진이 진행한 조사 결과를 보면, 정치인이나 정치 평론가들만 이렇게 냉소적인 것도 아니다. 평범한 사람들 상당수가 자신과 정치적 성향이 다른 부류는 살인, 횡령은 물론 아동 포르노까지 용인할 인간들이라고 여긴다.[5]

사람들은 자신과 정치 성향이 다른 쪽은 부도덕한 행동도 서슴지 않을 거라고 생각하지만, 대다수는 기본적인 도덕적 감각을 갖추고 있다. 선거 때 어느 쪽에 투표하느냐와 상관없이 대부분이 그렇다. 누구나 자기 자신과 자신에게 소중한 사람, 사회에서 가장 힘없는 사람을 보호하려는 타고난 도덕 감각이 있다. 다쳐서 낑낑대며 잔뜩 겁먹은 작은 강아지를 볼 때처럼 힘없는 존재가 괴로워하는 모습을 보면 마음 아파한다. 양아버지가 두려움에 떠는 의붓딸을 학대하는 것처럼 무고한 사람이 고통을 겪으면 모두가 격분한다. 사는 지역이 어디든 어떤 환경에서 자랐든 상관없이, 모두의 도덕성은 한 가지 요소에 영향을 받는다. 바로 위험성이다.

도덕성의 마스터키

도덕성은 복잡하다. 아리스토텔레스부터 존 롤스John Rawls까지 수천 년간 수많은 철학자가 무엇이 올바른 행동이고 어떤 사회가 가장 좋은지 다양한 주장을 펼쳤으나 뚜렷한 승자는 없었다. 마찬가지로 현재 우리가 살아가는 도시, 지역, 국가에 가장 적합한 정책을 찾는 일도 쉽지 않다. 모든 정치적 선택에는 얻는 것과 잃는 것이 복잡하게 얽혀 있고, 선택의 결과는 수십 년이 지나서야 드러나는 경우도 많다.

이렇듯 도덕성을 객관적으로 따지는 건 까다로운 일이지만, 이 책은 그와 다른 영역을 탐색하고자 한다. 바로 도덕심리학이다. 사람들이 도덕적인 판단을 어떻게 내리는지 분석하되, 그걸 어떻게 내려야 하는지는 다루지 않는다. 이 책은 규범을 제시하는 게 아니라 인간의 정신이 도덕성을 어떻게 이해하는지 설명한다. 즉, '해야 하는가'가 아니라 '하고 있는가'에 초점을 맞춘다. 그 두 가지는 겹치는 부분도 있을 수 있지만, 우리는 인간의 도덕 정신을 과학적으로 탐구하는 데 집중하고자 한다. 사람들은 어떤 일이 부도덕한지 아닌지를 어떻게 판단할까?

인간의 도덕성에서 나타나는 심리학적 특징은 놀랄 만큼 단순하다. 도덕의 인지認知, 즉 도덕과 관련된 정신 능력은 모두 똑같다. 그리고 도덕 정신의 바탕에는 위험성의 인식이 있다. 인간의 도덕적 판단이 왜 이토록 엉망진창으로 다른지, 그 수수께끼를 푸는 마스터키는 위험성의 인식이다.

우리가 위험을 어떻게 인식하느냐에 따라 도덕적 판단이 달라진다는 사실은 여러 연구가 일관되게 입증했다. 우리는 특정한 행동이 약자에게 얼마나 해를 끼치는지에 따라 그 행동을 비난한다.[6] 해변을 걷는 것처럼 누구에게도 해가 되지 않는 일은 도덕적으로 수용할 수 있는 행동으로 평가되고, 큰 회사의 돈을 횡령하는 것처럼 남에게 해를 끼치는 행동은 부도덕하다고 평가한다. 그리고 어린아이를 고의로 불구로 만드는 일처럼 엄청난 피해를 주는 행동은 매우 부도덕하다고 여긴다. 유념할 점은 망자와의 약속을 어기거나 이상야릇한 성행위를 하는 등 일부 철학자가 아무에게도 해가 안 된다고 주장하는 행동도 피해자가 있다고 느끼면 잘못된 행동으로 평가받을 수 있다는 것이다.

위험성의 인식이 도덕성을 이해하는 마스터키라는 것은, 다른 말로 하면 사람들이 특정한 행동을 얼마나 해롭다고 생각하는지에 따라 그 행동이 도덕적으로 어떻게 평가되는지를 알 수 있다는 의미다. 실제 마스터키가 누구나 눈으로 볼 수 있는 물체인 것과 달리, 위험성은 개인마다 다르게 지각한다. 문제는 우리의 지각이 현실을 늘 있는 그대로 반영하지는 않는다는 데 있다. 명백히 해로운 일(살인처럼)과 그보다 훨씬 덜 해로운 일(이중 주차처럼)을 쉽게 구분해서 평가할 수 있는 경우도 있다. 하지만 합리적인 사람조차 위험하고 해로운 일이 맞는지 아닌지 판단이 엇갈리는 경우도 많다. 마약만 하더라도 개인의 선택일 뿐 남에게 해가 되는 건 아니라고 보는 사람이 있고, 사회를 망가뜨리는 행위라고 주장하는 사람도 있다.

우리는 성장 과정과 세상이 돌아가는 방식을 어떻게 이해하는지에 따라 무엇이 얼마나 위험한지를 제각기 다르게 인식한다. 그리고 그 인식의 차이가 도덕적 판단의 차이로 이어진다. 우간다 시골 지역처럼 주술의 힘을 믿는 문화에서 자란 사람은 이웃을 병들게 하는 주술 의식을 위험하고 부도덕한 일로 여긴다. 우이칠로포치틀리Huitzilopochtli라는 신을 믿었던 아즈텍족은 그 신이 매일 밤 어둠과 맞서 전쟁을 벌이며, 인간의 피를 바쳐야만 그 전쟁에서 승리를 거둬 아침에 다시 태양이 떠오를 수 있다고 믿었다. 아스테카왕국에 쳐들어온 콩키스타도르conquistador(16세기에 멕시코, 페루를 비롯한 아메리카 대륙을 정복한 에스파냐 침략자를 일컫는 말 — 옮긴이)는 그들의 끔찍한 의식을 목격하고 기겁했지만, 아즈텍족에게는 피를 제

모든 인간은 위험을 염려하도록 진화했으나,
오늘날에는 무엇이 실질적으로 가장 위험한지 사람마다 생각이 다르다.
이것이 도덕적 갈등과 정치적 불화를 일으킨다.

그림 1 ● 우리의 도덕적 판단은 위험성의 인식에서 비롯된다.

물로 바치는 게 태양이 뜨지 않아서 발생할 훨씬 큰 피해를 막는 꼭 필요한 희생이었다.

오늘날에는 사람을 제물로 바치는 의식을 모두가 경멸하지만, 진보주의자와 보수주의자가 위험성을 다르게 인식한다는 사실 자체는 다르지 않다. 두 진영이 여러 도덕적 판단에서 의견이 엇갈리는 이유도 그 차이에서 비롯된다. 가령 이민 문제의 경우, 진보 진영은 무고한 아이들이 전쟁 때문에 겪어야 하는 고통에 주목하고, 보수 진영은 마약 밀매자들 손에 목숨을 잃는 피해자에게 주목한다. 낙태 문제에 대해서도 진보주의자는 임신한 여성이 원하는 의료 서비스를 이용하지 못할 때 발생하는 피해를 강조하고, 보수주의자는 태아가 입을 피해를 강조한다.

위험성의 인식이 도덕성을 이해하는 마스터키라고 표현하는 이유는 그것이 정치적 분열뿐만 아니라 모든 도덕적 갈등을 이해하는 열쇠이기 때문이다. 오래전 나를 죽이겠다고 달려들었던 그 메르세데스 운전자도 정치 성향은 나하고 다르지 않았으리라 생각한다. 같은 도시에 사는 비슷한 또래였으므로, 정치적 쟁점에는 대부분 의견이 일치했을 가능성이 크다. 하지만 그날 밤 우리의 도덕적 판단은 극명히 갈렸고, 둘 다 자신이 정당한 피해자라고 확신했다.

위험성의 인식이 도덕적 판단에 얼마나 막강한 영향을 주는지 알면, 사람들의 도덕적 갈등을 이해하는 데 도움이 된다. 다른 견해를 가진 사람과 마주했을 때는 이렇게 자문해보자. '그들은 지금 무엇을 위험하고 해롭다고 여기는가?'

이 책에서는 무엇이 얼마나 위험한지에 관한 개개인의 판단이 현대의 도덕적·정치적 충돌에 어떤 영향을 주는지 살펴본다. 혹시 모를 위험을 염려하는 건 인류의 역사만큼 오래된 특성이다. 사실 더 정확히는 인류보다 그런 특성이 더 먼저 생겨났다. 현대 인류의 조상인 원시인류는 짧은 생을 보내는 동안 포식 동물에게 잡아먹히거나, 다른 동족에게 해를 입을까 봐 늘 두려워했다. 이후 등장한 호모 사피엔스 역시 굶주린 호랑이와 질투심에 불타는 이웃들의 먹잇감이 되기 쉬운 건 매한가지였다. 그렇게 위험에 대한 불안감에 사로잡힌 채 살아갔다.

오늘날 우리는 잡아먹힐 염려를 하지 않아도 되고 두들겨 맞을 걱정도 덜었다. 하지만 그 오랜 두려움을 쉬이 떨쳐내지 못하고 있다. SNS를 이용할 때도 마찬가지다. 포식자가 달려드는 물리적 피해 대신, 정치적으로 대립하는 세력이 권력을 거머쥐거나 법원에서 잘못된 판결이 내려지는 등 주관적으로 자신에게 해가 된다고 여기는 일에 전전긍긍한다. 현대 인류가 살아가는 이 세상은 무엇이 진짜 해로운지 판단하기가 애매하다. 그만큼 서로 의견이 엇갈리고 격분할 여지도 많다. 미국의 총기 소유 문제도 그렇다. 집에 총을 두는 건 가족에게 명백히 위험한 일이라고 믿는 사람이 있는가 하면, 반대로 총이 있어야 가족을 보호할 수 있다고 믿는 사람도 있다. 이런 인식의 차이가 정치적 분열을 촉발한다.

이 책의 논지는 간단하다. **인간의 도덕적 판단은 위험성에 관한 인식에서 비롯된다. 인류는 해를 당할 가능성을 염려하도록 진화했는데, 오늘날에는 가장 중요한 위험 혹은 가장 실질적인 위험이 무엇인지 제각기 다르게 판단한다. 그 차이가 도덕적 갈등과 정치적 불화를 유발한다.** 위험을 두려워하는 건 고대부터 지금까지 모든 인간의 본성이며 현대에 등장한 혹시 모를 위험 요소에도 이러한 본성이 작용한다는 것 역시 모두의 공통점이다. 그러나 좌익 성향인 사람들은 빈부 격차로 인한 불평등 심화나 사회구조적인 인종차별, 환경 파괴를 더 심각한 위험으로 간주하고, 우익 성향인 사람들은 총기 소유 금지나 종교적 자유 제한, 신성한 국가적 상징을 파괴하는 행위를 더 중대한 위험으로 여긴다.

여기서 가장 중요한 핵심은 한쪽이 보기에 상대방의 판단이 도저히 이해되지 않더라도 위험하다는 인식은 양쪽 모두 진심이라는 것이다. 상대방이 위험하다고 여기는 것에 대해 그건 그 사람의 틀린 판단이고 괜한 억지라며 무시하고 싶겠지만, 개개인의 도덕적 확신은 진심으로 무엇을 얼마나 위험하다고 판단하느냐에 따라 달라진다는 사실이 여러 연구에서 밝혀졌다. 다른 사람의 그런 인식에 공감하면(고통스러운 경험을 공유하면 서로 공감하게 되는 경우가 많다), 생각이 다른 사람을 더 많이 이해할 수 있다.

우리 자신과 서로의 차이를 좀 더 이해하는 길

이 책은 우리의 도덕적 판단이 위험성의 인식에서 비롯된다는 사실을 자세히 설명한다. 위험성의 인식이 도덕성에서 왜 중요한 부분을 차지하는지, 그 인식이 현대의 도덕관에 구체적으로 어떤 영향을 주는지, 위험성의 이러한 영향을 분열 해소 방안으로 어떻게 활용할 수 있는지 살펴본다. 도덕심리학과 인류학을 큰 축으로 삼으며 주로 과학적인 근거를 제시하지만, 가공되지 않은 통계 자료보다 개인적 경험이 일으키는 반향이 더 클 수도 있으므로 중요한 내용과 관련한 주관적인 경험도 다룬다. 책의 마지막 장을 덮을 즈음에는 자신의 도덕 정신을 더 깊이 이해하고, 도덕적 판단이 서로 달라도 더 수월하게 어울려 살아가는 길을 모색할 수 있을 것이다.

위험성의 인식이 도덕적 판단에 얼마나 강력한 힘을 발휘하는지 깨닫고 나면, 서로의 생각을 이해하기가 아주 힘든 상황에서도 '도덕적 이해'의 수준이 향상된다. 내가 여러 번 직접 경험한 사실이다. 나는 대학에서 학생들에게 친구나 가족과 서로 의견이 분분한 주제에 관해 진지한 대화를 시도해보도록 가르쳐왔고, 종교 지도자에게도 신도들이 정부의 인종차별 해소 정책이나 대유행병, 이민, 사회적 성별과 성적 취향에 관한 의견 차이로 다툴 때 정치적 갈등을 어떻게 가라앉혀야 하는지 조언했다. 우리의 도덕성이 각자가 인식하는 위험성에서 기인한다는 과학적 근거와 이런 특성을 어떻게 활용해야 하는지 알고 나면, 자신과 도덕적 판단이 다른 사람들에게 덜 분노하게 될 것이다.

이 책에서 다루는 주제는 크게 세 가지다. 먼저 위험성의 인식이 왜 도덕적 판단을 좌우하는지 살펴본다. 이 첫 번째 탐구는 사방에 위험이 도사리던 때로 인류의 진화 과정을 거슬러 올라가 깊숙이 파헤치는 것으로 시작한다. 현대 인류는 상당수가 안전한 환경에서 살지만, 위험을 살피고 지각하는 게 우리의 타고난 특성이다. 수백만 년간 자연에서 사냥감 신세였던 인류는 언제 어디서 해를 입을지 몰라 전전긍긍하며 살았다. 그 시절의 인류가 두려워하던 검치호랑이는 이제 사라졌지만, 현대인은 포식 동물 대신 선거의 당락과 단체 대화방에서 벌어지는 다툼, 자녀가 다니는 학교의 학부모 회의가 내리는 결정을 두려워한다.

이 책의 두 번째 탐구 주제는 위험성의 인식이 도덕성에 어떻게 영향을 주는가다. 위험성의 인식이 다양한 행위에 관한 개개인의 도덕적 판단에 어떻게 영향을 주는지, 진보주의자와 보수주의자의 의견 충돌을 어떻게 촉발하는지 자세히 살펴본다. 위험성의 인식이 각자의 도덕적 판단에 얼마나 큰 영향을 주는지는, 피해자는 나쁜 일을 할 리 없다거나 가해자는 고통받을 리 없다고 여기는 식의 희한한 결론에서도 나타난다. 다른 사람보다 자신의 피해 가능성이 더 명확하다고 느끼는 이유, SNS에서 서로 자신이 더 큰 피해자라고 경쟁하는 이유도 여기서 설명한다.

이 책의 세 번째 탐구 주제는 위험성의 인식이 도덕적 판단의 바탕이라는 사실을 현실에서 활용하는 방법, 즉 도덕적 갈등을 해소하려면 어떻게 해야 하는가다. 고통의 경험을 다른 사람들과 공유하면, 도덕적 분열을 넘어 서로 가까워지려는 마음이 생긴다. 또한 상대방이 느끼는 위험성을 인정하면, 도덕적 판단이 다른 데 따른 분노를 가라앉히고 더 친해질 수 있다.

각각 '인간의 본성' '인간의 도덕 정신' '도덕적 분열을 해소하는 방법'으로 요약할 수 있는 이 세 가지 주제가 주목하는 건 인류가 겪은 과거의 위험, 현대인이 인식하는 위험성, 그리고 위험성의 인식이 발휘하는 영향을 활용해 더 나은 미래를 만드는 방법이다. 이 세 가지 주제를 본격적으로 설명하기에 앞서 먼저 이와 관련해 잘못 알려진 정보, 즉 많은 사람이 사실로 알고 있지만 위험성의 인식이 우리의 도덕적 판단을 좌우한다는 진실을 가리는 오해부터 살펴보고 바로잡는다. 먼저 각 장의 내용을 요약하면 다음과 같다.

1부 인간의 본성
오해 1. 인간의 본성에 관한 오해 – 인간은 최상위 포식자로 진화했다

인류는 먼 옛날부터 공격성이 강한 영장류였고 죽임을 당하기보다 죽이는 쪽에 더 가까운 최상위 포식자였다고 생각하는 사람이 많다. 현대 인류만 본다면, 분명 자연계의 최강자이고 먹이사슬 꼭대기에 있는 게 맞다. 하지만 인간의 정신이 지금의 상태로 천천히 진화한 지난 역사를 전체적으로 돌아보면, 인간은 대부분의 시간을 포식자가 아니라 먹잇감에 가까운 동물로 살아왔다. 2장에서는 인류의 조상이 많은 이의 생각처럼 피에 굶주려 '살인하는 유인원'이 아니라 다른 동물한테 잡아먹히지 않으려고 전전긍긍하며 살았다는 점을 자세히 설명한다. 언제 해를 입을지 모른다는 이 오랜 두려움은 현대인의 삶에도 그대로 반영되어 나타난다.

인류의 조상이 포식자의 공격을 피하려고 여럿이 무리 지어 함께 지내면서, 인간의 고유한 특성인 적응력이 발달하고 사회적인 생활환경에 맞게 뇌가 발달했다. 3장에서는 인류가 집단생활을 시작한 이후에 생겨난 중대한 문제를 다룬다. 바로 구성원끼리 서로를 해칠 가능성이다. 집단 내에서 공격성을 드러내고 서로를 위협할 가능성을 줄여야 할 필요가 생긴 인류는 도덕성이 발달하기 시작했고, 도덕적 분노의 감정도 생겨났다. 이러한 도덕 감각 덕분에 함께 힘을 모을 수 있게 되면서, 현대와 같은 형태로 사회가 발전하는 길이 열렸다. 또한 여러 가지 다양한 가치를 도덕적으로 판단할 수 있게 되었다. 하지만 그 모든 도덕적 판단은 해를 입지 않는 방법을 찾는 것에서부터 시작됐다.

오늘날 사회는 과거 어느 때보다 안전하다. 해를 입지 않는 방법을 찾으려는 도덕적인 걱정이 지금의 안전에 일조했지만, 인류는 여전히 위험을 경계하며 살아간다. 4장에서는 안전이 향상된 환경과 위험을 찾아내려는 인간의 본능적 충동이 부딪히면서 '위험하고 해로운 것'의 기준이 어떻게 바뀌었는지 살펴본다. 서로 한 덩어리로 뒤엉켜서 몸을 부대끼며 승자를 가리는 게임 등 수십 년 전까지만 해도 아무렇지 않게 생각하던 많은 일이 이제는 매우 위험하고 해롭다고 여겨진다.[7] 위험성의 기준이 '슬그머니 높아진' 이러한 변화는 오늘날 아이들을 과도하게 감싸고 도는 원인이 된 것 같지만, 계속해서 안전을 강화하려는 압박이 도덕적인 발전을 촉진한 것도 사실이다. 현대사회가 인류 역사상 어느 때보다 안전해진 것과 별개로, 현대인의 발명품인 SNS가 위험을 인식하는 인간의 본능을 지나치게 자극하는 바람에 온라인에서는 큰 도덕적 혼란이 빚어진다.

2부 인간의 도덕 정신
오해 2. 도덕성에 관한 오해 - 무해한 잘못도 있다

한 유명한 도덕심리학 이론에서는 해악에 대한 우려를 도덕적 우려와 구분한다. 이 이론은 이미 세상을 떠난 사람과의 약속을 어기는 일처럼 아무런 해가 되지 않음에도 사람들에게 비난받는 '무해한 잘못'도 있다고 주장한다. 이는 인간의 도덕적 판단이 위험성의 인식에서 비롯된다는 이론과 대치되는 듯하지만, 2부에서는 무해한 잘못이 있다는 것부터가 잘못된 개념임을 설명한다. 먼저 5장에서는 도덕심리학이 걸어온 길을 살펴보면서 인간의 도덕성에 관한 지식이 어떻게 변화했는지 정리한다. 어린아이가 옳고 그름을 어떻게 이해하는지에 관한 탐구부터 인도 브라만 계층의 한 분파를 예로 들며 도덕성을 서구 사회 중심으로 해석하면 어떤 문제가 생기는지 설명한다. 또한 문화마다 도덕성의 개념이 다양하다는 자명한 사실이 (우리 뇌에는 도덕적 사고를 담당하는 영역이 여러 개의 작은 방처럼 나뉘어 있다는) 잘못된 도덕심리학 이론으로 귀결된 과정을 살펴본다.

6장에서는 위험성의 인식에 관한 새로운 연구 결과들을 근거로 등장한 새로운 도덕성 이론을 소개한다. 바로 인간의 도덕적 판단이 위험성의 인식에서 비롯된다는 이론이다. 과거에는 인간이 위험성을 이성적으로 판단한다고 여겼으나, 이제는 위험성을 직관적으로 인식한다고 보는 게 더 정확하다는 사실이 밝혀졌다. 위험성을 본능적으로 직감한다는 의미다. 위험성의 인식이 도덕성을 이해하는 마스터키라는 것, 즉 사람들은 어떤 행위를 얼마나 위험하고 해롭다고 느끼는지에 따라 그 행위의 옳고 그름을 판단한다는 것이 여러 연구에서 밝혀졌다. 무해해 보이는 행위도 해악이라는 관점에서는 비난받을 수 있다는 의미다. 인간의 도덕성에 관한 이러한 새로운 지식은 분열을 해소하는 효과적인 공통언어를 제시한다.

도덕적 판단이 위험성의 인식에서 나오는 건 모두의 공통점이지만, 판단의 결과는 사람마다 다르다. 7장에서는 이러한 관점의 차이, 특히 누가 혹은 무엇이 해를 입기 쉽다고 보는지 사람마다 다른 게 도덕적 갈등의 원인이라고 설명한다. 좌익과 우익의 정치적 갈등은 대부분 네 가지 대상(권력자, 환경, 신, 타자)에 대한 인식 차이로 설명할 수 있다. 또한 특정 집단의 인식에서 멀찍이 벗어나 살펴보면, 진보주의자는 세상을 억압받는 취약한 집단과 억압을 가하는 강한 집단으로 양분하는 경향이 있고, 보수주의자는 누구나 비슷한 정도로 해를 입기 쉽다고 보는 경향이 있다. 취약성에 관한 이런 관점은 수많은 도덕적 판단의 차이, 특히 사회 정의를 실현하기 위한 운동에서 양쪽 진영이 보이는 반응의 차이로 이어진다.

8장에서는 정치 성향이 진보와 보수 어느 쪽이든 모두가 자신이 비난하는 대상을 얼마나 편향된 시선으로 보는지 설명한다. 사람들은 도덕적으로 판단하기 까다로운 복잡한 상황을 간단하게 정리하려 하고, 갈등이 벌어지면 100퍼센트 정당한 피해자와 100퍼센트 비난받아 마땅한 가해자로 양분하려는 경향이 있다. '진정한' 피해자로 여겨지는 쪽은 전적으로 무고하고, 그들을 괴롭힌 가해자는 냉혹하고 무정하다고만 간주한다. 가해자와 피해자 둘 중 하나로만 구분하는 이런 흑백논리를 도덕적 정형화라고 부른다. 피해자로 평가받는 쪽은 어떠한 비난도 받지 않고, 가해자로 여겨지는 쪽은 고통을 겪어도 아무도 신경 쓰지 않는다.

이렇듯 누가 힘없는 존재이고 누가 비난받아 마땅한 존재인지는 사람마다 의견이 나뉠 때가 많지만, 9장에서는 모두가 공통적으로 가장 명백한 피해자라고 여기는 대상에 주목한다. 바로 자기 자신이다. 우리는 자신이 겪는 고통을 가장 잘 안다는 이유로 남들의 피해보다 자신의 피해가 더 명확하다고 확신한다. 다행히 시종일관 자신이 피해자라는 기분에 사로잡힌 채로 살지 않는 사람이 대부분이다. 하지만 일단 누가 더 큰 피해를 봤는지 경쟁하기 시작하면 거의 예외 없이 자신부터 지목한다. 서로 피해자가 되려는 이런 경쟁이 세계 곳곳에서 벌어지는 갈등은 물론 우리의 일상생활에서 생기는 갈등의 불씨를 지핀다.

3부 분열의 봉합
오해 3. 분열의 해소에 관한 오해 - 분열 해소의 가장 좋은 방법은 사실 활용이다

계몽사상의 등장 이후, '사실'은 지금까지 가장 높은 권위를 누려왔다. 진실은 사실로 뒷받침되므로, 대다수는 갈등이 일어나면 사실을 밝히는 것이야말로 분열을 해소하는 가장 좋은 방법이라고 생각한다. 그러나 안타깝게도, 사실이 도덕적 논쟁에서 서로를 더 존중하게 만드는 힘이 있다는 건 오해다. 도덕적 갈등에서는 아무리 상대방에게 통계를 들이대봤자 서로의 생각을 더 이해하게 하는 결과로 이어지지 않는다. 누군가의 눈에는 사실일지라도 다른 사람 눈에는 거짓으로 보일 수 있다. 정치에서는 특히 그렇다.

10장에서는 사실을 제시하기보다 개인적인 피해 경험을 공유하는 게 서로의 공통점을 찾는 데 더 효과적인 방법임을 보여준다. 고통을 피하려는 마음은 누구나 공감한다. 따라서 자신이 어떤 위험을 느끼고 지금의 도덕적 판단을 하게 됐는지 이야기하면, 상대방은 인간성과 합리성을 느낀다. 물론 의견이 대립하는 상대방에게 자신의 약한 면을 드러내는 건 쉬운 일이 아니다. 11장에서는 마음을 닫아버리고 싶은 대화에서도 좀 더 마음을 여는 데 도움이

되는 중요한 지혜를 소개한다.

가장 먼저 넘어야 할 장애물

인간의 본성, 도덕 정신, 도덕적 분열의 해소 방안에 관해 널리 알려진 잘못된 통념은 자기 생각도, 다른 사람의 생각도 제대로 이해하지 못하게 만든다. 그런데 이 세 가지 외에 오늘날 집요하게 영향력을 떨치는 오해가 하나 더 있다. 바로 생각이 다른 사람들은 애초에 이해하려는 시도조차 해선 안 된다는 주장이다. 우리 대對 그들의 싸움으로 선을 긋고 그 안에만 갇혀 있으면 '그들'을 이해하려는 노력마저 우리 편을 배신하는 일처럼 느껴질 수 있다. 1장에서는 우리 주변에서 전쟁처럼 고조된 문화적 충돌을 살펴보며, 그 감정부터 해부한다.

1장

전쟁
- 이해하면 배신일까?

요즘은 정말 전쟁이라도 난 것처럼 느껴진다. 좌익과 우익은 낙태, 이민, 성 정체성, 다문화주의, 인종을 주제로 맞부딪치고, 양쪽의 이른바 문화 '전사'들은 전쟁 용어를 써가며 자신과 뜻을 같이하는 사람들에게 함께 싸우자고 선동한다. 우리는 각자가 속한 진영으로부터 미래를 위해 '싸우라', 중요한 가치를 '수호하라', 그리고 나라를 위해 '전투에서 승리하라'는 부추김을 받는다.

보수 성향의 영향력 있는 정치 평론가 맷 월시는 이렇게 강변한다. "지금 우리는 목숨을 건 전쟁 중이다. 이건 인류 역사상 가장 정신 나간 이데올로기와 맞서는 전쟁이다. 기생충이 들끓는 것과도 같은 이데올로기를 박멸하려는 싸움이다."[1] 진보 성향인 〈뉴욕타임스〉의 기고가 와자핫 알리Wajahat Ali는 "이 칼싸움에는 반드시 황동 너클을 준비해야 한다. 그래야 공화당이 비열하게 나오면 무릎을 꿇릴 수 있다. 민주당은 끊임없이 증오를 생산하는 공화당의 압박으로부터 여성과 유색인종, 빈곤층, 그 밖의 소외 계층을 지키기 위한 이 문화 전쟁에 적극적으로 임해야 한다"[2]고 주장한다.

정치를 전쟁에 빗대면 더 많은 사람이 정치적 활동에 동참하도록 독려할 수 있을지는 몰라도 민주주의에는 도움이 안 된다. 민주주의가 발전하려면 나라에 유익한 방향으로 서로 협력하고 타협해야 하는데, 정치를 전쟁이라고 생각하면 나와 견해가 다른 상대방을 증오하고 공격해도 괜찮은 것처럼 느껴진다. 정치적 갈등을 전쟁처럼 여기면, 적이 언제 또 공격할지 몰라 계속 전전긍긍하게 된다는 점에서 정신 건강에도 해롭다. 현재의 갈등을 문화 전쟁으로 바라보는 관점에서 벗어나, 나와 생각이 다른 사람들의 심리적 특성을 더 자세히 이해할 방법을 찾는 것이 이 책의 목표다. '도덕적 이해'는 자신과 대립하는 사람들을 멀쩡한 인간으로 대하게끔 해준다. 이는 집단적 증오심을 가라앉히는 데 유용하다.[3]

그러나 현재 상황을 전쟁이라 여기는 사람들 눈에는 상대방을 이해하려는 노력이 배신행위처럼 보일 수 있다. 진영을 나눠 둘 중 한쪽만 살아남는 생존 싸움이라는 생각에 갇혀 있으면, 상대방에게 깨알만큼만 공감해도 배신이라고 느낀다. 내가 도덕적 이해에 관한 책을 쓰고 있다고 말하자, 진보와 보수 양쪽 모두에서 그런 날 선 반응을 보였다. 저쪽이 자신들을 싫어하고 자신들이 추구하는 삶의 방식을 망가뜨리려고 하는데, 왜 그들을 이해해야 하느냐면서 말이다.

하지만 싸움이 한창인 진짜 전쟁통에서는 오히려 서로의 차이를 뛰어넘는 일들이 벌어지기도 한다. 기관총과 독가스를 처음으로 전투에 광범위하게 사용한 제1차 세계대전에서 연합군은 570만 명, 동맹국은 400만 명이 목숨을 잃었다. 그럼에도 1914년 양쪽은 교황의 제안을 받아들여 '크리스마스 휴전'에 합의했다. 서로를 죽이는 행위를 중단하고 같은 인간으로서 잠시나마 한마음이 된 것이다. 일부 독일군과 영국군은 크리스마스 인사를 나누고 함께 노래를 불렀을 뿐만 아니라 선물까지 주고받았다. 크리스마스 당일에는 많은 군인이 참호 밖으로 나가 중간 지대에서 캐럴을 부르고 축구도 했다. 런던 소총여단 소속 이등병이던 헨리 윌리엄슨Henry Williamson은 크리스마스 다음 날 어머니에게 쓴 편지에서 이 기념비적인 정전停戰 상황을 이렇게 전했다.

사랑하는 어머니, 저는 지금 참호에서 편지를 쓰고 있어요. (…) 입에 메리 공주님이 하사하신 파이프를 물고서요. 파이프 안에는 담배도 채워져 있답니다. '당연히 그렇겠지'라고 하시겠죠. 하지만 제 파이프 안에 있는 담배는 독일산이랍니다. 하하. '포로가 갖고 있던 담배이거나 우리 군이 적의 참호를 탈환해서 가져왔구나' 하실 테죠. 그렇지 않아요! 이 담배는 독일군이 준 겁니다. 네, 살아 있는 독일군이 자기 참호에서 가져다줬어요. 어제 우리 영국군과 독일군은 양쪽 참호 중간에서 만나 악수를 나누고, 기념품을 교환했어요. 네, 맞아요. 손을 잡았다고요. 하루 종일 크리스마스였습니다. 정말 경이롭지 않나요?[4]

양쪽이 친선을 도모한 일에 많은 사람이 경악했다. 당시 젊은 독

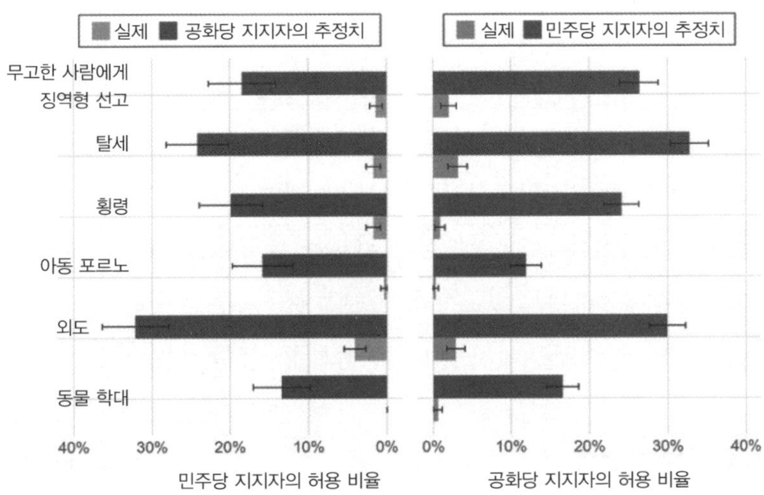

그림 2 ◉ 자신과 정치적 신념이 다른 사람들이 아동 포르노나 동물 학대, 횡령 같은 명백히 잘못된 행위를 얼마나 용인할 것 같은지 물어보면, 실제보다 훨씬 부정적으로 전망한다.

일군이던 아돌프 히틀러는 동료 병사들을 질책했다. "이건 전쟁 중에 있어서는 안 될 일이다. 여러분에겐 독일인으로서 명예심도 없단 말인가?" 영국군 장성 호러스 스미스도리엔Horace Smith-Dorrien은 기밀 메모에 "이 일은 우리 군이 점차 패기를 잃어가고 있음을 보여주는 분명한 실례"라고 적기도 했다.[5]

히틀러와 스미스도리엔의 우려와 달리 군인들은 서로의 목숨을 빼앗는 전투에 금세 다시 돌입했다. 그러나 이 짧은 휴전은 현대의 우리에게 중요한 교훈을 준다. 무려 전쟁 중인 상황에서도 어떤 공간과 시간 조건에서는 적군조차 같은 인간임을 인정할 수 있다는 사실이다. 갈등을 피할 수는 없더라도, 상대편에게 유대감을 느끼면 무작정 악마화하지 않게 된다. 물론 모두가 적하고도 축구를 하는 수준의 친선 관계를 맺을 수는 없다. 하지만 자신과 생각이 다른 사람들에 관해 더 많이 알게 될수록 그들 역시 도덕성을 갖춘 존재임을 인식하고, 자신의 도덕적 판단을 고수하면서도 악의적으로 대하지 않을 수 있다. 도덕적 이해로 가는 첫 길목이 될 이번 장에서는 정치에 증오가 급부상한 과정을 살펴보고, 그러한 증오가 얼마나 과대평가되고 있는지 설명한다.

증오의 상승세

전 세계 수많은 나라에서 정치적 적대감이 증가하는 추세다. 이 책에서 중점적으로 다루는 미국의 정치 상황도 마찬가지다. 이에 관한 연구는 많이 이루어졌다. 사회과학자들은 수십 년 전부터 자신과 정치 성향이 다른 사람들에게 느끼는 심리를 '감정 온도'라는 지표로 분석했다. 감정 온도가 0도면 상대편에게 느끼는 심리가 꽁꽁 얼어붙은 냉랭한 상태임을 뜻하고, 100도면 매우 다정하게 환영한다는 의미다.

1978년에 실시한 조사에서는 자신이 지지하지 않는 정당에 느끼는 이 감정 온도가 평균 50도를 조금 웃도는 수준이었다. 이 수치가 2000년 조사에서는 40도 정도로 낮아졌는데, 지금은 더 꽁꽁 얼어붙어 평균 20도 정도에 불과하다.[6]

정치적으로 대립하는 상대편은 자신이 지지하는 쪽보다 머리가 더 나쁘다고 생각하는 것이 이런 반감을 느끼는 이유 중 하나다. 우리 연구진이 조사한 결과에서도 진보주의자와 보수주의자 모두 상대방의 지적 수준을 자신들의 절반 정도로 평가하는 것으로 나타났다.[7] 자신과 정치 성향이 같은 사람들은 선거에서 합리적인 숙고 끝에 최상의 후보를 선택한다고 생각하는 반면, 상대편 사람들은 아무 생각 없이 부화뇌동한다고 여긴다. 진보 성향 언론들은 보수주의자를 곧잘 속아서 자신에게 아무 도움도 안 되는 후보에 투표하는 시골 촌뜨기로 묘사하고, 보수 성향 매체들은 진보주의자를 멍청하고 현실감이 떨어져서 실생활과 맞지 않는 정책에 표를 주는 도회지 인간들이라고 표현한다.

우리는 2018년 미국 중간선거 기간에 우리 연구소가 있는 노스캐롤라이나주 주민들이 다른 사람의 지적 수준을 어떻게 인식하는지 조사한 적이 있다. 노스캐롤라이나주에서는 당시 주 헌법의 여섯 가지 개정안을 투표에 부쳤다. 범죄 피해자 보호, 윤리위원회 규모, 사법부 임명, 주 소득세 등에 관한 개정안이었는데, 그리 큰 논쟁은 일어나지 않았다. 보수 쪽에서는 이 개정안에 대체로 동의하는 분위기였고, 진보 진영은 전반적으로 반대했다. 우리는 이 개정안에 관한 의견이 자신과 다른 사람들을 멍청하다고 여길 만큼 정치적 분열이 심한 상황인지 궁금했다.

그래서 노스캐롤라이나주에 거주하는 민주당과 공화당 지지자 수백 명을 대상으로 설문 조사를 실시했다.[8] 먼저 참가자들에게 주 헌법 개정안에 각 당이 찬성과 반대 중 어느 쪽에 투표했는지 알려주었다. 그런 다음 상대 당 지지자 중에 '똑똑하지 않다' '생각이 명확하지 않다' '이성적인 설득이 불가능하다'와 같은 항목에 해당하는 사람들의 비중이 얼마나 된다고 생각하는지 1점('그런 사람은 거의 없다')부터 7점('거의 다 그렇다') 범위로 평가하도록 했다. 그 결과 양당 지지자 모두 상대 당 사람들이 자신보다 덜 똑똑하다고 평가했고, 점수 격차는 약 2점이었다(똑똑하지 않은 사람들의 비율이 자기 당은 7점 만점에 약 2점, 상대 당은 약 4점이라고 평가했다). 이는 상대 당이 헌법 개정안에 투표를 '잘못'했다고 생각한다는 걸 보여준다. 동시에 투표를 잘못한 이유는 상대 당원들의 생각이 너무 뒤죽박죽이고 비합리적이라, 어느 쪽에 투표하는 게 자신이나 주 전체에 가장 유익한지 판단하지 못하기 때문이라고 여긴다는 걸 보여준다.

이렇듯 사람들은 자신과 정치 성향이 다른 쪽을 어리석다고 생각하는 경향이 있지만, 정치적 이데올로기와 인지 능력에 연관성이 있다는 명확한 근거는 없다. 미국에서 대학에 들어가기 위해 치러야 하는 두 가지 수학능력시험(SAT와 ACT) 점수나[9] 대학생들의 학부 성적도 진보와 보수 쪽이 전반적으로 비슷하다.[10] 사회적으로 진보 성향이고 재정적으로는 보수 성향인 사람들의 인지 능력이 더 뛰어나다고 주장한 연구 결과도 있는데, 그 내용을 자세히 들여다보면 과연 그런 결론이 나올 수 있는지 의문스럽다.[11]

문제의 연구에서는 먼저 각 참가자에게 정치적으로 어느 쪽을 지지하는지 물은 다음 어휘력과 얼마나 똑똑해 보이는지에 따라, 즉 연구진과 인터뷰할 때 얼마나 지적인 인상을 줬는지에 따라 인지 능력을 평가했다. 그렇게 해서 나온 결과가 사회적으로는 진보적이고 재정적으로는 보수적인 사람이 다양한 어휘를 사용하는 등 더 똑똑해 보인다는 것인데, 다른 참가자들과의 차이는 미미한 수준이었다(겨우 4퍼센트). 대화할 때 대단히 어려운 단어를 써서 면접관에게 깊은 인상을 남긴 것만으로는 지적 능력을 제대로 평가할 수 없다는 점도 꼭 짚고 넘어가야 할 문제다. 연구진의 인터뷰보다 더 포괄적이라고 할 수 있는 문제 해결 능력 평가, 즉 IQ(지능지수) 검사, 제시한 단어의 뜻 맞히기, 통계 문제 풀이 등에서는 진보주의자와 보수주의자의 점수가 비슷했다.[12]

그런데 지능과 정치의 연관성이 뚜렷하게 나타나는 부분이 한군데 있다. 추론에 특정한 동기가 끼어드는 심리적 현상 때문에 누구나 정치적으로 어리석은 판단을 한다는 점이다. 우리는 대부분 자기 생각을 뒷받침하는 근거를 찾으려는 경향이 있다. 이런 동기가 작동하면, 주어진 데이터에 담긴 근거를 정확하게 평가해서 올바른 결론을 도출하는 능력이 감소한다. 한 연구에서는 민주당 지지자와 공화당 지지자 모두 자신의 정치적 견해와 다른 내용이 나오면 간단한 계산도 틀릴 확률이 높아지는 것으로 나타났다.[13]

이 연구에서는 사람들에게 허위로 작성한 통계 자료를 진짜인 것처럼 제시했다. "시 정부가 시민이 공공장소에서 권총을 몰래 소지하는 행위를 금지하는 법을 추진 중이다. 무기 소지자가 줄면 범죄율이 감소할 확률이 높은지, 성실하게 법을 지키는 시민이 폭력적인 범죄자로부터 스스로를 방어하기가 더 힘들어져 범죄율이 증가할 확률이 높은지 불확실한 상황이다." 이렇게 조사 배경을 설명한 다음, 이와 관련한 데이터를 제시하고 둘 중 어느 쪽의 확률이 높은지 결론을 내달라고 요청했다. 참가자들에게 제공한 자료는 두 가지였다. 한 자료에는 공공장소에서 권총을 몰래 소지하는 행위를 금지한 도시들 가운데 223곳은 범죄율이 증가했고, 75곳은 감소했다는 데이터가 담겨 있었다. 다른 자료에는 공공장소의 총기 소지를 금지하지 않은 도시들 가운데 107곳은 범죄율이 증가했고, 21곳은 감소했다는 데이터가 담겨 있었다.

시 정부가 숙고 중인 정책의 영향을 평가하려면, 주어진 데이터를 바탕으로 계산해야 한다. 총기 소지를 금지한 후 범죄율이 감소한 도시는 25퍼센트이고(75/298), 총기 소지를 허용한 도시 중 범죄율이 감소한 곳은 16퍼센트(21/128)이다. 데이터상으로는 총기 소지를 금지하면 범죄율 감소 확률이 더 높다. 따라서 해당 법을 마련하면 범죄율 감소 효과를 기대할 수 있다는 결론이 나온다. 그런데 연구진은 이 통계 데이터를 두 가지 버전으로 준비해서, 일부 참가자에게 총기 소지를 금지하면 범죄율이 오히려 증가한다는 결론이 나오는 데이터를 제시했다.

핵심은 각 참가자가 총기 규제의 필요성과 총을 소지할 권리 중 개인적으로 어느 쪽을 지지하는지와 상관없이 주어진 자료를 바탕으로 결론을 내야 한다는 것인데, 연구 결과 정치적 견해가 계산 능력보다 정답률에 더 큰 영향을 주는 것으로 밝혀졌다. 총기 소지를 금지해야 범죄율이 감소한다는 결론이 나온 데이터를 받은 참가자들만 추려서 분석하면, 정답을 맞힌 민주당 지지자 비율이 공화당 지지자보다 약 35퍼센트 더 높았다. 반대로 총기 소지를 금지하면 범죄가 더 늘어난다는 데이터를 받은 참가자들만 모아서 분석하면, 정답을 맞힌 공화당 지지자의 비율이 민주당 지지자보다 약 35퍼센트 더 높았다. 양당 지지자 모두 자신의 정치적 견해와 일치하면 답을 잘 맞혔지만, 계산 후에 나오는 결론이 자신의 견해와 다르면 정답을 맞히는 비율이 줄어들었다. 어떤 버전의 데이터를 받든 문제 풀이에 필요한 수학 능력은 동일한 수준인데도 말이다.

우리는 자기 생각과 일치하는 증거를 찾으려고 할 뿐만 아니라, 자신과 생각이 다른 사람은 어리석다고 여긴다. 상대방이 자신과 생각이 다른 이유는 무엇이 가장 좋은 선택인지 모르기 때문이라고 판단하는 것이다. 게다가 때에 따라서는 상대방이 무엇을 선택하는 게 최선인지 다 알면서도, 선보다 악의 편에 서려고 일부러 틀린 선택을 한다고도 믿는다. 낙태나 이민 문제처럼 의견이 첨예하게 대립하면 자신과 생각이 다른 사람들을 부도덕하다고 여기기 쉬운데, 우리 연구에 따르면 상대방이 악의적이라는 평가는 논쟁이 심한 사안에만 국한되지 않는 것으로 나타났다. 사람들은 자신과 생각이 다른 쪽은 옳고 그름에 관한 가장 기초적인 판단 능력조차 없다고 여기는 경우가 많다.

우리가 설계한 한 연구에서는 민주당 지지자와 공화당 지지자를 대상으로 아동 포르노나 동물 학대, 외도 등 대다수가 잘못됐다고 평가하는 행위를 얼마나 용인할 수 있는지 물었다.[14] 그리고 자신과 정치적 신념이 다른 쪽 사람들은 그런 행위를 얼마나 용인할 것 같은지도 물었다. 그 결과 놀랍게도 양쪽 모두 상대편의 도덕성을 실제보다 훨씬 나쁘게 추정했다. 가령 거의 모두가 부도덕하다고 평가하는 아동 포르노의 경우, 참가자들은 정치적으로 대립하는 쪽의 약 10~15퍼센트가 용인할 것 같다고 추정했다.

이것이 상대방의 판단 능력을 저평가하는 게 아니라면, 그저 헐뜯고 싶어서 그렇게 답했을 수도 있다. 스포츠 팬이 경쟁팀 선수들을 진심으로 나쁘게 생각하지 않으면서도, 그들에 관한 안 좋은 이야기나 자극적인 소문을 아무렇지도 않게 이야기하는 것처럼 말이다. 나는 보스턴에서 대학원 공부를 할 때 그 지역 야구팀인 레드삭스 팬들이 경쟁팀인 뉴욕 양키스를 얼마나 잔인하게 대하는지 체감하고 놀란 적이 있다. 레드삭스가 홈구장에서 양키스와 아무 상관 없는 시애틀 매리너스와 경기한 날이었는데, 관람석에 당시 양키스 3루수였던 알렉스 로드리게스Alex Rodriguez(일명 에이로드A-Rod)를 심하게 욕하는 문구가 적힌 티셔츠를 입고 온 사람이 있었다. "에이로드는 에이즈 환자"라고 버젓이 쓰여 있는 티셔츠였다. 내가 알기로 로드리게스는 어떠한 성 매개 감염병에도 걸린 적이 없다. 그에 관해 무슨 은밀한 정보를 입수해서 그런 옷까지 입고 다니는지는 모르겠지만, 그저 경쟁팀 선수를 비방하고 싶었던 것이라고밖에 볼 수 없다.

정치적 신념이 자신과 다른 사람을 아동 포르노도 용인할 인간이라고 평가하게끔 만드는 것도 그와 같은 허위 비방일 수 있으므로, 우리는 연구 설계를 수정해서 참가자가 상대편의 생각을 올바르게 추정하면 상금을 지급하기로 했다. 앞서와 같이 누구나 잘못이라고 평가하는 행위들을 제시하고, 상대편 가운데 그런 일을 받아들일 사람이 몇 퍼센트나 될지 정확하게 추측하면 참가비를 추가 지급하기로 한 것이다. 하지만 결과는 마찬가지였다. 이번에도 적지 않은 상대편 사람들이 외도나 아동 포르노를 아무렇지 않게 수용할 것이라는 평가가 나왔다. 단순한 비방이 아니라, 상대방을 진짜 그런 사람들로 평가한다는 걸 알 수 있는 결과였다.

상대편을 도덕적으로 파탄 난 사람들이라고 여기면, 정책에 관한 생각이나 정치적 판단이 자신과 다른 이유는 그들이 나쁜 사람이기 때문이라는 식으로 이야기하게 된다. 상대방을 각자 나름의 방식으로 최선을 다하며 살아가는 자신과 똑같은 인간으로 보는 게 아니라, 도무지 이해할 수 없는 이유로 최대한 해악을 끼치려고 하는 (흡사 만화책에 나오는) 악당 같은 존재로 여기는 것이다. 나는 상대편이 세상을 망가뜨리려 한다는 이런 식의 해석을 '파괴 서사'라고 부른다.

평범한 사람들도 자신과 생각이 다른 사람의 행위를 파괴 서사로 해석하는 경향이 있다. 내 동료인 다니엘라 고야토체토Daniela Goya-Tocchetto는 미국 민주당과 공화당 지지자들에게 과세 정책, 총기 규제, 환경보호, 투표권 등 양쪽의 의견이 엇갈리는 여러 사안 중 한쪽의 의견대로 법안이 통과된 몇 가지 예를 제시했다.[15] 다른 모든 정책이 그렇듯, 이 연구에서 예로 든 정책들도 다 장단점이 있다. 즉, 좋은 결과에 불가피하게 따르는 단점도 있는데, 그런 부정적 결과는 대체로 의도치 않게 발생하며 유감스러운 일로 여겨진다. 예를 들어, 민주당은 생태계를 보호하려면 더 엄격한 환경 규제가 필요하다고 주장하지만, 그러한 조치로 화석연료 업계의 생산직 노동자들이 일자리를 잃는 결과가 초래되는 건 유감스럽게 생각한다. 마찬가지로 공화당은 화석연료 업계의 생산직 일자리를 늘리려면 환경 규제를 완화해야 한다고 주장하지만, 그로 인해 환경에 피해가 발생하는 건 안타깝게 여긴다.

다니엘라의 연구에서, 사람들은 자기가 지지하는 정당이 추진한 정책으로 인해 초래되는 부정적 결과가 의도치 않게 발생하는 것임을 분명하게 강조했다. 또한 자신이 지지하는 정당은 해를 끼칠 의도가 없으며, 힘든 여건 속에서 최상의 결과를 얻으려 노력할 뿐이라고 설명했다. 그러나 상대편이 지지하는 정책으로 인해 발생하는 부정적 결과에 관해서는 그쪽 정치인들이 피해를 일으키고 싶어서 그런 정책을 만든 것이라고 평가했다. 따라서 그 부정적 결과는 부수적인 게 아니라, 악의적인 계획에서 비롯된 의도적인 것이라고 해석했다. 이 연구에 참여한 공화당 지지자들은 민주당이 환경을 보호한다며 생산직 노동자의 일자리를 없애려 한다고 주장했고, 민주당 지지자들은 공화당이 일자리를 보존한답시고 환경을 망가뜨리려 한다고 주장했다. 둘 다 전형적인 파괴 서사다. 상대편을 좋은 결과와 그에 따르는 대가 사이에서 어떻게든 균형점을 찾으려 노력하는 멀쩡한 사람들로 여기지 않고, 서로를 증오심에 차서 최대한 큰 피해를 일으키려는 악당으로 여기는 것이다.

이런 파괴 서사는 참 그럴듯하게 들리지만, 현실에서 고의로 파괴를 일삼는 사람은 거의 없다. 다니엘라의 연구진이 진행한 또 다른 연구에서는 사람들이 자기가 지지하는 정당이 훌륭하게 보이는 것과 지지하지 않는 정당이 나쁘게 보이는 것 중 어느 쪽에 더 신경을 쓰는지 조사했다. 연구진은 민주당과 공화당 지지자들에게 두 건의 기사를 제시하고, 온라인 뉴스 사이트의 첫 페이지를 장식할 기사를 선택하게 했다. 두 기사 중 하나는 참가자가 지지하는 당을 칭찬하는 내용이고, 다른 하나는 상대 당을 비난하는 내용이었다.[16] 예를 들어, 민주당 지지자에게는 "민주당, 국회 입법 교착 상태 해결에 큰 진전"이라는 제목의 기사와 "공화당원 상당수, 금융 스캔들에 연루"라는 제목의 기사를 제시하고 그중 하나를 선택하도록 했다(공화당 지지자에게는 같은 기사를 당명만 바꿔서 제시했다). 그 결과 참가자 3분의 2가 상대 당을 비난하는 기사보다 자신이 지지하는 당을 칭찬하는 기사를 골랐다.

사람들은 자신과 의견이 다른 쪽을 낮잡아보는 일이 비일비재하고 때로는 상대방이 해를 입을 만한 일도 서슴지 않지만, 보통은 위협감이나 두려움을 느낄 때 상대방을 강하게 비난한다. 다니엘라의 연구진은 이 점을 활용해서 위의 연구를 변형했다. 이번에는 두 건의 기사 중 하나를 뽑기 전에, 양당 지지자들이 각자 지지하는 당에 갖고 있는 좋은 감정이 흔들리도록 만든 것이다. 예를 들어, 민주당 지지자에게 "민주당이 투표소 규정을 위반했다는 조사 결과 발표"라는 제목의 기사가 SNS에서 엄청난 화제가 됐다고 알려준 다음, 앞서와 같이 두 가지 기사를 제시하고 그중 하나를 선택하도록 했다(공화당 지지자에게도 당명만 바꾼 불편한 기사를 보여주고, 똑같은 절차를 진행했다). 그 결과, 위협을 느끼면 더 적극적으로 상대편을 비난할 것이라는 예상이 적중했다. 상대 당을 공격하는 기사를 선택한 응답자의 비율이 이전 연구에서는 3분의 1이었지만, 이번 연구에서는 절반으로 늘어났다.

자신을 방어해야 한다고 느끼면 공격적인 태도가 나온다는 사실은 코로나19가 대유행한 시기에도 현실로 나타났다. 문제의 바이러스가 아시아인 때문에 확산했다는 허위 음모론이 퍼지자, 미국에서 아시아인을 향한 반감이 커졌다. 과거 우리 연구진이었던 제이크 워믹Jake Womick이 조사한 결과에 따르면, 우익 성향이면서 코로나19에 불안과 공포를 느끼는 사람일수록 아시아인에 대한 편견이 더 강했다. 그리고 코로나19로 자신이나 자신이 아끼는 사람이 피해를 당할 수도 있다고 더 심각하게 염려하는 사람일수록 아시아인을 더 심하게 싫어했다.[17]

파괴 서사는 정치적 갈등에 내포된 복잡한 진실을 선과 악의 대립이라는 흑백논리로 단순화하고, 사람들은 그런 점에 매력을 느낀다. 그러나 위에서 소개한 연구 결과들을 보면, 사람들의 동기는 파괴가 아니라 보호임을 알 수 있다. 즉, 파괴 서사보다 자기 자신과 소중한 사람들을 보호하기 위해 최선을 다한다는 '보호 서사'와 더 잘 맞아떨어진다. 보호 서사는 평소엔 상대편을 해치기보다 자기가 지지하는 편에 도움이 되는 일을 더 선호하고, 위협감을 느끼면 상대방을 거세게 비난하는 것과도 일치한다.

민주당과 공화당 지지자, 그리고 팔레스타인과 이스라엘인을 대상으로 '자신이 속한 집단(내집단)에 느끼는 애정'과 '상대편(외집단)을 향한 혐오' 중 무엇이 각 집단에 더 큰 동기로 작용하는지 조사한 여러 연구에서도 보호 서사가 더 정확한 해석이라는 사실이 입증됐다. 관련 조사마다 상대편에게 느끼는 적대감보다 같은 편에게 느끼는 연민과 공감이 집단의 행동에 더 큰 동력으로 작용한다는 결과가 일관되게 나왔다.[18] 그러나 상대편 집단의 가장 큰 동기는 무엇이라고 생각하는지 묻자, 정반대의 결과가 나왔다. 자신들은 같은 편을 보호하려는 것뿐이라고 주장하면서도, 상대편은 자신들을 증오하며 해치려 한다고 해석했다.

정치적으로 대립하는 사람들끼리 아무리 공격적인 행동을 보이더라도, 실제로는 대부분 자기 자신을 보호하는 데 더 집중한다. 문제는 반대편의 행동 역시 자신들과 똑같이 파괴하려는 의도보다는 자신을 보호하려는 의도에서 나온 것임을 받아들이기가 쉽지 않다는 것이다. 우리 편과 상대편으로 양분된 갈등에 갇힌 상태에서는 우리 편은 영웅적인 희생자고 상대편은 악의적인 집단이라고 단정하기 쉽다.

파괴 서사는 민주주의를 해친다. 자신과 생각이 다른 사람들이 민주주의를 파괴하려 든다고 확신하면, 그들로부터 민주주의를 수호하기 위해 반민주적인 조치가 필요하다고 생각하게 된다. 선거에서 우위를 점할 수 있도록 선거구를 불법적으로 변경하고, 자유로운 발언을 막고, 상대편에게 타격을 주기 위해 일부러 정치적 교착상태를 유발하는 것과 같은 조치를 유일한 타개책으로 여길 수도 있다는 얘기다.[19] 한 연구에서는 민주당과 공화당 지지자에게 자유롭고 공정한 선거 같은 민주주의의 핵심 원칙을 중요하게 생각하는 구성원이 얼마나 되는지 물었다. 민주당 지지자는 그 원칙을 중시하는 민주당 지지자가 공화당 지지자보다 평균 77퍼센트 더 많다고 생각했다. 공화당 지지자도 민주주의의 핵심 원칙을 중시하는 공화당 지지자가 민주당 지지자보다 평균 88퍼센트 이상 더 많다는 꼭 닮은 답을 했다. 하지만 상대편을 향한 이런 인식은 전부 크게 잘못 짚은 것으로 드러났다. 실제 조사 결과를 보면, 양당 지지자 모두 민주주의의 핵심 원칙을 매우 중요하게 여긴다고 답했다.

'저쪽 사람들은 민주주의 원칙에는 신경도 안 쓴다'고 생각하기 시작하면, 자신들도 필요하면 민주주의 원칙을 어길 수 있다고 여기게 된다. "연방 선거에서 (우리 당이) 의석을 더 많이 차지하려면 선거구를 재조정할 수밖에 없다. 엄밀히 따지면 그건 불법이지만, 어쩔 수 없다"는 식의 견해에 쉽게 동조하는 것이다. 실상은 지지하는 정당이 어느 쪽이든 모두 건강한 민주주의 사회를 바라는데도, 파괴 서사는 이처럼 양쪽 모두 민주주의 원칙을 어기고 그 행위를 스스로 정당화하게끔 만든다.

위의 연구에서, 민주당 지지자의 생각과 행동을 파괴 서사로 해석한 공화당 지지자는 실제로 공화당의 반민주적 행위를 아무렇지 않게 여기는 경우가 많았다. 미국 의회 폭동 사태가 일어나기 전인 2021년 1월 6일, 당시 대통령 도널드 트럼프의 연설에 파괴 서사와 민주주의 원칙을 어기는 행위를 연결하는 내용이 등장했다. "공화당원들은 강해져야만 합니다. 더 강해지지 않는다면, 공화당은 없어질 겁니다. (…) 누군가 사기를 친 사실이 드러났다면, 기존과는 아주 다른 규칙도 허용되어야 합니다."

하지만 참 다행스럽게도 파괴 서사는 틀렸다. 자신과 생각이 다른 사람은 다 어리석다거나 악의가 있다는 건 오해다. 대다수는 선善과 민주주의의 편에 두 발을 단단히 딛고 서 있으며, 파괴보다 보호가 행동에 더 큰 동기로 작용한다. 심지어 정치적인 대립도 정치가 갈등의 본질인 경우는 별로 없다.

정치에 질린 대다수와 증오라는 신기루

인구수가 엄청난 미국은 물론 다른 어떤 나라도 특정한 정치 진영이 몽땅 사악할 수는 없다. 좌익이나 우익 정치인, 백만장자, 영향력 있는 언론인 몇몇이 악의적인 음모에 가담할 가능성은 떠올릴 수 있지만, 약 3,600만 명(공식 집계된 공화당 당원 수)이나 약 4,900만 명(공식 집계된 민주당 당원 수) 전체가 모조리 악인일 수는 없다. 마찬가지로 둘 중 어느 한쪽이 전부 기본적인 도덕 잣대조차 없는 사람들일 리도 없다. 앞서 우리 연구에서 사람들은 자신과 정치 성향이 다른 집단의 15퍼센트가 아동 포르노도 용인할 거라고 추정했는데, 그 예상대로라면 공화당원 540만 명, 또는 민주당원 740만 명이 아동에 대한 성적 착취를 옹호한다는 얘기다. 터무니없는 소리다. 유죄가 확정된 살인자도 아동 포르노를 역겨워한다.

선거에서 어느 당 후보에게 투표하든, 일반 유권자 중에 나라를 말아먹으려 작정하고 한 표를 행사하는 사람은 거의 없다. 대부분 잘살아보려고, 또한 가족과 국가를 위해 옳다고 생각하는 후보에게 표를 준다. 우리가 지겹도록 잘 아는 또 한 가지 진실은 대다수가 정치에 관심이 없다는 것이다. SNS에서는 이념 갈등이 하루도 조용할 날 없이 뜨거울지 몰라도, 바깥세상에서는 대부분 그런 아수라장과 분노를 피하려고 한다.

특정 정당을 지지하지 않는 단체 '모어 인 커먼More in Common' 은 미국인의 67퍼센트가 '정치에 질린 대다수'에 속한다는 포괄적 조사 결과가 담긴 보고서를 발표했다. 미국 국민 약 2억 2,100만 명은 정치 싸움을 원치 않을 뿐만 아니라, 정치는 아예 생각하지도 않는다는 의미다. 이 67퍼센트의 국민은 정치에 더 적극적으로 관심을 기울이고 정치적인 대화에서 큰소리를 내는 나머지 33퍼센트와 달리 실용적이고 특정 이념에 치우치지 않는 경향이 있다. 또한 그저 정부가 할 일을 똑바로 하고, 나라 경제가 국민의 번영을 도울 수 있기를 바란다. 위 단체의 조사에서 자신을 뉴저지 출신의 쉰네 살 중도층이라고 밝힌 한 여성 응답자의 말에 정치에 질린 대다수의 감정이 잘 요약되어 있다.

사람들에게 기회를 주려는 분위기가 형성된다면, 저도 정치에 다시 관심이 생길 것 같아요. 우리 모두가 같은 미국 국민임을 다들 알아야 합니다. 지금까지 우리에게 주어진 것들을 인정하고, (대선이나 총선에서 어느 쪽에 투표했든) 서로 생각이 같지 않다고 갈라설 게 아니라 함께 가야 합니다.

정치에 질린 대다수는 정치적 사안에 대체로 침묵하며 도덕적으로 잘 분개하지 않는다. 많은 미국인이 성숙한 대화를 원한다는 의미에서는 희망적인 결과다. 하지만 한편으로는 이들이 논쟁에 관여하지 않음으로써 목소리 큰 사람들이 대화를 장악하고, 가장 눈에 띄거나 귀에 가장 잘 들리는 주장을 모두의 의견이라고 믿게 되는 '다원적 무지'가 생겨난다는 문제가 있다.

예를 들어, 파티에서 술을 진탕 퍼마시는 일부 대학생이 가장 소란스럽고 눈에 잘 띈다는 이유로, 대학에 가면 다들 술을 과도하게 마신다고 생각하는 것이 다원적 무지다. 이런 착각은 자기실현적 예언처럼 행동을 변화시킬 수 있다. 대학에 갓 입학한 신입생이 '다들' 술을 퍼마신다는 무지한 판단 때문에 자신도 그래야 한다고 생각하게 되는 것이다. 마찬가지로, 정치판에서 과도하게 격분하는 사람들을 보고 모두가 정치 성향이 극단적이라 판단하고는 자신도 정치 성향이 다른 사람을 증오해야겠다고 생각할 수 있다. 상대편이 진심으로 싫어서가 아니라, 다들 상대편을 증오하니까 자신도 그래야 한다고 여기는 것이다.

당파적 적대감은 일단 한 번 느끼기 시작하면 가파른 내리막길이 기다린다. 증오는 서로 주고받는 감정 속에서 더 활짝 꽃피기 때문이다. 상대방이 자신을 좋아한다는 생각, 또는 자신을 싫어한다는 생각은 서로(개인이나 집단 모두)가 상대방을 좋아하거나 싫어하게 되는 가장 큰 동력으로 작용한다. 일반적으로 타인을 대하는 우리의 태도는 그 사람이 자신에게 얼마나 호감을 나타내는지에 따라 달라진다. 상대방이 내게 패션 감각이 좋다거나 생각이 깊다고 칭찬하면, 우리는 그 사람에게 호감을 느끼고 친절하게 대한다. 반대로 내게 헤어스타일이 꼭 자동차 바퀴에 깔린 다람쥐 같다거나 지적 수준이 새 물그릇 정도밖에 안 되는 것 같다고 말하면, 우리는 그 사람을 싫어하게 된다.

그런데 이 과정에서 중요한 문제가 생긴다. 다른 사람이 자신을 어떻게 생각하는지 정확하게 아는 경우도 많지만, 그게 틀릴 수도 있다는 것이다. 특히 처음 만난 사람과 이런 오해가 생기면, 관계가 의도치 않게 시작부터 삐걱거릴 수 있다. 상대방이 웃자고 던진 농담을 잔인한 지적으로 잘못 해석하는 바람에 그를 냉담하게 대하고, 그걸 느낀 상대방도 내게 차갑게 굴어 서로에게 깊은 반감이 생기는 식이다.[20] 이 모든 문제가 처음에 생긴 단순한 오해에서 비롯된다. 사람들이 대체로 상대방에 대한 자신의 평가를 바꾸려 하지 않는 것도 갈등이 지속되는 또 한 가지 원인이다. 자신이 잘못 판단했다고 인정하려면 자기 생각이 틀렸음을 받아들여야 하는데, 그걸 반가워할 사람은 아무도 없다.

상대편을 증오해야 한다고 말하는 유명 인사들의 영향도 정치적 적대감이 유독 공고한 이유 중 하나다. 기자이자 저술가인 어맨다 리플리Amanda Ripley는 불화와 불신을 부추기는 메시지를 설파하는 유명인에게 "갈등으로 장사하는 인간들"이라는 딱 맞는 별명을 붙였다.[21] 사람들의 분노를 이용해 돈을 버는 SNS의 유명한 계정, TV에 출연하는 전문가나 정치인이 바로 그와 같은 갈등 장사꾼이다. 대표적인 인물은 절망의 씨앗을 뿌려대던 '폭스 뉴스Fox News' 채널의 전 진행자 터커 칼슨Tucker Carlson이다. 〈뉴욕타임스〉는 칼슨이 진행했던 유명한 쇼 프로그램 1,150편을 분석해 그가 가장 많이 한 말을 찾아냈다. "그들은 여러분을 통제하려고 합니다. 그리고 여러분의 아이들도 통제하려고 하죠."[22] 진보 진영에도 갈등 장사꾼들이 있다. MSNBC나 크루키드 미디어Crooked Media 등에 주로 출연하는 이 장사꾼들은 정치적 쟁점이 생길 때마다 더 잘

해보려는 경쟁이 아니라 발전하려는 쪽(진보 진영)과 인간의 가장 나쁜 충동을 내세우는 쪽(보수 진영)의 싸움이라는 틀을 반사적으로 제시한다.

"분노 산업"의 등장을 진단한[23] 두 사회과학자는 정치적 담론에 등장하는 분노가 대부분 그런 반응을 선동하는 유명 인사들의 전략으로 촉발되며, 평범한 사람들의 정치 성향과는 무관하다고 분석했다. 이들은 10주 분량의 진보와 보수 성향 정치 블로그 게시물, 케이블 뉴스 방송, 라디오 토크쇼를 수집해 분노를 담은 콘텐츠가 얼마나 큰 비중을 차지하는지 분석했다. 라디오 토크쇼의 경우 조사한 방송의 98.8퍼센트가 분노를 드러냈고, 정치 블로그에 게시된 글 82.8퍼센트에도 분노가 담겨 있었다. TV 프로그램은 정치 토론을 다룬 모든 프로그램에서 분노를 표출했을 뿐만 아니라, 평균 90초마다 분노 섞인 표현이 나왔다.[24] 언론과 방송에 나오는 전문가들이 합리적인 견해를 그저 언성을 높여 말하는 게 아닌 것으로 나타났다. 상대방을 모욕하고, 욕설도 서슴지 않고, 이대로 가만히 두면 사태가 최악으로 치달을 것이라고 비약하는 등, 이들이 말을 쏟아내는 방식은 점잖지 못한 수준을 넘어 논리적으로도 허술한 경향이 있었다. 고래고래 소리치고 거친 말을 내뱉으며 큰 소리로 경고하는 이 유명 인사들의 진짜 속내가 무엇인지는 알 길이 없다. 하지만 이들은 자기가 화를 내면 사람들의 관심을 사로잡을 수 있다는 걸 알고 있다. 이들과 이들을 선택한 광고주는 우리의 관심을 절실히 원한다. 파괴 서사를 이야기하며 "그들은 우리를 싫어한다"는 말을 반복해서 강조한 덕에 부자가 된 갈등 장사꾼이 한둘이 아니다.

갈등을 부추겨 돈을 버는 자들의 주장이긴 하지만, 우리가 생각이 다른 저쪽 사람들의 (이쪽을 싫어하는) 감정을 실제보다 훨씬 과장되게 추측하는 건 사실이다. 다른 집단을 폄훼하거나 상대편이 자신보다 멍청하며 사악하다고 여기는 건 인간의 본성으로 볼 수 있다. 하지만 그들이 우리를 얼마나 나쁘게 보는지를 엄청나게 부풀려서 생각하는 경향은 다른 문제다. 심리학에서는 다른 사람의 지각에 관한 자신의 지각을 '메타 지각'이라고 하는데, 여러 연구에서 우리는 자신을 보는 다른 사람의 시각을 지나치게 부정적으로 추정한다는 사실이 밝혀졌다. 한 연구에서는 공화당과 민주당 지지자 모두 상대 당이 자신들을 싫어하거나 비인간적으로 대할 가능성을 실제보다 50~300퍼센트 더 크게 추정했다.[25] 상대방이 자신을 그렇게 엄청나게 싫어한다고 생각하면, 자신도 상대방을 똑같이 싫어하게 되는 것이 인지상정이다. 그러면서도 자신은 받은 만큼 '돌려주는 것'이라고 여기는데, 그런 악순환은 애초에 틀린 추측에서 시작된 것이다. 다행히 상대방의 인식을 지나치게 부정적으로 추정하는 이런 메타 지각을 수정하면 다른 정당을 지지하는 사람들을 향한 적대감도 줄어든다는 연구 결과가 있다.[26] 그들이 우리를 그렇게까지 싫어하지 않는다는 사실을 알면, 이쪽에서도 그들을 과도하게 싫어하지 않게 된다.

우리는 상대편이 자신에 대해 어떻게 느끼는지 오해할 뿐만 아니라, 그들이 어떤 사람인지에 관해서도 오해한다. 가령 민주당 지지자는 공화당 지지자의 44퍼센트가 연간 수입 25만 달러 이상이라고 추측하는데, 실제로 그만큼 버는 공화당 지지자의 비율은 2퍼센트에 불과하다. 마찬가지로 공화당 지지자는 민주당 지지자의 38퍼센트가 게이·레즈비언·양성애자라고 추측하는데, 실제 비율은 겨우 6퍼센트다.[27] 고정관념이 사실과 일치하는 경우도 많지만, 각 정당이 서로에게 갖는 고정관념은 무려 342퍼센트나 부풀려지는 경향이 있다. 민주당 지지자는 공화당 지지자를 돈 많고 나이도 많으며 복음주의 교회에 다니는 남부 사람들로 여기고, 공화당 지지자는 민주당 지지자를 동성애자, 흑인, 무신론자, 노조 조합원으로 간주한다.

상대편의 특징을 이런 식으로 희화화하고 압축하면, 상대방의 정치적 신념도 극단적이라고 과장되게 추측하기 쉽다. 모어 인 커먼의 보고서에 따르면, 민주당 지지자는 미국에 인종차별이 여전하다고 생각하는 공화당 지지자가 많아야 50퍼센트 정도라고 추측한다. 하지만 여론조사 결과를 보면, 공화당 지지자의 최소 75퍼센트가 그렇게 생각한다. 공화당 지지자 역시 절반쯤 되는 민주당 지지자가 '경찰은 대부분 나쁜 사람들'이라 생각한다고 추측한다. 하지만 실제 민주당 지지자를 조사한 결과를 보면, 그렇게 생각하지 않는 사람이 80퍼센트 이상이다. 좌익과 우익은 정치적으로 분명 다른 부분이 있다. 하지만 각자가 생각하는 것보다 서로 비슷한 점이 많다.

서로 다른 정치적 시각을 가진 사람들이 어떻게든 싸우고 싶어서 반대 의견을 고수하는 게 아니라, 그들 역시 자기 자신과 가족·국가를 안전하게 지키려 한다는 게 이 책이 전하고자 하는 핵심 주제다. '정치에 질린 대다수'는 편을 갈라 싸우는 식의 논쟁을 극도로 싫어한다. 그런 사람들이 어쩔 수 없이 분개하는 건 뭔가를 망치려는 게 아니라, 자신에게 중요한 것을 지키려는 마음 때문이다.

인간의 본성은 위험을 겪으며 형성됐다는 점, 도덕성의 바탕에는 위험에 대한 인식이 있다는 점, 우리는 스스로를 피해자라고 느끼는 경우가 많다는 점 등 보호 서사를 뒷받침하는 근거는 뒤에서도 계속 설명할 것이다. 위험성 판단이 인간의 본성과 정신 그리고 삶에 얼마나 막강한 영향을 발휘하는지 알면, 서로 다른 생각을 하는 사람들과 더 원만하게 대화할 가능성이 생기고, 그만큼 정치적 분열을 해소할 수 있다는 희망을 조금은 더 가질 수 있다. 그게 내가 바라는 바다.

나는 생각이 다른 '상대편'을 향한 우리의 인식을 바로잡고 분열을 봉합하는 일에 매진하고 있다. 그걸 목표로 정치적 적대감과 극복 방안을 연구해 수십 편의 논문을 발표했고, 대학생과 지역사회 리더, 비영리단체 실무자를 대상으로 도덕성을 과학적으로 설명하는 일도 해왔다. 내가 분열 해소에 전념하게 된 데에는 두 가지 이유가 있다. 하나는 곧 이야기할 가족과의 개인적 경험 때문이고, 다른 하나는 내가 현대 민주주의의 가장 큰 위협 요소라고 생각하는 반反다원주의를 물리치기 위해서다.

'저쪽 사람들'도 필요하다

현대 민주주의는 한 사회에 다양한 생각과 이념이 공존하는 정치적 다원주의를 기반으로 발전했다. 투표와 선거는 정치적으로 다채로운 견해와 정책을 정당하게 제시할 수 있어야 의미가 있다. 우리는 "정치적으로 다르다"는 말을 한탄하듯이 내뱉지만, 서로 다른 생각이 공존하고 다양한 집단이 타협하는 게 민주주의가 최상으로 작동하는 것이다.

나는 미국에 정치적 차이가 별로 크지 않았던 때도 있었다는 사실을 처음 배우고 얼마나 놀랐는지 모른다. 1950년대에는 미국정치학회 산하 정당위원회가 이념 대립이 없는 현실을 개탄한 유명한 일도 있었다. 당시 해당 위원회는 시민들이 각 정당의 입장을 구분해야 민주주의가 제대로 기능할 수 있다고 주장했다.[28] 진보와 보수의 정치적 차이를 제대로 인식하는 게 중요한 이유는, 그래야 전통과 발전의 균형점을 찾을 수 있기 때문이다. 존 스튜어트 밀John Stuart Mill이 《자유론On Liberty》에서 주장했듯이 "정치적 삶을 건강하게 유지하려면 질서 또는 안정을 중시하는 집단과 발전, 또는 개혁을 중시하는 집단이 모두 필요하다".

오늘날 사람들은 밀과 달리 정치적 다원주의를 별로 반기지 않고 상대편이 없는 게 나라에 더 도움이 될 것이라고 여긴다. 미국에서 실시한 두 건의 전국 조사 결과를 보면, 자신을 공화당 지지자라고 밝힌 응답자의 15퍼센트(790만 명), 민주당 지지자라고 밝힌 응답자의 20퍼센트(1,260만 명)가 상대 당 사람들이 "죽어서 사라지면" 나라에 더 도움이 될 것이라고 답했다.[29] 이런 생각의 바탕에는 상대편이 다원주의에 반대한다는 오해가 깔려 있다. 마치 누가 먼저 밑바닥을 드러내나 경쟁이라도 하듯, 상대편이 다원주의에 반대하니 자신들도 똑같이 반대해야 한다고 생각한다.

앞서도 설명한 것처럼 실제로는 민주당과 공화당 지지자 모두 자유와 공정한 선거 같은 민주주의의 핵심 원칙을 지지함에도, 상대편은 그 원칙을 별로 중시하지 않는다고 크게 과소평가한다.[30] 저쪽이 파괴를 일삼으려 한다고 오해하면, 자신도 규칙을 지킬 필요가 없다고 여기게 된다. 절박한 상황에서는 절박한 조치가 용인된다고 생각하는 것이다. 그리고 자신이 지지하는 민주당 또는 공화당이 선거구를 희한하게 변경하는 건 나라를 망치고 싶어서가 아니라, 상대편의 악의적인 정책으로부터 지역구와 나라를 지키려는 노력이라고 해석한다.

이런 반다원주의가 스스로를 보호하려는 동기에서 나온 것이라도 국가에는 해가 된다. 다행히 국민 대다수는 건국의 아버지들이 그랬듯 정치와 도덕성에 관해 서로 다른 의견을 자유롭게 논의해야 미국이 더 살기 좋은 나라가 된다고 생각한다. 나는 노스캐롤라이나대학교에서 '도덕성에 관한 과학적 이해'라는 제목으로 강의하면서 열린 토론의 이점을 체감해왔다. 이 강의를 듣는 학생들이 낙태·세금·인종차별 등 세간의 관심이 뜨거운 주제를 놓고 토론하는 모습을 보면, 요즘 대학생들은 너무 나약해서 이런 대화에 적극적이지 않다는 염려가 무색해진다. 다들 듣기 불편한 반대 의견을 경청하고, 자기 생각과 다른 다양한 관점을 접하며 배우는 경험을 즐긴다.

하지만 다원주의를 별로 반기지 않는 사람들도 있다. 내가 다원주의의 필요성을 이야기할 때 가장 많이 듣는 반박이 "KKK(1860년대에 등장한 백인우월주의 단체 — 옮긴이)의 주장도 받아들여야 하느냐"
는 것이다. 백인우월주의 같은 불쾌하기 짝이 없는 주장을 펼치는
사람과도 협상 테이블에 앉아야 할까? 다원주의에 반대하고, 다른
사람의 자유로운 의사 표현을 거부하는 부류들의 주장까지 인정
해야 하는가? 간단하게 답하면, 그렇지 않다. 다원주의 사회에서는
반다원주의자라도 같은 인간으로서 자유롭게 말할 권리를 누리는
게 맞다. 그러나 인종, 신념 등 어떤 이유에서든 다른 사람의 기본
권을 인정하지 않는 이념에는 의문을 던지고 반대해야 한다. 민주
주의가 번성하려면 민주주의에 부합하는 생각인 경우에만 진지하
게 고려해야 한다.

나는 누구나 자유롭게 발언할 권리를 매우 중시하면서도 KKK
단원이나 반다원주의적 이념을 믿는 사람들의 말에는 인내심을
발휘하기가 힘든데, 다원주의를 나보다 훨씬 진심으로 충실히 실
천하는 이들도 있다. R&B 음악가이자 사회운동가인 대릴 데이비
스Daryl Davis도 그중 하나다. 그는 KKK가 증오의 대상으로 삼는
흑인임에도 불구하고 그동안 200명 넘는 KKK 단원과 친분을 쌓
았다.

데이비스의 인내심이 얼마나 대단한지는 KKK 단원들과 함께
점심을 먹고 커피도 마시면서 그들이 가진 오해, 가령 흑인은 유전
적으로 폭력적이라서 자기끼리도 서로 위협하기 일쑤고 사회질서
에 본질적으로 위협이 된다는 식의 주장에 친절하게, 그러나 분명
하게 반박한다는 사실로 충분히 짐작할 수 있다. KKK 단원들과
대면했다가는 자칫 위험에 처할 수 있고 흑인들의 반발을 살 위험

도 있지만, 데이비스는 그 모든 걸 감수하고 흑인의 대변인을 자처한다. 그리고 KKK 단원들의 행동은 파괴 서사보다 보호 서사로 더 정확하게 설명할 수 있다고 이야기한다. 2017년의 TED 강연에서는 KKK 단원도 우리 모두와 마찬가지로 자신이 믿는 가치가 모든 인종에게 최선이라고 믿지만, 그들의 주장은 인종에 관한 잘못된 생각과 혐오에서 비롯된 것이라고 주장했다.[31]

데이비스가 다원주의를 실천하는 방식으로 택한, 서로를 존중하는 대화가 다원주의의 확산에 도움이 된다는 연구 결과도 있다. 2014년 미국 플로리다주 마이애미데이드Miami-Dade 카운티는 주거와 고용에서 트랜스젠더를 차별하지 못하게 하는 법안을 상정했다. 트랜스젠더에게 편견을 가진 사람들의 부정적 반응이 예상되는 법안이었던 만큼 자원봉사자와 성 소수자 단체 회원들(상당수가 트랜스젠더였다)이 나서서 마이애미데이드의 유권자를 일일이 찾아가 이 법에 관해 대화를 나눴다.[32] 운동원은 유권자와 10분 정도 대화하면서 그들의 견해를 진지하게 경청하고 비난은 자제하며, 개인적 경험을 꾸밈없이 이야기하도록 훈련받았다. 이들은 남과 다르다는 이유로 비난받는 게 어떤 기분일지 트랜스젠더 입장에서 생각해보도록 권유하면서 공감을 끌어내려고 애썼다.

이러한 노력은 트랜스젠더 차별금지법 지지자가 늘어나는 고무적인 결과로 이어졌다. 앞서 소개한 '감정 온도'로 이 지역 사람들이 트랜스젠더에 대해 느끼는 감정을 0도부터 100도 범위로 조사한 결과에서도 혐오감이 감소한 것으로 나타났다(적어도 이 조사에서는 그랬다). 집에 찾아온 자원봉사자와 대화를 나눈 유권자는 그런 기회를 갖지 못한 사람보다 트랜스젠더에 대해 느끼는 감정 온도가 평균 10점 더 높아졌다. 1998~2012년 미국 10개 주가 동성 결혼을 합법화하면서 동성애자를 수용하는 분위기가 확산한 시기에도 미국 국민의 감정 온도는 평균 8.5도 상승했을 뿐이다. 그런데 마이애미데이드 주민들의 감정 온도는 그보다 평균 1.5도가 더 높았다. 이는 결코 작은 변화가 아니다. 연구진이 트랜스젠더 차별금지법이 제정되고 3개월 후 다시 조사했을 때도 지역민들의 트랜스젠더 혐오 수준은 낮아진 그대로였다.

대릴 데이비스는 누구나 내면은 선하다고 확신한다. 그의 이런 확신은 KKK 단원이라도 그들의 기준에서 가장 온건한 견해를 갖도록 이끄는 데 도움이 된다. 대다수는 극단주의자와의 대화를 반기지 않지만, 연구 결과를 보면 사람들은 일반적으로 데이비스처럼 다른 이들의 '진짜 자아'는 선하다고 믿는다.[33] 심지어 우리는 나쁜 짓을 저지른 사람도 속으로는 잘해보려는 마음이 있었을 거라고 여기는 경향이 있다. 영화에 등장하는 악당이 계속 끔찍한 짓을 저지르더라도 마지막에 반성하는 모습을 보면 고개를 끄덕이게 되는 이유다. 우리는 거의 모든 사람의 내면 깊은 곳엔 선한 마음이 있다고 생각한다.

나 역시 인간의 내면은 궁극적으로 선하다고 확신한다. 내 직업이 사회심리학자여서가 아니라, 보수적인 복음주의 기독교를 믿는 가족의 일원으로 살면서 생긴 확신이다.

나와는 달라도 도덕적인 내 가족

나의 아버지는 내가 다섯 살 때 지금의 어머니와 재혼했다. 양어머니는 복음주의 기독교를 믿는 네브래스카주의 보수적인 대가족 출신이다.

양어머니의 가족은 나와는 정말 다른 사람들이다. 나는 대학에서 지구과학을 전공하면서, 화석으로 지구 나이를 어떻게 알 수 있는지 배운 것을 시작으로 과학자가 되었다. 그런데 내 외사촌 중 한 명은 땅에서 나오는 공룡 뼈는 하나님이 인간의 신앙심을 시험하기 위해,《성경》에 담긴 진실을 믿지 못한 채 방황하는 이들을 과연 과학이 인도할 수 있는지 보시려고 일부러 묻어둔 것이라 믿는다. 일요일이면 찬송가를 듣는 건 나도 그들과 같다. 하지만 나는 아이들에게 프렌치토스트를 만들어주면서 배경 음악으로 틀어놓고, 외사촌들은 교회에 가서 예배를 드리며 듣는다. 내 정치 성향은 캐나다 대도시 출신 미국인이 대부분 그렇듯 좌익이고, 네브래스카의 가족은 그 지역의 작은 마을 출신들이 대부분 그렇듯 우익이다.

이렇듯 양어머니의 가족과 정치적 견해가 다르지만, 나는 그들의 주장을 파괴 서사로 해석한 적이 한 번도 없다. 모두 좋은 사람들이라는 걸 잘 알기 때문이다. 네브래스카의 가족은 모두 지역 공동체를 돕고 각자의 친구와 동료들에게도 힘이 되어준다. 자선 활동도 하고, 각자 옳다고 생각하는 일에 목소리를 높인다. 무엇보다 소중한 사람들을 지키는 최선의 길이라고 믿는 대로 행동한다는 점이 보호 서사와 일치한다. 그들에게 나는 같은 핏줄이 아닌 데다 외국인이라 동떨어진 존재로 여겨질 법도 한데, 나는 항상 그들의 깊은 사랑을 느낀다. 나를 아끼고 보호하려는 가족의 마음은 평소 내가 좋아하는 음식을 만들어주거나 사려 깊은 선물을 건네는 것 같은 행동으로도 드러나지만, 때로는 더 특별하게 표출되기도 한다.

나는 열 살 때 네브래스카에서 이모, 그리고 나중에 목사가 된 외삼촌과 함께 지낸 적이 있다. 어느 일요일 아침, 온 가족이 교회에 갔다. 어른들은 위층 예배당으로 올라가고, 아이들은 주일학교가 열리는 건물 지하로 내려가 바닥에 둥글게 자리를 잡고 앉았다. 벽에는 하나님이 이 세상을 어떻게 창조하셨는지 보여주는 포스터들이 붙어 있었다. 그날 수업의 주제는 세례였다. 주일학교 선생님은 세례 요한과 세례의 목적에 관해 짧게 설명한 후 이렇게 물었다. "세례를 받지 않은 사람은 어떻게 될까요?"

내가 세례를 받지 않았다는 사실을 그 선생님이 알고 있었는지는 나도 모른다. 하지만 내 생각에는 아마도 알고서 그런 질문을 던진 것 같다. 워낙 작은 동네였고, 외가 식구들은 내가 세례를 받지 않았다는 걸 분명히 다 알고 있었으니 말이다. 그 교회 건물에 있는 모두를 통틀어 세례를 안 받은 사람은 나밖에 없었으므로, 선생님의 질문은 나를 향한 것이라고밖에 볼 수 없었다. 선생님의 질문을 듣고, 한 아이가 손을 번쩍 들었다. 선생님은 그 아이의 열성적인 반응을 이해한다는 듯 고개를 끄덕였고, 곧 우렁찬 대답이 나왔다. "지옥에 가요!" 영원한 지옥살이가 내 정해진 운명이라고 외치는 듯한 그 확신에 찬 대답을 듣고 기분이 상하지 않을 수 없었다. 나로서는 일종의 영적인 매복 공격을 당한 기분이었다. 이런 사태를 다 예상할 수 있었을 텐데 나를 궁지에 내몰았다는 생각에 가족한테도 짜증이 났다.

하지만 오래지 않아 나는 그날의 일을 좀 더 좋은 마음으로 기억하게 됐다. 이모와 외삼촌 그리고 외사촌들이 나를 위해 매일 기도한다는 사실을 알게 된 것이 큰 계기였다. 가족이 내가 주일학교에서 불편한 일을 겪을 걸 알면서도 그냥 둔 건 사실이지만, 나쁜 의도가 아니라 나를 사랑해서 그런 거였다. 가족은 내가 세례를 받지 않은 걸 진심으로 걱정했고, 그로 인해 내가 겪게 될 거라고 믿는 해악으로부터 나를 보호하려 했던 것이다. 겨우 열 살이었던 나는 인간의 영혼은 영원히 존재하며, 죄에는 무게가 있고 세례에는 구원의 힘이 있다고 믿는 가족의 염려까지 다 헤아릴 수 없었다. 하지만 중요한 건 그들의 행동이 내가 해를 입을 수 있다는 진심 어린 걱정에서 나왔다는 것이다. 이처럼 사람들이 위험성을 어떻게 인식하는지 알면, 그들의 도덕적 판단도 이해할 수 있다. 나는 이런 사실을 이 책 전반에 걸쳐 계속해서 자세히 설명할 것이다.

나는 어린 시절을 지나 성인이 된 후에도 네브래스카 가족들의 사랑을 변함없이 느끼며 살고 있다. 중요한 가족 행사가 있으면 늘 초대를 받는다. 결혼식, 졸업 파티, 약혼식이 있을 때마다 늘 불러주는데, 부끄럽게도 나는 거의 응하지 못했다. 가기 싫어서가 아니라 매번 해야 할 업무가 있거나 이미 예정된 여행 계획과 겹쳤기 때문이다.

그런 나와 달리, 네브래스카 가족은 내 결혼식에 와서 직접 축하

해주었다. 정말 감사하게도 진보 성향인 사람들이 많아서 케임브리지 공화국이라고도 불리는 곳까지 며칠씩 차를 몰고 달려와 술이 왕창 나오고 주님에 관해서는 일절 언급조차 하지 않는 결혼식에서 자리를 빛내주었다. 그리고 다음 날에는 우리의 결혼을 축하하며 아침 식사까지 대접해주었다. 목사가 된 외삼촌은 식사 전에 우리 부부를 축복하며 진심 어린 기도도 해주셨다. 정치적 견해는 수시로 부딪히지만, 그때의 일은 내게 너무나 멋진 기억으로 남았다. 나는 가족이 와줘서 진심으로 기뻤다.

우리 가족의 관계가 매번 그때처럼 좋기만 한 건 아니다. 대화 중에 정치 이야기가 나오면, 특히 온라인상에서 이야기할 때면 팽팽한 긴장감이 감돌기도 한다. 사람들은 상처받을 일은 애초에 피해야 한다고들 말하지만, 누구나 때로는 벌컥 화를 내기도 하고 그 정도는 서로 그냥 넘기면서 살아간다. 우리가 그럴 수 있는 건 서로의 진짜 모습은 선하다고 믿기 때문이다. 내가 화를 내도 상대방은 내게 무슨 악의가 있다고 여기지 않고, 나 역시 상대방을 그렇게 생각하면서 말이다.

자신과 의견이 다른 사람도 내면은 선한 사람이라고 여기는 게 늘 쉬운 일은 아니다. 상대방이 이기적이고, 교활하고, 심지어 자신에게 해서는 안 되는 일까지 한다면, 가령 폭력을 행사한다면 더더욱 그렇다. 하지만 나를 쫓아와 그 어두컴컴한 주차장에서 내 멱살을 쥐고 흔들었던 그 운전자도 그날 아침 눈을 뜨면서부터 증오심에 불탄 건 아니었을 것이다. 그날 밤의 일을 다시 생각해보면, 나는 그의 행동이 나를 어떻게든 망가뜨리려는 것보다는 자신을 지 우리가 보호 서사를 쉽게 무시하는 이유 중 하나는 정치적으로 반대편에 있는 사람들이 정치뿐만 아니라 진실, 정의, 친절함 등 모든 면에서 나와 정반대라고 여기는 게 더 편리하기 때문이다. 그렇게 생각하면 인간의 도덕성을 선한 사람과 악한 사람으로 간단히 양분할 수 있다. 나와 의견이 다른 사람도 알고 보면 좋은 사람일 수 있다고 인정하면, 정신적으로 골치 아프고 감정적으로도 영 편치가 않다.

누구나 자신을 보호하려 한다는 사실을 우리가 잘 인정하지 못하는 또 다른 이유는 인간의 본성에 관한 오해 때문이다. 살인도 불사하는 유인원, 그것이 인간의 뿌리 깊은 본성이라는 생각은 사실이 아니다.

핵심 요약

◎ 미국에서는 정치인과 '자기 문화를 지키려는 전사들'이 자기편한테 적과 필사적으로 싸우자고 촉구하는 문화 전쟁이 한창이다. 자신과 반대편에 선 사람은 멍청하고 사악하다는 잘못된 인식이 이런 갈등에 기름을 붓는다. 민주당과 공화당 지지자 모두 상대 당 사람들의 10~30퍼센트가 아동 포르노, 동물 학대 같은 명백한 잘못을 아무렇지 않게 여긴다고 근거 없이 추측한다. 하지만 그런 잘못을 용인하는 사람은 사실상 거의 없다.

◎ 상대편을 향한 이런 잘못된 인식은 그들이 자신을 해치려 한다는 확신으로 이어진다. 이 '파괴 서사'는 자신과 다른 도덕적 견

해를 가진 사람들에게 자연스레 터뜨릴 수 있는 반응이다. 하지만 그런 확신은 상대편을 향한 적대감을 키우고, 자신이 지키고자 하는 민주주의에 오히려 해롭다.

◎ 다행히 파괴 서사는 틀렸다. 우리는 사람들의 생각과 행동을 '보호 서사'로 더 정확하게 설명할 수 있다. 이 책은 왜 보호 서사가 더 정확한지 그 근거를 제시한다. 첫 번째 근거는 먼 옛날 인류의 과거에서 찾을 수 있다.

인간의 본성

과거의 위험

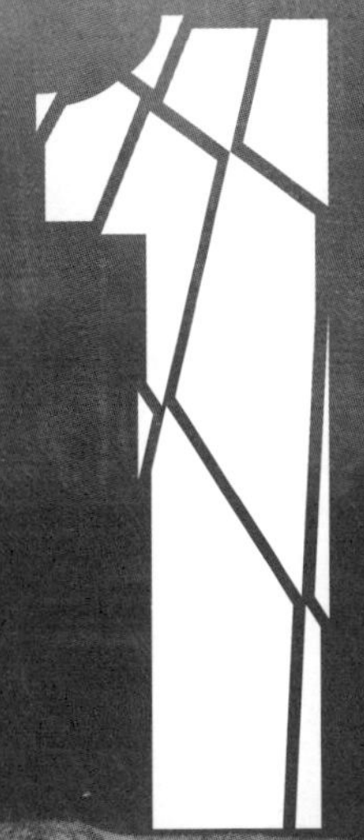

인간의 본성에 관한 오해
- 인간은 최상위 포식자로
진화했다

인류는 "지구상에 존재하는 거의 모든 생태계를 생활의 터전으로 삼고, 백신을 만들어 치명적인 전염병을 막고, 심해를 탐험하고, 지상에서 약 10킬로미터 떨어진 상공을 날아다니는 길쭉한 알루미늄 튜브 안에 앉아서 구운 아몬드를 씹으며 지구를 횡단하는" 정말 독특한 포유동물이다.[1] 하지만 이런 쾌거에도 불구하고 인간이 동물이라는 사실은 변함없다. 그리고 모든 동물은 포식자와 먹잇감으로 나뉜다.

물론 어떤 동물이든 포식자이면서 동시에 다른 동물의 먹이가 될 수 있다. 늙고 병들거나 다친 사자가 하이에나 떼의 공격을 받는 일은 실제로 종종 일어난다. 하지만 사자는 기본적으로 포식자다. 다 자라서 큼직한 송곳니와 날카로운 발톱을 가진 건강한 사자는 치밀한 계획에 따라 침착하게 공격의 때를 기다리는 무서운 사냥꾼이다. 그와 달리 들쥐는 기본적으로 다른 동물의 먹잇감이다. 들쥐도 곤충을 잡아먹지만 평생을 올빼미, 여우, 고양이, 커다란 도

마뱀 등 수많은 포식자를 피해 달아나고 몸을 숨기며 살아간다. 들쥐가 일생의 대부분을 눈에 띄지 않는 곳에서 지낼 때, 사자는 탁 트인 곳에 느긋하게 드러누워 있다.

사자도 아니고 쥐도 아닌 인간은 포식자와 먹잇감 중 어느 쪽에 더 가까울까? 도덕성에 관한 현대인의 생각과 지금의 정치적 갈등을 이해하려면, 인간이 먹이사슬에서 어디쯤 자리하는지 꼭 알아야 한다. 우리 스스로는 인간이 기능성 섬유로 만든 옷을 입고 '지적인 일'까지 보조하는 인공지능을 개발하기에 이르렀으므로 동물의 본성은 초월했다고 생각하기 쉽다. 하지만 우리의 모든 생각과 감정은 머나먼 옛날부터 엄청난 시간에 걸쳐 진화한 정신에서 나온 것이다. 한 진화심리학자는 이를 "우리는 석기시대의 뇌로 현대의 환경에 살고 있다"고 간결하게 요약했다.[2]

그렇게 진화한 인간의 본성은 지금도 우리의 반응과 의사결정에 영향을 주는데, 그러한 영향은 별로 도움이 안 되는 경우도 많다. 우리가 석기시대의 뇌로 현대를 살고 있다는 사실이 뚜렷하게 드러나는 한 가지 예가 건강에 해로운 가공식품에서 헤어나지 못하는 것이다. 먼 옛날 인류는 지방과 당을 구하기 힘든 환경에서 살았다. 그래서 기름지고 단 음식을 보면 일단 잔뜩 먹어두도록 진화했다. 이런 영향 때문에 그런 음식이 차고 넘치는 지금도 과도한 양을 먹어대는 바람에 1975년 이후 전 세계 비만율이 3배나 증가했다.[3] 식품업계는 석기시대로 거슬러 올라가는 우리의 입맛을 적극 활용해 인공감미료, MSG 등 식욕을 부추기는 화학물질을 식품에 한가득 집어넣는다. 현대인이 도리토스 같은 식품을 그토록 사랑하는 이유를 인류가 그런 음식을 구경도 해본 적 없는 머나먼 옛날에서 찾을 수 있다는 의미다.

우리의 도덕적 갈등도 그와 마찬가지로 인간의 본성을 알아야 제대로 이해할 수 있다. 인류의 조상은 SNS에서 설전을 벌인 적이 없지만, 그 시절에 어떻게 살았는지를 알면 현대의 도덕적 갈등을 이해하는 실마리를 얻을 수 있다. 뒤에서 다시 설명하겠지만, 도덕성이 인류가 이기적인 본능을 억누르고 남들과 어울려 지낼 수 있도록 만드는 등 동물적 본성을 어느 정도 초월하는 밑거름이 된 건 사실이다. 그러나 도덕성은 인간이 잔인한 충동을 활용하고 폭력과 복수를 정당화하는 도구가 될 수도 있다. 도덕성이 있다는 이유만으로 인간을 다른 동물과 구별되는 성인군자라고 단정할 수 없는 이유다.

도덕성의 기능이 우리의 사회적 행동을 조절해 다른 사람들을 더 다정하게 대하도록 만드는 것이라 가정하더라도, 현대인의 도덕 감각이 발달하기 전에 원시인류는 어떠했는지 탐구하는 건 여전히 중요한 의미가 있다. 진화는 기존에 확립된 정신 구조를 대체하는 방식이 아니라, 먼저 만들어진 것 위에 새로운 것을 쌓아 올리는 방식으로 이루어진다. 따라서 현재를 살아가는 호모 사피엔스의 도덕성을 이해하려면, 먼 옛날의 인류는 어떻게 살았는지 알아야 한다.

인간의 지식(타고난 지식과 학습을 통해 획득하는 지식은 각각 어느 정도인가?)이나 폭력성(선사시대 인류의 삶은 평화로웠을까, 늘 전쟁통이었을까?) 등 다양한 세부 주제를 중심으로 머나먼 옛날에 인간이 살았던 환경이 인간의 본성을 어떻게 형성했는지 설명한 책들은 많다. 하지만 인간이 포식자와 먹잇감 중 어느 쪽에 더 가까운지는 인간의 본성에 관한 가장 근본적인 질문임에도 불구하고 그러한 탐구에서 다루지 않는 경우가 흔하다. 그 이유 중 하나는 지나치게 '동물적인 특성'을 따지는 질문이라고 여기기 때문인 듯하다. 인간의 정신과 경이로운 적응을 이야기하면서 먼 옛날 인류가 어떤 짐승이었는지, 즉 주로 피에 굶주려 사냥을 일삼는 편이었는지, 아니면 다른 동물들의 식탁에 오르는 편이었는지를 궁금해하는 건 과도한 환원주의적 발상이라고 여기는 것이다. 그러나 동물 세계에서는 포식자와 먹잇감인지부터 구분하는 게 가장 중요하다. 그것부터 알아야 각 동물의 해부학적 특성과 행동, 심리적 속성에 관한 정보를 잔뜩 얻을 수 있기 때문이다.

인류가 포식자와 먹잇감 중 어느 쪽인지 알아야 하는 가장 중요한 이유는, 그래야 왜 인류는 도덕성이 발달했고 왜 때때로 잔인하게 행동하는지 이해할 수 있기 때문이다. 인간이 포식자로 진화했다면, 도덕성은 사냥으로 잡은 먹이를 공평하게 나눠 가지도록 발달한 특성이라고 추정할 수 있다. 그렇게 보는 이론에서는 포식 동물은 대체로 사냥 실력이 뛰어나지만 덩치가 큰 동물을 사냥하려면 여럿이 힘을 합쳐야 하고(사자도 그렇다), 인간의 경우는 도덕성이 발달한 덕분에 사냥에 성공하면 고기를 평화롭게 나눠 가질 수 있었다고 설명한다.[4] 아울러 도덕성은 공격성 강한 개개인이 남들과 무리를 이루고 함께 살면서 사냥 실력을 극대화할 수 있도록 이해관계의 균형을 잡아준다.

반대로 인류가 다른 동물의 먹잇감으로 진화했다면, 도덕성은 주변의 수많은 위협으로부터 스스로를 보호하는 방어 수단으로 볼 수 있다. 포식자한테 잡아먹히는 동물은 늘 해를 입거나 공격당할 위험 속에서 살아가므로 도덕성도 그런 우려와 함께 발달한 것으로, 즉 남들이 자신의 약점을 이용하지 못하게 막는 수단이라고 해석할 수 있다. 오랫동안 인간의 본성으로 알려진 내용과는 어긋나지만, 나는 보호 서사와 일치하는 이런 해석이 우리의 행동을 더 정확하게 설명해준다고 생각한다.

인류는 타고난 포식 동물일까

과학계는 오래전부터 인류에게 포식 동물의 본능이 깊이 자리해 있다고 믿었다. 실제로 인류가 죽이고 먹이로 삼지 않은 생물은 찾기 힘들 정도다. 찰스 다윈 일행은 갈라파고스섬을 탐험하며 그곳에서 발견한 거북을 잡아먹었고,[5] 중국 청나라 시대에는 성대한 연회에 원숭이 뇌를 음식으로 냈다.[6] 오늘날에는 커다란 칼로 야생 멧돼지를 잡고 정교한 기계식 활로 곰을 잡는다. 그뿐만 아니라 복잡한 설비를 만들어 소·돼지·닭을 수십억 마리씩 키우고 도축하니, 가히 스스로 "최상위 포식자"라고 주장할 만하다.[7] 인간은 먹이사슬 꼭대기에 우뚝 서서 원하기만 하면 어떤 동물이든 사냥한다. 반격하는 동물한테 잡아먹히지도 않는다.

학자들은 인류가 특별한 몸과 뇌 덕분에 최상위 포식자가 되었다고 주장한다. 인간은 창도 잘 던지고(동물을 죽일 수 있다),[8] 오래달리기도 잘한다(동물을 녹초로 만든다).[9] 게다가 다른 사람들과 협력하고 (사냥에 필요한) 계획을 세울 줄 아는 놀라운 뇌도 있다. 진화인류학자 리처드 랭엄Richard Wrangham은 인류가 스스로 고기를 구해서 먹은 것 덕분에, 특히 구운 고기를 먹은 덕분에 전체적인 섭취 열량이 늘어나 뇌가 인간의 대표적 특징이 될 만큼 커질 수 있었다고 주장한다.[10]

나는 아홉 살 때 가족과 함께 '헤드 스매시드 인 버펄로 점프Head-Smashed-In Buffalo Jump'에 간 적이 있다. 그곳에서 나 역시 인류는 포식 동물이 분명하다고 확신했다. 유네스코 세계유산으로 지정된 그 절벽은 내가 유년 시절을 보낸 앨버타주 캘거리와 멀지 않은, 캐나다 서부의 드넓은 초원 지대에 자리하고 있다. 광활한 대초원의 풍경을 깨뜨리며 홀로 우뚝 솟아 있는 거대한 절벽이다.

6,000년 전 블랙풋Blackfoot 원주민들은 이 절벽을 사냥에 활용했다. 한 고고학자가 "인류 역사상 가장 생산적인 식량 획득 계획"이라고 표현한 그 사냥은 수개월의 준비 단계를 거쳤다.[11] 먼저 절벽 위쪽에 자란 풀을 대대적으로 불태워 사냥할 동물의 '집합지'를 만들었다. 그러면 몇 개월 뒤 그 자리에 풀이 더 무성하게 자라서, 그걸 먹으려는 버펄로를 10미터 높이의 낭떠러지 근처까지 유인할 수 있었다. 집합지에 버펄로가 적당한 규모로 모이면, 블랙풋 사냥꾼들(동물로 위장하기 위해 일부는 늑대 가죽을, 일부는 버펄로 가죽을 뒤집어썼다)이 고함을 지르며 주변을 뛰어다녔다. 그 소란에 놀라 우왕좌왕하던 버펄로 떼는 결국 절벽 아래로 떨어졌다.

나는 그 절벽에 올라서서 버펄로 떼가 10미터 아래로 떨어져 땅에 부딪히는 소리가 어땠을지 상상하며 인간의 독창성에 경탄했다. 원주민이 엄청난 고기를 수거해서 익혀 먹기도 하고, 남은 건육포 등 다양한 방식으로 보존하는 모습도 머릿속에 그려보았다. 사냥꾼들은 잘 보존한 고기를 식량으로 챙겨 갖고 다니면서 또 더 많은 동물을 사냥했을 것이다.

그때는 그렇게 창의적인 사냥 방식까지 고안할 정도라면 분명 인간은 무시무시한 포식자라고 확신했지만, '헤드 스매시드 인 버펄로 점프'의 사냥이 인간의 본성을 보여주는 근거라고 말하기 힘든 문제가 하나 있다. 너무 최근의 일이라는 점이다. 인간의 본성을 이해하려면 진화의 시간을 거슬러 훨씬 멀리, 호모 사피엔스가 되기 이전으로 가야 한다.

헬리콥터를 타고 상공에서 총으로 늑대를 사냥하는 현대인을 탐구해서는 인류의 심리적·신체적 특성이 어디에서 시작됐는지 알 수 없다. 그리 멀지 않은 과거도 마찬가지다. 더욱이 북미 대륙은 인류가 처음 자리를 잡고 살기 시작한 역사가 1만 3,000년~1만 5,000년 정도에 불과하므로 더더욱 그렇다. 인류의 역사가 드리운 그림자는 그보다 훨씬 길다. 그리고 가려진 머나먼 과거에도 인류가 지금처럼 늘 사냥만 하며 산 것은 아닐지도 모른다.

유발 노아 하라리Yuval Noah Harari는 인류의 광범위한 역사를 다룬 저서 《사피엔스Sapiens》에서 수천 년보다 훨씬 먼 과거로 거슬러 올라가야 인류 역사가 시작된 뿌리를 제대로 알 수 있다고 주장한다.[12] 호모 사피엔스가 등장한 30만 년 전보다 더 멀리, 토기 조각이나 파피루스 등 인간의 문명이 남긴 어떠한 인공물의 흔적도 발견되지 않는 시대로 가야 한다. 인류가 호모 사피엔스로 처음 진화했을 때 어떻게 살았는지, 어떻게 느끼고 생각했는지 알아내려면 수백만 년 전 지구에 살았던 원시인류의 화석을 살펴봐야 한다. 그런데 20세기 초에 한 인류학자가 바로 그런 화석을 발견했다. 그는 그 화석이 고대의 원시인류가 무자비한 사냥꾼이었음을 뒷받침하는 증거라고 생각했다.

유인원이 남긴 살인의 흔적

1924년 어느 더운 여름날, 남아프리카공화국 요하네스버그에 있는 레이먼드 다트Raymond Dart의 집 진입로에 화물차 한 대가 도착했다. 다트는 원시인류의 화석을 연구하는 인류학자라 평소에는 고대 인류의 뼈를 속속들이 탐구하며 많은 시간을 보냈다. 하지만 그날은 집에서 결혼식이 열릴 예정인 데다 들러리를 서기로 해서 그도 아내도 준비에 여념이 없었다. 진입로에 화물이 도착한 그때도 다트는 가장 좋은 정장을 차려입는 중이었다. 화물 상자에는 요하네스버그에서 서쪽으로 400킬로미터쯤 떨어진 광산 마을인 타웅Taung 외곽의 한 석회석 광산에서 발굴한 뼈가 들어 있었다.

타웅은 화석이 다량 발견되는 곳이라 다트는 얼른 상자를 열어 보고 싶었다. 다트의 아내도 그런 기색을 알아챘다. "여보, 곧 손님들이 들이닥칠 테니 저 돌 더미를 파헤치는 건 결혼식 끝나고, 손님들이 다 돌아간 다음에 하겠다고 약속해요. 화석이 당신한테 얼마나 중요한지는 나도 잘 알지만, 내일까지만 미뤄요."[13] 다트는 아내의 말에 수긍하고 옷을 마저 차려입었다.

하지만 다트는 아내가 다른 곳으로 가자마자 쏜살같이 달려가 상자를 열고, 흙이 잔뜩 묻은 내용물을 뒤지기 시작했다. 첫 번째 상자는 실망스러웠다. 자잘한 뼛조각과 거북 화석, 알껍데기 화석 몇 개가 전부였다. 하지만 두 번째 상자에는 인류학의 금덩어리라고 할 만한 것이 들어 있었다. 뚜껑을 열자 맨 위에 머리뼈 안쪽의 두개강頭蓋腔 형태를 본뜬 틀이 놓여 있었다. 전문적인 지식이 없는 사람에게는 그저 덩치 큰 원숭이 머리뼈로 보일 수도 있지만, 다트는 그것이 지금까지 알려진 적 없는 새로운 원시인류의 흔적임을 알아봤다. 머리뼈에서 척추와 연결되는 부분(대후두공)이 (지금의 인류처럼) 맨 아래쪽에 있었기 때문이다. 그건 척추를 세운 자세, 즉 직립보행의 증거였다. 네발로 걷는 동물은 척추가 수평이므로 대후두공이 머리뼈 아래쪽이 아닌 뒷면에 있다.

다트는 이 새로운 종의 원시인류에 '아프리카 남부의 유인원'이라는 뜻으로 오스트랄로피테쿠스 아프리카누스*Australopithecus africanus*라는 학명을 붙였다.[14] 그리고 그것을 "현존하는 유인원과 인간의 중간"에 존재했다가 멸종한 유인원의 한 종류, 즉 다른 영장류에서 인간이 생겨난 과정에 빠져 있던 중간 고리라고 보았다. 또한 치아의 크기가 작고 얼굴 윤곽이 얇은 특징으로 볼 때 어린아이의 뼈라 추정하고, 그걸 발견한 지역의 이름을 따서 '타웅 아이 Taung Child'라는 별명을 붙였다.

이 타웅 아이의 발견으로 인류학계는 발칵 뒤집혔다. 아프리카에 현대 인류처럼 직립보행하던 인류의 조상이 존재했다는 증거였기 때문이다. 당시에 활동하던 인류학자는 대부분 유럽인이었는데, 이들은 인류가 유럽에서 맨 처음 등장했다고 믿었다. '필트다운인 Piltdown Man'이라 불리던 원시인류의 뼈가 영국에서 발견된 것도 그런 해석에 영향을 줬지만(이 발견은 나중에 허위로 드러났다), 인류의 탄생지는 당연히 유럽이라는 자의적인 추측도 큰 몫을 했다. 인류의 진짜 요람이 아프리카라면 유럽의 백인이 '가장 우월한 인종'이라고 주장하기는 힘들었을 테니 말이다.

그런데 타웅 아이의 뼈에서는 다른 충격적인 사실도 밝혀졌다. 이 뼈가 출토된 구덩이에서 개코원숭이를 포함한 다른 동물들의 뼈도 함께 나왔는데, 다트는 모든 뼈에서 단단한 것에 긁힌 흔적으로 보이는 홈을 여러 개 발견했다. 그리고 그 구덩이에서 나온 원시인류와 개코원숭이를 비롯한 모든 동물의 뼈에 남은 그 흔적은 누군가 도구를 이용해 뼈에 붙은 살점을 발라낸 자국이라고 추측했다. 원시인류만이 살을 발라내는 도구를 고안하고 다룰 줄 알았을 것이므로,[15] 다트는 이것이 오스트랄로피테쿠스 아프리카누스가 동물뿐만 아니라 다른 원시인류도 잡아먹은 증거라고 보았다.

다트는 이런 논리에 따라 인류의 조상이 다른 동물과 원시인류를 잡아먹었다고 결론 내렸다. 특히 타웅 아이는 삼촌이 동굴에서 조카를 죽이고 살을 발라내 먹은 다음, 남은 뼈를 같은 방식으로 먹어 치운 다른 동물들의 뼈와 함께 구덩이에 던져 넣었을 거라고 상상했다. 다트가 작성한 학술 자료에는 인류가 과일을 먹고 살던 원숭이에서 "살인을 불사하는 유인원"으로 넘어가기 전에 "포식자가 되는 전환기"를 거쳤으며, 타웅 아이는 바로 그 시기를 대표한다는 설명이 있다. 사람들이 수 세기 동안 확신해온 인간의 본성에 부합하는 설명이었다. "자연은 인정사정없는 핏빛의 잔혹한 세상"이라는 오랜 통념대로, 초기 인류의 폭력성을 보여주는 증거가 나온 것이다.[16]

인류가 잔혹한 포식자라는 이런 생각은 인간의 무자비함을 그린 《파리 대왕Lord of the Flies》이나 《어둠의 심장Heart of Darkness》 같은 문학 작품에서도 생생하게 묘사된다. 타웅 아이에 관한 다트의 해석은 초기 심리학이 해석하는 인간의 특성과도 일치하는 듯했다. 지크문트 프로이트는 인간의 정신이 섹스와 공격에 몰두하는 원시적이고 동물적인 원초아原初我, id에 휘둘린다고 보았다. 프로이트의 저서 《문명 속의 불만Civilization and Its Discontents》에는 이런 설명이 나온다. "인간은 사랑을 바라는 다정하고 친근한 존재가 아니다. 공격받으면 그저 방어나 하는 그런 존재가 아니며, (…) 그와 같은 강렬한 공격 욕구는 인간의 본능적인 자질이라고밖에 볼 수 없다."[17]

만약 다트와 프로이트에게 파괴 서사와 보호 서사 중 무엇이 인류를 더 정확하게 설명한다고 생각하는지 물을 기회가 생긴다면, 둘 다 뭐라고 답할지 충분히 예상할 수 있다. 둘 다 인간은 타고난 포식 동물이며 파괴하려는 욕구가 있다고 생각했다. 인류가 살인을 불사하는 유인원이었다는 이러한 견해는 끊임없는 전쟁과 도덕성을 둘러싼 갈등, 정치적 폭력을 즐기는 듯한 모습을 깔끔하게 설명한다. 지배욕과 파괴욕이 강한 동물은 갈등이 빈번할 수밖에 없다. 그렇게 생각하면, 저녁 식탁에서 정치 얘기로 싸움이 벌어졌을 때 당장 서로 잡아먹으려 하지 않고 고성만 오가는 게 오히려 의아하게 느껴진다.

하지만 인류가 '살인하는 유인원'이라는 생각은 틀렸다. 오늘날 현대인이 최상위 포식자인 건 사실이고, 먼 옛날 원시인류가 잔혹한 폭력을 저지르고 치밀하게 공격할 줄 알았다는 것 또한 분명한 사실이다.[18] 그러나 원시인류는 최상위 포식자가 아니었다. 다트는 발굴된 뼈에 남은 흔적을 잘못 해석하는 실수를 저질렀다. 머나먼 옛날 원시인류는 위험천만한 환경에서 살았지만, 해를 가하는 쪽이 아니라 입는 쪽이었다. 인간의 정신과 몸이 해를 가하는 게 아니라 위험을 피해 달아나는 데 도움을 주는 방향으로 진화했다는 과학계의 연구 결과도 계속 늘어나고 있다. 인류는 사냥꾼이 아니라 사냥감에 더 가까웠다.

동물계를 포식자와 먹잇감으로 나누면, 호랑이 같은 확실한 포식자부터 사슴 같은 확실한 먹잇감까지 다양하다. 우리는 인류가 호랑이와 가까운 쪽에 있다고 생각하며 으스대지만, 실제로는 사슴 쪽에 더 가깝다. 인류는 수백만 년에 걸쳐 위험을 감지하고, 달리고, 달아나도록 진화했다. 우리는 주변에 위험한 게 없는지 끊임없이 경계한다. 우리의 정신과 도덕성은 해를 입을지 모른다는 이 걱정과 함께 형성됐다.

핵심 요약

◉ 인류의 마음 깊은 곳에는 먹잇감이 아닌 포식자의 본성이 있다
고들 생각하지만, 그건 사실이 아니다.

◉ 레이먼드 다트가 타웅 아이를 발견하고 내놓은 해석으로 인류
가 '살인하는 유인원'이라는 추측은 힘을 얻었다. 그는 타웅 아
이가 다른 오스트랄로피테쿠스 아프리카누스의 손에 죽은 게
분명하다고 보았다.

2장

인간의 본성에 관한 새로운 해석

현대 인류는 대부분 스스로 최상위 포식자라고 느끼며 살아간다. 레이먼드 다트나 타웅 아이, '살인하는 유인원' 같은 표현을 들어본 적이 없더라도, 우리는 인간이 동물계의 지배자임을 평범한 일상에서도 느낀다. 우리는 다른 동물을 손쉽게 먹이로 삼고, 잡아먹힐 걱정 따윈 전혀 하지 않는다.

우리가 평소에 많이 접하는 동물들은 인간의 지배를 받는 위치에 있거나(반려동물로 키우는 고양이나 개 등), 다람쥐처럼 몸집이 작아서 덫이나 새총으로 쉽게 죽일 수 있다. 사슴, 새, 여우 등 숲을 거닐다가 만나는 동물도 하나같이 우리가 가까이 가면 얼른 달아나는 듯하다. 어른은 아이들에게 "너보다 동물이 너를 훨씬 더 무서워한단다"라고 말한다. 그 동물이 뱀, 곰, 퓨마라도 마찬가지다. 우리는 다른 동물이 사람을 두려워하는 건 그럴 만한 이유가 있을 거라고 생각한다.

이런 관점은 숲에서 만나는 생물뿐만 아니라 타인, 특히 자신과 도덕적 판단이 다른 사람들을 보는 시각과도 연결된다. 보통 포식자는 공격적이고 자신 있게 어슬렁어슬렁 돌아다니며 아무렇지 않게 폭력을 행사한다. 현대인을 포함한 인간이 정말로 타고난 포식자라면, 도덕적인 갈등 상황에서 분개하는 것도 공격성을 드러내고 상대방을 위협하는 행동이라고 해석할 수 있다. 이런 관점에서는 선거철에 자신이 지지하는 후보의 경쟁자를 옹호하며 SNS에 게시물을 쓰거나 그쪽에 한 표를 행사하는 사람들도 전부 사냥감을 쫓는 거만한 사자 무리나 늑대 떼로 여기게 된다.

반대로 인류가 포식자가 아니라 먹잇감이라고 보면, 그런 행동을 전혀 다르게 해석할 수 있다. 포식자한테 잡아먹히는 동물은 보통 방어적이고, 수시로 불안에 떨고, 항상 위험을 경계한다. 따라서 현대사회에서 나타나는 도덕적 분개는 위험으로부터 스스로를 보호하려는 반응으로 볼 수 있다.

철학과 신학은 수 세기 동안 인류를 이 땅에 사는 모든 생물의 꼭대기에 있다고 묘사하며 인간이 최상위 포식자라는 견해가 굳어지는 데 일조했다. 《성경》〈창세기〉에는 이런 구절이 있다. "하나님이 그들에게 복을 주시며 이르시되 생육하고 번성하여 땅에 충만하라, 땅을 **정복하라**, 바다의 물고기와 하늘의 새와 땅에 움직이는 모든 생물을 **다스리라** 하시니라." 이 구절 전체가 그렇지만, 특히 굵은 글씨로 쓴 부분은 지구의 생물들이 우리의 통제를 받는다는 점을 강조한다. 인간은 그 생물들을 사냥하고, 필요하면 밭을 가는 데 이용하고, 한 침대에서 꼭 껴안고 잘 수도 있다는 의미다.

19세기에 활동한 저명한 과학자들이 〈창세기〉의 내용을 곧이곧

대로 받아들였는지는 모르겠지만, 인간이 짐승을 지배한다는 주장
에는 거의 공감한 듯하다. 자연선택에 따른 진화('적자생존')를 각각
이론으로 발전시킨 찰스 다윈과 앨프리드 러셀 월리스Alfred Russel
Wallace는 돈 많은 지주이거나 그런 지주의 절친한 친구였다. 트위
드 정장 차림으로 말에 올라, 먼저 나간 하인과 사냥개들에게 몰려
이미 잔뜩 겁에 질린 꿩이며 여우를 향해 총을 쏘기만 하면 되는
편안한 사냥을 즐기며 오후를 보내던 사람들이었다.

생물의 진화를 뒷받침하는 과학적 근거가 쌓일수록 인간은 고대
인류에서부터 자연계의 사냥꾼이었다는 학자들의 글도 많아졌다.
미국의 저술가 로버트 루아크Robert Ruark가 쓴 유려한 글에도 그런
생각이 담겨 있다. "대부분의 인간은 사냥꾼의 뿔피리 소리에 자기
의지와 상관없이 반응하는 깊은 본능이 있다. 그 소리를 들으면 뒷
머리가 쭈뼛 서고, 심장이 빠르게 뛰기 시작한다. 돌로, 몽둥이로,
창으로, 활로, 총으로 사냥하다 마침내 사냥 공식이 생긴 조상들에
게 축적된 원시적인 기억이 되살아나는 듯한 기분을 느낀다."[1]

고대 인류의 본성에 관한 글은 대부분 잘 지은 튼튼한 집의 실내
에서 생활하던 학자들이 썼다. 그들도 모두 스스로를 자연계의 지
배자라고 확신했을 것이다. 인간의 본성을 연구하는 오늘날의 과
학자 역시 자연과 멀리 떨어진 환경에서 산다. 그런 학자와 과학자
가 자신이 누리는 안전과 도시, 무기를 모두 잃은 채 낯선 자연에
혼자 뚝 떨어져서 어떻게든 살아남아야 하는 상황에 놓여도 인류
의 본성에 관한 견해가 변함없을지 궁금하다. '헤드 스매시드 인 버
펄로 점프'에 다녀온 후 10년쯤 지난 열아홉 살 때, 나는 야생에서

바로 그런 경험을 했다. 그 일로 인간의 본성에 관한 생각이 바뀌었다.

스라소니의 추격

눈이 무릎 높이까지 쌓인 꽁꽁 얼어붙은 늪 한복판에서, 나를 포함한 5명은 화재 위험성이라고는 거의 없는 곳임에도 불구하고 상하의가 한 벌로 붙은 새파란 방염복 차림으로 서 있었다. 3월이고 겨우 오후 4시였는데도 캐나다 북부답게 이미 해가 뉘엿뉘엿 지고 있었다. 추위가 금세 온몸을 파고들기 시작했다. 우리는 리더인 이언Ian이 손에 쥔, 하나뿐인 무전기 주변에 모두 옹기종기 모였다. 스물네 살을 갓 넘긴 이언은 키가 크고 자신감이 넘쳤다.

"탐험대입니다. 귀환 대기 중입니다, 오버." 이언이 무전기에 대고 말했다. 그리고 머뭇거리는 음성으로 덧붙였다. "거기 날씨는 어떤가요?"

우리는 주변을 둘러보았다. 원래 그 지역은 하늘이 늘 쾌청하고 하도 푸르러서 불과 몇 킬로미터 밖에 바로 우주가 있는 게 아닌가 하는 착각이 들 정도인데, 그날은 몇 미터 앞도 겨우 보일 정도로 심하게 흐렸다. 급작스러운 폭풍우로 구름이 낮게 깔린 데다 안개도 끼고 눈까지 내렸다. 우리는 우리를 데리러 오기로 한 헬리콥터를 기다리고 있었다.

"헬리콥터 조종사입니다. 여긴 폭풍이 붑니다." 매일 탐험 지대까지 우리를 데려다주고 다시 태워 가던 조종사 케일럽Caleb의 음성이 들렸다. 케일럽은 우리가 있는 곳과 약 40킬로미터 떨어진 캐나다 앨버타주 레인보레이크Rainbow Lake(인구 약 1,000명 규모의 도시) 헬기장에서 우리 무전에 답했다. 그곳과 우리 사이에는 얼어붙은 습지와 우거진 관목, 눈이 내려앉은 나무들밖에 없었다.

케일럽은 위험하다고 쉽게 피하는 사람이 아니었다. 캐나다에서도 북쪽으로 멀리 떨어진 곳까지 와서 헬리콥터나 설상차를 몰며, 체인톱을 쓰는 작업자와 지구물리 탐사대를 오지로 실어 나르는 삶을 스스로 택했다는 것만으로도 충분히 알 수 있는 사실이었다. 그가 즐겨 하는 말은 "술병 놓고 조종석까지 8시간"이었다. 매일 밤 술을 퍼마셔도 자정에 술병을 놓기만 하면 다음 날 아침 다시 조종석에 앉아 법적으로 아무런 문제 없이 사람들을 실어 나를 수 있다는 의미였다. 케일럽의 그런 과도하리만큼 자유분방한 안전 감각이 불편하게 느껴질 때도 있었지만, 그날만은 제발 그 기세로 얼른 이륙해서 우리를 데리러 와주길 바랐다.

"여기 시야가 정말 좋지 않습니다." 우리는 모두 숨죽인 채 케일럽의 목소리에 귀를 기울였다. "시야를 확보할 수 없어서 비행이 불가능합니다. 내일 가야 할 것 같습니다, 오버." 다들 눈이 휘둥그레졌다. 이언을 제외한 넷은 서로 얼굴만 멀뚱히 쳐다보며 이게 대체 무슨 상황인지 이해해보려고 했다.

이언의 표정은 덤덤했다. 그리고 놀라울 정도로 차분했다. 이언은 천천히 눈을 두 번 깜박이더니, 무전기에 대고 말했다. "다시 말해주십시오, 오버."

케일럽은 우리와 함께 있을 때도 무전기로 대화할 때처럼 말하는 걸 좋아했는데, 다시 들려온 케일럽의 음성은 이전까지 한 번도 들어본 적 없을 만큼 부드러웠다. "미안합니다, 여러분. 이곳은 내 손도 제대로 안 보일 정도로 흐려요. 언덕 위쪽에 있는데, 지금 폭풍 한가운데에 들어왔습니다. 금세 해가 질 거고요. 이륙한다고 해도 여러분을 찾기가 힘들 테고, 찾는다 해도 돌아올 수 없을 겁니다. 거기서 버텨보세요. 시야가 확보되자마자 곧바로 데리러 가겠습니다, 오버. 행운을 빕니다."

이언은 잠시 말을 잇지 못했다. "알겠습니다, 오버."

나는 사회심리학자가 되기 전에 석유와 천연가스가 나는 곳을 탐사하는 지구물리학자를 꿈꿨다. 그래서 대학교 2학년 겨울에는 어느 지구물리 탐사 업체에서 잠시 일했다. 그날 다른 대학생들과 앨버타주 북부의 자연 한복판에 서 있게 된 것도 그래서였다.

다들 캐나다인이라 추위에는 익숙했지만, 그곳은 앨버타에서도 북쪽 끄트머리였다. 약간의 식량 외에는 마실 물도 없고, 몸을 피할 곳도 없고, 아무런 계획도 없었다. 그런 상태로 시시각각 다가오는 어둠 속에서 15시간을 버텨야 했다. 이언은 우선 가까운 숲 가장자리에서 괜찮은 장소를 찾아 야영지로 정했다. 우리는 뭐라도 할 일이 생긴 게 반가워서 일단 설상차를 몰고 그쪽으로 향했다. 그리고 나무를 기둥 삼아 몸을 피할 곳을 만들었다. 다행히 넉넉한 휘발유 덕분에 불을 피울 수 있었다.

분주하게 야영 준비를 마친 후, 우리는 자리를 잡고 앉아 시간이 흐르기만을 기다리고 또 기다렸다. 기운이 다 빠져서 더 이상 대화할 힘도 없었다. 얼마 없던 식량도 바닥나자, 모두 잠을 청해 보기로 하고 임시 피난처에 몸을 잔뜩 웅크린 채 다닥다닥 붙어 누웠다. 하지만 서로를 꼭 껴안아도 너무 추워서 도저히 누워 있을 수가 없었다. 결국 모두 일어나 불가에 모여 앉았다. 불길이 활활 타올라 조금 따뜻해지면 깜박 잠들었다가 불길이 잦아들면 깨기를 반복했다.

그런데 한밤중에 꺼림칙한 기분이 들어 모두 일제히 잠이 깼다. 전반적으로 모든 게 처참한 상황이라 뭐가 꺼림칙한지 정확히 콕 집어 말할 수는 없었지만, 어쩐지 누가 우리를 지켜보고 있다는 기분이 들었다. 공포 영화의 단골 설정처럼 근처에 이상한 정신병원이 있는 숲속에서 길을 잃은 것도 아닌데, 왜 그런 기분이 드는지 황당했다. 우리가 있는 곳은 가장 가까운 주거지와 40킬로미터나 떨어져 있었다. 그런데도 모닥불에서 튀어 오르는 자그마한 불꽃들 바로 바깥의 컴컴한 어둠 속에서 무시무시한 무언가가 도사리고 있는 것만 같았다. 우리가 할 수 있는 일이라곤 잠드는 것뿐이었다. 그 두려움이 제발 착각이기만을 바라면서.

동이 트기 시작하자 불안한 마음도 한결 나아지는 듯했지만, 잠깐의 안도감은 금세 달아났다. 야영지 주변을 살펴보던 우리는 사방에 흩어져 있는 동물 발자국을 발견했다. 숲에서 슬그머니 나온 동물들이 우리 주변을 빙 둘러싸고 가만히 지켜본 게 분명했다. 이언은 몸을 숙이고 발자국을 자세히 살피더니 말했다. "스라소니야."

온몸에 소름이 끼쳤다. 나는 줄곧 도시에서만 살아서 야생동물이 인간을 위협할 거라고는 단 한 번도 생각해본 적이 없었다. 그런데 그 컴컴한 숲에서 우리는 얼마든지 잡아먹힐 수 있는 표적이었다. 몸집이 작은 고양잇과 동물인 스라소니는 주로 토끼와 다람쥐를 사냥하므로 성인 남자 5명이 큰 위기를 겪을 가능성은 크지 않지만, 숲에는 덩치 큰 다른 포식 동물들도 산다. 특히 앨버타주에는 회색곰과 늑대가 서식한다.

케일럽은 정오가 다 되어갈 즈음에야 마침내 우리를 데리러 왔다. 레인보레이크에 도착하자마자 푸짐한 음식으로 배부터 채웠다. 나는 포식 동물이라도 된 것처럼 베이컨, 햄, 소시지 등을 삼켰다. 하지만 저렴하고 안전한 호텔 방에 돌아와서도 간밤에 느낀, 다른 동물한테 잡아먹힐 뻔한 그 기분을 쉬이 떨칠 수 없었다.

얼마 후에는 지난 몇 주간 내리 눈이 쏟아진 캐나다 북쪽의 다른 곳으로 또다시 탐사를 떠났다. 숲으로 들어가 지상에서 약 30미터 높이에 장비를 설치해야 했는데, 가는 길목에 덤불이 너무나 빽빽하게 우거져 설상차가 더 이상 들어갈 수 없었다. 결국 차에서 내려 숲을 혼자 걷기 시작했다. 설치 지점에 도착해 할 일을 다 마칠 무렵, 무슨 소리가 들렸다. 주변을 둘러봤다. 아무것도 없고, 움직임도 느껴지지 않았다. 새들도 없고, 다른 소리는 전혀 들리지 않았다. 마치 숲 전체가 일제히 뭔가를 기다리는 듯한 긴장감이 감돌았다. 함께 온 동료는 너무 멀리 떨어져 있어 내가 고함을 질러도 안 들릴 것 같았다. 눈이 사방에 쌓여서 줄행랑을 치는 것도 불가능했다. 바로 등 뒤에, 내가 돌아보기만 하면 먹어치우려고 기다리는 뭔가가 있는 것 같았다.

그게 끝이었고, 아무 일도 일어나지 않았다. 하지만 그 이후로 나는 탐사를 나갈 때마다 자연의 먹이사슬에서 인간의 위치가 어디쯤일지 계속 생각했다. 어린 시절 '헤드 스매시드 인 버펄로 점프'에서는 인간이 먹이사슬 꼭대기에 있다고 느꼈고 대학에서 생태학 수업을 들을 때도 그렇게 배웠지만, 내가 체감한 두려움과 도무지 맞지 않았다. 마트에서 장을 보면서 맛있게 구워 먹을 큼직한 고기를 집어들 때면 인간은 포식자가 분명하다는 확신이 들기도 한다. 하지만 인류가 맨 처음 진화한 터전인 자연 한복판에 뚝 떨어진 그날, 우리는 포식 동물이 아닌 언제든 잡아먹힐 수 있는 먹잇감이었다.

왜 과학자들은 고대 인류가 포식자라고 추정할까

인류학 연구에 따르면, 호모 사피엔스는 지난 5만 년 동안 뛰어난 사냥꾼이라는 표현으로는 부족할 만큼 탁월한 포식자로 살았다. 제4기 거대 동물 멸종이 일어난 기원전 5만 2000년부터 9000년까지 인류의 사냥으로 178종 넘는 대형 동물이 지구상에서 사라졌다.[2] 인류학자들은 인간이 이주한 곳마다 엄청난 규모의 멸종이 일어났다는 연구 결과를 제시한다.

5만 년 전이라고 하면 엄청나게 먼 옛날처럼 느껴지지만, 인간의 뇌와 몸은 그보다 훨씬 오래전에 형성됐다. 지나온 모든 인류 역사가 바다라면, 최근 5만 년의 시간은 해변과 맞닿은 얕은 물가이고,

인류의 본질적 특징이 형성된 수백만 년의 역사는 수평선 너머 광활하게 펼쳐진 짙고 푸르른 망망대해에 비유할 수 있다. 글로 기록되지 않은 선사시대에 인류의 조상이 어떤 환경에서 살았는지 알 수 있는 방법은 크게 세 가지다. 하나는 레이먼드 다트가 탐구한 원시인류의 화석을 연구하는 것이고, 다른 하나는 현존하는 영장류 중 인간과 가장 가까운 동물을 통해 정보를 얻는 것이다. 실제로 영장류 학자들은 침팬지를 포함한 그런 동물을 연구해 인류의 진화를 추론한다. 인간의 본성이 맨 처음 어떻게 형성됐는지 단서를 얻을 수 있는 세 번째 자료는 우리 몸과 정신이다. 인간의 해부·생리·심리가 어떻게 적응했는지 살펴보면, 수백만 년 전에 살았던 인류의 생활 방식을 엿볼 수 있다. 지금부터 그 적응의 과정을 살펴보자.

몸과 정신에 남은 적응의 흔적

인류학자들은 고대 인류가 포식자로 진화한 증거로 보통 두 가지 적응을 언급한다. 하나는 (먹이를 향해) 물건을 던지는 능력, 다른 하나는 (먹이를 쫓아) 먼 거리를 달리는 능력이다. 과학자들이 왜 이 두 가지 적응을 인류가 사냥꾼이라는 주장의 근거로 드는지 살펴본 다음, 그런 주장에 의문을 제기하는 최근의 새로운 연구 결과도 들여다보자.

현재 창던지기 세계기록은 축구장 가로 길이에 거의 맞먹는

98.48미터다. 이게 얼마나 대단한 능력인지는 다른 동물들의 던지기 실력과 비교하면 바로 알 수 있다. 인간은 몸집만 보면 최상위 포식자치고는 작은 편이지만(사자에 비하면), 끝에 뾰족한 금속이 달린 창으로 무장하면 아주 무시무시한 사냥꾼이 된다. 게다가 창으로 표적을 맞히는 정확성도 대단히 뛰어나다. 최고 실력을 자랑하는 미식축구 쿼터백 선수들이 던지는 공은 시속 96킬로미터가 넘는 속도로 날아가서 35미터 이상 떨어진 작은 표적도 맞힌다. 심지어 계속해서 앞을 가로막는 상대편 선수들 사이를 비집고 재빨리 빠져나가면서 던져도 그렇다. 쿼터백이 그렇게 던지는 공과 멀리서 그 공을 받아 공격하는 와이드 리시버를 각각 활과 영양이라고 생각하면, 인간의 사냥 실력이 얼마나 출중한지 짐작할 수 있다.

물론 모든 사람이 프로 운동선수처럼 던지기 실력이 정확하고 빠르지는 않지만, 물건을 던지는 인간의 능력이 지구상 어떤 생물보다 우수한 건 분명한 사실이다.[3] 다른 포식 동물들이 먹잇감에 가까이 다가가서 할퀴거나 물어뜯는 방식으로 사냥하는 반면, 인간은 이 던지기 실력 덕분에 멀리서도 표적을 죽일 수 있다. 한 무리의 선사시대 인류가 사슴 떼를 발견하고는 주변에 몰래 숨어 있다가 일제히 창을 던져 사냥하는 광경을 떠올려보라.

이런 던지기 실력은 인간의 가장 고유한 생물학적 적응인 직립보행에서 비롯됐다. 네 발로 걷다가 두 발로만 걷게 되자, 다른 동물들과 달리 양손으로 물건을 던질 수 있었다. 또한 인류는 이족보행을 시작한 후부터 주변을 멀리까지 살펴보며 먹잇감을 찾을 수 있었다. 높이 자란 풀숲에서도 두 발로 땅을 딛고 우뚝 일어서서 공격할 만한 동물을 찾고, 목표물을 발견하면 창을 던질 수 있는 거리까지 다가가 사냥에 성공했다.

이족 보행을 하면서 자연히 무언가를 던져 사냥하기 시작했다는 건 지극히 당연한 수순 같지만, 원시인류의 진화 과정과 더 폭넓게 비교하면 어딘가 맞지 않는다. 인류의 조상이 맨 처음 직립보행한 시기는 400만~600만 년 전인데, 원시인류가 수많은 동물을 멸종에 이를 만큼 무자비하게 사냥한 시기는 그보다 훨씬 뒤다.[4] 처음 이족 보행을 시작한 종 중 하나인 오스트랄로피테쿠스 아파렌시스 *Australopithecus afarensis*는 심지어 고기를 먹지도 못했다. 이들의 치아는 뭉툭하고 무뎌서 동물의 근육을 잘게 씹었다고 보기 힘들며, 주로 과일과 견과류를 먹고 살았을 것으로 추정된다.[5]

또한 직립보행하던 원시인류가 사냥을 시작한 때부터 공기역학의 원리를 적용해 창 같은 도구를 만들 때까지는 엄청난 시간 간격이 있다. 고대 인류가 처음 사용한 창은 정교함과는 아주 거리가 멀어서 표적을 정확하게 맞혔을 확률이 매우 낮다. 그뿐만 아니라 창을 이용한 사냥의 효과는 뾰족한 창끝에서 나오는 법인데, 고대의 창은 이 요건도 갖추지 못했다.

다른 동물한테 잡아먹히는 동물은 보통 가죽이 두껍다. 따라서 선사시대의 사냥꾼도 끝에 날카로운 금속이나 돌이 달린 창을 사용한 후에야 사냥 효율이 높아졌을 것이다. 일부 학자들은 창끝에 뾰족한 돌이 달린 창은 약 50만 년 전에 처음 발명됐을 거라고 주장한다.[6] 원시인류는 수백만 년에 걸쳐 진화했으므로 그 기준에서는 50만 년 전도 상당히 최근에 해당하는데, 그마저 틀린 추정으로 밝혀졌다. 50만 년 전에 어떤 부족이 끝에 뾰족한 돌을 매단 창을 처음 만들었다고 해도, 그런 창을 보편적으로 사용한 건 10만 년 전부터다. 인류의 진화 역사 전체로 보면 더욱 최근의 일인 셈이다.

인류학자들은 새로운 기술이 인류의 진화에 영향을 주려면 발명만으로는 부족하며, 그 기술이 널리 퍼져야 한다고 주장한다.[7] SNS와 책이 등장하고 체계화한 무역 경로가 자리를 잡기 전에는 새로운 기술이 등장해도 안정적으로 퍼지기까지 오랜 시간이 걸렸다. 효율적인 이동 및 소통 수단이 없던 시절에는 특정 부족이 옷감을 꿰매는 기술이나 도구와 창을 만드는 더 나은 기술을 발견해도 그게 멀리까지 퍼지기 힘들었다. 실제 고고학 연구에 따르면, 선사시대에는 인류가 서로 연결될 수단이 없어서 새로운 발명이 불쑥 등장했다가 금세 사라지기도 한 것으로 밝혀졌다.

인류는 수백만 년을 진화한 후에야 끝이 뾰족한 막대를 던질 수 있었다. 그런데 초기에는 그마저도 막대가 곧지 않고 그리 묵직하지도 않아 표적에 완벽하게 적중하지 않을 경우 사냥감을 단번에 죽이기보다 괜히 성질만 돋워서 반격당할 위험이 더 컸다. 한 무리의 원시인류가 사자 같은 맹수의 발톱에 찍혀도 끄떡없을 만큼 가죽이 두꺼운 버펄로나 코끼리를 발견하고 끝이 뾰족한 막대기를 던져 사냥을 시도한다고 하자. 아무런 소득도 없으면 그나마 다행이고, 극도로 위험해질 가능성이 더 크다.

던지는 능력이 최상위 포식자의 토대가 아니라면, 인류는 왜 두 발로 걷게 된 걸까? 한 이론에서는 포식자를 피하기 위해서라고 설명한다. 일어서면 머리가 높아지므로 주변의 위험 요소를 더 잘 살필 수 있다는 것이다.[8] 실제로 미어캣을 비롯해 다른 동물의 먹잇 감인 많은 동물이 수시로 뒷다리로 일어서서 주변을 살핀다. 두 발 로 일어서면 몸집이 더 커 보이므로, 포식 동물이 놀라 달아나게 만드는 효과도 있다.[9] 또 다른 이론에서는 이족 보행이 발달한 건 걸으면서 양손을 자유롭게 쓰는 것이 생존에 유리하기 때문이라고 설명한다. 원시인류는 과일과 견과류를 얻을 수 있는 새로운 장소 를 찾아 곳곳을 돌아다니고 다른 동물이 먹다 남긴 고기도 구하러 다녔을 텐데, 양손이 자유로우면 식량과 어린 아기를 안고 이동하 기가 더 편리했을 것이다.[10]

직립보행과 손으로 무언가를 던지는 능력이 인류를 무자비한 사 냥꾼으로 만든 토대가 아니라면, 애초에 창이 사냥의 필수 요건은 아니었을 가능성도 생각할 수 있다. 동물이 지쳐 나가떨어질 때까 지 뒤쫓는 것만으로도 충분히 사냥할 수 있지 않았을까? 먼 거리를 달리는 능력은 인간이 포식 동물로 적응하면서 생겨났다고 여겨진 다. 하버드대학교의 고인류학자 대니얼 리버먼Daniel Lieberman은 인간의 다리가 근육과 관절이 스프링 같은 역할을 하고 장거리를 달리는 데 필요한 에너지를 효율적으로 보존하는 데 알맞도록 정 교하게 설계되었다고 주장한다.[11] 완주 거리가 짧게는 42킬로미터 에서 길게는 320킬로미터에 이르는 울트라마라톤 선수들을 보면 인간이 '타고난 달리기 선수'라는 생각이 든다.

인체의 체온 유지 기능도 달리기에 도움을 주는 인간의 고유한 특징인 듯하다. 모든 포유동물은 달리면 몸에서 대사 반응이 일어 나 과도한 열이 발생하고, 그걸 몸 밖으로 방출해야 한다. 그래서 대부분의 포유동물은 호흡이 가쁘고 거칠어지는 방식으로 이 열을 식히는데, 그래봐야 혀로 수분을 발산하는 정도에 그치므로 효율이 떨어진다. 게다가 전력 질주하면서 숨을 헐떡이는 것만으로는 몸의 열을 제대로 내보내기 어렵다. 반려견을 키워본 사람은 개가 전속력으로 실컷 달린 후에는 한동안 가만히 앉아서 숨을 헐떡이는 모습을 많이 봤을 것이다. 그런데 인체에는 달리는 동안 몸 전체에서 땀을 흘려 체온을 효율적으로 낮추는, 훨씬 훌륭한 자체 냉각 시스템이 갖춰져 있다.

먹잇감보다 빠르게 달리는 치타 같은 포식 동물과 비교하면 인간의 달리기 속도는 느린 편에 속한다. 그래서 학자들은 인류가 사냥꾼으로 성공한 건 달리는 속도가 아니라 먼 거리를 달리는 능력 덕분이라고 말한다. 인간은 사냥감을 발견하면 근처에 우뚝 서서 뭔가를 던지며 겁을 주었을 것이다. 동물은 얼른 달아나고, 그러느라 에너지를 크게 소비한다. 인간은 일정한 속도로 달리며 그 뒤를 쫓는다. 양팔이 자유로우므로 물도 휴대할 수 있다. 동물을 거의 따라잡으면 다시 겁을 준다. 그러면 동물은 또 재빨리 달아나고, 에너지는 더 소비된다. 인간은 동물을 가차 없이 또 추적하고, 계속 달리느라 기진맥진한 동물은 결국 쓰러진다. 그러면 인간은 몽둥이 같은 도구로 동물을 죽인 다음 야영지로 가져와 실컷 먹는다.

우리가 달릴 때 느끼는 큰 쾌감도 인류가 이처럼 '끈질긴 사냥꾼'으로 진화했다는 주장을 뒷받침하는 몇 가지 근거 중 하나로 여겨진다. '러너스 하이runner's high'라고 부르는 이 쾌감은 인체 신경계가 오래 달리면 제공하는 보상인데, 이런 효과는 마리화나의 활

성 성분인 테트라하이드로칸나비놀tetrahydrocannabinol(줄여서 THC)
과 동일한 '내인성 카나비노이드endocannabinoid'가 몸에서 만들어
질 때 나타난다. 달리기를 즐겼던 신경과학자 아널드 맨덜Arnold
Mandell은 1970년대에 이 쾌감을 다음과 같이 묘사했다. "밝고 아
름다운 색깔들과 반짝이는 물빛 속에서 구름도 숨을 쉬고, 내 몸은
땅과 분리되어 헤엄치는 기분이다." 달리는 동안 이런 즐거움을 느
끼면 더 많이 달리게 되고, 그만큼 몸이 튼튼해진다. 새로운 사냥
기회가 찾아왔을 때 추적에 성공할 확률도 더 커진다.

그러나 다들 알다시피 달리기를 끔찍하리만치 힘들다고 느끼는
사람이 많고, 적어도 오늘날 현대인이 달리는 방식은 건강을 오히
려 해치는 듯하다. 달리기를 진심으로 좋아하는 사람이 있더라도,
그게 원시인류가 끈질긴 사냥꾼으로 진화한 증거라고 하기에는 무
리가 있다. 한 연구진은 16세기부터 21세기까지 사냥하고 채집하
며 생활한 사람들에 관한 민속학 자료를 샅샅이 파헤친 결과, 먹잇
감을 끈질기게 추적하는 방식이 사냥에 쓰인 빈도는 매우 낮았다
고 밝혔다.[12] 그런 사냥 기술이 거의 활용되지 않았다는 건 인류의
진화에 큰 영향을 주지 않았다는 의미다.[13] 게다가 사냥과 채집 활
동으로 생존을 이어가는 현대의 인류 공동체에는 먼 옛날 초기 인
류에게는 없던 창끝이 뾰족한 현대식 무기가 있었다. 그래서 대부
분의 인류학자는 동물을 끈질기게 추적하는 사냥 방식이 현대에도
남아 있는 것은 인류의 진화와 거의 관련이 없다고 주장한다.[14]

먹잇감을 장시간 추적해서 잡는 사냥은 현대인이 가진 기술을
동원해도 너무 힘든 일일 뿐만 아니라 결과 또한 불확실하다. 영국

BBC 다큐멘터리 팀은 칼라하리 사막에 사는 부시먼족이 영양의 일종인 쿠두kudu 한 마리가 쓰러질 때까지 8시간 동안 추적해 사냥하는 과정을 따라다니며 카메라에 담았다. 그런데 이 사례를 먼 옛날 인류의 사냥과 연결하기는 힘들다. 모든 면에서 장시간 쫓는 방식의 사냥에 이상적인 조건이었기 때문이다. 촬영 당시 기온은 섭씨 40도에 이르는 무더운 날씨였다. 쿠두가 달아나는 도중에 숨을 고르고 열을 식힐 만한 나무 그늘도 별로 없었다. 또한 지면에 아주 부드러운 흙이 깔려 있어 쿠두의 발자국이 깊고 선명하게 남아 이동 방향을 파악하기도 쉬웠다. 게다가 이 동물을 쫓는 칼라하리의 부시먼족은 발을 보호하고 쿠션감도 좋은 현대식 러닝화를 신고, 현대식 철제 칼도 갖고 있었다.[15] 사막에서 그렇게 하루 종일 뛰어다니려면 반드시 수분을 보충해야 생존할 수 있는데, 이들의 사냥 과정을 카메라에 담는 촬영팀의 지프차에는 물도 잔뜩 실려 있었다.

고대 인류는 당연히 그런 지원팀 없이 장시간 동물을 끈질기게 추적하기에 별로 유리하지 않은 환경에서 진화했다. 위스콘신대학교의 두 인류학자는 150만~230만 년 전 원시인류가 살았던 아프리카의 환경은 사막이 아닌 대초원과 삼림이었으며, 사냥감을 장시간 따라다니기는 어려웠을 거라고 추정한다.[16] 첫 번째 이유는 초원과 삼림 지대는 건조한 사막의 모래와 달리 흙이 단단하게 뭉쳐 있고 지표면에 풀이 빽빽하게 자라 동물의 흔적을 쫓기가 어렵기 때문이다. 두 번째 이유는 나무가 일정한 간격으로 자라는 곳이나 풀이 무성한 곳에서는 달아나던 동물이 잠시 숨을 돌리거나 몸을 숨길 만한 장소가 넘쳐나기 때문이다. 설사 인류의 조상이 그와 같은 방식으로 영양 한 마리를 끝까지 쫓아가서 잡았다고 해도 큰 문제가 남아 있다. 추적하느라 지칠 대로 지치고 갈증도 심한 상태에서 45킬로그램쯤 나가는 죽은 동물을 부족민이 기다리는 수 킬로미터 떨어진 곳까지 옮겨야 하기 때문이다.

고대 인류가 표적을 끈질기게 추적하며 사냥했다는 가설의 또한 가지 문제점은, 탁 트인 장소에서는 사냥감을 뒤쫓는 쪽도 다른 동물한테 잡아먹히기 쉽다는 걸 고려하지 않는다는 것이다. 사막이나 대초원에서 먹이를 사냥한 건 인간만이 아니었다. 에너지 넘치고 달리는 속도도 엄청나게 빠른 들개 떼가 뜨거운 태양 아래서 5시간쯤 달리며 사냥감을 쫓느라 지친 인간을 발견했다면, 별로 힘들이지 않고 잡아먹을 수 있었을 것이다.

던지는 능력과 먼 거리를 달리는 능력은 언뜻 인류가 무시무시한 사냥꾼으로 적응하며 생겨난 것 같아도 자세히 들여다보면 이렇듯 많은 의구심이 든다. 또한 진화의 역사에서 그 두 가지 능력이 생겨 사냥할 수 있게 되었다고 해도, 그것이 훨씬 먼 옛날에 인류의 조상이 최상위 포식자였다는 확실한 근거로 보기는 힘들다. 우리 몸의 특징만 봐도 생물학적으로 포식자보다 먹잇감에 가깝다는 사실을 쉽게 알 수 있다. 인간은 송곳니도 없고 날카로운 발톱도 없다. 높이 뛰지도 못하고, 빨리 달리지도 못한다. 힘도 그리 세지 않다. 인간의 사촌인 침팬지와 비교하면 우스울 정도로 힘이 약하다. 인간은 몸집이 비슷한 동물 중에 가장 힘이 약하고, 가장 느리고, 방어력도 약한 동물이다.

그러나 인류에게는 다른 어떤 동물에게도 없는 강점이 있다. 바로 다른 사람과 협력하고 계획을 세우는 뛰어난 정신이다. 인류는 다른 사람과 힘을 합쳐 포식 동물의 타고난 신체적 장점을 무용지물로 만들었다. 5,000여 년 전 석기시대의 인류가 '헤드 스매시드 인 버펄로 점프'의 높은 절벽을 사냥에 활용한 것이 바로 그런 예다.

인류가 처음부터 현대인처럼 계획을 수립하고 협력해서 사냥을 잘할 수 있었던 건 아니다. 이런 영리함은 신체 조건이 인간보다 뛰어난 포식 동물을 피하려고 진화한 결과일 가능성이 높다. 고대 원시인류에게는 인간을 잡아먹는 포식 동물이 진화를 이끄는 큰 압력으로 작용한 게 분명하다. 1920년대에 인류학자들은 중국 베이징 바로 남쪽에 있는 한 동굴에서 고대 원시인류 45명의 유해를 발견했는데, 모두 머리뼈에 커다란 구멍이 있었다. 지금은 멸종한 파키크로쿠타*Pachycrocuta*(몸무게가 65킬로그램 정도 나갔던 하이에나의 일종)에게 잡아먹힌 흔적이었다.[17]

숲에 살던 인류의 목숨을 위협한 건 그런 거대한 하이에나만이 아니었다. 두 인류학자 도나 하트Donna Hart와 로버트 서스먼Robert Sussman이 쓴 《사냥당한 인류Man the Hunted》에는 사람을 먹이로 삼았던 각종 포식 동물이 줄줄이 나온다. 곰과 개의 잡종 동물부터 검치호랑이, 몸무게가 120킬로그램에 육박하고 양 날개의 너비가 무려 7미터에 달했던 거대한 독수리까지 다양하다.[18] 원시인류가 살았던 환경에는 인간을 잡아먹으려고 호시탐탐 노리는 포식 동물이 가득했다. 끝에 뾰족한 돌을 매단 창이나 표적을 정확하게 맞힐 수 있는 화살로 이런 포식 동물을 물리친 건 나중의 일이다. 그 전까지는 포식 동물의 먹이가 되지 않으려면 기지를 발휘하는 게 인간이 할 수 있는 전부였다. 계획을 세우고 다른 사람과 소통하는 등 막 발달하기 시작한 지적 능력은 포식 동물의 습성을 파악하고 그들의 행동을 예측해서 살아남는 데 도움을 주었다.

끝에 뾰족한 돌을 매단 무기를 개발할 즈음에는 그보다 더욱 뛰어난 정신 능력을 발휘해 사냥 실력도 키울 수 있었다. 하지만 인류 진화의 역사 중 최근 10만 년간 꽤 자신만만한 사냥꾼으로 살았다고 해서 다른 동물한테 잡아먹히며 살았던 400만 년의 세월이 다 없던 일이 되지는 않는다. 인류의 정신은 그 400만 년 동안 형성됐다. 인간의 사냥 실력을 높인 여러 능력과 더불어 인간의 심리적 특성이 빠른 속도로 진화했지만,[19] 포식 동물을 두려워하는 내재적 본성이 사라지는 진화는 일어나지 않았다. 먹잇감보다 사냥꾼에 더 가까워진 최근까지도 인간은 포식 동물에게 쫓기고 잡아먹혔으므로, 그런 두려움을 계속 느끼는 게 나았기 때문이다. 인류가 지금의 모습으로 진화하고도 먼 옛날 다른 동물의 사냥감이던 시절의 본성이 상당 부분 남아 있는 건 그럴 만한 이유가 있다는 얘기다.

인류의 사촌에게서 찾은 단서

인류의 사촌 격인 영장류 연구에서 새롭게 밝혀진 사실도 인류가 포식 동물이 아닌 먹잇감에 더 가까웠다는 이론을 뒷받침한다.

학자들은 오랫동안 인류와 가장 가까운 영장류를 최상위 포식자라고 보았고, 이는 인간도 마찬가지라는 주장의 근거로 여겨졌다. 탄자니아 곰베 국립공원Gombe National Park에서 전설적인 침팬지 연구를 진행한 제인 구달Jane Goodall도 침팬지의 뛰어난 사냥 기술과 서로에게 드러내는 공격력에 깊은 인상을 받았다.[20] '살인하는 유인원'이라 불리는 이 동물은 다른 침팬지의 목숨을 무자비하게 빼앗고 심지어 사체를 훼손하기도 한다.

하지만 그런 공격성에도 불구하고 침팬지가 다른 동물을 잡아먹는 포식자라는 주장은 근거가 부실하다. 영장류 학자들은 대부분 곰베 국립공원 같은 동물보호구역에 사는 침팬지를 연구한다. 수렵꾼을 피해서 안전하게 살 수 있도록 마련된 그런 '피난처'에 사는 침팬지는 다른 포식 동물의 공격도 피할 수 있다. 침팬지를 잡아먹는 포식 동물은 무장한 인간들이 늘 지키고 있는 곳에 잘 나타나지 않기 때문이다. 총을 가진 인간들로부터 보호받지 못하는 환경에 사는 침팬지들이 살아가는 모습은 피난처에 사는 침팬지들과 다르다. 무엇보다 큰 차이는 얼룩무늬표범, 흑표범 같은 덩치 큰 고양잇과 동물들에게 잡아먹힐 가능성이 크다는 점이다. 그 포식 동물들은 깜깜한 밤이 되기를 기다렸다가 침팬지들이 사는 나무 위 둥지로 슬그머니 올라간다. 그러곤 잠든 침팬지 가족 중 가장 어린 새끼를 입에 물고 쏜살같이 정글로 달아나 먹어 치운다.

동물보호구역이 아닌 세네갈 니오콜로코바 국립공원Parc National du Niokolo-Koba[21]에서 침팬지를 연구한 영장류 학자들은 사자, 표범, 점박이하이에나, 들개의 위협에 항상 노출된 채 살아가는 침팬지의 행동이 구달의 연구로 알려진 것과 큰 차이가 있다는 사실을 확인했다. 이곳에서 사는 침팬지들은 곰베 국립공원의 침팬지보다 훨씬 높은 나무 꼭대기에 둥지를 만들고, 사냥은 거의 하지 않는다. 둥지를 떠나 땅에 내려오면 잡아먹힐 위험이 크기 때문이다. 숲을 거닐 때도 쉼 없이 주변을 살피고, 포식 동물이 공격하기 힘들도록 항상 여럿이 무리 지어 다닌다.

일본 연구진이 밝힌 탄자니아 마할레 산맥Mahale Mountains에 사는 침팬지들의 상황도 그와 비슷하다. 연구진은 그곳에서 채취한 사자 분변을 분석했는데, 11점의 표본 중 4점에서 침팬지의 털과 뼈·이빨이 포함된 것을 확인했다. 그곳에 사는 침팬지가 사자의 먹잇감이라는 사실을 보여준 결과였다.[22] 연구진은 조사를 벌인 1년 동안, 침팬지 개체군의 6퍼센트가 사자한테 죽임을 당했다고 추정했다.

침팬지도 원숭이와 설치류 같은 작은 포유동물을 잡아먹을 뿐만 아니라, 때로는 같은 침팬지까지 죽이는 포식 동물이다. 그러나 전체적으로 보면, 영장류는 포식자가 아닌 먹잇감에 더 가깝다. 앞서 고대 인류가 사냥꾼이었다는 주장을 반박하는 내용이 담겨 있다고 소개한 두 인류학자 도나 하트와 로버트 서스먼의 저서《사냥당한 인류》에는 인류의 사촌인 영장류가 포식자와 먹잇감 중 어느 쪽에 더 가까웠는지 평가한 내용도 나온다. 두 사람은 영장류에 속하는 여러 종의 동물이 다른 동물한테 잡아먹히는 비율은 대체로 기존에 추정된 것보다 훨씬 크다고 밝혔다. 이들의 분석에 따르면, 몸집이 작은 영장류는 개체군의 최대 25퍼센트가 다른 동물한테 먹히고, 덩치가 큰 영장류도 보통 해마다 전체 개체의 10분의 1이 다른 동물한테 먹히는 경우가 드물지 않은 것으로 나타났다.[23] 그 정도면 그렇게 많은 비율이 아닌 것 같다면, 해마다 세계 인구의 10퍼센트가 다른 동물한테 잡아먹힌다고 생각해보라.

침팬지가 포식자라고 주장하는 영장류 학자들이 놓친 또 한 가지는 그런 결론을 내린 연구가 훤한 대낮에 이루어졌다는 것이다. 인간 연구자의 기준에서야 주변이 밝은 대낮에 관찰해야 잘 보이겠지만, 자연에 사는 포식 동물은 대부분 낮에 잠을 잔다. 표범을 비롯한 대형 고양잇과 동물은 거의 다 밤이 되면 놀랍도록 뛰어난 야간 시력에 의존해 아무것도 모른 채 푹 잠든 먹잇감 가까이 슬그머니 다가가 얼른 낚아채는 방식으로 사냥한다.[24]

영장류가 포식 동물에 더 가깝다고 주장하는 학자들은 현대의 인간이 떼를 지어 살며 각종 탈것까지 있는 곳에서는 포식 동물이 다가와 사냥하기 어렵다는 사실도 간과한다. 하지만 인간이 떼 지어 나타나지 않는 곳에 가보면, 영장류가 다른 동물에게 잡아먹힌 흔적을 볼 수 있다.[25] 고릴라 개체군을 연구하기 위해 아프리카 열대 산악 지역으로 떠난 〈내셔널 지오그래픽〉의 탐험가 마이클 페이Michael Fay는 3,220킬로미터를 등반하는 내내 표범 배설물에 통째 남아 있는 고릴라 발가락 등을 발견했다고 보고했다. 덩치가 침팬지보다 훨씬 클 뿐만 아니라 원시인류와 비교하면 체격이 거의 2배나 되는 고릴라가 잡아먹힌다면, 체격이 작고 힘도 약한 인류의 조상 역시 사냥감이었을 가능성이 크다.

야생에 사는 영장류가 늘 잡아먹힐 위험에 노출되어 있다는 사실을 알고 나면, 아이들이(때로는 부모조차) 밤에 무슨 소리만 들려도 겁을 집어먹는 게 당연하다는 생각이 든다. 인간과 가장 비슷하고 힘은 훨씬 센 사촌 격인 동물들이 최대한 안전한 곳에 마련한 잠자리에서 밤사이 표범한테 가족을 잃는 일이 비일비재하다면, 우리 아이들이 왜 그토록 밤을 무서워하는지 충분히 이해할 수 있다.

인간의 본성을 연구할 때 인간과 가까운 영장류와 더불어 꼭 살펴봐야 하는 또 한 가지 증거는 바로 화석 기록이다. 레이먼드 다트가 뼈 상자에서 발견한 진짜 역사는 무엇이었을까?

타웅 아이를 죽인 진짜 범인

레이먼드 다트는 타웅에서 발견된 화석에 고대 원시인류에 관한 정보가 담겨 있고, 그 정보에 따르면 현대 인류는 포식자라고 확신했다. 그는 타웅 아이의 뼈에 남아 있는 여러 개의 홈이 도구를 사용해 뼈에서 살을 발라낸 흔적이며, 그런 일을 할 수 있는 건 인간뿐이라고 추정했다. 표범 같은 대형 고양잇과 동물이 고대 원시인류를 종종 잡아먹었다는 사실은 다트도 알고 있었다. 그러나 다음에서 설명하는 것처럼 타웅 아이의 뼈가 다양한 동물의 뼈와 섞인 채 발견됐으므로 포식 동물한테 잡아먹힌 건 아니라고 판단했다.

타웅의 뼈 퇴적물을 조사한 결과, 수천 개의 뼛조각이 나왔다. 이 뼈들을 발견한 곳은 육식 포유동물의 은신처였던 큰 동굴이나 패

총이다. 주로 개코원숭이·거북·설치류·박쥐·새 등 작은 동물의 뼈였고, 알껍데기와 게 껍데기도 함께 발견됐다. 이런 구성은 표범과 하이에나를 비롯한 대형 육식동물의 은신처에서 주로 발견되는 먹이 흔적과는 일치하지 않지만, 원시인이 머무른 동굴에서 나오는 퇴적물과는 비슷했다.[26]

다트는 "원시인"이 다른 원시인류와 짐승을 죽인 장본인이라고 생각했다. 아울러 "분명 힘이 셌을 것"이라 추측하며 "막대기나 돌을 사용해 개코원숭이를 죽였을 것"이라고 설명했다. 그리고 "여럿이 무리 지어 다니면서 사냥했을 것"이라는 해석도 내놓았다. 또한 그곳에서 발견된 동물의 머리뼈들에 능숙한 솜씨로 깬 흔적이 있는 것은 그 안에 든 뇌를 먹었다는 증거이므로 인간이 한 일이 분명하다고 보았다.

이후 오랫동안 대다수 과학자가 다트의 해석에 동의했지만, 최근 2명의 고인류학자가 반대 의견을 제시했다. 인류가 '살인하는 유인원'이었다는 다트의 주장을 과학계에서 수용한 지 수십 년이 지난 1995년에 발표된 두 학자의 논문에는, 타웅 아이에 관한 새롭고 중요한 분석이 담겨 있다. 이들의 탐구는 한 가지 흥미로운 사실에서 출발했다. 바로 타웅의 구덩이에서 여러 종류의 뼈와 함께 알껍데기가 발견됐다는 점이다. 다른 동물의 목숨을 무자비하게 빼앗고 심지어 통째로 죽일 수도 있는 유인원이 왜 자그마한 알을 자기 은신처까지 가져와서 깨뜨렸을까? 게다가 그게 독수리의 알이라는 사실이 두 학자의 호기심을 더욱 키웠다. 독수리 둥지에서 알을 그렇게 대량으로 가져오는 건 쉬운 일이 아니기 때문이다. 다른 동물을 얼마든지 죽일 수 있는 원시인류가 대체 왜 독수리 알을 찾아다니는 고생을 자처했을까?

이런 의문을 제기한 두 학자는 간단한 해석을 내놓았다. 독수리의 알껍데기는 그걸 깨고 나온 독수리 새끼가 남긴 것이며, 다트가 뼈 퇴적물을 발견한 곳은 원시인류가 살던 동굴이 아니라 독수리 둥지라는 것이다. 독수리가 물고 나르기에는 덩치가 너무 큰 현대 인류와 달리 선사시대의 원시인류는 몸집이 작았다. 게다가 어린아이는 거대한 육식 조류가 얼마든지 물고 나를 수 있다.

현대에도 독수리는 영장류의 주요 포식자다. 무게가 9킬로그램쯤 나가는 부채머리수리는 사냥한 동물이 마구 몸부림쳐도 발톱으로 꽉 붙들고 놓치지 않는다. 이런 새들은 사냥할 때 시속 65~80킬로미터로 달려들어 1,860킬로그램힘(kgf, 질량이 1킬로그램인 물체에 지구의 중력 가속도가 작용할 때 발생하는 힘을 나타내는 단위 — 옮긴이) 이상의 충격을 가한다. 이는 라이플에서 총알이 발사되는 순간 총구에서 측정한 충격량의 약 3배에 달하는 힘이다.[27] 특히 고대의 독수리는 어린 원시인류를 충분히 낚아챌 수 있을 만큼 몸집이 컸다. 이런 새로운 시각으로 타웅 아이의 뼈에 남은 자국과 여러 개의 홈을 다시 살펴보면, 독수리 발톱에 붙들렸을 때 생긴 손상일 가능성이 떠오른다. 그렇다면 타웅 아이의 머리뼈가 뚫리고 뇌까지 사라진 흔적은 어떻게 해석할 수 있을까? 육식 맹금류는 사냥한 동물의 머리뼈 안쪽을 파먹는 습성이 있다. 두 학자는 1995년의 반박 논문에서, 타웅 아이의 머리뼈를 다시 분석한 결과 독수리의 부리 모양

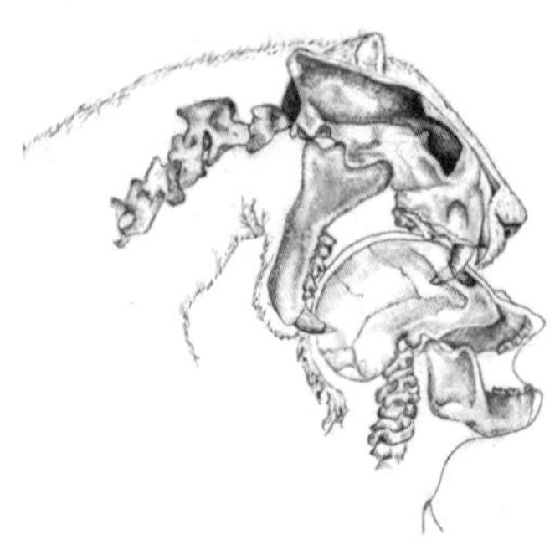

그림 3 ◉ 인류학자들의 연구에 따르면, 초기 원시인류는 대형 고양잇과 동물한테 많이 잡아먹혔다. 그림은 오스트랄로피테쿠스의 머리뼈 화석에서 발견된 구멍 2개의 세부적인 특징을 토대로, 이러한 흔적이 생긴 원인을 추측한 그림이다.

과 일치하는 브이(V) 자 형태의 찍힌 자국을 발견했다고 밝혔다.

다트는 타웅 아이가 다른 원시인류의 손에 죽임을 당했다는 전제로 인간의 본성에 관한 이론을 세웠지만, 현대의 두 학자는 타웅 아이가 희생된 건 확실하지만 그 아이를 죽인 건 인육을 먹는 다른 인간이 아니라 굶주린 새였다고 주장했다.[28] 다른 연구에서도 원시인류가 다른 동물에게 잡아먹힌 흔적이 고스란히 남아 있는 화석을 발견했다. 가장 초창기 인류의 조상인 175만 년 전 원시인류의 화석에서는 머리뼈 맨 윗부분에 2개의 둥근 구멍이 있었는데, 그 크기와 간격이 검치호랑이의 송곳니와 정확히 일치했다.[29]

이러한 연구 결과로 인간의 본성은 다트가 추정한 것과는 크게 다르다는 사실이 드러났다. 인류가 포식자가 아닌 다른 동물의 먹잇감으로 살며 진화했다는 이론은 '살인하는 유인원' 이론처럼 흥미진진하거나 인간의 특별함을 부각하지도 않지만, 과학적 근거는 우리가 먹잇감이었음을 알 수 있는 내용이 일관되게 더 많다.

인간의 조상은 해를 입을까 봐 걱정하고 늘 두려움에 떨었다. 밤보다는 주로 안전한 낮에 큰 무리를 지어 시끌벅적하게 떠들면서 숲을 돌아다니며 과일과 견과류를 모았다. 주위가 어둑해지면, 특히 달빛조차 없어 아무것도 안 보이는 깜깜한 밤에는 다시 해가 뜰 때까지 서로 바짝 붙어서 어떻게든 잠들려고 애를 썼다. 그러면서도 몰래 다가오는 포식 동물을 경계하느라 귀는 완전히 닫지 못했을 것이다. 인간을 잡아먹는 포식자는 어둠 속에서 조용히 다가왔다. 가령 흑표범 같은 동물은 겨우 몇 미터 떨어진 곳까지 접근해 잠자코 기다리다가, 엄마가 아기를 껴안은 팔을 푸는 순간 낚아채 재빨리 사라졌다. 기겁해서 우는 아기의 울음소리에 온 가족이 깜짝 놀라 잠에서 깨도 암흑 속에서 할 수 있는 건 아무것도 없다. 그저 표범이 다시 돌아오지 않기만을 바랄 수밖에 없었을 것이다.

도시에 사는 현대인은 고대 인류가 다른 동물에게 잡아먹힐까 봐 노심초사하며 느꼈을 이런 공포를 상상하기 어려울 수 있다. 오늘날 우리의 생활환경은 비교적 안전한 편이지만, 이는 인간을 잡아먹는 포식 동물을 전부 동물원과 자연보호구역에 분리하거나 아예 멸종시킨 결과다. 지금은 혼자 숲에 들어가도 자그마한 다람쥐와 여우 정도만 마주칠 뿐 곰이나 커다란 고양잇과 동물과 맞닥뜨리는 경우는 아주 드물다. 하지만 10만 년 전만 해도 숲에는 늑대, 덩치 큰 고양잇과 동물, 살벌하고 거대한 맹수 따위가 나무들 사이에 숨어 있었다. 그래서 과학자들은 인류의 최근 조상도 다른 동물한테 수시로 잡아먹혔다고 주장한다.[30]

심지어 오늘날에도 세계 일부 지역에서는 인간이 다른 동물한테 잡아먹히는 일이 발생한다. 인도와 네팔에서는 호랑이 개체수가 크게 줄어든 상황인데도 해마다 100여 명이 호랑이의 먹이가 된다. 북미 지역에서도 동물의 습격으로 인간이 종종 목숨을 잃는다. 2009년 당시 열아홉 살이던 캐나다의 팝 가수 테일러 미첼Taylor Mitchell은 느긋하게 등산을 즐기려고 캐나다 케이프브레턴 하이랜즈 국립공원Cape Breton Highlands National Park으로 여행을 떠났다가 자기 차로 돌아오지 못했다. 야생 코요테 떼의 공격을 받아 목숨을 잃은 것이다.

인류는 먹잇감이었다

인류는 수백만 년 동안 다른 동물한테 잡아먹히며 살았다. 위험을 강하게 경계하는 인간의 심리적 특성은 그 오랜 역사가 남긴 유산이다. 현대에는 걸출한 사냥꾼도 많고 위험천만한 야생에서 잘 버티고 살아가는 사람도 있다. 영화 〈프레데터Predator〉에서 낡은 전투복 차림으로 숲속을 돌아다니는 배우 아널드 슈워제네거, 또는 온라인에서 유명해진 리버 킹Liver King이 그런 현대판 포식자의 대표적 모습일 것이다. 몽골 출신에 가무잡잡한 근육질을 자랑하는 리버 킹은 인류가 태생적으로 뛰어난 사냥꾼이라고 주장한다. '리버'라는 이름에도 그가 동물의 생간과 내장을 즐겨 먹는다는 의미가 담겨 있다. 킹은 원시인 같은 인상을 주기도 하는 우람한 체격을 유지하는 비결은 그런 식생활 덕분이라고 말한다. 하지만 자세히 살피면 다른 진실이 보인다. 리버 킹의 근육은 그가 복용하는 스테로이드가 만든 결과물이고, 〈프레데터〉에서 슈워제네거가 연기한 근육질 인물은 포식자로 활약하는 게 아니라 정글에서 인간을 무자비하게 사냥하는 외계인한테 쫓기는 먹잇감 신세다. 우리가 쫓기고 추격당하는 이야기에 크게 공감하는 이유는 그게 어떤 기분인지 잘 알기 때문이다. 우리는 위협받고 사냥당하는 게 어떤 기분인지 본능적으로 안다. 그건 인류의 진화가 남긴 유산이다.

인류가 포식자가 아니라 다른 동물의 먹잇감이었다는 사실은 왜 중요할까? 인간에 관한 이해와 우리의 도덕적 갈등에 관한 이해가 근본적으로 달라지기 때문이다. 인간을 포식자라고 생각하면, 자신과 도덕적 판단이 다른 사람을 '파괴 서사'로 이해하게 된다. 자신이 확신하는 도덕적 가치를 무너뜨리려는 사람이 나타났다고 치자. 이때 그 사람을 포식자로 여기면, 냉혹한 자신감으로 어둠 속에서 나와 내 아이를 낚아챌 때까지 호시탐탐 지켜보고 있을 거라고 추정하게 된다. 실제로 오늘날 정치판에서는 상대편이 자신들을 노린다는 그런 식의 주장이 빈번하게 제기된다. 그뿐만 아니라 그런 주장으로 사람들을 세뇌하고 자기 뜻대로 움직이도록 길들이려는 시도까지 일어난다. 반대로 인간은 포식자가 아니라 속으로는 늘 두려워하며 살아가는 존재라고 생각하면, 상대편이 나를 도덕적으로 공격하는 건 모든 걸 지배하려는 게 아니라 나름의 절박함 때문이라고 이해하게 된다. '저들을 어떻게 해칠까?' 생각하며 공격하는 게 아니라, '저들로부터 나를 지키려면 어떻게 해야 하나?' 라는 고민 끝에 나온 반응으로 여길 수 있다.

이 책을 열면서 소개한 내 10대 시절의 사건을 다시 떠올려보자. 내가 만난 그 성난 운전자는 공격할 대상을 물색하며 쇼핑몰 주변을 포식자처럼 돌아다닌 게 아니다. 그가 폭력을 행사한 것은 사고를 당할 위험을 겪었기 때문이다. 인간의 본성을 더 정확하게 설명하는 이론으로 그 운전자의 행동을 살펴보면, 그가 왜 그랬는지 좀 더 이해되고 내게 했던 짓도 용서할 수 있다. 마찬가지로 인간의 본성을 정확하게 알면, 정치적으로 분열된 사람들도 서로를 더 잘 이해하고 심지어 서로에게 연민을 느끼는 것도 가능하다. 자신과 다른 의견을 가진 사람이 대체 왜 그렇게 주장하는지 이해하고 싶다면, 이런 질문을 던져보라. "저 사람은 지금 무엇을 두려워하고 있는 걸까?"

자신과 대립하는 사람들이 무엇을 겁내는지 생각해보라는 얘기가 이상하게 들릴 수도 있다. 게다가 이제는 대다수가 과거 어느 때보다 안전하게 사는 현대사회에서 겁낼 게 뭐가 있냐고 강변할 수도 있다. 하지만 석기시대에 포식 동물을 겁내며 살았던 긴 역사를 거쳐 지금에 이른 현대인은 야생의 숲이 아닌 깔끔하게 다듬은 잔디밭과 보도에 둘러싸여 살면서도 여전히 위협을 경계한다. 4장에서 자세히 설명하겠지만, 이 경계심은 사소한 일도 큰 위험으로 여기는 확대 해석을 유발한다. 그래서 SNS에 올라온 게시물이나 아이들이 자유롭게 뛰어놀다가 겪을 수 있는 일에도 기겁하게 만든다. 주변 환경의 안전성을 실제보다 축소 평가하는 이런 경향은 나중에 살펴보기로 하고, 먼저 먼 옛날 포식 동물한테 쫓기며 살던 인류가 어떻게 안전하게 지낼 수 있게 됐는지부터 알아보자. 인류는 포식 동물한테 먹히지 않고 어떻게 스스로를 보호하게 됐을까? 사회성이 생길 수밖에 없었던 이유, 즉 여러 사람이 큰 집단을 이루며 함께 살아야 했던 이유가 바로 여기에 있다. 안타까운 사실은 집단생활에서 살인 같은 새로운 위험이 생겨나기도 했다는 것이다.

핵심 요약

◎ 오늘날의 인류는 지구상에서 가장 강력한 사냥꾼이다. 그래서 인류가 다른 동물을 사냥하는 포식자로 진화했다고 생각하기 쉽다. 그런 추정은 자신과 도덕적 판단이 다른 사람들을 포식자로 여기게 만들고, 그에 따라 그들의 나쁜 행동을 냉혹하고 계산된 것으로 해석하게끔 한다.

◎ 인류가 포식 동물로 진화했다는 과학자들의 주장은 타웅 아이라고 불리는, 고대의 어린 원시인류 화석에서 비롯됐다. 과학자들은 그 화석에 남아 있는 2개의 구멍을 무참히 살해당한 흔적으로 해석하고, 그것이 인류가 포식 동물로 진화했음을 보여주는 증거라고 보았다. 그러나 타웅 아이의 화석에 남은 흔적은 인간이 아니라, 독수리한테 잡아먹힌 증거로 밝혀졌다. 고대 인류의 조상이 몸집 큰 포식 동물한테 수시로 잡아먹혔다는 사실은 타웅 아이뿐만 아니라 다른 근거로도 뒷받침된다.

◎ 한때 과학계는 인간의 몸과 정신이 사냥 실력을 키우는 방향으로 진화했다고 생각했다. 그러나 인간은 힘이 약한 동물이라는 점과 최근에 진행된 연구 결과로 볼 때, 인간의 몸과 정신은 사

냥보다는 주거지 이동과 포식자를 피하는 데 더 적합한 방향으로 적응했다고 할 수 있다.

◎ 초기 인류가 포식 동물한테 잡아먹힌 비율은 다른 영장류나 사슴과 비슷한 수준이었다는 연구 결과가 있다. 인간의 사촌 격인 영장류 연구로도 인간의 본성을 파악할 수 있는데, 영장류 역시 과거 과학자들이 생각한 것과 달리 먹잇감에 더 가까운 것으로 밝혀졌다.

◎ 인류가 포식 동물한테 잡아먹히며 진화했다는 사실은 인간 행동을 파괴 서사가 아니라, 보호 서사로 해석하는 게 더 정확하다는 걸 의미한다. 우리의 행동은 지금도 여전히 위험으로부터 스스로를 보호하려는 동기가 강하게 작용한다.

사회화
- 도덕성의 등장

인간을 동물의 한 종으로 놓고 보면, 신체적으로는 딱히 뛰어난 점이 없다. 힘도 약한 편이고 커다란 이빨이나 거대한 송곳니도 없다. 앞 장에서 설명했듯이 과학자들은 이런 사실을 토대로 고대 원시인류는 해마다 10퍼센트가 포식 동물한테 잡아먹혔을 것으로 추정하는데, 이는 초식동물과 비슷한 수준이다. 이렇게 취약한 인간이 스스로를 방어하려면 어떻게 해야 할까?

포식자한테 잡아먹히는 동물은 보통 큰 무리를 이루는 안전 전략을 많이 활용한다. 인류도 그러한 '사회적 전환'을 겪었다. 그런데 집단생활에서 다른 큰 문제가 생겼다. 같은 집단 사람들에게 이용당할 가능성이 생긴 것이다. 그런 사람들은 남을 죽이고, 남의 것을 훔치고, 남을 속인다. 사자·호랑이·곰한테 잡아먹히지 않고 안전하게 살 수 있는 집단생활의 이점을 누리면서 같은 집단의 누군가로부터 해를 입지 않으려면 어떻게 해야 할까? 이기적이거나 충동적인 사람들에게 피해를 볼 가능성을 줄이려면 도덕 감각이 필요했다. 현대사회에서 폭발적으로 늘어난 도덕적 갈등의 뿌리는 먼 옛날에 형성된 이런 감각에 있다. 그러므로 현 상황을 이해하려면, 옳고 그름을 구분하는 감각이 처음 생겨난 배경과 그것이 인류가 스스로를 보호하는 전략의 바탕이었다는 사실부터 알아야 한다.

포식자를 피하기 위한 집단생활

포식자한테 잡아먹히는 동물은 커다란 무리를 이루고 사는 게 안전하다. 과학자들의 연구에서도 사냥당하는 동물은 거의 다 무리 생활을 하는 것으로 밝혀졌다. 여럿이 모여 있으면 포식자 눈에 더 잘 띄므로 별로 좋은 방법이 아닐 것 같지만, 무리 생활에는 '희석'이라는 단어로 요약할 수 있는 이점이 따른다. 여러 개체가 모여 있을수록 포식자가 노리는 표적이 많아져 한 개체가 공격당할 위험성이 줄어든다는 의미다. 예를 들어, 한 무리를 이룬 동물이 20마리에서 50마리로 늘어나면, 거기에 속한 개체가 운 나쁘게 잡아먹힐 확률은 5퍼센트에서 2퍼센트로 낮아진다. 또한 집단 규모가 클수록 포식자가 사냥을 시도할 때 무리 안에서 각 동물이 제각기 다른 방향으로 도망치는 등 포식자에게 더 큰 혼란을 일으킬 수 있다. 이 분야의 고수는 단연 얼룩말이다. 포식자가 나타나 얼룩말 무리가 전력 질주를 시작하면 그들의 몸에 있는 줄무늬가 마구 섞이고, 그 광경을 보는 포식자는 눈이 어지러워 얼룩말의 움직임을 제대로 가늠하지 못하는 '움직임 현혹' 현상을 겪는다.[1]

한 집단 안에서도 서로 다닥다닥 붙어 있을수록 안전하다. 무리에서 혼자 뒤처져 있으면 포식자의 표적이 되기 십상이지만, 구성원들과 바싹 붙어 있으면 잡아먹힐 위험성이 분산된다. 즉, 포식자가 달려들 때 가장 가까이에 있는 다른 동료가 자기 대신 잡아먹힐 확률이 높아진다. '이기적인 무리 이론'이라고 부르는 이 효과는 백상아리가 들끓는 남아프리카공화국 폴스만False Bay에서 이뤄진 연구로 확실하게 입증됐다. 연구진은 스티로폼으로 제작한 가짜 물개로 개체 간 간격을 다양하게 바꿔 여러 무리를 형성했다(서로 가까이 붙어 있는 무리도 있고, 각각 널찍하게 떨어진 무리도 있었다). 보트 뒤에 이 가짜 물개 무리를 연결하고 백상아리의 공격이 총 36회 감지될 때까지 폴스만 주변을 돌아다닌 결과, 간격이 가장 촘촘한 무리가 안전하게 살아남을 확률이 가장 높은 것으로 나타났다.[2]

다른 동물들은 이런 전략으로 포식자를 피할 수 있다지만, 원시인류도 집단의 규모가 클수록 안전에 도움이 됐을까? 인간 집단은 대체로 이동 속도가 느리고 다른 동물들처럼 달리거나, 뛰어오르거나, 물에 뛰어들어 위험을 피하는 존재가 아닌데 말이다.

원시인류도 집단의 규모가 클 때 얻을 수 있는 몇 가지 장점을 활용했다. 그중 하나는 구성원이 많으면 포식 동물이 접근하는지 주변을 살필 눈도 많아진다는 점이다. 포식 동물은 사냥감 곁으로 슬그머니 다가간 다음 와락 덮쳐서 깜짝 놀란 먹잇감을 잡는 전략을 많이 쓰므로, 주변을 살피는 눈이 많으면 이런 접근을 더 효과적으로 막을 수 있다. 구성원이 많으면 서로 돌아가며 보초를 설 수도 있다. 분업이 이루어지면 일부가 주변을 살피는 동안 다른 구성원은 식량을 찾고 모으는 활동에 집중할 수 있다. 감시 담당이 포식 동물을 발견하고 위험을 알리면, 나머지 구성원은 안전을 위해 재빨리 한 덩어리로 뭉칠 수도 있다.

버빗원숭이는 어떤 포식 동물이 나타나느냐에 따라 각기 다른 소리로 경고한다(다른 원숭이들도 그렇지만 특히 그런 특징이 두드러진다). 독수리가 나타나면 기침 소리와 비슷한 2음절로 외치고, 표범 등 커다란 고양잇과 동물이 나타나면 짖는 소리를 낸다. 비단뱀을 비롯한 뱀이 나타나면 빠르게 으르렁대는 소리 같기도 하고 카메라 셔터 소리 같기도 한 '혀 차는 소리'로 위험을 알린다. 구성원들은 이런 소리가 들리면, 그에 따라 다르게 반응한다. 독수리의 접근을 알리는 소리가 들리면 하늘을 올려다보며 몸을 숨길 곳을 찾고, 표범의 등장을 알리는 소리가 들리면 나무 위로 올라간다. 뱀이 나타났다는 경고가 들리면 두 다리로 일어서서 사방을 살펴본다.[3]

영장류는 이런 소통 능력 덕분에 무리 생활이 주는 안전을 누릴 수 있는데, 인간의 소통 체계는 동물계를 통틀어 가장 정교하다. 초기 인류는 포식 동물이 어디에서 나타났고 어떤 위협이 있는지, 무엇을 어떻게 준비해야 하는지를 언어로 상세히 알릴 수 있었다.

인류는 집단생활을 하면서 포식자를 피하는 것 외에 식량을 나누고(굶주리지 않을 수 있었다), 아이 돌보는 일에 서로서로 힘을 보태고(그만큼 사냥과 식량 모을 시간을 벌 수 있었다), 약이나 음식 만드는 법 등 기술을 공유하는 이점도 얻었다. 또한 집단생활이 안정적으로 자리 잡은 후에는 노동 분배도 체계화되어 각자 담당하는 분야가 생기고 그 일에 전문성을 키울 수 있었다. 누군가는 사냥을 담당하고 다른 누군가는 채집을 담당하는 식의 이러한 전문화가 점차 확장 및 세분화되자 산업혁명과도 같은 큰 변화가 일어났다.

집단생활은 호모 사피엔스의 대표적인 특징이 될 만큼 인류에게 큰 도움을 줬다. 인류의 조상은 다른 어떤 동물보다 대대적인 사회적 전환을 겪었다. 여럿이 모여 거대한 집단을 이루고 생활하는 동안, 뇌 기능이 그런 사회적인 삶의 이점을 활용할 수 있도록 특별하게 강화되는 변화가 일어났다는 의미다. '사회적 뇌 가설'이라고 부르는 이 이론은 사람들과 어울려 지내는 생활에서 생겨난 압박과 기회가 신경세포의 증가를 촉진했다고 주장한다.

인간의 정신이 사회적인 삶에 적합하도록 발달했다는 사실은 우리가 주변에서 접하는 사람을 약 150명까지 알고 지낸다는 점에서도 드러난다. 현재까지 밝혀진 다른 수많은 동물의 사회적 관계보다 훨씬 큰 규모다. 영국의 진화심리학자 로빈 던바Robin Dunbar는 여러 연구를 통해 영장류의 평균적인 집단 규모와 뇌 크기에 강력한 상관관계가 있다는 사실을 입증하는 등 사회적 뇌 가설을 뒷받침하는 근거를 찾아냈다. 또한 인간은 모든 영장류를 통틀어 뇌 피질이 가장 두꺼운데, 이는 인간의 사회성이 혁신적으로 발전하는 데 가장 강력한 바탕을 이룬 언어 발달에 도움을 줬다. 우리가 안전과 생산성을 키우는 다양한 방안을 다른 사람들과 공유하고 다음 세대에도 효과적으로 전달할 수 있는 건 언어 덕분이다. 인류학자 조지프 헨릭Joseph Henrich은 사람들과 어울려 사는 생활 방식과 사회적 뇌를 "인간의 성공 비결"이라고 말한다.[4]

뇌가 커지고 그에 따라 정신 기능이 확장된 우리 조상은 네안데르탈인 같은 원시인류의 다른 종을 능가했다. 호모 네안데르탈렌시스*Homo neanderthalensis*는 호모 사피엔스보다 몸이 다부지고 단단하며 원통 비슷한 체격에 힘도 센 '타고난 사냥꾼'이었다. 도구를 만드는 능력도 뛰어나서 덩치 큰 동물을 근거리에서 잡을 수 있었다. 우리 조상이 이런 이점을 가진 네안데르탈인보다 우세할 수 있었던 이유 중 하나가 사회적 능력이었다.[5] 다른 사람의 의도, 동기, 목표를 추론하는 능력을 발휘해 생존과 번영에 더 유용한 혁신을 발전시킨 것이다. 학자들은 사회적인 뇌가 발달하면서 종교와 이야기 만드는 능력 등 여러 인상적인 문화적 적응이 일어났고, 이것이 집단의 목표 달성을 위해 모두가 협력하는 데 도움을 줬다고 설명한다.[6]

인류는 사회성을 갖춘 커다란 뇌 덕분에 포식 동물의 공격도 더 성공적으로 피할 수 있었다. 어류와 조류 연구에서도 뇌가 더 크고 사회성이 더 발달한 개체가 그렇지 않은 개체보다 포식 동물의 공격에 대비하는 사전 조치를 더 많이 활용하는 경향이 있는 것으로 밝혀졌다.[7] 고대 인류가 어떤 방식으로 포식 동물의 공격을 피했는지는 거의 알려지지 않았지만, 현대의 호모 사피엔스가 쓰는 전략을 보면 독창성이 두드러진다. 가령 호랑이가 출몰하는 지역에 사는 인디언은 눈을 크게 뜬 얼굴 모양의 마스크를 뒤통수에 쓰고 다니면 뒤에서 다가오는 호랑이의 공격을 막을 수 있다는 사실을 발견했다. 호랑이는 주로 먹잇감을 향해 조용히 다가가는데, 그런 마스크를 착용하면 인간이 자신을 보고 있다고 착각한다. 수풀이 높이 자란 들판에 사람 모양의 인형을 세워두고 건드리거나 달려들

면 전기가 흐르는 장치를 달아놓는 것도 호랑이를 물리치는 전략으로 쓰인다.[8]

이런 영리한 방법은 포식자의 관점에서 생각할 수 있을 만큼 사회성이 발달해야만 떠올릴 수 있다. '이렇게 하면 호랑이는 내가 지켜본다고 생각할 거야' '호랑이는 이 인형을 사람으로 착각해 공격할 테고, 전기 충격을 당하면 놀라서 다음부터는 달려들지 않을 거야'처럼 상대방이 무슨 생각을 할지 추측하려면 사회적인 뇌가 있어야 한다는 뜻이다. 인류는 위험 회피 방안을 모색할 때 사회적인 뇌 덕분에 포식자의 관점에서 생각할 수 있었다. 사회적 뇌 가설을 처음 정립한 던바는 "다른 동물한테 잡아먹히는 동물에게는 포식자의 공격을 피하는 것이 가장 일차적인 생존 문제였다"고 주장한다.[9]

인류의 조상이 더 안전하게 지낼 수 있었던 것, 특히 포식 동물의 공격을 확실하게 피할 수 있었던 것은 분명 집단생활 덕분이다. 그러나 집단생활에는 다른 큰 문제가 뒤따른다. 집단 내부에서 공격이 일어날 수 있다는 것이다.

다른 사람의 공격

여럿이 함께 지내면 서로 힘을 합쳐 야생동물의 공격을 막고 안전하게 지낼 수 있으므로, 집단생활은 인류에게 유익했다. 또한 집단이 커질수록 안전을 넘어 더 많은 일을 할 수 있었다. 건물을 짓고, 관개시설을 만들고, 더 우수한 무기도 개발하며 마침내 인간은 최상위 포식자의 자리에 올랐다. 그러나 집단의 안정성은 늘 위태로웠다. 고삐 풀린 이기주의와 과대망상에 사로잡힌 지도자, 타인을 해치려는 자들의 끊임없는 위협이 사회를 금세 큰 혼란에 빠뜨렸다.

집단생활의 문제 중에 가장 많이 연구된 것이 '무임승차자' 문제다. 자신은 아무것도 하지 않고 남들의 노동에 기대는 사람을 말한다. 조별 과제가 있을 때 성실한 팀원의 노력에 의존하며 자신은 이메일에 답장도 보내지 않고 회의에 참석도 하지 않으면서 똑같이 A 학점을 받는 사람이 무임승차자다. 그렇게 노골적이지는 않더라도, 구성원이 많은 집단에서는 누구나 느긋해지는 경향이 있다.[10] 이런 현상은 20세기 초에 프랑스 농공학자 막시밀리앙 링겔만Maximilien Ringelmann의 연구에서 처음 밝혀졌다. 사람과 소·말의 농업 생산량을 최대치로 끌어올릴 효과적인 방안을 연구하던 링겔만은 사람들이 줄다리기할 때 같은 편이 많을수록 힘을 덜 쓴다는 사실을 알게 됐다. 일대일로 줄다리기할 때 85.3킬로그램의 힘을 쓰던 남성들이 7명씩 한 팀이 되어 양쪽에서 줄을 당길 때는 65킬로그램의 힘을 쓰고, 14명씩 팀을 이루었을 때는 61.4킬로그램의 힘을 썼다.

무임승차 문제를 방치하면 모두가 최소한의 노력만 하고 다른 사람을 통해서만 이득을 얻으려다 사회가 무너질 수도 있다. 사회복지 정책을 악용하는 사람들이 큰 골칫거리인 것처럼, 우리는 그와 같은 무임승차자에게 반감을 느낀다.

집단생활의 또 다른 문제는 과대망상에 빠져 리더가 되려는 사람이다. 여럿이 모인 집단에서는 자연히 전체를 이끄는 우두머리가 생기고, 그에게는 누가 무엇을 가질지 결정하는 권한이 주어진다. 리더의 역할은 그 권한을 활용해 자원이 공정하게 분배되도록 함으로써 집단 전체가 발전하게 만드는 것이다. 하지만 이기적인 리더는 자기 몫을 더 많이 챙기려 한다. 그 결과 권력은 더 막강해지고, 리더가 점점 더 많은 자원을 차지하는 악순환이 일어난다. 이렇게 영향력과 자아가 잔뜩 부풀어 오른 리더는(거의 다 남성 혹은 수컷이다) 자신에게 독재자나 왕이 가질 법한 절대 권력이 있다고 확신한다. 이런 지경에 이른 리더는 자기 집단의 구성원을 해치고도 아무런 처벌을 받지 않고, 모든 자원과 번식 기회를 독차지한다. 이같은 권력은 당사자를 제외한 집단 내 모두에게 악영향을 주고 사회 성장을 저해한다(북한의 상황을 떠올려보라). 개인이 이기심을 제멋대로 부리지 못하도록 단속하는 사회적 방안이 꼭 필요한 이유다.

하지만 집단생활의 가장 기본적인 문제는 서로를 해칠 가능성이다. 우리는 전반적으로 다른 사람을 망가뜨리려는 의지보다 자신을 보호하려는 의지가 더 강하다. 그럼에도 다른 사람에게 폭력을 사용할 수 있고, 실제로도 사용한다. 인류학자들은 인간 사회에 등장한 모든 부족을 대상으로 집단 내 그리고 집단 간 폭력을 연구해왔는데, 고대의 호모 사피엔스 집단이 얼마나 폭력적이었는지는 의견이 엇갈린다. 일부 학자들은 고대 부족들이 협동과 연민에 바탕을 둔 평화로운 공동체였다고 주장한다. 인간의 본성은 기본적으로 선하고 평화로우나 사회와 계층화의 영향으로 쉽게 변질된다는 루소 같은 철학자들의 견해를 반영한 주장이다. 그들은 사냥과 채집 활동으로 살아가는 현대의 부족사회에서 폭력 수준이 낮은 것을 인간의 본성이 선한 근거라고 여긴다.[11]

반대로 고대의 부족이 폭력적이었다고 보는 학자들도 있다. 심리학자 스티븐 핑커Steven Pinker는 몇 가지 자료를 근거로, 고대 인류의 집단은 동종 간 폭력(같은 종 내에서 벌어지는 폭력) 발생률이 연간 25~40퍼센트로 높은 편이었다고 주장했다.[12] 한 개인이 다른 인간의 손에 죽임을 당할 확률이 한 해에 최대 40퍼센트에 이르렀다는 것인데, 이는 토머스 홉스Thomas Hobbes가 자연 상태에서 인류의 삶은 "고약하고, 잔인하고, 짧다"는 말로 평가한 인간 본성과 일치한다. 그러나 핑커가 이런 주장의 근거로 제시한 자료를 선정한 방식에 문제를 제기하는 사람들도 있다. 이들은 핑커가 가장 평화롭게 지낸 집단은 제외하고, 이례적으로 폭력성이 높기로 유명한 집단만 선별해서 분석했다고 지적한다.[13]

초기 부족사회에서 개인 간 폭력이 존재한 건 분명해 보인다. 그런 폭력이 정확히 얼마나 심각했는지는 집단마다 다양하다. 인간 사회의 폭력을 가장 포괄적으로 탐구한 사례로는 학술지 〈네이처 Nature〉에 실린 한 연구를 꼽을 수 있다. 이 연구에서는 인류의 복잡한 진화 과정을 도표화하고, 구석기시대부터 현재까지 등장한 600개의 인간 집단을 비교했다.[14] 특히 연구진은 초기 인류의 부족을 광범위하게 분석했을 뿐만 아니라, 극히 폭력적인 집단이나 극히 평화로운 부족을 포함해도 전체적인 결과가 왜곡되지 않도록 부족의 규모에 따라 가중치를 부여했다. 그 결과 다른 사람의 폭력으로 인해 목숨을 잃을 확률은 연간 2퍼센트, 즉 50분의 1이었다.

고대 인간 사회에서 집계된 이 2퍼센트의 살인율은 사회성이 발달한 다른 동물들과 비교하면 낮은 편이다. 집단 내에서 피비린내가 가장 진동하는 포유동물은 동종 살해율이 19.36퍼센트로 알려진 미어캣이다. 하지만 오늘날 우리 사회의 살인율 및 기타 폭력 범죄율과 비교하면 2퍼센트는 매우 높은 수준이다. 연방수사국FBI에 따르면 2020년 미국의 폭력 범죄 발생률(살인, 강간, 강도, 중상해성폭행)은 0.4퍼센트이고, 살인율은 0.0065퍼센트였다. 2020년 미국에서 다른 사람 손에 목숨을 잃을 확률은 1만 5,000분의 1에 불과했다는 뜻이다.

오늘날에도 강도, 납치, 대규모 총기 사건 등 사람들을 두려움에 떨게 만드는 범죄가 많이 발생하지만, 고대사회는 다른 사람의 폭력을 지금보다 훨씬 두려워할 만한 상황이었다. 자연 상태에서 인간의 삶은 "고약하고, 잔인하고, 짧다"는 홉스의 유명한 말은 앞부분에 이런 내용이 있다. "예술도 없고, 편지도 없고, 사회도 없다. 최악은 두려움과 폭력으로 목숨을 잃을 위험이 지속된다는 것이다." 예술, 편지, 사회는 고대에도 존재했다고 반론을 펼칠 수 있지만, 고대 인류가 다른 동물한테 잡아먹힐 걱정은 덜하는 대신 다른 사람이 자신을 해칠 가능성을 계속 염려하며 산 건 분명해 보인다.

집단생활로 생긴 무임승차자 문제와 과대망상에 빠진 리더 문제를 해결하기도 바빴을 사람들은 이처럼 매우 합당한 두려움을 어떻게 해결했을까? 부족을 이루고 살기 시작한 이유가 포식 동물을 피하는 것이었니, 다른 사람의 공격이 두렵다고 부족을 떠나 혼자 야생에서 살 수도 없을 터였다. 인간에게는 비교적 조화롭게 모여 사는 방안, 즉 가장 폭력적이고 가장 이기적인 충동을 억누르도록 독려하는 체계가 필요했다. 요컨대 도덕성이 필요했다.

도덕성의 기능

도덕성은 인간의 사회계약에서 가장 기본적인 요소다. 한 집단이 공감하는 규범(행동에 관한 기대)이 곧 도덕이며, 이러한 규범은 협력과 친절한 태도를 강화하고 이기심과 공격성을 꺾는 기능을 한다. 도덕성은 다른 사람을 자기 이익에 이용하지 못하도록, 특히 폭력을 사용해서 그런 행위를 하지 못하도록 한다. 이러한 도덕규범을 어기는 사람이 나타나면 사람들은 분개하거나, 배척하거나, 벌을 주는 등 강하게 대응한다. 도덕은 허용하는 행동, 즉 해도 좋은 행동의 범위를 제한하므로 개인의 자율성이 줄어들지만, 우리는 이를 순순히 수용한다. 그게 집단 전체의 이익에 도움을 주고, 그래야 집단생활에서 얻는 이점을 모두가 온전히 누릴 수 있기 때문이다. 완전한 자유도 좋지만, 남의 것을 훔치거나 다른 사람을 공격하지 않는 집단에서 살아가는 게 더 좋다.

모든 도덕규범은 사회규범(사회의 규칙)이다. 하지만 모든 사회규범이 도덕규범은 아니다. 예를 들어, 잠옷 바람으로 출근하는 건 사회규범에는 어긋나도 도덕규범에는 어긋나지 않는다. 정말 좋아하는 체크무늬 잠옷을 입고 회의에 참석하는 것과 직장에서 동료의 사타구니를 무릎으로 가격하는 건 전혀 다른 문제다. 그런 비상식적인 차림으로 업무를 하고 있으면 상사가 호통을 칠 수는 있어도, 동료에게 폭력을 행사할 때처럼 분노를 자아내고 징계를 받지는 않는다. 현실에서는 도덕규범에 부합하는 행위와 그렇지 않은 행위를 구분하기가 곤란할 때도 있다. 하지만 그렇더라도 최대한 구분하는 것이 이롭다. 식탁을 차리면서 수저를 왼쪽에 놓는 것(사회규범에 맞지 않는 행위)과 도둑질하지 말라는 규칙을 어기는 것(도덕규범에 어긋나는 행위)을 동일시할 수는 없다.

현대의 일부 사회에서는 도덕규범이 (법률 등으로) 명시되어 있거나 (《성경》 같은) 경전과 비슷한 형태로 존재한다. 그러나 모든 인간 사회에는 미묘한 도덕이 존재한다. 미국 형사법의 근간인《모범 형법전Model Penal Code》이나 십계명 같은 종교 계율이 없는 사회라도 마찬가지다. 각 사회의 도덕규범은 비슷한 부분이 많고, 다른 사람에게 해를 가하는 행위를 금지하는 내용은 특히 그렇다. 동시에 흥미로운 차이점도 많다.

언어학자 대니얼 에버렛Daniel Everett은 저서 《잠들면 안 돼, 거기 뱀이 있어Don't Sleep, There Are Snakes》에서 세상과 동떨어져 살아가는 아마존의 피라항Pirahás 부족과 더불어 생활한 경험을 소개한다. 에버렛과 그의 가족은 이 부족이 사용하는 독특한 언어의 문법 규칙을 배우려고 노력했는데, 그 과정에서 그들의 도덕 규칙을 알게 되었다. 가령 피라항족도 에버렛이 자란 미국 사회와 마찬가지로 가족 부양을 의무로 여긴다는 게 그중 하나다. 에버렛은 피라항족의 아버지는 "아이를 구할 수만 있다면 며칠이고 노를 저을 것"이라고 썼다.[15] 그러나 피라항족은 사별한 사람들을 안쓰러워하지 않는다. 현대 서구 문화권에서는 가까운 사람이 세상을 떠나면 일상의 의무에서 벗어나 애도할 시간을 주고, 이웃은 그에게 음식을 가져다주는 등 위로를 전한다. 하지만 피라항족은 그렇지 않다. "어머니가 돌아가셔도, 자기 아이가 죽어도, 남편이 세상을 떠나도 사냥하고, 물고기를 잡고, 먹을 것을 구해야 한다. 아무도 그 일을 대신 해주지 않는다."[16] 에버렛은 피라항족이 사별한 사람에게 애도할 시간을 허락하지 않는다는 사실을 처음 알았을 때 참 매정하다고 느꼈다. 심지어 비도덕적이라고도 생각했다. 하지만 그들에게는 그게 삶의 현실을 인정하는 방식이었다. 세상과 동떨어진 정글에서는 하루하루 모두가 각자 맡은 역할을 제대로 해야 생존할 수 있다. 먹을 것이 꽉 들어찬 냉장고와 식료품 저장실을 갖춘 미국인 눈에는 사람이 죽었는데도 그렇게까지 하는 게 매정해 보일 수 있다. 하지만 식량을 안정적으로 보존하고 저장할 방법이 없는 피라항족은 생존 걱정 없이 애도할 여유가 없다.

산업화한 문화권에서도 도덕규범은 다양하다. 예를 들어, 싱가포르에서는 공공 기물을 파손하거나 위험한 폭죽을 수입한 사람은 똑같이 얇은 등나무 지팡이로 맞는 벌을 받지만, 스칸디나비아반도의 국가들은 그런 직접적인 태형을 꺼린다. 스웨덴은 1979년에 세계 최초로 어린이 체벌을 금지한 나라이기도 하다. 미국에서는 지금도 체벌이 아이들에게 바른 행동을 가르치는 중요한 방법이라고 생각하는 가정이 있다. 우리는 성장하면서 사회가 허용하는 행위, 반드시 지켜야 하는 행위, 금지하는 행위를 정확하게 배운다. 영국 상류층 가정에서 외동으로 자란 아이와 미국 앨라배마주 시골에서 대가족의 일원으로 자란 아이가 배우는 도덕규범은 각기 다르다.

도덕규범은 이처럼 다양하지만, 문화와 상관없이 같은 내용도 많다. 사실상 모든 사회가 집단생활에 충실한 태도를 중시하고, 재산 소유 권리를 존중하며(즉, 다른 사람의 소유물을 마음대로 취하는 걸 잘못으로 여긴다), 폭력과 살인을 금지한다.[17] 폭력의 경우, 모든 문화가 어떤 상황에서든 종류를 불문하고 어떠한 폭력도 허용하지 않는 건 아니다. 하지만 집단의 취약한 사람들을 의도적으로 해쳐선 안 된다는 게 도덕성의 공통적인 핵심이다. 문화에 따라, 더 큰 해를 막을 수 있다면 다른 사람에게 의도적으로 해를 가하는 걸 허용하기도 한다. 사형 제도를 찬성하는 사람들이 사회 전반의 범죄를 줄일 수 있다는 걸 그 이유로 꼽는 것과 같은 맥락이다.

사회가 다른 사람에게 피해를 주는 행위를 금지하는 이유는 여러 가지다. 인간은 누구나 생존과 번식을 위해 살도록 태어나는데, 해를 입으면 그 유전적 목표를 달성하기 어렵다. 소유물을 훔치는 행위도 다른 사람의 생존을 힘들게 만든다. 거짓말, 불손한 행동, 불공정한 행위 역시 집단의 안정성에 악영향을 주므로 구성원의 생존에 해가 된다. 야생동물이나 경쟁 관계에 있는 다른 인간 집단 같은 외부의 위협을 막기도 벅찬데, 집단 안에서 누가 거짓말을 하거나, 다른 사람을 이용하거나, 언제 내 뒤통수를 날릴지 모르는 상황이라면? 그런 상황에서는 외부의 위협에 제대로 대처할 수 없다. 고대 집단이나 현대 집단 모두, 이웃이 나를 해칠지 모른다는 불안감을 느끼면 신뢰가 깨진다. 그러면 결국 집단 전체가 무너져 사회는 폭력과 무질서가 활개 치는 곳으로 곤두박질칠 수 있다.[18] 그러므로 인간 사회에서는 화합을 유지하고 집단 내에서 폭력을 근절하는 일이 근친상간 같은, 도덕적으로 금지된 다른 어떤 행위보다 중요하다.

대부분의 인간 사회에는 형제자매, 또는 부모와 자식의 근친상간을 금지하는 도덕규범이 존재한다.[19] 근친상간으로 태어나는 아이는 대체로 생존율이 낮기 때문이다. 유전적으로 아주 가까운 사람 사이에서 태어난 아이는 건강에 해로운 유전 형질이 발현되어 유전병, 지능 저하, 불임을 겪을 확률이 높다. 근친상간을 비도덕적인 일로 여기는 사람은 생존율이 높은 건강한 아이를 낳을 가능성이 높고, 그렇게 태어난 아이는 부모로부터 근친상간은 비도덕적인 일이라고 배운다. 그렇게 살아가는 집단의 사람들은 근친상간을 실행하고 혈족과 결혼하는 사람들보다 건강한 아이를 낳을 확률이 높다.

지금의 독일과 오스트리아 땅을 한 세기 동안 통치한 합스부르크 가문은 사촌·조카 등 가까운 친척끼리 정략적으로 결혼했다. 권력을 자신들의 가문에 통합해서 말 그대로 "밖으로 새어 나가지 않게" 하려는 전략이었다.[20] 서류상의 동맹 관계는 사적인 이익 때문에 깨지는 일이 허다하지만, 공격하려는 인근 성城의 주인이 남이 아닌 삼촌이라면 계획을 철회할 확률이 높다. 우리는 가족을 나와 같은 유전자를 가진, 걸어 다니는 내 복사본으로 여기고 가족을 해치는 일에 강한 거부감을 느끼게끔 진화했다. 생물학적인 부모보다 양부모에 의한 학대가 100배나 더 많은 이유다.[21] 그러나 근친상간을 평화 유지 전략으로 채택한 합스부르크가는 "전쟁은 남들이나 하라고 하고, 우리는 결혼으로 오스트리아를 행복하게 만든다!"라는 신조로 살았다.

내부에서 폭력이 발생할 가능성을 줄이기 위한 합스부르크가의 전략은 그들이 통치하는 나라가 생존하고 번성하기 좋은 환경을 조성하는 데 도움을 줬다. 역사가들은 사촌끼리 혼인하던 이 왕조가 지배한 시기에 사회가 정치적으로 극히 안정적이었고, 도로와 철도 건설 등 여러 지역의 협력이 필수적인 공공사업도 활발해져 경제성장을 이뤘다고 주장한다.[22] 하지만 사촌끼리 낳은 아이는 양친으로부터 열성 유전자를 물려받을 확률이 높다. 합스부르크가의 경우 주걱턱과 아랫니가 윗니보다 앞으로 튀어나온 치아 구조가 열성 유전되었고, 나중에는 '합스부르크 턱'이라는 표현까지 생겨났다. 이 가문의 가계도와 왕가의 초상화에 담긴 외모를 상호 비교한 연구에서는 겹치는 유전자가 더 많은 사람끼리 낳은 자손일수록 턱의 기형도 더 심하다는 사실이 밝혀졌다.[23] 이런 비정통적인 전략으로 지키려던 합스부르크가의 권력은 그리 오래가지 못했다. 에스파냐 왕국을 통치하던 카를로스 2세가 극심한 신체적·지적 장애로 자손을 낳지 못해 합스부르크 가문은 막을 내렸다.[24]

과거 '왕가의 병'으로도 불렸던 유전 질환인 혈우병도 근친상간의 또 다른 결과물이다. 혈우병 환자는 혈액에 피를 응고시키는 단백질이 없어 가벼운 상처도 치명적인 출혈로 이어질 수 있다. 1613년부터 (볼세비키 혁명으로 멸망한) 1917년까지 러시아를 통치한

로마노프왕조도 근친상간으로 대를 이었는데, 이들의 큰 골칫거리가 혈우병이었다. 이 왕조가 몰락하고 수십 년 후 아무런 표식도 없는 무덤에서 마지막 로마노프가 사람의 유해가 발견되었다. 그 유해를 법의학적으로 분석한 결과, 2만 5,000분의 1 확률로(0.0038퍼센트) 발생하는 희귀한 혈우병을 앓았다는 사실이 밝혀졌다.[25]

두 왕가의 사례는 사회가 서로 상충하는 위험 요소를 균형 있게 해결하려고 노력할 때, 도덕규범에 일종의 타협이 일어날 수 있음을 보여준다. 예를 들어, 전쟁을 피하고 사회가 더 번성하는 데 도움이 된다면, 그 나라의 지도자가 사고로 크게 다칠 위험이 있더라도 감수할 만한 가치가 있을까? 진화는 이런 결정에서 어느 쪽이 정답인지 뚜렷하게 알려주기보다 우리의 도덕적 판단이 수 세대에 걸쳐 개인과 사회가 맞닥뜨리는 수많은 위험을 최소화할 수 있는 방향으로 나아가도록 이끈다.

인류의 도덕 감각이 다른 사람, 자기 유전자, 자신이 속한 집단이 해를 입지 않도록 보호하기 위해 발달했다는 점에는 모든 도덕 심리학자가 동의한다. 그러나 사회 안에서 살아가는 개개인이 경험하는 수많은 위험을 구분하고 분류하는 방식에 관해서는 의견이 분분하다. 도덕 기반 이론에서는 개인과 집단이 해를 입는 방식을 대여섯 가지로 분류한다.[26] 살인 같은 직접적인 폭력, 도움을 받기만 하고 남을 외면하는 불공정한 태도, 자기 집단을 배신하고 경쟁 집단과 손잡는 행위, 사회질서를 유지하려는 권위에 대한 불복종, 근친상간 같은 불온한 행위 등이다. 피해가 발생하는 방식마다 관련 행위의 유형은 다르지만(형제끼리 성관계를 맺는 것과 살인은 명확히 다른 행위이고, 부족장에게 말대꾸하는 것과 살인도 전혀 다른 행위다), 모두 평화로운 집단생활을 저해한다는 공통점이 있다.

도덕성이 협력의 수단이라고 보는 다른 이론에서는 사회의 핵심 기능은 구성원의 협력을 도모하는 것이라고 설명한다.[27] 앞서 간단히 살펴봤듯이 집단생활의 큰 이점 중 하나는 몸집 큰 동물을 사냥하고, 노동력을 분배하고, 경쟁 부족의 공격을 막는 등 공통의 목표를 위해 힘을 합칠 수 있다는 것이다. 이런 협력이 강화되면 공공사업을 추진하고, 전기를 발명하고, 병원을 짓고, 수백만 대의 컴퓨터로 이뤄진 네트워크도 만들 수 있다. 그러나 인간 사회의 협력은 여러 가지 이유로 힘을 잃을 수 있다. 이 이론에서는 협력을 저해하는 일곱 가지 요인을 제시한다. 집단에 충실하지 않는 것, 권위를 따르지 않는 것, 다른 사람의 재산권을 존중하지 않는 것, 가족의 가치를 지키려고 노력하지 않는 것 등인데 일부는 도덕 기반 이론에서 집단이 해를 입는 요인으로 분류한 항목과 겹친다. 두 이론 모두 안전하고 번성하는 사회와, 폭력과 혼돈이 가득한 사회의 차이에 주목하기 때문이다.

도덕적 동기 모형에서는 도덕성이 세 가지 위험을 피하는 것과 관련이 있다고 주장한다.[28] 그 세 가지는 미래의 자신에게 해가 되는 일(게으름을 피우거나 중요한 시험을 앞두고 공부하지 않는 행위 등), 다른 사람에게 해가 되는 일(살인이나 폭력적인 행위 등), 사회에 해가 되는 일(광범위한 무질서를 용인하는 행위 등)이다. 도덕 기반 이론, 도덕성을 협력의 수단으로 보는 이론, 그리고 이 세 번째 이론의 공통점은 도덕성이 긍정적인 덕목을 실천하도록 장려함으로써 위험을 막는다고 본다는 것이다. 충실한 태도, 영웅주의, 근면성, 정의, 용맹함, 협력의 가치를 중시하는 사회 분위기는 구성원이 도덕적으로 행동하게끔 만든다.

이 세 가지 이론은 명칭도 다르고 인간이 사회적 집단을 이루고 살 때 발생하는 문제를 각각 다르게 분류하지만, 모두 근본적으로 도덕성은 자기 자신과 가족 그리고 사회를 향한 염려에서 생겨났다는 점을 강조한다. 또한 세 이론 모두 도덕성을 선천적인 특성이자 후천적인 특성이기도 하다고 주장한다. 우리는 근본적으로 규칙(특히 도덕 규칙)을 따르려는 태도를 갖고 태어나며, 구체적으로 무엇을 도덕규범으로 따라야 하는지 문화를 통해 학습한다. 이러한 학습은 일반적으로 각 문화에서 어떤 특정한 위험을 중시하느나에 따라 다르게 이루어진다.

굶주림이 늘 생존을 위협하는 곳에서는 식량 분배와 관련한 규칙이 더 엄격한 도덕규범으로 자리를 잡는다. 그래야 사람들과 집단을 모두 보호할 수 있기 때문이다.[29] 그런 사회에서 모두가 굶주릴 때 식량을 혼자 쌓아두는 사람은 그저 이기적인 게 아니라 다른 사람의 목숨을 위태롭게 만든다. 예를 들어, 에티오피아는 기근에 시달리는 일이 빈번해서 친구들과 가족이 큰 그릇에 담긴 음식을 돌아가며 함께 먹는 전통이 강하게 뿌리내렸다.[30]

파푸아뉴기니에서 지속되고 있는 부족 간 갈등,[31] 제2차 세계대전 당시 연합국과 추축국 간의 전투 등 전쟁의 영향을 크게 받는 곳에서는 극단적 충성심과 전투에서 보여주는 용맹을 칭송하는 문화가 형성된다. 이런 영웅적 행동 없이는 전쟁에서 패배하고 적의 노예가 되거나 몰살해 문화 자체가 사라질 수 있기 때문이다.

인간이 만드는 모든 규칙이나 규범이 그렇듯 도덕성이 위험을 완벽하게 막지는 못한다. 도덕 규칙이 매우 명시적인 사회에서도 서로를 해치는 일이 벌어진다. 미국에서 해마다 2만 6,000여 건의 살인이 발생한다는 통계로도 알 수 있는 사실이다. 이기심이 들끓고 감정이 격하게 반응하면, 도덕적 양심이 내는 목소리는 힘을 잃을 수 있다. 구성원 모두가 의존하는 사회 기반 시설을 유지하려면 당연히 내야 한다는 사실을 잘 알면서도 세금을 회피하려는 시도가 빈번히 일어난다. 도로에서 다른 운전자가 내게 중지를 치켜들면, 다른 뺨까지 내어주는 너그러운 태도가 필요하다는 걸 알면서도 분노에 사로잡혀 폭력적으로 복수하고 싶은 충동을 느낀다. 그러나 도덕성이 힘을 발휘하지 못해 일어난 것처럼 보이는 행위도 (도덕성의 목적을 더 폭넓은 관점에서 보면) '도덕적 행위'가 될 수 있다. 예컨대 때로는 해를 가하는 행위가 도덕성에서 비롯되기도 한다.

선의의 폭력

도덕성은 남을 해치려는 인간의 성향을 누그러뜨리지만, 모든 규칙에는 예외가 있는 법이다. 전쟁과 명예 살인 같은 '선의의 폭력'은 사람들이 입는 해를 줄이는 도덕성의 기능과는 정반대인 듯하지만,[32] 전쟁 중인 사람들은 다른 나라의 위협으로부터 스스로를 보호하려고 살인한다. 아리스토텔레스는 "우리는 평화롭게 살려고 전쟁을 일으킨다"는 글을 남겼고, 토머스 제퍼슨Thomas Jefferson 은 "자유의 나무는 때때로 폭군과 애국자의 피가 뿌려져야 잘 자란 다"고 했다.

심지어 자신의 명예를 더럽힌 사람을 향한 공격도 더 광범위한 피해를 줄이는 데 도움을 줄 수 있다. 이는 미국 남부 지역에서 나타나는 '명예 중시 문화'를 연구한 심리학자들이 펼친 주장인데, 켄터키주와 노스캐롤라이나주 시골 지역에서 나고 자란 남성들을 조사한 결과, 모욕을 당했을 때 이들이 보이는 공격적 반응은 자신에게 해를 가할 수 있는 사람을 물리치는 효과가 있는 것으로 나타났다.

미시간대학교 연구진은 미국 남부와 북부 출신 남성들을 모집해, 이들이 길을 걷는 동안 연구진이 고용한 연기자가 다가가 일부러 부딪치게 했다. 참가자들은 대체로 자신과 부딪친 연기자한테 미안하다고 말했지만, 연기자는 사과 대신 욕을 했다. 이런 모욕적인 상황은 누구도 반기지 않겠지만, 연구진은 명예를 중시하는 지역 출신은 더 공격적인 반응을 보일 것이라고 예상했고, 결과는 실제로 그랬다. 미국 남부 출신은 같은 상황에서 두드러지게 화를 낼 확률이 북부 출신보다 2배 이상 더 높았다(북부 출신의 35퍼센트, 남부 출신의 85퍼센트가 그와 같이 화를 냈다).[33]

연구진은 명예를 중시하는 남부 출신은 폭력적인 행위로 자신의 실추된 명예를 회복할 기회를 노릴 것이라고도 예상했다. 이러한 가설을 확인하기 위해, 길에서 행인과 부딪치고 모욕당한 참가자를 또 다른 상황으로 유도했다. 이번에는 좁은 복도를 지나가는 동안 다른 연기자와 만나게 했는데, 앞서 일부러 몸을 부딪친 보통 체격의 남성과 달리 두 번째 실험에는 미시간대학교 풋볼팀 선수를 연기자로 고용했다. 이 덩치 큰 남성은 연구진이 지시한 대로, 좁은 복도 끝에 나타나 실험 참가자를 향해 뚜벅뚜벅 걸어와서는 지나갈 공간을 내주지 않았다. 복도 양옆에는 가구와 책상이 잔뜩 쌓여 있어 풋볼 선수 한 명이 겨우 지나갈 정도의 공간밖에 없었다.

이미 한 차례 모욕을 겪은 실험 참가자는 이 덩치 큰 선수한테 밀리지 않으려면 어쩔 수 없이 높이 쌓인 가구들 틈으로 몸을 피해야 했다. 결국에는 모든 참가자가 풋볼 선수에게 길을 비켜주었지만, 방식은 달랐다. 저쪽에서 거구가 걸어오는 모습을 보자마자 바로 피한 참가자도 있고, 마지막 순간까지 버티다가 충돌 직전에야 피한 참가자도 있었다. 연구진은 이미 한 번 모욕을 겪은 남부 출신은 후자가 더 많을 것이라고 예상했는데, 결과는 적중했다. 남부 출신은 어느 한쪽이 먼저 양보해야 끝나는 이 게임에서 다른 지역 출신보다 더 오래 버텼다. 그들은 상대방과의 거리가 평균 1미터 이내로 좁혀진 뒤에야 물러났다. 반면, 북부 출신은 평균 1.5미터 거리에서 먼저 몸을 비켰다.

이런 복수 충동이 어떻게 피해를 막는 데 도움을 준다는 걸까? 미국 남부 지역, 특히 노스캐롤라이나주는 영국 스코틀랜드 고원지대에서 가축을 키우던 사람이 많이 정착한 곳이다. 다른 대륙의 새로운 언덕배기에 둥지를 튼 그들은 고향에서처럼 계속해서 양·돼지·소를 키우며 살기 시작했는데,[34] 가축을 키우면 도둑맞는 일이 잦고 특히 한밤중에 그런 일이 많이 벌어진다. 자연히 그들은 남들이 가축을 훔치려는 생각조차 못 하게 엄포를 주는 일종의 심리적 적응을 겪었다. 자기 재산을 넘보는 사람들에게 길길이 화내고 폭력을 동원해서라도 반드시 복수하겠다는 의지를 드러낸 것이다. 물론 폭력적으로 복수하면 자신도 다치거나 죽을 수 있다. 하지만 그들에게 '저 사람을 모욕했다가는 죽을 수도 있다'는 전반적인 인상을 주면, 가축을 훔치는 등 실질적인 해를 가하려던 자가 더 깊이 고민하게끔 만들 수 있다.

이런 방식은 교도소에서도 폭력을 막는 효과적인 수단으로 쓰인다. 실제로 많은 수감자가 다른 수감자의 괴롭힘을 차단하려고 일부러 '제정신이 아닌 인간'이라는 소리를 듣게끔 행동한다. 한 범죄학자가 미국 내 교도소를 분석한 결과를 보면, 공격적으로 행동하는 주된 이유를 묻는 질문에 수감자의 70퍼센트가 약한 사람으로 보이고 싶지 않아서라고 답했다.[35] 자신의 폭력성을 대놓고 드러내면 다른 사람의 공격을 물리치는 효과는 있지만, 반대로 진짜 싸움이 벌어져 크게 다칠 위험도 있다. 교도소에서 자해하는 수감자가 많은 이유 역시 자신이 비합리적인 폭력도 저지를 수 있는 사람임을 보여주기 위해서다. 과거에 자해한 적이 한 번도 없는 사람조차 교도소에 들어가면 벽에 머리를 찧거나 칼로 몸을 그어 생긴 상처를 보여주며 자신은 싸움에 이골이 난 사람이라는 분위기를 한껏 풍긴다.[36] 이런 기괴한 사례는 (불안정한 환경에서는) 자신이나 타인을 향한 폭력이 장기적으로 더 큰 폭력을 막는 전략이 될 수 있음을 보여준다.

다행히 현대의 안정적인 사회에서는 절도나 폭력에 지속적으로 시달리는 일이 별로 없고, 더 큰 피해를 막으려고 남에게 해를 가해야 하는 일도 줄었다. 이제는 경찰 같은 국가기관이 도덕규범을 집행하고, 다른 이에게 해를 가한 자들은 법원이 처벌한다. 그러므로 누가 물건을 훔치거나 안전을 위협하면 보통 경찰을 부르는 게 가장 좋은 해결책이다. 물론 사법 체계가 늘 공정하지만은 않다는 건 나도 인정한다. 하지만 통계적으로는 그래도 자경단 같은 방식으로 정의를 실현하는 것보다 사법 체계에 의존하는 게 더 안전하다.

인류의 본성은 경찰도 없고 공정한 사법 체계도 없던 먼 옛날에 진화했다. 그런 기관과 체계가 존재할 수 있으려면, 분업이 가능할 만큼 사회가 충분히 커지고 모든 구성원이 온종일 사냥이나 농사에 매진하는 대신 일부는 질서 유지를 담당해도 될 만큼 자원이 풍부해야 한다. 인류의 조상이나 오늘날의 아마존에 사는 피라항족처럼 사냥과 채집에 기대어 사는 작은 부족사회는 정의를 지키는 방안을 알아서 마련해야 한다. 그렇다고 절도나 살인을 저지른 자를 직접 처벌하는 건 위험한 일이다. 그런 짓을 했다는 건 얼마든지 남을 해칠 수 있다는 걸 드러낸 것이기 때문이다. 그렇다면 규칙을 잘 지키는 작은 집단의 구성원은 뻔뻔하게 절도나 살인을 저지른 자를 어떻게 벌할 수 있을까? 명예를 중시하는 문화에 익숙한 사람들에게서 나타나듯 처벌이 이루어지려면 잘못한 사람을 벌하겠다는 동기가 있어야 한다. 도덕적 분노가 바로 그러한 동기를 제공한다.

도덕적 분노

도덕적 분노는 사람들에게 잘못을 저지른 자를 벌하겠다는 동기를 부여하는 심리적 장치다. 이 분노는 심지어 자신이 대가를 치르거나 위험에 처하더라도 그런 자를 처벌하겠다는 의지를 갖게끔 한다. 즉, 다른 사람을 벌하려는 시도가 자신에게 위험한 일이더라도 그걸 실행하게 하는 '행동 장치'다. 다른 사람에게 폭력을 쓰거나 대놓고 속이는 등 부당한 가해 행위를 목격하면, 우리 몸에서는 체화된 반응이 일어난다. 화가 나고, 혈압이 급상승하고, 심장박동이 빨라지고, 가해자를 응징해야 한다는 강한 욕구를 느낀다. 이런 분노는 남을 벌하는 건 자신의 안전이 위태로울 수 있는 비합리적인 일이라는 사실을 무시하게 만든다. 실제로 어떤 상황이든 가해자를 벌한다고 해서 개인에게 곧바로 득이 되는 경우는 거의 없다. 오히려 벌하려는 상대가 반격하거나 나중에 복수할 수도 있으므로 위험해지는 경우가 많다. 그러나 강한 분노는 자신한테 유리할 게 없다는 이런 계산을 잠시 잊은 채 그냥 피하는 게 더 나을 상황에 개입하게끔 만든다. 연구 결과, 이런 분노의 감정과 망각이 우리 사회를 유지시키는 필수 조건이라는 사실이 밝혀졌다.

분노의 이점은 '공공재 게임'을 활용한 일련의 연구로도 입증됐다. 이 게임에서는 참가자 전원에게 일정한 자원을 제공한다(예를 들어, 20달러씩). 이어 그 자원의 일부 또는 전부를 공공 재산으로 내놓든 한 푼도 내놓지 않고 전부 갖든 각자 선택하게 한 다음, 공공 재산으로 모인 돈을 정해진 배수(3배 등)로 불려서 모든 참가자에게 똑같이 배분한다. 자기 돈을 내놓지 않은 사람도 돈을 내놓은 사람과 똑같은 몫을 받는 이런 설정은 개인의 이기심을 자극한다. 이 게임의 조건에서는 자신을 제외한 모두가 공공 재산에 돈을 최대한 많이 내놓게 만들고, 자신은 한 푼도 내지 않는 무임승차자가 최종적으로 가장 많은 돈을 갖는다.

이런 게임은 우리 사회에서 발생하는 갈등에 주목한다. 모두가 세금을 잘 내면 그 돈으로 도로나 도서관 같은 공공재를 만들 수 있다. 즉, 사회 구성원은 모두가 협력할 때 가장 잘살 수 있다. 하지만 개인이 얻는 이득 측면에서 보면, 세금을 안 내고 남들이 낸 돈으로 마련한 공공재의 혜택을 누리며 살 때 이득이 더 크다. 그래서 누구나 이기적으로 굴고 싶은 유혹을 느끼지만, 우리의 도덕 감각은 그러지 말고 협력하라며 옆구리를 쿡쿡 찌른다. 공공재에 한 푼도 보태지 않는 사람들이 있다는 걸 알게 되기 전까지는 그 효과가 지속된다. 핼러윈 날, "하나씩만 가져가세요"라고 적힌 사탕 통을 집 앞에 두면, 사탕을 얻으러 다니는 아이들은 지켜보는 사람이 없어도 대부분 하나씩만 가져간다. 그러다 혼자 한 주먹 가득 집는 아이가 나타나면, 다른 아이들도 모두 달려들어 한 주먹씩 가져가기 시작한다. 질서는 무너지고 사탕 통은 금세 텅 빈다.

공공재 게임에서도 이처럼 안정적이던 게임 속 '사회'가 금세 난장판으로 변하는 패턴이 나타난다. 먼저 몇몇이 자기 돈을 내놓지 않는 이기심을 드러낸다. 이어 그런 태도가 당연하다는 분위기가 형성되면, 다른 사람들도 자기 돈을 내놓지 않기로 결심하고, 곧이어 아무도 공공재에 돈을 제공하지 않아 공공재 시스템이 무너진다. 실제로 튼튼한 사회 안전망을 갖춘 전 세계 수많은 나라가 '무임승차자'의 이런 고질적인 탈세 문제에 시달린다. 예를 들어, 이탈리아에서는 67세에 은퇴하면 해마다 2만 유로의 연금을 지급하는데도 탈세율이 70퍼센트에 달해 국가 재정이 흔들리는 상황이다.

경제학자들은 분노로 촉발된 처벌이 공공재 게임에서 협력을 유지하는 열쇠가 될 수 있다고 추정하고,[37] 두 가지 조건에서 사람들의 행동을 비교했다. 첫 번째는 일반적인 공공재 게임과 같이 사람들에게 공공재에 최대 20달러씩 돈을 내놓을 수 있게 하고, 모인 돈을 3배로 불려서 모든 참가자에게 똑같이 나누어주는 조건이었다(돈을 전혀 내놓지 않은 사람도 배분받았다). 두 번째 '이타적인 처벌' 조건에서는 공공재 게임을 기존 방식대로 진행하되 각 참가자가 공공재에 돈을 충분히 내놓지 않는다고 느끼는 사람을 자기 돈을 써서 처벌할 수 있도록 했다. 가령, 참가자가 누군가의 처벌을 요구하며 1달러를 내놓으면, 처벌 대상자로 지목된 사람은 공공재를 3배로 불려서 배분한 돈에서 3달러씩 차감된 금액을 받았다.

경제학자들은 누군가를 처벌해달라며 자기 돈을 내놓는 건 엄밀히 따지면 비합리적인 선택이라고 지적한다. 실질적인 이득 없이 자기 몫의 돈만 줄어들기 때문이다. 그러나 위의 연구에서 참가자 84퍼센트가 최소 한 번은 처벌에 써달라고 자기 돈을 냈다. 여러 번 돈을 내는 참가자도 많았다. 특히 전체 참가자의 약 10퍼센트는 처벌해달라고 돈을 10회 이상 냈다. 왜 그랬을까? 자격도 없는 보상을 받고 기뻐하며 궁극적으로는 집단의 협력을 위협하는 무임승차자한테 화가 났기 때문이다.[38]

　　　　　　　　　　　　　　　　　　　　　1부 · 인간의 본성

참가자들이 느끼는 분노가 클수록 처벌을 바라는 확률도 높아졌다. 이런 처벌이 단기적으로는 비합리적인 선택이라도, 결국 집단의 협력이 무너지지 않도록 지키는 기능을 했으므로 장기적으로는 합리적인 선택이었다. 구성원이 이타적인 처벌에 동참한 집단은 공공재 게임을 여러 번 진행한 후에도 협력 체계가 유지됐다. 하지만 도덕적 분노가 처벌을 적극적으로 요구하는 결과로 이어지지 않은 집단은 결국 협력 체계가 무너졌다. 무임승차자를 향한 분노가 협력 체계의 붕괴라는 매우 실질적인 피해를 막은 것이다.

도덕적 분노는 앞서 설명한 폭군 지도자 문제를 해결하는 데도 도움을 준다. 사람들은 리더의 야망과 이기심이 사회를 위협하는 지경에 이르면 격분한다. 이는 인간과 비슷하게 지위에 따라 계층화한 복잡한 사회구조 속에서 살아가는 침팬지도 마찬가지다. 이들의 세계에서도 때때로 폭군이 나타나 모두를 착취하려고 한다. 우두머리의 힘이 너무 강하고 집단 내 모든 침팬지가 반발할 정도로 무모한 지경에 이르면, 낮은 지위의 침팬지 여러 마리가 뭉쳐서 우두머리를 왕좌에서 끌어내린다는 사실이 영장류학자들의 연구에서 밝혀졌다. 심지어 사지를 찢어서 죽이거나 먹어치우기도 한다.[39]

인류학자 크리스토퍼 보엠Christopher Boehm은 《숲속의 평등 Hierarchy in the Forest》에서, 힘 있는 자가 약한 자를 착취할 때 나타나는 이런 집단적 충동이 먼 옛날 사냥과 채집으로 살아가던 사람들이 초기 평등 사회를 형성할 수 있었던 중요한 토대였다고 주장한다.[40] 현대사회에서 정당한 근거 없이 재산을 축적하는 리더가 나타나면, 권리를 박탈당한 사람들이 뭉쳐 혁명을 일으키는 데서 그 흔적을 엿볼 수 있다. 평범한 사람들이 굶주림에 시달릴 때 사치스러운 생활을 고수하다 민중의 분노를 촉발한 러시아 황제와 프랑스 왕이 얼마나 처참한 최후를 맞이했는지 생각해보라.

도덕은 집단의 규범이 된다. 따라서 집단 구성원 모두가 어떤 행위는 잘못이라고 판단할 때, 도덕적 분노의 영향력도 가장 강해진다. 실제 현실에서든 온라인에서든 분노한 사람들이 떼로 모여 있으면 누군가를 더 쉽게 벌할 수 있다. 때릴 손(혹은 주먹)이 많을수록 한 명이 해야 하는 몫이 줄고, 처벌받은 자가 혹여 복수심을 품어도 집단 전체를 상대로 그걸 실행하는 건 쉽지 않으므로 더 안전하다. 내 재산을 훔친 사람 집에 쳐들어갈 때, 혼자 가는 것보다 이웃 사람을 열댓 명쯤 거느리고 가면 일을 한결 수월하게 해결할 수 있다.

이렇듯 도덕적 분노는 인류가 작은 집단을 이루고 살면서 정의를 스스로 지켜야 했던 시절에 진화한 것인데도, 현대를 사는 우리는 여전히 도덕적으로 분노한다. 이제는 잘못을 저지른 자들을 처벌하는 사법 체계가 있고, 폭력과 무임승차자의 해악으로부터 비교적 안전하게 보호받는 환경에서 사는데도 계속해서 분노한다. 살인율로 보면 인류가 맨 처음 무리를 이루고 부족 단위로 살던 시절에 비해 100분의 1로 줄었음에도 그렇다. 그러니 현대인의 도덕적 분노가 과연 먼 옛날처럼 자신이 해를 입지 않으려는 동기에서 비롯된 게 맞는지 의문이 들 만도 하다.

지금 우리의 환경이 초기 인류가 살던 먼 옛날보다 안전한 건 사실이다. 하지만 우리가 느끼는 안전은 나아지지 않았다. 인간의 정신이 자신에게 해가 될 만한 요소가 없는지 사방을 계속 탐색하는 위험 탐지기라는 게 문제다. 게다가 아이러니하게도, 우리는 안전하게 살수록 아무런 해가 되지 않는 것까지 해롭고 나쁜 것으로 여길 가능성이 크다.

핵심 요약

◎ 먼 옛날 인류의 조상은 포식 동물의 공격으로부터 스스로를 지키기 위해 여럿이 모여 살다가 점차 부족을 이루는 '사회적 전환'을 겪었다. 이 전환과 함께 뇌가 커지고 사회성이 발달하는 진화가 일어나, 인류의 집단생활은 더 원활해지고 포식 동물을 피하는 창의적 방안도 떠올릴 수 있었다.

◎ 여러 사람과 어울려 살기 시작하면서 포식 동물한테 잡아먹힐 위험은 피할 수 있었지만, 사람들에게 해를 가할 수 있는 새로운 후보가 생겼다. 바로 타인이다. 자신은 아무것도 하지 않고 집단의 자원을 가져가는 무임승차자, 과대망상에 빠져 권력을 독차지하고 남을 착취하는 리더, 불만을 품은 이웃 등 같은 집단에 속한 누군가가 사람들을 해치거나 죽일 가능성이 생긴 것이다.

◎ 인간은 질서를 지키고 반사회적 행동을 하지 않으려는 도덕 감각이 뿌리 깊게 발달했다. 도덕성은 협력과 친절을 장려하고 이기심과 공격성을 꺾는다. 또한 잘못을 저지른 사람을 벌하고 집단에서 쫓아내는 심리적 기반을 이룬다.

◎ 우리에게 도덕 감각이 진화한 근본적 이유는 해를 입지 않고 살아가는 데 도움을 주기 때문이다. 도덕규범은 문화마다 다양하지만, 어떤 문화든 폭행이나 살인처럼 타인에게 직접적으로 해를 가하는 행위는 대체로 금지한다. 단, 다른 피해를 줄이는 효과가 있으면 해를 가하는 것도 허용한다(명예를 지키기 위한 공격 등).

◎ 도덕적 분노는 우리가 도덕 규칙을 실행에 옮기는 한 가지 방식이다. 우리는 누군가 도덕 감각을 자극하는 일을 저지르면 격분하며 응징하려는 강한 욕구를 느낀다. 도덕적 분노는 개인적으로 대가를 감수하는 한이 있더라도, 다른 사람들과 힘을 합쳐 집단생활을 위협하는 다양한 종류의 위험에 맞서게끔 만든다.

4장

위험성의 인식
- 안전하지만 안전하지 않아

현대의 세상은 선사시대 인류의 선조들이 살던 때는 물론 불과 수천 년 전의 인류 문명과도 비교할 수 없을 만큼 달라졌다. 메모리폼 베개와 자동차 온열 시트 같은 편리함을 이야기하는 게 아니라, 생활이 엄청나게 안전해졌다는 점에서 그렇다. 고대 원시인류는 산 채로 잡아먹힐지 모른다는 두려움에 떨며 살았다. 그리 멀지 않은 과거에도 사람들은 타인의 손에 목숨을 잃을 수 있다는 두려움에 전전긍긍했다. 다행히 이제는 동물한테 잡아먹힐 위험을 걱정하는 사람은 없다시피 하고, 살해당할 위험에 처하는 사람도 극소수다. 그럼에도 우리는 위험을 느끼면 혼란에 빠지고, 부도덕한 일에 격분한다. 인류의 조상이 지금의 우리를 본다면 독재나 전쟁 정도는 두려워할 만하다고 할지 몰라도, 대체 왜 저렇게까지 난리를 치는지 모르겠다고 여길 만한 일도 많을 것이다. 예컨대 SNS에서 벌어지는 설전이 특히 그렇다.

2013년에 벌어진 악명 높은 사례가 하나 있다. 저스틴 사코 Justine

Sacco(30세)라는 여성이 케이프타운으로 떠나기 전, 11시간의 비행을 앞두고 탑승 직전에 트위터(현재의 엑스X)에 농담 삼아 게시글을 하나 올렸다. "아프리카로 가는 중. 제발 에이즈에 안 걸렸으면. 농담이야. 내가 백인이라서 그래!" 사코는 이 농담에 인종차별의 부당함을 꼬집는 좋은 의도가 담겼다고 생각했지만, 사람들은 웃어넘기지 않았다. 비행기가 목적지에 착륙할 즈음, 이 게시물이 만천하에 퍼졌고 수천 명이 사코를 향해 인종차별주의자라는 비난을 쏟아냈다. 사코는 이 일로 직장을 잃었고, 나중에 한 인터뷰에서 그 게시물 하나로 자신이 사회에서 어떻게 철저히 버림받았는지 토로했다.[1] 가장 친한 친구들까지도 사코가 악의적으로 그런 글을 올렸다고 생각했다. 사코의 말에 격분한 사람들은 대부분 진보 진영이었는데, 보수 진영까지 비난에 가세하는 바람에 진보 쪽 사람들은 더더욱 분노했다.

잡아먹으려고 달려드는 동물이나 목숨을 빼앗으려는 사람 같은 명백한 위험을 두려워하며 진화한 우리가 어쩌다 이렇게 온라인에서 본 농담 또는 사람들이 어떤 농담에 대해 보이는 반응에 격분하게 됐을까? (적어도 인류가 역사적으로 겪은 일들에 비하면) 사소한 위험에도 격분하는 현상은 현재의 도덕적 분열이 어떤 심리에서 비롯되는지 알 수 있다는 점에서 자세히 살펴볼 만한 중요한 의미가 있다. 오늘날 우리가 오만가지 일에 도덕적으로 분노하는 것은 상황이 나빠졌기 때문이라고, 즉 위험은 늘어나는데 인간의 도덕성은 약해지는 추세라서 그렇다는 직관적인 해석이 있다. 많은 사람이 정말로 그렇다고 생각하지만, 그런 해석은 사실이 아니다. 사람들이 별로 해될 게 없는 불쾌한 일에도 분노하는 진짜 이유는 우리의 도덕성이 과거 어느 때보다 강하고, 우리의 삶이 과거 어느 때보다 안전하기 때문이다.

마침내 안전하게 살게 됐지만

학자들은 인류 문명이 과연 '발전'한 게 맞는지 논쟁을 벌인다.[2] 일부 학자는 기술이 향상해 불평등만 커졌고,[3] 사람들은 일의 족쇄에 매여 살게 됐다고 주장한다. 어떤 면에서는 그 말이 맞다. 3장에서 소개한 피라항족은 '발전'의 수준은 뒤처졌어도 현대의 도시 사람들이 부러워할 만한 생활을 누린다. 식량을 모으고 마을을 관리하느라 매일 힘들게 일하는 건 마찬가지지만, 이들은 늘 가까이에서 유유히 흐르는 아마존강을 바라보며 매일 몇 시간씩 느긋하게 쉬고 사람들과 대화를 나눈다.[4] 산업화한 국가에서는 쉴 시간은커녕 일터에서는 격무에 시달리고 매일 그 일터를 오가느라 하루를 허비한다. 그리고 이런 노동으로 번 돈은 대부분 이들을 고용한 다국적 기업의 주머니로 다시 들어간다.

인류 문명의 발전을 옹호하는 사람들은 그러한 발전 덕분에 현대 인류가 누리고 있는 부정할 수 없는 이점을 강조한다. 바로 안전이다. 우리는 과거 어느 때보다 훨씬 안전하게 살고 있다. 요컨대 인류는 안전의 전환기를 지나고 있다.

3장에서 설명했듯 인류는 포식 동물에게 잡아먹히지 않으려고 여럿이 모여 부족 생활을 시작했다. 그 결과 뇌가 커지고 사회성이 발달하면서 집단생활의 어려움을 이겨낸 사회적 전환을 겪었다. 그보다 더 최근, 즉 지난 100여 년 동안에는 안전의 전환이 일어났다. 이는 구성원 모두가 고통과 해를 입지 않도록 법을 제정하고, 그에 따라 정책을 이행하고, 사람들을 위험으로부터 보호하는 사회로 변화한 것을 말한다. 이 책에서 계속 설명하겠지만, 이 안전의 전환은 우리의 도덕적 판단에 엄청난 영향을 준다. SNS에서 벌어지는 갈등을 포함한 현대의 도덕적 분노도 이러한 변화에 뿌리를 두고 있다.

현대인의 삶이 얼마나 안전한지는 통계를 비교하면 바로 알 수 있다. 감염병 사망률을 예로 들어보자. 코로나19의 경우 공식적인 사망률을 도출하기가 매우 어렵지만, 대다수 전문가가 1~2퍼센트로 추정한다. 코로나19 바이러스 감염자 100명 중 한두 명이 목숨을 잃었다는 뜻이다. 꽤 높은 사망률이라고 생각할 수 있지만, 14세기 중반에 유럽을 쑥대밭으로 만든 가래톳 흑사병은 사망률이 30~60퍼센트에 달해 그 병으로 가족 중 누군가를 잃지 않은 집이 거의 없을 정도였다. 이제는 그런 병도 항생제로 쉽게 치료할 수 있다.

중세를 지나 영국 빅토리아 시대에도 죽음은 사방에 도사리고 있었다. 사고사 통계를 보면, 그 시대에 큰 인기를 누렸던 풍성한 치마 모양을 유지하는 거대한 금속제 또는 목제 지지대인 크리놀린crinoline이 원인으로 등장한다. 우리는 역사 드라마를 통해 이런 크리놀린으로 한껏 부풀린 아름다운 드레스를 자주 접하지만, 그게 쉽게 불타서 화재의 원인이 되었다는 사실은 잘 모른다. 빅토리아 시대에는 사방을 촛불로 밝혔다(전구는 1879년에 발명되었다). 한 연구자는 1860년 한 해에만 크리놀린 관련 화재로 목숨을 잃은 여성을 최대 3,000명으로 추정했다.[5]

옷차림마저 위험천만한 구세계에서 떠나기로 결심했다면? 안타깝게도 그 시대에는 다른 나라로 이민 가는 것 또한 굉장히 위험했다. 특히 대양을 건너는 장거리 항해에서는 배에 탄 승객 5명 중 약 한 명이 바다 한가운데서 굶어 죽거나 과밀한 승객들 사이에 퍼진 질병 때문에 목숨을 잃었다. 현대의 우리가 영 미덥지 않은 항공사의 여객기를 탔을 때 겪는 불편함은 그 시대 사람들이 크루즈를 잘못 선택하는 바람에 겪었던 위험에 비하면 아무것도 아니다. 1846년 감자병으로 아일랜드에 대기근이 일어나 겨우 살아남은 100만여 명이 아메리카 대륙으로 떠날 때도 그랬다. 어떤 선박 회사가 운영하는 배를 타느냐에 따라 부실한 식사와 환기가 부족한 선실 환경 때문에 항해 도중 승객의 약 10퍼센트가 사망했다. 심지어 승객 3명 중 한 명꼴로 목숨을 잃는 경우도 있었다.[6]

인류 문명의 발전이 세상을 더 위험한 곳으로 만들었다고 비난하는 사람들은 인간이 초래한 기후변화야말로 명백한 예라고 주장한다. 지구온난화로 자연재해의 발생 횟수와 규모가 모두 늘어나는 추세인 건 사실이지만, 위협적인 기상의 영향을 막는 인류의 능력 역시 수십 년에 걸쳐 크게 향상됐다. UN 세계기상기구의 데이터에 따르면, 지난 50년간 자연재해 발생 건수가 5배 늘었음에도 그로 인한 사망률은 3분의 2로 감소했다.[7] 20세기 초에는 해마다 자연재해(가뭄, 태풍, 홍수 등)로 100만 명 이상이 목숨을 잃었는데,

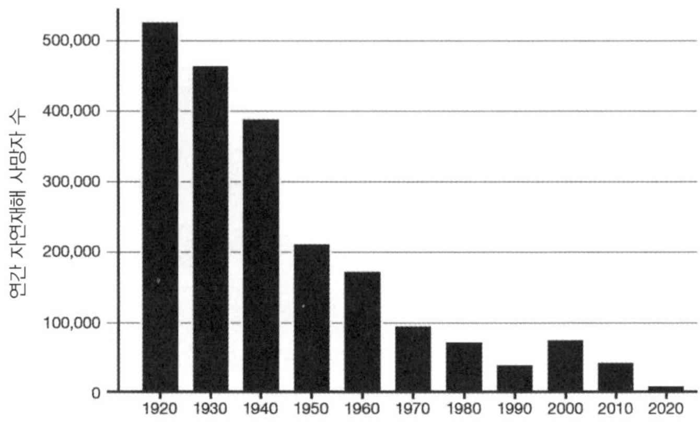

그림 4 ◉ 1920년부터 2020년까지 10년 단위로 나타낸 전 세계 연평균 자연재해 사망률. 지진, 화산, 산사태, 가뭄, 산불, 태풍, 홍수 등 지구물리학적 사건과 기상학적 사건, 기후 사건까지 모든 자연재해를 포함한 통계다. 10년 단위 수치는 10년간 연속 수집된 연평균이다. 1920년의 세계 인구는 20억 명이었고, 현재는 78억 명이다.

자료 출처: Our World in Data, based on EM−DAT, CRED / UCLouvain, Brussels, Belgium.

그림 4에서 볼 수 있듯 1970년대에는 그 수치가 연간 10만 명 정도로 뚝 떨어졌고, 지금은 그보다 더 줄었다.

산불 통계에서도 이런 추세가 나타난다. 캘리포니아주에 산불이 전례 없이 여러 차례 발생한 2022년에도 사망자는 9명에 그쳤다. 국립산불관리센터National Interagency Fire Center가 계절별로 화재 예측을 발표하는 등 예방을 위해 노력하고, 소방관들과도 협업한 결과다. 세계기상기구가 재난 발생 시 모든 지구인이 조기에 경보를 받을 수 있는 시스템을 5년 내로 구축한다는 목표하에 15억 달러 규모의 사업을 시작하는 등 전 세계적으로도 안전에 더 많은 자원을 투입하고 있다.

자연재해뿐 아니라 불과 두 세대 전까지도 인간의 생활에는 위험이 가득했다. 광산업과 철도 건설, 제조업 등 위험성 높은 산업에서 노동자를 보호하는 조치는 최소 수준에 머물렀고, 자동차에도 안전장치가 없었다. 미국 상업 여객기는 해마다 5~6대가 충돌했고, 그때마다 탑승객 전원이 사망했다. 얼마 전 나는 1950~1960년대에 캐나다 북부의 니켈 광산 주변에 형성된 작은 도시 서드베리Sudbury에서 어린 시절을 보낸 어머니와 대화하던 중 당시 사람들이 어떻게 목숨을 잃었는지를 듣고 깜짝 놀란 적이 있다. 어머니 이웃에 살던 한 가족은 크리스마스트리에 진짜 촛불을 매다는 바람에 집이 몽땅 불에 타 아이 둘이 목숨을 잃었다. 다른 이웃집은 온 가족이 자동차를 타고 고속도로를 달리던 중 울며불며 짜증을 내던 세 살짜리 아이가 그만 뒷문을 열어버리는 바람에 밖으로 튕겨 나갔다고 한다. 자동차에 아이들의 조작을 차단하는 잠금장치나 유아용 카시트는 물론 안전띠도 없던 시절이었다. 아이들은 수영장에서 익사하고, 냉장고에 갇혀 질식사했다. 1974년 외과의사 헨리 하임리히Henry Heimlich가 응급처치법을 내놓기 전까지는 음식물이 목에 걸려 목숨을 잃는 일도 허다했다.

오늘날에도 어떤 공동체든 불운한 사고를 피할 수 없는 건 마찬가지지만, 예측 가능한 죽음은 예전보다 훨씬 줄었다. 인간의 삶이 인류 역사상 어느 때와 비교해도 훨씬 안전해졌다는 건 논란의 여지가 없는 사실이다. 스티븐 핑커가 《우리 본성의 선한 천사The Better Angels of Our Nature》에서 지적한 대로, 사람들이 서로를 덜 폭력적으로 대하게 된 덕분이기도 하지만, 우리가 일터와 집에서 더

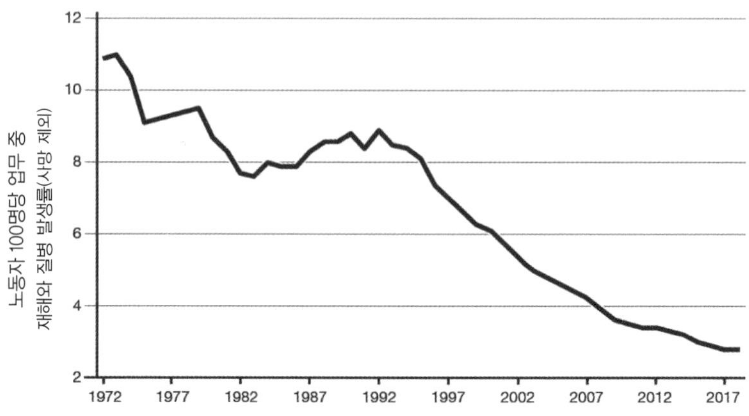

그림 5 ◉ 1972년부터 2017년까지 민간 산업체의 업무 중 재해와 질병 발생률(사망 제외). 상근직에 상응하는 노동자 100명당 발생 건수로 계산했다.

자료 출처: U.S. Bureau of Labor Statistics, Survey of Occupational Injuries and Illnesses.

안전하게 지낼 수 있게끔 만든 기술과 정책도 한몫했다. 그림 5에서 볼 수 있듯 지난 45년간 일터에서 다치거나 병에 걸리는 노동자의 비율은 급감했다. 자동차에는 아동의 조작을 막는 잠금장치와 안전띠, 에어백이 생겼다. 크리스마스트리는 LED 조명으로 밝힌다. 수영장에는 울타리와 안전요원을 배치한다. 부모 대신 아기를 돌보는 사람은 하임리히법을 포함한 응급처치를 배운다.

그런데 희한하게도 오늘날 부모들이 자녀를 대하는 방식을 보면, 세상이 어느 때보다 위험해진 게 분명하다는 생각이 든다. 부모들은 아이들이 학교까지 걸어가지 못하게 하고, 밖에서도 놀지 못하게 한다. 어떤 부모는 안전이 너무 걱정된 나머지 위치를 항상 확인할 수 있도록 애플 에어태그Apple AirTag 같은 마이크로칩을 아이 옷에 부착한다. 혹시라도 아이가 납치당할 경우를 대비하는 것이다. 이런 양육 방식에 감히 저항하는 부모는 그 의도를 의심받거나 심지어 체포당할 수도 있다. 헤더 윌리스Heather Wallace는 2021년 실제로 그런 일을 겪었다. 당시 서른일곱 살이던 헤더는 아이 셋을 키우는 엄마였다. 차에 여덟 살짜리 아들을 태우고 귀가하던 길인데, 아이가 차 안에서 마구 짜증을 냈다. 헤더는 차를 세우고는 아이가 마음을 가라앉힐 수 있도록 집까지 800미터쯤 남은 거리를 걸어오라고 말했다. 헤더가 사는 곳은 아주 안전한 동네였다. 보도 옆에 줄지어 선 주택마다 깔끔한 잔디밭이 있고, 도로에는 오가는 차량도 많지 않았다.

헤더가 먼저 집에 도착하고 15분쯤 지났을 때, 누가 문을 두드렸다. 문을 열자 경찰차 한 대가 보이고, 경찰관 2명이 아이와 함께 있었다. 헤더의 집에서 겨우 한 블록 떨어진 이웃집 여성이 아이가 혼자 걸어가는 것을 보고는 어디 사느냐고 물었고, 쭉 걸어가면 집이 나온다는 대답을 듣고도 경찰에 신고한 것이다. 두 경찰관은 헤더가 사는 교외 지역에서 그때까지 한 번도 일어난 적이 없는 성매매 범죄의 위험성에 관해 이야기하더니, 이런 상황인데도 아들을 또 집까지 걸어오게 하겠느냐고 물었다. 헤더는 자신이 안전한 환경에서 산다고 생각했으므로 이렇게 대답했다. "모르겠어요." 그러자 한 경찰관이 말했다. "당신을 체포해야겠군요." 그러고는 아들이 보는 앞에서 헤더의 양손을 몸 뒤로 돌려 수갑을 채우고 경찰차로 데려가 뒷좌석에 앉혔다.

아동을 위험에 빠뜨린 중범죄로 판결받으면 20년형이 나올 수도 있으므로, 헤더는 하는 수 없이 유죄를 인정하고 형량을 협상했다. 이후 영유아 보육센터에서 총 65시간을 봉사하라는 명령을 받았는데, 공식적으로 '아이들에게 위험한 인물'로 지정되어 아이들이 없는 주말에만 센터에 나가서 봉사 시간을 채워야 했다. 아이들의 수면 문제를 도와주는 업체에서 근무하던 헤더는 주 고객이 아이들이라 그 일도 그만둬야 했다. 사회로 복귀하기 전에는 무작위 선정된 여덟 가지 약물 검사도 받았는데, 소변을 허위로 제출할 수 있다는 이유로 경찰관이 보는 앞에서 소변을 봐야 했다.[8]

이런 일을 엄마의 선의를 고려하지 않은 너무 극단적인 처사라고 생각하는 사람이 한둘이 아니다. 많은 사람이 밖에 나가 마음껏 돌아다니던 어린 시절을 떠올리며 그게 다 옛날얘기가 된 것을 한탄하고, 아이 주변을 헬리콥터처럼 줄곧 따라다니는 부모를 비난한다. 《나쁜 교육The Coddling of the American Mind》《i세대I-Gen》《피해자 문화의 등장The Rise of Victimhood Culture》 등 아이가 해를 입을지 모른다는 과도한 걱정이 아이들의 회복력을 떨어뜨린다고 주장하는 책도 많이 나왔다.[9] 이런 주장은 오늘날 10대 청소년과 청년들이 과거 어느 세대보다 불안과 우울감에 취약하다는 연구 결과로도 뒷받침된다.[10]

나도 부모인지라 아이들을 과잉보호하는 그들의 심정은 이해한다. 우리 두 딸이 동네를 편하게 돌아다니고 어른으로 성장하는 과정에서 맞닥뜨릴 수 있는 여러 문제를 자신 있게 헤쳐나가며 회복력을 키울 수 있기를 바라면서도, 솔직히 그 애들이 1980년대의 내 어린 시절과 비슷하게 지낸다고 생각하면 불안해진다. 당시 나는 중고 BMX 자전거를 타고 (헬멧도 없이) 인구가 70만 명 정도였던 캘거리 시내를 날이 어둑해지도록 돌아다녔다. 어떤 날은 파김치가 되어 겨우 귀가했고, 집과 멀리 떨어진 곳에서 다치기도 했다. 때로는 수상쩍은 사람한테 쫓겼고, 길을 잃는 일도 허다했다. 이런 경험이 내가 회복력 있는 성인으로 자라는 데 도움을 준 건 사실이지만, 우리 아이들이 어딘가에서 다치거나, 누군가에게 쫓기거나, 길을 잃을 가능성을 마냥 아무렇지 않게 받아들일 수는 없다.

사람마다 오늘날 부모가 아이를 지나치게 감싸려 한다고 생각할 수도 있고, 그저 아이를 잘 보호하려는 것뿐이라고 생각할 수도 있다. 하지만 분명한 사실은 우리가 아이들이 겪을지도 모른다고 가정하는 '위험'의 범위가 커지고 있다는 것이다. 아이들이 혼자 알아서 하게끔 두는 일이 줄고, 한때 안전하다고 여기던 것을 이제는 위험하다고 생각하는 경우가 많다. 세상은 더 안전해졌지만 우리는 여전히, 어쩌면 과거보다 더 심하게 안전을 걱정한다. 산업혁명 시대의 부모가 무덥고 컴컴한 공장에서 매일 12시간씩 일하는 자녀들이 혹여 위험한 기계로 작업하다 몸을 다칠까 봐 걱정했다면, 현대의 부모는 아이가 집까지 걸어오다 해를 입거나 다른 아이한테 잔인한 말을 듣고 트라우마에 시달리면 어쩌나 염려한다. 위험의 개념이 확장된 것이다.

개념의 확장

호주 출신의 사회심리학자 닉 해즐럼Nick Haslam은 학대, 중독, 정신질환, 트라우마, 따돌림, 편견 등 위험 관련 개념에 담긴 의미가 점차 넓어지는 현상을 설명하기 위해 '개념의 확장'이라는 새로운 용어를 만들었다. 과거에는 각 개념의 의미가 몇 가지 극심한 피해로 좁은 편이었으나, 시간이 흐르면서 그 범위가 넓어져 심각성이 덜한 일까지 피해로 여겨지게 됐다는 것이다. 예를 들어, 과거에는 신체 폭력과 관련한 일만 학대로 여겼지만, 지금은 자녀가 집까지 혼자 걸어오게 놔두는 일도 학대로 간주한다. 중독도 과거에는 술이나 마약 같은 화학물질에 의존하는 문제를 가리켰지만 이제는 섹스, SNS, 일도 중독의 범위에 포함된다. 트라우마도 대학살에서 살아남는 것과 같은 폭력적인 사건을 직접 겪거나 목격할 때 발생하는 문제에서, 이제는 잔인한 영화를 보거나 심지어 개인이 중시하는 가치가 공격받는 것까지도 포함될 만큼 의미가 넓어졌다.

나도 괴롭힘의 개념이 확장된 것을 체감한다. 열세 살 때 나는 영국에서 아버지와 함께 살았다. 캐나다 해군으로 복무한 아버지는 브리스틀Bristol에서 새로운 종류의 소형 구축함 설계를 지원하는 임무를 맡은 터였다. 우리는 조지 왕조풍의 멋진 석회석 건물과 아름다운 수도원, 지명에 걸맞게 오래된 로마 시대 목욕탕이 있는 배스Bath 근처의 아파트에서 지냈다. 군대 복무와 학력 인정에 관한 캐나다 정부의 복잡한 규정에 따라 나는 학비 지원을 받았고, 1552년 설립된 명문 남자 사립학교인 킹 에드워즈 스쿨King Edward's School에 다녔다. 그곳 학생들은 회색 모직 교복을 입고(비가 자주 내리는 겨울철에는 늘 눅눅하고 피부에 닿는 느낌도 까끌까끌했다) 가방에 고전 문학책을 잔뜩 넣고 다녔다. 학생들에게 코담배를 건네기도 하던 선생님이 나폴레옹 전쟁에 관해 무미건조하게 설명하는 수업을 들은 기억도 난다.

쉬는 시간에는 헤딩, 발리슛, '때리기'로 이루어진 축구 게임을 했다. 한 사람이 헤딩이나 발리슛으로 세 번 연속 골을 넣으면 이기는 게임이었다. 누구든 연달아 세 골을 넣고 그 팀이 승리하면, 잠시 게임을 중단하고 모든 선수가 한 줄로 서서 골을 막지 못한 골키퍼를 '때렸다'. 한 명씩 차례로 골키퍼의 팔을 최대한 세게 주먹으로 가격하는 식이었다. 이 세련된 학교에 다니는 아이들에게 외국에서 온 가난한 전학생인 나는 골키퍼 역할을 제대로 못 해 그런 벌칙을 수시로 당했다. 때로는 손등 뼈가 튀어나온 부분이 내 팔에 더 세게 닿도록 주먹을 기울여 때리는 바람에 수업 시간 내내 팔에 감각이 없었다.

내가 겪은 그 일은 '괴롭힘'일까? 맞은 팔이 너무 아파 다른 손으로 필기를 한 적도 많았고 검은색, 갈색, 노란색 멍이 마치 곰팡이처럼 잔뜩 생기곤 했다. 하지만 당시 나는 내가 괴롭힘을 당했다고 생각하지 않았다. 선생님들도 축구 게임하는 모습을 즐겁게 지켜보고 있었으니, 아이들이 누군가를 괴롭힌다고 여기진 않았던 것 같다. 하지만 지금의 교사, 특히 부모의 생각은 그때와 다를 거라고 확신한다. 나 역시 우리 아이가 팔에 온통 멍이 든 채로 집에 와서 다른 아이들이 한 대씩 때리는 게임을 했다고 한다면 당장 교장실에 전화할 것이다. 30년의 세월이 흐르는 동안 괴롭힘의 개념은 분명 확장됐다.

나약하고 물러터진 사람이나 위험의 개념을 과도하게 확장한다고 생각할 수도 있다. 정치 성향으로는 진보적인 사람이 위험의 개념을 더 많이 확장한다는 연구 결과도 있다.[11] 그러나 아이를 자유로운 환경에서 키워야 한다고 주장하는 사람, 위험 개념을 과도하게 확장하는 이들을 비난하는 사람도 사실 개념 확장과 무관하지 않다. 과거 세대의 아이들이 직면했던 위협, 예를 들어 농기계에 다치거나 마을 연못에서 익사하는 것과 비교하면 과보호는 아이들에게 그 정도로 큰 해가 되지는 않는다. 그럼에도 그걸 비난한다는 것은 자신이 생각하는 위험의 개념이 확장됐음을 시인하는 것이다. 마찬가지로 큰 충격을 받을 수 있는 자극적인 콘텐츠임을 사전에 안내하는 문구, 대인관계에서 일어날 수 있는 미묘한 공격에 관한 교육, 정치적으로 올바른 태도란 무엇인지 따지는 것 모두 피해를 막으려는 노력이다. 하지만 아이러니하게도 애초에 위험 개념이 확장되어야 이런 노력을 시작할 수 있다.

정치 성향이 어느 쪽이든 위험의 개념이 확장되는 현상을 비난하는 건 별로 의미가 없는 일이다. 개념의 확장은 잘못한 사람이 따로 있는 일도 아니며 불가피한 현상이기 때문이다. 개념의 확장은 두 가지 조건을 충족하기만 하면 얼마든지 일어날 수 있다. 첫번째 조건은 사람들이 '무언가'를 찾으려는 동기가 있어야 한다는 것이고, 두 번째 조건은 그 '무언가'가 점점 줄어드는 (또는 이미 줄어든) 상황이어야 한다는 것이다. 음식을 예로 들면, 인간은 먹어야 생존할 수 있으므로 우리에게는 먹을 것을 찾으려는 강한 동기가 있다. 따라서 첫 번째 조건은 충족한다. 그런데 먹을 것이 점점 줄어들어 두 번째 조건을 충족하는 상황이 됐다고 상상해보자. 종말이라도 찾아온 것처럼 신선한 식품이 완전히 사라진 폐허 같은 세상이 됐다고 하자.

그런 상황에서 텅 빈 건물이 늘어선 인적 없는 거리를 헤매다 고양이용 통조림 하나를 발견했다면? 먹을 게 넘쳐나던 과거에는 고양이 사료를 사람이 먹는다는 건 생각조차 해본 적이 없을 것이다. 그럼에도 잔뜩 굶주린 사람은 아마 허겁지겁 삼키기 바쁠 것이다. 이처럼 허기진 상태에서 식량을 구하기 힘들어지면, 식량의 개념이 이전에는 생각지도 못한 범위까지 확장된다.

이런 사실은 연구로도 확인됐다. 기근이 극심한 아이티, 잠비아, 기니, 카메룬의 극빈층은 때때로 굶어 죽지 않으려고 진흙으로 쿠키를 빚어 먹는다. 만드는 법은 간단하다. 먼저 흙을 걸러 돌멩이와 큰 덩어리를 제거한 다음, 젖은 흙에 소금과 식물성 쇼트닝 또는 기름을 섞고 동그랗게 뭉친 후 살짝 눌러 납작한 원반 모양으로 만든다. 그 상태로 햇볕에 몇 시간 말리면 완성된다. 진흙 쿠키를 먹어본 사람은 메마른 질감과 지독하게 강한 뒷맛이 오랫동안 가시지 않는다고 말한다.[12] 이것을 '음식'으로 여길 수밖에 없다는 건 비극적인 일이지만, 그들에게 이 쿠키는 정말로 식량이다. 살려면 뭐라도 먹어야 하는 상황에서 무엇이 '진짜' 음식인지 까다롭게 따지기는 힘들다. 굶주림에 못 이겨 진흙 쿠키를 먹어야만 하는 사람들도 다른 선택지가 있다면 당연히 그걸 먹지 않을 것이다. 하지만 배는 고프고 식량을 구하기 힘든 상황에서는 이처럼 음식의 개념이 확장된다.

위험도 마찬가지다. 인간에게는 위험하고 해로운 것을 찾아내려는 강한 동기가 있다(개념 확장의 첫 번째 조건이 충족된 셈이다). 인류의 조상은 끊임없이 위험을 경계하며 살았고, 그 유산이 우리의 뇌에 남아 있다. 포식 동물, 우리를 해칠 수 있는 다른 사람, 환경에 존재하는 위험 요소까지 우리는 뭐든 위험한 것을 선제적으로 찾아내 자신을 지키도록 진화했다. 위험하고 해로운 것을 피하려는 이 동기의 바탕에는 두려움과 불안감이 있고, 이 두 가지 감정은 모두 우리의 생존에 큰 도움을 준다. 포식 동물이나 부도덕한 자를 계속 염려하는 사람은 실내에만 머무르거나 다른 데로 달아나는 등 미리 대비할 가능성이 높고, 그만큼 죽음을 피할 확률도 커진다. 이처럼 걱정하는 성향은 다음 세대로 이어지고, 그렇게 대대손손 전해져 유전적 특징으로 자리 잡는다.

연구 결과를 보면, 인간의 주의력은 위험을 감지하는 일에 더 많이 쓰인다. 심지어 위험이 사라진 후에도 계속해서 주의를 기울이는 편향성이 있다. 이런 특징은 말 그대로 눈을 떼지 못하는 행동으로도 나타난다. 한 연구에서는 화면 중앙에 작은 십자 기호를 띄우고 참가자들에게 그걸 응시하라고 지시한 다음, 기호의 왼쪽과 오른쪽에 각각 얼굴 사진을 하나씩 띄웠다.[13] 십자 기호 왼쪽에는 약간 지루해 보이고 별다른 감정이 느껴지지 않는 얼굴이 나타나고, 오른쪽에는 잔뜩 화가 난 위협적인 표정의 얼굴이 나타났다. 이 두 가지 얼굴은 잠시 보였다가 사라졌다. 그리고 점 하나를 왼쪽과 오른쪽 중 조금 전 사진이 나타난 위치의 정중앙에 고정시켰다. 연구진은 참가자들에게 왼쪽과 오른쪽 버튼 중 하나를 눌러 점이 어느 쪽에 나타났는지 즉시 알려달라고 했다.

이 실험에서 사람들은 위협적인 얼굴이 있던 위치에 점이 나타났을 때 버튼을 더 신속하게 눌렀다. 그쪽을 계속 보고 있었다는 의미다. '위협'이 나타난 위치를 계속 주시하며, 혹시 그게 다시 보이지는 않을까 경계한 것이다. 반면, 별다른 감정이 느껴지지 않는 얼굴 사진이 있던 쪽에 점이 나타났을 때는 버튼을 누르는 속도가 그보다 느렸다. 화면에 잠깐 나타난 두 가지 얼굴이 사라진 후에도 '위협적인' 쪽에 계속 주의를 기울인다는 건 위험을 늘 경계하는 것이 우리의 타고난 특성임을 보여준다.

위험에 대한 우리의 민감성은 표정이 위협적인 사람을 주시하는 정도에 그치지 않는다. 사회성이 발달한 우리의 커다란 뇌는 잠재적 위험이 실제로 얼마나 위협적인지 판단할 수 있는 정보를 물색한다. 얼굴 인식 연구자 2명이 설계한 다른 연구에서는 참가자들에게 두 세트의 사진을 보여줬다.[14] 한 세트는 누군가를 똑바로 쳐다볼 때처럼 정면을 응시하는 얼굴 사진들로 구성됐다. 심리학 연구에서는 이런 사진이 표준 얼굴로 쓰인다. 다른 세트의 사진에는 측면을 바라보는 사람들의 모습이 담겨 있었다. 연구진은 화가 난 사람이 정면을 응시하면 상대방을 공격하려는 인상을 주고 그 모습을 보는 사람들은 더 위협적으로 느낄 것이라고 예상했다. 반면 두려움을 느끼는 사람은 시선이 정면이 아닌 다른 쪽을 향할 때 더욱 겁먹은 인상을 준다고 예상했다. 그런 표정과 시선은 포식자나 살인자 같은 보이지 않는 위험을 감지한 것처럼 느껴지기 때문이다.

결과는 예상대로였다. 참가자들은 사진 속 인물들의 시선이 어디를 향하든 상관없이 두려움, 분노 같은 부정적 감정이 느껴지는 쪽을 대체로 빠르게 포착했다. 하지만 똑같이 화가 난 표정이라도 옆을 보는 사진을 볼 때보다(반응 시간 914밀리초) 정면을 똑바로 응시한 사진을 볼 때(반응 시간 862밀리초) 그 얼굴에 떠오른 분노를 더 빠르게 인식했다. 사진 속 표정에 똑같이 두려움이 서려 있을 때는 정면을 응시할 때보다 측면을 향한 사진을 볼 때 그 얼굴에 나타난 두려움을 더 빠르게 포착했다(반응 시간은 각각 944밀리초, 891밀리초). 이런 결과는 위험을 감지하는 우리의 타고난 민감성이 다른 사람의 생각과 감정에 집중하는 뇌의 사회적 기능과 맞물려 있음을 보여준다.[15]

위험의 개념이 확장되려면 잠재적 위험을 계속 경계하는 첫 번째 조건과 함께 실제로는 위험이 감소하는 두 번째 조건도 충족해야 한다. 이번 장 초반에 설명했듯이 실제로 위험은 감소하는 추세다. 노동 환경의 혁신적 변화, 소비자 보호 장치, 안전 관련 규정이 마련된 지금은 과거보다 여러모로 훨씬 안전하다. 인류의 선조들에 비하면 폭력에 희생당할 확률도 대폭 줄었다. 3장에서 살펴본 것처럼 호모 사피엔스가 등장한 초기에는 연평균 살인율이 2퍼센트였다.[16] 즉, 해마다 다른 사람에게 살해당하는 사람이 50명 중 한 명꼴이었는데, 지금은 세계에서 폭력이 가장 빈번한 도시들도 그보다 훨씬 안전하다. 미국 샌디에이고 바로 남쪽의 국경 너머에 자리한 멕시코 티후아나Tijuana는 세계에서 가장 위험한 도시로 손꼽히는 곳임에도 살인율은 10만 명당 약 120명(0.12퍼센트)으로,[17] 사냥과 채집으로 살아가던 초기 인류 사회의 평균 살인율보다 몇 배나 낮다. 고대 부족을 무작위로 골라서 비교해도, 현대 세계에서 가장 위험한 도시가 10배는 더 안전하다.

안전은 이처럼 향상됐지만 사람들은 여전히 범죄를 우려한다. 2022년 갤럽 조사에서 미국 국민의 53퍼센트는 범죄를 '매우 크게' 걱정한다고 답했고, 27퍼센트는 '꽤 많이' 걱정한다고 답했다. 80퍼센트가 실제로 겪을 확률이 비교적 낮은 일을 걱정하면서 살고 있다는 의미다.[18] 살인이나 가중 처벌 대상인 중대한 폭행 사건이 극히 드문 가장 안전한 교외 지역 사람들도 대도시 사람들과 거의 비슷한 수준으로 폭력 범죄를 걱정한다는 것 또한 흥미로운 특징이다.

우리의 정신이 실제 범죄율과 무관하게 계속해서 위험을 강하게 경계하는 건 진화의 유산이다. 범죄에 관한 걱정과 범죄의 실제 발생률이 일치하지 않는 이런 상황은 위험의 개념이 확장된 결과다. 가장 안전하게 사는 사람들에게도 인간의 특성상 위험하고 해로운 것을 찾아내려는 동기가 여전히 남아 있으므로, 이들이 생각하는 범죄의 개념은 확장될 수밖에 없다. 앞의 실례처럼 동네에서 총성을 들을 일이 없는 교외 지역에서는 어린이가 집까지 혼자 걸어가기만 해도 아동 학대를 당한다고 여기는 것이다.

사람들이 범죄를 끊임없이 걱정하는 현실로도 개념의 확장을 확인할 수 있지만, 이런 현상을 뒷받침하는 훌륭한 실험 근거도 있다.

그림 6 ◉ 진한 까만색 점이 대부분이고 옅은 색의 점이 몇 개 섞여 있다. 여기서는 원한다면 까만색 점을 쉽게 찾을 수 있다. 까만색이 아닌 점 4개는 확실하게 구분된다.

하버드대학교의 한 연구진은 무언가를 찾으려는 동기가 있어야 하고, 그것의 실제 발생률이 줄어드는 게 개념 확장의 두 가지 조건이라는 점을 활용해 사람들에게 이 현상을 유도해보기로 했다. 색깔을 맞히는 것처럼 의견이 나뉘기 힘든 지극히 평범한 상황도 그두 가지 조건을 충족하면 개념이 확장될 것이라는 가설에 따라, 연구진은 사람들에게 다양한 색깔의 점을 보여주는 실험을 설계했다.[19] 실제 실험에서는 색이 다른 여러 개의 점을 활용했으나, 꼭 다른 색깔이 아니라도 흑백의 점에 농도만 다르게 해도 된다.

연구 방법은 간단하다. 여러 개의 점 중에서 까만색 점을 전부 찾기만 하면 된다. 그림 6을 보면, 까만색 점이 여러 개(총 16개)이고 연한 색 점은 몇 개뿐이라 참가자 모두 아주 쉽게 과제를 완료할수 있다.

그림 7 ◉ 그림 6과 비슷하지만 까만색 점보다 연한 색 점이 더 많다. 그림은 다른데 까만색 점을 찾으려는 동기가 그대로면, 우측에 있는 점 4개를 '까만색 점'으로 여기게 된다.

그런 다음, 사람들에게 그림 7을 보여준다. 점이 여러 개인 것은 같지만, 이번에는 연한 색 점이 더 많다. 이 그림을 보여주고 앞서와 같이 까만색 점이 몇 개인지 찾으라고 하면, 사람들은 까만색 점을 찾으려는 동기는 그대로인 상태에서 그 대상이 줄어든 상황에 놓인다. 연구진은 이처럼 자신이 찾는 게 줄어들자, 사람들이 기준을 바꾸려 한다는 사실을 확인했다. 첫 번째 그림에서 까만색 점과 확실하게 구분했던 연한 색 점이 두 번째 그림에 똑같이 있는데도, 그중에서 색이 더 연한 것과 덜 연한 것을 구분하려고 했다. 찾으려는 동기가 변함없는 상황에서 그 대상(까만색 점)이 줄자 까만색 점의 개념이 확장된 것이다. 중범죄가 많은 대도시(폭력과 절도가 빈번하다) 사람들이 범죄를 염려하는 교외 지역(폭력과 절도가 대도시보다 훨씬 적다) 사람들의 말을 들으면 코웃음을 치듯 그림 6만 본 사람들은 두 그림을 연이어 본 사람들이 그림 7에서 까만색 점을 분류하는 방식을 어이 없다고 여길 것이다. 이런 현상은 조건만 맞으면 어떤 경우든 일어날 수 있다. 무언가를 찾으려는 동기가 그대로인 상태에서 상황이 변하고 거기에 적응해야 할 때, 사람들은 자신이 찾으려는 것에 '포함되는' 기준을 낮추려고 한다.

이처럼 인체의 기본적인 지각에서도 개념 확장이 일어난다는 사실은, 이런 심리적 현상이 우리의 뿌리 깊은 특성과 관련이 있으며 자동으로 일어나는 반응임을 나타낸다는 점에서 중요한 의미가 있다. 전문가들은 정치적 의제에서 사람들이 특정 개념을 확장한다고 꼬집으며 비난하는데, 실제로 개인적 확신이 개념의 확장을 유도할 수도 있으나 이 현상은 대부분 인식과 정황의 조건이 기계적으로 맞아떨어질 때 나오는 결과다. 인간의 정신엔 위험을 경계하는 타고난 특성과 주변 상황에 적응하려는 특성이 있으므로 이 두 가지가 만난 결과라는 의미다.

고작 까만색 점을 찾는 실험에서 나온 결과로 위험의 인식을 논하는 게 타당한지 의아할 수도 있다. 하버드대학교의 다른 연구진은 트라우마의 개념이 확장될 수 있는지 확인해보기로 하고, 사람들에게 다양한 사건을 제시한 후 '트라우마를 유발할 만한' 사건인지 평가하게 했다. 트라우마를 찾으려는 동기가 생기도록 만든 것이다.[20] 참가자들은 "계단을 걸어서 올라갔다" 같은 평범한 일부터 "달리다가 발목을 삐었다" 같은 약간 안 좋은 일, "낯선 사람이 당신의 혀를 잘랐다" 같은 끔찍한 일까지 심각성이 다양한 사례들을 읽고 평가했다.

연구진은 사람들이 별로 심각하지 않은 일들만 놓고 평가할 때도, 즉 사례 중 심각한 트라우마를 유발할 만한 사건이 얼마 없어도 트라우마 개념이 '확장'되는지 확인하기 위해 참가자들을 두 그룹으로 나누었다. 첫 번째 그룹은 가장 심각한 일이 "면접을 보고 왔지만 채용되지는 않았다" 정도인 사례들을 평가하고, 두 번째 그룹은 가장 심각하지 않은 일이 "화학요법을 받았다" 정도인 사례들을 평가했다.

두 그룹의 평가 결과에서도 트라우마 개념이 확장된 것으로 나타났다. 별로 심각하지 않은 일들만 놓고 트라우마 유발 가능성을 평가한 쪽은 극히 심각한 일이 대부분인 사례들을 평가한 쪽보다 '트라우마를 일으킬 만한' 일로 평가하는 기준이 낮았다. 연구진은 각 그룹의 참가자 절반 이상이 트라우마를 유발할 만하다고 평가한 사건들의 객관적인 심각성을 토대로 이들의 평가 기준을 확인했다. 각 그룹에서 참가자 대부분이 "그래, 이건 트라우마가 될 만한 일이야"라고 평가한 사례가 실제로 얼마나 심각한 일인지 비교한 것이다.

극히 심각한 사례들을 평가한 그룹은 평가 기준이 높았다. 심각성이 "오디오테이프에서 낯선 사람이 강간당하는 소리가 흘러나왔다" "길을 가다가 갑자기 시신을 목격했다" 정도여야 대다수가 트라우마를 일으킬 만한 일이라고 평가했고, 그보다 덜 심각한 일들은 참가자마다 평가가 엇갈렸다. 별로 심각하지 않은 일들만 평가한 그룹에서는 이와 반대로 트라우마의 기준이 훨씬 낮아서 "모두가 보는 앞에서 선생님께 혼났다" "사슴 한 마리가 사냥꾼에게 붙잡혀 죽는 것을 목격했다” 같은 일도 대다수가 트라우마를 일으킬 만한 일이라고 평가했다. 트라우마 개념이 확장된 것이다.

이 연구 결과는 위험의 범위가 확장될 수 있음을 입증한 동시에, 극히 심각한 사건만 접할 경우 위험의 범위가 축소된다는 사실도 입증했다. 인간의 정신은 어떤 사건을 분류할 때 그 일이 벌어진 정황을 고려한다. 따라서 어떤 정황에서 일어난 사건인지에 따라 분류 기준이 느슨해지기도 하고 더 엄격해지기도 한다. 난민 캠프에서 살인을 목격한 일을 트라우마를 유발할 만한 사건이라고 평가하는 사람은 사랑니를 뽑는 일 정도는 아무것도 아니라고 여긴다. 반대로 그런 심각한 사건을 겪을 일이 없는 곳에서는 별것 아닌 일도 트라우마를 일으킬 수 있다고 여긴다. 이 연구 결과는 세상이 과거 어느 때보다 안전해진 현대사회에서 사람들이 비교적 사소한 위험을 왜 계속 걱정하는지를 설명한다. 우리가 사소한 위험에 자꾸 집착하는 건 세상이 안전하기 때문이다.

위험하고 해로운 일의 기준이 낮아져서 사소한 사건조차 ‘트라우마’로 여기는 건 정신 건강에도 안 좋은 영향을 줄 수 있다. 위의 연구진은 사람들이 생각하는 트라우마의 범위를 인위적으로 조작할 수 있는지 확인하는 후속 연구도 진행했다. 이들은 먼저 참가자를 두 그룹으로 나누고, 과학자들이 정의하는 트라우마의 의미를 각각 다르게 설명했다. 한 그룹에는 “무고한 사람이 살해당하는 것을 목격하는 일 같은 매우 드물고 끔찍한 사건”이 트라우마가 될 만한 사건이라고 설명하고, 다른 그룹에는 과학자들이 트라우마를 제각기 주관적으로 정의하며 “큰 괴로움을 유발할 수 있는 사건”

1부 · 인간의 본성

이라면 무엇이든 포함될 수 있다고 설명했다. 참가자들이 생각하는 트라우마의 범위가 좁아지거나 넓어지도록 유도하기 위한 장치였다.

그런 다음, 잔혹하고 피비린내가 진동하는 영화의 한 장면(영화 〈라스트 킹〉 중 임산부의 신체를 훼손하는 장면)을 보여주고 각 참가자의 반응을 평가했다. 그 결과 트라우마의 범위가 '확장된' 쪽이 더 크게 괴로워했고, 그 영상을 본 게 자신한테 트라우마가 될 것 같다고 밝힌 비율도 더 높았다. 그 장면을 본 이후 몇 주간 침투적 사고(외상 후 스트레스 장애, 즉 PTSD의 증상 중 하나)에 시달렸다고 토로한 비율도 더 높았다.[21]

이러한 연구 결과와 사회적으로 위험의 범위가 확장된 현실을 종합하면, 오늘날 PTSD 발생률에서 나타나는 의아한 특징도 설명된다. 미국·캐나다·유럽에서는 PTSD의 가장 큰 원인인 폭력 범죄와 성폭행이 꾸준히 감소하는 추세인데도 PTSD 발생률은 그대로다.[22] 사람들은 객관적인 폭력의 발생 유무가 아니라 자신의 경험을 얼마나 트라우마가 될 만한 일로 여기는지에 따라 PTSD를 겪는다. 그리고 그 기준은 시간이 흐르면 바뀐다.

위험의 개념이 확장되는 현상(그리고 취약성의 증가)을 알고 나면, 잘사는 나라들의 PTSD 발생률이 역경과 폭력을 대체로 훨씬 많이 겪는 나라보다 높은 이유를 짐작할 수 있다. 예를 들어, 캐나다는 멕시코보다 객관적으로 더 안전한 나라인데도 PTSD 발생률은 6배나 높다.[23] 임상심리학 교수이자 PTSD 전문가인 리처드 맥널리Richard McNally는 이에 관해 "폭력이 줄어드는 등 생활수준이 개선되면, 사람들은 조부모 세대에는 거의 아무 영향을 주지 않았던 스트레스 요인에 민감하게 반응한다"고 설명했다. "사람들은 사는 게 나아질수록 점점 더 예민해지는 듯하다."[24]

인간의 정신은 무언가를 찾으려는 동기가 있으면 그 기준을 바꾸는 한이 있더라도 대체로 그것을 찾아낸다. '까만색 점'을 구분하는 일이든 '위험한 일'을 분류하는 일이든 마찬가지다. 인간이 어떻게 지각하든 객관적 진실로 평가하면 되지 않느냐고 반박할 수도 있다. 물질적 특성상 다른 것보다 색이 연한 점, 다른 것보다 영양이 우수한 음식, 물리적으로 더 큰 피해를 일으키는 행위가 있지 않느냐고 말이다. 그러나 객관적인 물리적 세상도 주관적인 인간의 정신에 의해 걸러진다. 짙고 연한 색, 음식, 위험의 개념은 결국 심리적인 것이다. 기준에 따라 포함 범위가 달라지는 모든 심리적 개념은 우리의 내적 동기와 그 일이 벌어진 외적 정황에 영향을 받는다.

분노의 확장

위험의 범위처럼 가해의 범위도 확장된다. 위험하다고 평가되는 일이 많아지면 그런 위험한 일을 행하는 사람, 다른 이에게 해를 가하는 부도덕한 사람도 자연히 많아진다. 어떤 행위가 아이들에게 해롭거나 사회를 약화한다고 평가되면, 우리는 누가 그런 일을 행할 수 있는지 찾으려고 한다. 그리고 대부분 그런 사람을 찾아낸

다. 교외 지역에 사는 엄마는 아이를 위하는 마음으로 집까지 걸어
오라고 했다가 범죄자로 취급받고, 사립학교 운동장에서 게임 규
칙에 따라 동급생을 때린 아이들도(어쩌면 그걸 내버려둔 교사들도) 가
해자로 여겨진다.

3장에서 설명했듯이 우리는 부도덕한 일에 분노한다. 위험하다
고 평가하는 일이 늘어나고, 그에 따라 그런 위험한 일을 행하는
사람이 함께 늘어나면, 사회 전체가 큰 영향을 받는다. 세상 곳곳에
위험한 일과 위험한 사람이 있다고 느끼면 도덕적으로 분노할 상
황도 더 많아질 수밖에 없고, 도덕 기준에 어긋나는 걸 바로잡아야
한다는 생각에 다른 사람을 호되게 비난한다. 위험과 가해의 범위
가 넓어지면 사소한 잘못에도 분개하면서 도덕을 무너뜨리지 않으
려면 화를 내는 게 당연하다고 느낀다.

정치철학자들은 세상이 안전해질수록 가해 행위로 평가되는 일
이 늘어나는 역설적인 현상에 오래전부터 주목했다. 이 현상은 사
회가 경제적·도덕적으로 발전할수록 사람들이 부당한 일에 더 크
게 실망한다고 주장한 19세기 프랑스 외교관 알렉시 드 토크빌
Alexis de Tocqueville의 이름을 따서 '토크빌의 역설'로도 불린다. 토
크빌은 특정한 행위를 '부당하다'고 판단하는 기준은 주관적이며,
그 기준에 따라 판단이 달라진다고 설명했다. 사회에 불공정한 일
이 감소할수록 불공정한 행위는 더욱 도드라지고, 사람들은 그 행
위에 더 크게 분노한다는 뜻이다. "평등해질수록 평등을 더욱 사랑
하게 되고, 그 애정이 평등을 먹고 계속 자라는 건 모두 자연스러
운 일이다." 토크빌은 이렇게 설명했다. 사회에 불공정한 일이 줄

어들수록 사람들이 요구하는 공정성의 기준은 높아진다.

토크빌의 역설은 개념의 확장과 일맥상통할 뿐만 아니라, 평등의 수준이 (과거에 비해) 전례 없이 높아진 지금도 사람들이 (과거의 기준에서는) 사소한 사회적 불공정에도 분노하는 이유를 알려준다. 사람들은 예전보다 평등해졌음에도 불구하고 분노하는 게 아니라, 예전보다 평등해졌기 때문에 분노하는 것이다.

위험과 가해의 범위가 확장될수록 사소한 부당함까지 문제로 여기게 되고, 이는 결국 법원·경찰 등 우리의 안전을 지켜주는 제도를 파괴하려는 시도로 이어질 수 있다. 실제로 보수주의자는 그런 주장을 펼친다. 그러면서 자신들의 주장은 위험과 가해 범위를 확장한 게 아니라고 반박한다. 이를 가볍게 넘겨서는 안 되는 이유는, 그들이 무너뜨리려는 (법률 같은) 제도 덕분에 우리가 대체로 먼 옛날 인류의 조상이 살던 시대보다 훨씬 안전하게 살 수 있기 때문이다.

개념의 확장은 사회가 발전할 때 생기는 문제라는 사실도 알아야 한다. 위험의 범위가 확장된다는 것은 그만큼 사회가 더 안전해지고 있다는 증거다. 개념의 확장은 기존 정의에 부합하는 것이 점차 감소할 때 일어나는 현상이므로, 예전보다 더 많은 일이 위험하다고 평가되는 건 폭력이 그만큼 드물어졌다는 의미다. 사람들이 별 뜻 없이 한 말이나 특별한 의도가 없는 실수까지 '위험하다'고 평가하는 건 반길 일이 아니지만, 이는 명백히 잔인한 행위가 예전보다 줄었음을 나타낸다. 물론 오늘날에도 잔인한 행위는 일어난다. 차이가 있다면, 잔인한 행위는 그 정도가 어떻든 수용할 수 없는 일로 여겨진다는 것이다. 인간이 만드는 제도는 불완전하고 편향적인 경우도 많지만, 이제는 안전이 당연하게 지켜지는 환경에서 살아가는 전 세계 인구가 점점 늘어나고 있다.

개념 확장 현상은 폭력적인 행위가 계속 감소 추세인데도 사람들이 늘 세상은 도덕과 점점 멀어진다고 느끼는 이유도 설명해준다. 한 연구진은 〈도덕이 쇠락한다는 착각The Illusion of Moral Decline〉이라는 제목의 논문에서 세계 곳곳의 사람들을 대상으로 사회의 도덕 수준을 어떻게 인식하는지 58개 항목의 질문을 통해 조사한 대규모 연구 결과를 공개했다.[25] 이 연구에서는 전 세계 60개국의 35만 4,000여 명에게 이런 질문을 던졌다. "현재 여러분이 살고 있는 나라에서 도덕의 가치가 전반적으로 더 높아지고 있다고 생각합니까, 아니면 갈수록 낮아지고 있다고 생각합니까?" "여러분이 살고 있는 나라의 전반적인 도덕적 상황으로 볼 때, 나라가 대체로 올바른 방향으로 나아가고 있다고 생각합니까, 아니면 아주 심각하게 잘못된 길로 가고 있다고 생각합니까?"

연구진이 1996년부터 2007년까지 12년간 수집한 응답을 분석한 결과, 뚜렷한 경향성이 나타났다. 사람들은 설문지의 86.21퍼센트에 달하는 문항에서 도덕이 쇠락했다는 쪽으로 답했다. 이를 1949년부터 2019년까지 미국인 22만 명에게서 수집한 응답과 교차 분석한 결과도 마찬가지였다. 즉, 사람들은 이 조사를 진행한 전 기간에 걸쳐 거의 같은 비율로 사회의 도덕이 무너지고 있다고 생각했다.

한편, 이 연구진은 2020년 미국인을 대상으로 왜 사회의 도덕성이 15년 전보다 감소했다고 생각하는지 물었다. 이 질문에 자발적으로 답한 사람들의 견해는 크게 둘로 나뉘었다. 하나는 대인관계의 변화로 인해 사람들의 다정함, 정직함, 훌륭함, 선함이 2005년보다 감소한 것 같다는 의견이었다. 다른 하나는 세대의 변화를 주된 이유로 들었다. 15년 사이에 세상을 떠난 사람들의 자리를 채운 새로운 세대가 이전 세대보다 더 잔인하고 도덕성도 떨어진다는 의견이었다. 이렇게 응답한 쪽은 대체로 베이비붐 세대와 X세대 등 나이가 있는 사람들이었는데, Z세대도 자신보다 젊은 세대의 도덕성이 이전보다 낮아진 것 같다는 의견을 밝혔다. 실제로 이제 막 열여덟이 된 청년들도 "요즘 애들" 운운하며 머리를 가로젓곤 한다.

도덕성이 감소하고 있다는 이런 생각은 사실일까? 연구진은 이 의문을 풀기 위해 1965년부터 2020년까지 55년간 약 450만 명을 대상으로 응답자 자신과 주변 사람들의 도덕적 행동에 관해 질문한 갤럽 조사의 결과를 분석했다. 모든 응답자가 최소 10년 간격으로 설문에 두 번 (또는 그 이상) 참여한 이 조사의 설문지에는 다음과 같은 질문이 담겨 있었다. "지난달에 도움이 필요한 낯선 사람이나 잘 모르는 사람을 도와준 적이 있습니까?" "최근 12개월 동안 폭행이나 절도를 당한 적이 있습니까?" "지난 12개월 동안 낯선 사람에게 차례를 양보한 적이 있습니까?"

이 설문 조사의 결과는 수십 년간 일정했다. 즉, 도덕성은 감소하지 않은 것으로 나타났다. 다른 연구에서는 시간이 흐르면서 사람들의 도덕성이 오히려 높아졌다는 결과가 나왔다. '죄수의 딜레마'라는 게임을 활용한 이 연구에서는 1956년보다 2017년 사람들의 협동심이 더 향상된 것으로 밝혀졌다. 경제학 연구에서 많이 활용하는 죄수의 딜레마는 간단한 2인 게임으로, 3장에서 소개한 공공재 게임과 비슷하다. 두 사람이 협력해야 둘 다 이득을 얻을 수 있지만, 한쪽이 상대방을 배신하면 자기 이득을 더 챙길 기회가 주어진다. 무려 71년간 축적된 방대한 데이터를 분석한 결과, 시간이 흐를수록 이 게임에서 상대방을 배신하기보다 협력을 선택하는 사람이 더 많아졌다.[26] 이런 조사 결과는 도덕성이 감소한다는 생각이 (다행히도) 착각임을 분명하게 보여준다. 그럼에도 도덕성이 갈수록 감소한다는 착각은 우리의 인식에 유독 강한 힘을 발휘해 사회의 운명을 걱정하고 낯선 사람의 의도를 경계하게끔 만든다.

위험을 끊임없이 걱정하는 건 벗어날 수 없는 우리의 특성이지만, 위험의 확장은 희한한 방식으로 우리 사회에 도움을 준다. 위험의 개념이 확장되면 우리가 느끼기에는 세상이 더 위험해진 것 같지만, 그런 인식이 사회를 더 안전하게 만드는 원동력으로 작용한다. 우리의 도덕적 기준에서 도저히 두고 볼 수 없는 위험과 불공정이 늘어나면, 우리는 '안전성'과 '공정성'의 목표를 상향 조정하고 세상을 그 새로운 목표에 맞는 곳으로 변화시키려 노력한다. 자동차의 안전 수준이 달라진 것만 봐도 알 수 있다. 1959년 3점식 안전띠를 처음 개발한 볼보Volvo가 이 기술을 전 세계와 공유한 후부터 인류는 훨씬 안심하고 자동차를 이용할 수 있게 되었다. 안전띠는 충돌 사고로 인한 사망률을 45퍼센트 줄이는 효과가 있는데, 이 장치를 개발한 후에도 더 안전하게 살아가려는 인류의 의지는 자동차 엔지니어, 설계자, 정책 입안자 모두를 계속 압박했다. 그 결과 에어백(연간 2,756명의 목숨을 추가로 구해준다), 브레이크 잠김 방지 시스템ABS 등 수십 가지 중요한 혁신이 이루어졌고, 차량의 안전 수준은 지금도 계속 향상되고 있다.

위험의 개념이 확장되면서 생긴 가장 좋은 변화는 보호 대상이 동물로 확대된 일일 것이다. 동물은 불과 얼마 전까지도 사람이 이용하는 살아 있는 자원이었다. 우리는 경호를 위해 개를, 운송을 위해 말을, 밭을 갈기 위해 소를, 그리고 다른 동물들은 단지 식량으로 삼기 위해 길렀다. 동물을 사고파는 재산, 소유물로 여기며 말을 안 들으면 때리고 더 이상 쓸모가 없으면 죽였다.[27] 그러나 삶이 더 안전해지고 먹고사는 걱정을 덜게 되자, 해를 입을지도 모른다는 우려의 대상이 다른 종種으로까지 확대됐다.

우리의 안전에 가장 큰 위협을 주던 많은 문제가 줄어들자, 도덕 기준이 미치는 범위가 확장되어 동물의 안전과 권리를 염려하기 시작했다. 이제 사람들은 가축이 행복한지, 반려동물이 우울하지는 않은지 관심을 기울인다. 70년쯤 전에 누군가 미래에는 미국인이 반려동물의 불안·우울·강박증 치료에 연간 70억 달러에 가까운 돈을 쓸 거라고 예견했다면,[28] 다들 헛소리라고 웃음을 터뜨렸을 것이다. 하지만 그런 변화가 일어났고, 이는 위험의 개념이 확장된 결과다. 이제는 아이들이 벌칙으로 누군가를 때리는 축구 게임을 했다가는 학교 폭력이라고 여겨질 가능성이 큰 것처럼, 요즘 사람들은 비 오는 날 개를 쇠사슬에 묶어 바깥에 두면 동물 학대라고 여긴다. 우리가 생명이 있는 모든 존재의 행복에 극진한 관심을 기울이게 된 건 사회가 그만큼 안전해졌기 때문이다.

세상이 더 안전해진 건 기뻐해야 할 일이다. 하지만 도덕이 무너지고 있다는 착각을 털어내야 그 성과를 기뻐할 수 있다. 인간의 비관적인 걱정이 더 나은 현실을 만들었다는 진실을 인정하고 더 기뻐할 수는 없을까? 사람들이 지나치기 쉬운 사회의 긍정적인 동향을 널리 알리는 웹사이트 HumanProgress.org를 운영 중인 케이토 연구소Cato Institute는 (감사하는 마음과 회복력을 강화한다는 훌륭한 목표로 시작한 사업임에도) 사람들의 심리적 역풍에 맞닥뜨리고 있다. 위험과 가해 행위에 관심을 더 집중하는 것이 인간의 본성이기 때문이다. 우리 사회가 얼마나 발전했는지 알게 된다고 해도, 도덕이 무너지고 있다는 확신을 막는 효과는 일시적이다. 그 큰 이유 중 하나는 현대의 새로운 제도와도 같은 SNS의 막강한 영향력 때문이다.

SNS는 위험하다는 느낌에 기름을 콸콸 들이부어 도덕적 공황 상태로 활활 타오르게 만들기도 한다. 도덕적 공황 상태에 빠지면, 우리는 손에 잡히는 가장 좋은 수단인 분노로 반응한다.

온라인 세상의 도덕적 공황

현대인의 삶에는 도덕적으로 분노할 일이 넘쳐난다. SNS는 특히 그렇다. 2014년 한 해 동안 매일 온라인에서 발생한 논란을 기록한 〈슬레이트Slate〉는 그해를 "분노의 해"라고 불렀다.[29] 그리고 얼마 지나지 않아 이 잡지는 2014년만 특별히 그런 게 아니라 "모든 해가 분노의 해"라는 슬픈 현실을 인정해야 했다.[30] 사람들은 매일매일 SNS에서 길길이 화를 낸다. 왜 그럴까?

SNS는 사람들이 분노를 표출하기에 아주 적합한 여러 가지 특징이 있다. 첫 번째는 익명성이다. 익명성은 사람들을 냉담하고 대범하게 만든다. 그래서 아무렇지도 않게 잔인한 말을 한다.[31] 우리가 실생활에서 이상한 농담을 하거나 아무도 동의하지 않는 의견을 말하는 사람을 대놓고 비난하지 않는 이유 중 하나는, 그럴 경우 상대방이 움찔 놀라거나 울먹이는 걸 직접 보게 될 수도 있기 때문이다. 하지만 물리적으로 멀리 떨어진 곳에 있는 낯선 이들과 소통할 수 있는 SNS에서는 모두가 추상적인 아바타로 자신을 나타낸다. 그래서 상대방이 실제 사람이라는 걸 깜박하고 쉽게 공격한다.

공격성을 드러내게 만드는 SNS의 또 다른 특성으로는 사람들 속에 섞이는 이른바 '사회적 희석'을 들 수 있다. 길에서 낯선 사람의 옷차림이 불쾌하다고 해서 그를 향해 대뜸 왜 옷을 그렇게 입고 다니느냐고 소리친다면, 그런 자신을 쳐다보는 남들의 시선을 감당해야 한다. 하지만 SNS에서는 자신이 보기에 불쾌한 특정 게시물에 디지털 '낫'을 휘둘러도, 똑같이 잔뜩 화가 나서 비난을 쏟아내는 수백 명 중 한 사람일 뿐이다.

SNS의 설계 특성도 사람들이 분노를 표출하도록 부추긴다. 다양한 온라인 플랫폼마다 정밀하게 고안된 알고리즘이 작동하는데, 한 연구에 따르면 도덕적 분노를 일으키는 내용이 사람들의 관심을 가장 강하게 잡아끄는 것으로 드러났다. X(옛 트위터)에 게시된

56만 3,312건의 정치 관련 글을 분석했더니, 도덕성과 관련된 감정적인 단어를 포함한 글일수록 더 많은 사람의 관심을 얻었다. 특히 '증오' '폭력' '파괴' 등 분노를 표출하는 단어가 추가될수록 그 게시물을 퍼 나를 확률이 20퍼센트 증가했다.[32]

우리는 도덕적 분노가 사람들의 관심을 잡아끈다는 걸 직관적으로 안다. 그래서 게시물에 누군가를 '괴물'이나 '완전 악마'라고 부르는 식으로 자신의 도덕적 분노를 과장해서 표현하는 경우가 많다. 이는 문자메시지를 주고받다가 친구의 말이 별로 웃기지 않아도 'ㅋㅋㅋ'라고 답장을 보내는 것과 비슷하다. '재밌네'라고 하는 것보다 그렇게 표현하면 친구가 더 좋아한다는 걸 알기 때문이다.

한 유명한 이론은 더 많은 관심을 얻으려는 경쟁이 온라인에서 사람들이 분노를 표출하는 주된 동력이라고 주장한다. '도덕적 과시'라고도 부르는 현상인데, 사람들이 자기가 속한 집단의 구성원에게 잘 보이려고 도덕적 분노를 표출한다는 것이다. 특정 정당의 지지자가 상대 당을 향한 분노를 공격적으로 쏟아내면, 같은 당 쪽 사람들은 그의 도덕성을 좋게 평가한다. 이런 경우 분노를 많이 표출할수록 사회적 점수가 높아지고, 그것이 게시물의 '좋아요'나 '공유' 횟수 같은 실제 수치로 나타난다. 이런 사회적 득점은 사람을 돋보이게 만들고, 친구가 많아지거나 잠재적인 데이트 상대에게도 좋은 인상을 줄 수 있다.

도덕적 과시는 자신이 진심으로 확신하는 도덕적 견해를 표현하기 위해 분노하는 게 아니라, 공작의 화려한 꼬리처럼 자기 자신을 더 돋보이게 만드는 수단으로 분노를 활용하는 것이다. 이런 의도를 입증한 연구 결과도 있다. 사람들이 온라인에서 도덕적 분노를 얼마나 표출하는지 조사하면서 각 응답자가 명성과 권력을 얼마나 갈망하는지도 함께 살펴본 연구다. 그 결과 상황을 주도하고, 지배하고, 존경받고 싶은 욕구가 강한 사람일수록 온라인에서 벌어지는 정치적 다툼에 참여한다고 말한 비율이 높았다.[33]

도덕적 과시는 실재하는 현상이지만, 사람들이 온라인에서 격분하는 주된 이유가 사회적인 보상 때문인 건 아닌 듯하다. 무엇보다 SNS는 보상과 거리가 멀다. 실제로 페이스북 같은 온라인 플랫폼은 많이 이용할수록 정신 건강에 좋지 않은 것으로 밝혀졌다.[34] 물론 상관관계가 있다고 반드시 인과관계가 있는 건 아니다. 하지만 자기 삶이 시시하고 심지어 치욕적이라고 느낄 때, 온라인에서 다른 사람이 무슨 마법을 부리거나 천사의 은총이라도 받은 것처럼 살아가는 모습을 보면 속만 쓰리다. 자신은 낡아빠진 헐렁한 바지를 입고 엉망진창인 부엌 식탁에 앉아 버석버석한 시리얼을 씹으며 휴대전화 화면이나 보고 있는데, 온라인 속 다른 사람은 매력적인 친구와 자기들끼리만 이해하는 농담을 주고받으며 연신 깔깔 웃어대고, 복고풍 오픈카에 올라 햇살 가득한 아름다운 해변에서 바람에 머리카락을 흩날리며 드라이브를 즐기는 걸 본다면 말이다.

SNS와 정치가 만나면 정신 건강에 더더욱 해로운 듯하다. 나는 우리 연구진의 박사 후 연구원인 커티스 퍼이어Curtis Puryear와 함께 X를 정치적인 이유로 이용하는 사람들과, 밈·취미·여가 등 정치하고 무관한 이유로 이용하는 사람들의 정신 건강을 평가한 적이 있다. 사람들의 관심을 많이 얻으려는 쪽은 사회적 관심도를 나타내는 지표에 더 주목할 것이라는 전제를 갖고, 우리는 리트윗과 '좋아요' 횟수 같은 게시물 통계에 사람들이 얼마나 신경 쓰는지 확인했다.

X 이용자를 주로 정치 관련 게시물을 작성하고 찾아보는 사람과 그렇지 않은 사람, 게시물 통계를 확인하는 사람과 그렇지 않은 사람으로 구분했다. 우리는 이 네 그룹 중에서 특히 정치 관련 게시물을 작성하고 찾아보면서 게시물 통계를 확인하는 사람들의 정신 건강에 주목했다. 그 두 가지 조건에 부합하는 사람들을 분석하자, 예상대로 다른 이용자보다 스트레스가 극심한 것으로 나타났다. 이 그룹에 속한 상당수가 주변을 끊임없이 경계하고, 자신도 모르게 화를 내고, 자신이 큰 스트레스를 느낀 사건을 반복해서 떠올리는 등 PTSD의 임상학적 진단 기준에 부합하는 증상을 겪었다.

SNS에서 정치 이야기를 하는 것이 그토록 정신 건강에 해로운데도 왜 사람들은 이런 온라인 플랫폼에서 매일 하루에도 몇 시간씩 낯선 누군가에게 화를 낼까? 우리가 조사한 결과, SNS에서 표출하는 분노 역시 이 책에서 지금까지 설명한 것처럼 위험성의 인식, 즉 위험 요소나 자신을 해치려는 사람이 있다는 위협감으로부터 촉발된다. 도덕적 분노의 중심에는 다른 사람의 행위가 부도덕하다는 판단, 그리고 그 부도덕한 행위가 사회를 망가뜨리고 있다는 판단이 있다. 해를 끼치는 자가 있다는 걸 모두에게 알리고, 다 함께 그자를 벌해야 한다고 펄펄 뛰며 격분하는 것이다.

SNS에서 누군가를 향해 분노한다고 해서 설마 그 사람을 쫓아낼 수 있겠느냐고 생각할 수 있지만, 저스틴 사코의 사례처럼 실제로 그런 방식으로 사회에서 '축출된' 경우가 많다. 물론 축출된다는 것의 의미는 직장을 잃거나, 친구들이 등을 돌리거나, SNS에서 쫓겨나는 등 사람마다 다를 수 있다. 하지만 이런 처벌은 사람들의 마음에 두려움을 심어 부도덕한 행위를 자제하게끔 만든다.

따라서 온라인에서 표출하는 분노는 석기시대에 부족 생활을 하던 사람들이 그랬던 것처럼 사회에 해가 되는 것을 막고, 도덕규범을 강화하는 기능을 한다. 사람들이 SNS에서 분노하는 주된 이유는 사회적인 득점을 얻고 싶어서가 아니라, 위험하다고 느끼기 때문이다. 이는 도덕적 분노를 집단적으로 쏟아내는 '도덕적 공황'에 관한 우리 연구진의 조사에서도 확인된 사실이다. '도덕적 공황'은 사회학자 스탠리 코언Stanley Cohen이 (1692년 미국 세일럼Salem에서 벌어진) 마녀재판이나 (1930년대부터 시작된) 마리화나 단속처럼 사회에 명백히 해가 되는 문제에 대해 수많은 사람이 분노하는 현상을 설명하면서 처음 만든 표현이다.

1980년대에 아이들 사이에서 큰 인기를 누린 던전 & 드래곤 Dungeons & Dragons 게임에 대해 미국 사회가 보인 반응은 미국에서 발생한 가장 큰 규모의 도덕적 공황 사례로 꼽힌다. 기독교 권익 단체라는 BADD Bothered About Dungeons & Dragons('던전 & 드래곤을 염려하는 사람들')는 언론 캠페인을 통해 탁자에 둘러앉아 판타지 이야기를 배경으로 특정한 과제를 함께 수행하는 이 롤플레잉 게임이 청소년의 자살과 마약 사용, 악마 숭배를 부추긴다는 허위 주장을 펼쳤다. 이 의혹을 다양한 시청자가 보는 뉴스 프로그램

〈60분〉에서도 다루자, 도덕적 공황 사태가 일어났다. 잔뜩 겁에 질린 교외 지역 부모들은 의회에 던전 & 드래곤을 금지해달라는 편지를 보내기 시작했고, 결국 이 게임은 1980년대 말 청소년에게 금지됐다.

BADD의 주장이 허위로 드러난 지금도 이런 게임의 악영향을 걱정하는 사람들이 있다. 2010년 위스콘신주 워펀Waupun 교도소에 수감 중이던 케빈 싱어Kevin Singer는 다른 수감자들과 던전 & 드래곤을 하며 시간을 보내면 좋겠다고 생각했다. 자기 여자 형제의 남자 친구를 잔혹하게 살해하고 교도소에 들어온 케빈은 어려서부터 던전 & 드래곤을 즐겼던 터라 자신이 직접 게임을 만들기로 하고, 배경 이야기와 캐릭터 설명이 담긴 96쪽짜리 자료까지 완성했다. 강력 범죄를 저지른 자들이 마법사며 신비한 존재가 등장하는 롤플레잉 게임을 하는 모습을 떠올리면 재밌을 법도 한데, 교도관들은 전혀 그렇게 생각하지 않았다. 그뿐만 아니라 수감자들의 폭력성을 키우고 탈옥 욕구를 자극할 수 있다며 케빈의 게임을 즉각 중단시켰다.[35]

던전 & 드래곤을 향한 반응을 포함한 모든 도덕적 공황 사례는 무언가를 위험하다고 인식한다는 사실이 뚜렷하게 드러난다. 도덕적 공황이란 "특정한 조건, 사건, 개인, 또는 여러 사람으로 이루어진 집단이 사회의 가치와 이익을 위협한다고 (집단적으로) 규정하는 것"이라는 스탠리 코언의 정의에도 명확하게 담겨 있는 특징이다. 나는 우리 연구진의 커티스 퍼이어와 함께 위험하다는 인식이 SNS에서도 도덕적 공황을 촉발할 수 있는지 조사하기로 했다. 사람들이 위험하다고 느끼는 건 무수히 많고(가스레인지의 위험성부터 민주주의의 붕괴까지), 우리는 대다수의 생각을 사회적으로 검증된 의견이라고 여긴다. 커티스와 나는 이 두 가지 요건을 모두 충족하는 곳은 SNS이므로, 도덕적 공황이 일어나기에 아주 적합한 환경이라고 추정했다.

사회적 동물인 인간은 다른 사람에게서 정보를 얻는다. 남들이 입는 브랜드의 옷을 입고, 남들이 보는 TV 프로그램을 시청하는 이유는 어떤 옷을 입고 다녀야 하는지, 여가 시간을 어떻게 보내야 즐거운지 명확히 정해진 게 없기 때문이다. 그래서 남들이 특정한 방식으로 생각하거나 행동하는 걸 보면서 그게 바람직하다고 여긴다. 이렇게 똑같이 따라 하는 걸 냉소적으로 볼 수도 있는데, 이 방식에는 중요한 장점이 있다. 자신이 속한 집단의 구성원 모두가 먹는 버섯을 먹으면, 숲에서 뭐가 뭔지 모르고 무작정 따온 버섯을 먹는 것보다 더 안전하다는 것이다.

이런 사회적 증명은 위험을 판단할 때 특히 큰 힘을 발휘한다. 길을 가다가 갑자기 어디선가 사람들이 잔뜩 쏟아져나와 비명을 지르며 달아나면, 우리는 일단 같이 도망친다. 무슨 일인지는 몰라도, 사람들이 그러는 걸 보면 분명 뭔가 위험한 게 있다고 판단하는 것이다. 하지만 인파로 가득한 공공장소에서 이런 현상이 일어나면 위험 요소가 아닌데도 위험하다는 오해가 단숨에 확산되어 치명적 결과를 초래할 수 있다. 1913년 미시간주 캘러멧Calumet에서는 크리스마스를 맞아 광부연맹이 개최한 파티가 열렸는데, 혼잡한 인파 속에서 한 남성이 "불이야!" 하고 외쳤다. 실제로는 불이 나지 않았는데, 그 남성은 그렇게 착각해서 고함을 질렀고, 하나뿐이던 출구로 모두가 한꺼번에 몰려드는 바람에 아동을 포함해 73명이 목숨을 잃었다.

인간의 정신은 다른 사람들이 위험을 감지하면 자신도 당황하도록 진화했다. 인간의 사촌 격인 영장류도 사회적으로 증명된 위험 요소에 우리와 비슷하게 반응한다. 원숭이 무리에서 몇 마리가 '표범'이 나타났다고 알리는 소리를 내면, 다른 원숭이들은 표범이 진짜 나타났는지 살피는 경우가 거의 없다. 물론 높은 나무에 올라가 있거나 은신처에 있는 원숭이는 그럴 수 있다. 하지만 그 외의 원숭이들은 경고음이 들리면 비명을 지르며 안전한 곳으로 재빨리 달아난다.

SNS에서 이루어지는 사회적 증명, 즉 세상의 다양한 위험에 얼마나 많은 사람이 관심을 기울이는지는 구체적인 지표로 나타난다. 분노로 가득한 사람들의 댓글, 그리고 재게시 횟수나 리트윗 횟수 같은 게시물의 확산 규모다. 커티스를 비롯한 우리 연구진은 게시물의 확산 정도를 나타내는 이런 지표가 도덕적 공황을 가속화할 수 있다는 가설을 토대로, 온라인상에서 도덕적 공황이 발생하는 단계적 과정을 정리했다. 요컨대 첫 단계로 잠재적 위험이 눈에 띄고(위험한가?), 두 번째 단계로 위험을 알리는 경고가 널리 퍼지고(사회적 증명: 위험하다!), 세 번째 단계로 사람들이 그 위험을 개인적으로 받아들이고(나는 위험에 처했다!), 네 번째 단계로 자신과 사회를 그 위험으로부터 지키기 위해 도덕적 분노를 표출한다(위험하게 만든 자들을 처벌하자!).

커티스는 이러한 이론을 검증하기 위해, 먼저 X에서 사람들이 자주 분노하는 세 가지 정치적 주제를 선정하고 알고리즘을 활용해 그 주제와 관련된 수십만 건의 트윗을 수집했다. 선정된 주제는 각각 기후변화(트윗 9만 7,088건), 이민(트윗 4만 3,531건), 코로나19(트윗 9만 6,611건)였다.[36] 커티스는 그중 단시간에 크게 확산한 트윗(리트윗 횟수 7,495건 이상, 확산율 상위 10퍼센트)과 거의 퍼져 나가지 않은 트윗(리트윗 횟수 2건 미만, 확산율 하위 10퍼센트)을 나눈 후, 글에 담긴 분노·혐오·경멸·비난 수위를 기준으로 전자가 실제로 더 큰 도덕적 분노를 일으켰는지 분석했다. 그 결과 확산율이 가장 낮은 트윗은 댓글의 25퍼센트에서 도덕적 분노가 나타났고, 확산율이 큰 트윗은 댓글의 40퍼센트에서 분노가 담긴 감정적 표현을 사용했다.

더 많이 퍼지는 콘텐츠일수록 분개한 댓글을 더 많이 유발한다는 것은 이전부터 추정되었지만, 이 분석 결과를 접한 나는 다른 설명도 가능할 것 같다는 생각이 들었다. 사람들 사이에 널리 확산하는 트윗은 애초 글의 내용에 분노가 가득하고, 그것이 그 글을 보는 사람들의 분노를 촉발한다는 것이다. 분노가 담긴 트윗일수록 널리 퍼질 가능성이 더 크다는 것은 이미 다른 연구들로 입증됐다. "아무개 정치인이 새끼 고양이를 죽였다!" 같은 트윗이 널리 퍼졌을 때 사람들이 분노하는 반응을 보이는 건 그 트윗이 많이 알려졌기 때문이 아니라, 애초에 분노할 만한 내용이기 때문이다.

확산성이 사람들의 분노에 얼마나 영향을 주는지 확인하려면, 내용은 비슷하고(또한 똑같이 분노가 담겨 있고) 확산 수준이 다른 트윗에 대한 사람들의 반응을 비교하면 된다. 내용이 아예 똑같은 트윗이라면, 더 많이 퍼진 트윗일수록 분노를 표출하는 댓글도 더 많이 달릴까? 우리는 이 조건을 추가해서 앞서 진행한 트윗 분석을 다시 진행했다. 결과는 예상과 맞아떨어졌다. 같은 내용의 트윗이라도 더 널리 퍼진 것일수록 분노한 댓글이 달릴 확률이 높았다. 위험하다고 여기는 생각이 사람들 사이에 더 많이 퍼질수록, 더 많은 사람이 분노를 표출해 그 생각과 맞서려 한다.

우리는 도덕적 공황이 도덕적 과시보다는 위험하다는 인식에서 비롯되는 경우가 더 많다는 게 사실인지도 직접 확인했다. 이 연구에서는 참가자들의 정치 성향에 따라 각각 위험을 느낄 만한 내용이 담긴 트윗을 허위로 작성해 제시했다. 진보 성향 참가자에게는 경찰이 휘두르는 폭력과 환경 파괴의 위험성에 관한 트윗을 제시하고, 보수 성향 참가자들에게는 '비판적 인종 이론(인종은 자연적이고 생물학적인 분류가 아니라, 유색인종을 억압하고 착취할 목적으로 고안된 분류라고 여기는 이론 — 옮긴이)'의 위험성, 국경을 넘어 미국으로 몰려오는 불법 이민자의 위험성에 관한 트윗을 제시했다.

각 트윗의 확산율도 우리가 임의로 지어냈다. 어떤 트윗은 널리 퍼진 것처럼 제시했고(리트윗 1,000회), 어떤 트윗은 그렇지 않았다(리트윗 10여 회). 이런 트윗을 각 참가자에게 제시한 후, 해당 트윗에서 다루는 주제가 '위험한 쟁점'인지, '나라에 심각한 위협이 될 수 있는 일'이라고 생각하는지 같은 질문으로 참가자가 느끼는 위험성을 평가하고, 각 참가자가 트윗에 자신의 도덕적 분노를 얼마나 표출하고 싶어 하는지도 함께 물었다. 예상대로 사람들은 자신이 위험하다고 인식하는 트윗의 확산율이 클수록 더욱 위험하다고 느껐고, 위험성이 크다고 인식하는 트윗일수록 자신의 분노를 표출하려는 욕구도 더 크게 느끼는 것으로 나타났다.

도덕적 분노를 주제로 커티스가 설계한 여러 연구 중 내가 가장 좋아하는 건 '개 어지럽히기'라는 가짜 유행을 활용한 것이다. 커티스는 반려견을 키우는 사람이 레이저 포인터로 개가 제자리에서 빙빙 돌게 만든 다음, 어지러워서 비틀거리며 여기저기 부딪히고 계단에서 굴러떨어지는 모습을 보며 즐거워하는 게 새로운 유행이라는 허위 소문을 사람들에게 알려주고, 모두가 생전 처음 접한 이 새로운 위험에도 앞서 소개한 도덕적 공황 발생 단계 이론이 적용되는지 조사했다. 참가자에게는 먼저 어지러워하는 개 사진과 함께 게시된 다음과 같은 내용의 가짜 트윗을 보여주었다. "레이저 포인터로 우리 개를 정신이 쏙 빠지도록 어지럽게 만들었음. 결국 온 사방에 부딪히더라고. 하하하. #개어지럽히기."

우리는 이런 행위를 촬영한 영상이 트위터에 게시된 것처럼 꾸미고, 사람들 사이에 얼마나 퍼졌는지 알 수 있도록 리트윗 횟수를 몇 건에서 수천 건까지 다양하게 지어내 연구 참가자들에게 제시했다. 이번에도 사람들은 같은 내용의 트윗이라도 더 많이 퍼져나간 트윗일수록 사회에 위협이 된다고 여기며, 자신이 느낀 위험성을 분노로 표출하려는 의지를 보였다. 또한 이런 식으로 개를 어지럽히는 게 얼마나 악의적인 행위인지 비난하고 분노하는 등 화를 표출하려는 의지 또한 그 일을 위험하다고 인식할수록 커진다는 사실도 재차 확인했다. 이러한 연구 결과는 우리의 도덕적 판단이 위험성에 기반하며 사람들의 행동은 '보호 서사'로 더 정확하게 설명할 수 있다는 우리 이론을 뒷받침한다. 사람들이 온라인상에서 누군가를 강하게 비난하는 것은 자신과 생각이 다른 이들을 공격해서 파괴하려는 게 아니라, 위험을 인식하고 두려움을 느껴 자기 자녀, 사회 그리고 개를 그 위험으로부터 보호하려는 반응이다.

SNS를 운영하는 업체들도 온라인상에서 도덕적 공황이 발생하는 이러한 단계적 과정을 잘 알고 있다. 그러나 이들은 도덕적 공황을 이용자의 '참여'라고 부르며, 알고리즘을 활용해 사람들이 위협을 느끼고 널리 퍼질 만한 콘텐츠를 이용자에게 적극적으로 제시한다. 이용자가 끊임없이 위험을 느끼고 도덕적 공황에 빠질 만한 필수 요건을 일부러 만들어서 제공하는 것이다. 우리가 SNS를 주로 이용하는 장소가 화장실이나 침대라는 사실도 그 효과를 증폭시킨다. 바지를 내리고 변기에 앉아 있을 때, 또는 어두운 방에 혼자 누워 있을 때 같은 무방비 상태에서 그런 위험성을 느끼는 것이다. 먼 옛날 우리의 조상인 초기 인류도 볼일을 보거나 자고 있을 때만큼 포식 동물에게 가장 무방비 상태로 노출되는 순간은 없었을 것이다. 그걸 생각하면, 우리가 하필 화장실과 침실에서 도덕적 포식자 같은 존재들과 인류 문명이 무너질 것만 같은 사태를 접하고 큰 혼란에 빠지는 건 당연한 일 아닐까? SNS가 이론적으로는 인류 전체를 역사상 유래 없이 하나로 연결하는 수단이 될 수는 있지만, 고대부터 위험성에 따라 도덕적 판단을 내리도록 진화한 인류에게 그러한 연결이 가져오는 결과는 대부분 두려움이다.

그 옛날부터 지금까지 쭉

포식 동물을 피하기 위해 동굴에 잔뜩 웅크리고 살던 자그마한 체구의 오스트랄로피테쿠스부터 지금까지, 인류는 길고 긴 시간을 지나왔다. 이제 우리는 동물의 공격을 막아주는 도시와 마을에 살고, 옳고 그름을 판단하는 강한 도덕성도 발달했다. 또한 도덕성을 현실에서 집행하는 강력한 제도도 마련되어 있다. 그럼에도 위험과 해를 가하려는 자들을 향한 두려움을 쉬이 떨쳐내지 못한다. 비교적 안전하게 살고 있지만, 위험의 개념이 확장되어 사소한 일에도 위험을 느낀다. SNS에서 널리 퍼져나가는 위험 경고에서도 눈을 떼지 못한다.

위험을 향한 우려는 고대부터 지금까지 인간의 진화를 이끈 큰 동력이었고, 현대에도 도덕적 판단을 이끄는 동력으로 작용한다. 심지어는 해롭지 않아 보이는 행위에 대해서도 그러하다.

핵심 요약

◎ 인류의 조상이 큰 집단을 이루고 살기 시작하면서 '사회적 전환'을 겪었듯 현대 인류는 수많은 위험이 사라진 '안전의 전환'을 겪고 있다. 오늘날 우리는 질병과 자연재해, 대인 간 폭력에서 과거 어느 때보다 안전하다.

◎ 그럼에도 우리는 안심하지 못한다. 인간의 정신은 선천적으로 해로운 것을 샅샅이 살피고, 어디에서나 위험을 발견한다. 우리가 사는 환경이 더 안전해지자 위험으로 간주하는 것의 범위가

넓어지는 '개념의 확장'이 일어났다. 그래서 비교적 사소한 것도 트라우마를 유발할 만큼 큰 위험이라고 여긴다.

◉ 위험의 개념이 확장되면 가해의 개념도 함께 넓어진다. 위험에 관한 우려가 도덕 정신의 바탕이므로, 위험하다고 인식하는 범위가 넓어지면 부도덕한 행위로 인식하는 일도 많아진다. 그 결과 자기 아이를 선의로 대하는 엄마가 범죄자 취급을 받고, 사회의 도덕 수준이 계속 떨어진다는 (잘못된) 느낌을 받는다.

◉ SNS는 우리가 느끼는 위험을 한층 더 키우고, 도덕적 분노를 이례적으로 쏟아내게 만든다. 온라인 플랫폼이 제공하는 잠재적 위험은 무한한 데다 다른 사람들도 그 위험을 걱정한다는 구체적 근거(확산율을 나타내는 여러 지표)까지 제시한다. 모두 도덕적 공황을 일으키는 최적의 조건이다.

인간의 도덕 정신

현대의 위험

도덕성에 관한 오해
- 무해한 잘못도 있다

1부에서는 해를 입을 수 있는 위험이 인간의 본성을 어떻게 형성했는지 설명했다. 다른 동물한테 잡아먹히며 진화한 인간은 태생적으로 위험을 경계한다. 인류는 포식 동물한테 먹히지 않으려 여럿이 모여 살기 시작했고, 그때부터 사회성과 강력한 기능을 갖춘 뇌가 발달했다. 많은 사람과 함께 살면서 더 안전하게 더 잘 먹으며 번성할 수 있었지만, 새로운 위험 요소가 떠올랐다. 바로 타인이다.

인간끼리 서로를 해칠 수 있는 상황이 되자, 협력과 안전을 유지하기 위해 도덕 감각과 분노가 발달했다. 인류의 문화는 남에게 직간접적으로 해가 되는 수많은 행위를 비난하고, 그런 행위를 하는 사람에게 분노하는 방향으로 발전했다. 도덕적으로 분개하는 일이 무엇이고 대상이 누구든, 그 모든 분노는 우리를 위협하거나 위험에 빠뜨릴 수 있다는 우려에서 비롯된다.

인간의 도덕성이 위험을 피할 수 있도록 발달했다는 점에는 모든 도덕심리학자가 동의한다. 그러나 현대를 사는 우리의 도덕적 판단이 심리적으로 위험의 인식과 얼마나 관련이 있는지에 대해서는 의견 차이가 크다. 먼 옛날 인류의 선조들은 옳고 그름을 구분하는 감각이 안전한 삶과 직결됐고, 따라서 그 감각이 진화적 압력으로 작용했다. 하지만 현대인이 도덕적 판단을 내릴 때는 위험성의 인식이 얼마나 영향을 줄까? 이 의문에 대한 내 주장이자 이 책의 주제는, 인간의 모든 도덕적 판단은 위험의 인식에서 비롯되며 정치 성향과 상관없이 그 심리적 바탕에 위험성이 있다는 것이다. "이 행동은 도덕적으로 얼마나 잘못됐는가?"라는 의문은 직관적으로 "이 행동은 얼마나 위험한가?"라는 의문으로 이어진다는 뜻이다. 우리의 모든 도덕적 판단은 어떤 식으로든 위험에 관한 심리적 인식과 연결되어 있다.

그러나 위험에 관한 우려가 우리의 모든 도덕적 판단이 아닌 일부 판단에만 영향을 준다고 주장하는 도덕심리학자도 있다. 이들은 인간의 도덕적 판단이 위험에 대한 인식에서 비롯된다는 이론을 거부한다. 아울러 인간의 도덕적 판단은 몇 가지 개별적인 메커니즘으로 이루어지며 위험성의 인식은 그중 하나일 뿐이라고 주장한다. 이 두 가지 주장 중 어느 쪽이 옳은지를 가리는 건 과학적으로도 중요하지만, 도덕적 분열을 봉합할 방안을 모색하기 위해서도 중요하다. 그래서 지금부터는 도덕심리학을 좀 더 깊이 들여다볼 작정이다. 그 전에 먼저 한 가지 이야기부터 함께 살펴보자.

도덕적 판단에서 위험성의 인식이 중요하게 작용하는 경우는 일부에 불과하다고 주장하는 학자들은 한 가지 가상의 사례를 제시

   2부 · 인간의 도덕 정신

했을 때 사람들이 보이는 반응을 그에 대한 근거로 제시한다. 도덕심리학의 역사에서 가장 유명한 그 가상 시나리오는 다음과 같다. 미리 경고하자면, 좀 역겨운 내용이다.

남매지간인 줄리와 마크는 함께 프랑스를 여행 중이다. 둘 다 대학생이고, 지금은 여름방학 기간이다. 해변 근처의 아무도 없는 통나무집에 머물던 어느 날, 두 사람은 재미로 섹스를 해보기로 했다. 적어도 둘 모두에게 새로운 경험이 될 것 같았다. 줄리는 이전부터 피임약을 복용 중이었는데, 그래도 안전을 생각해 마크는 콘돔을 사용했다. 둘 다 그 순간을 즐겼지만, 다시는 하지 않기로 했다. 그리고 그날 밤의 일을 둘만의 특별한 비밀로 남겨두기로 했다. 이 일로 두 사람은 더 가까워졌다고 느꼈다. 여러분은 어떻게 생각하는가? 줄리와 마크가 섹스를 한 건 잘못된 일일까?[1]

이 시나리오를 만든 사람은 오늘날 가장 유명한 도덕심리학자로 꼽히는 조너선 하이트Jonathan Haidt다. 현재 하이트는 미국 사회가 아동과 청소년을 과도하게 감싸고 도는 바람에 생긴 폐해나 SNS가 가져온 고통 등 현대사회의 여러 문제점을 깊이 있게 지적하는 학자로 널리 알려졌지만, 그 이전까지 그가 연구한 건 인간의 도덕 정신이다. 하이트는 인간의 도덕 정신이 여러 개의 작은 방으로 나뉘어 있다는 이론을 정립하고, 위험성이 그중 작은 방 하나를 차지한다고 주장했다.

하이트는 건물 한 채가 여러 개의 작은 공간으로 구분되듯 도덕 정신도 여러 부분으로 나뉘며, 각 구획은 그에 맞는 열쇠가 있어야 열린다고 설명했다. 위험성도 그 여러 구획 중 한곳을 차지하며 그걸 여는 열쇠가 따로 있다. 하지만 그 열쇠로는 열 수 없는 다른 방들도 있다. 즉, 도덕성을 이루는 요소 중에는 충성, 권위, 순수함 등 위험성과 무관한 것들도 있다고 하이트는 주장했다. 도덕성의 여러 요소가 차지하는 공간은 각각의 고유한 열쇠가 있어야 열린다는 것이다.

"위험에 관한 우려는 도덕적 판단에 얼마나 영향을 줄까?" 이 질문에 대해 하이트는 폭행이나 학대처럼 명백한 신체적·정서적 피해를 유발하는 행위를 도덕적으로 평가할 때만 위험성의 우려가 중요하게 작용한다고 주장했다. '권위를 가진 사람에게 말대꾸하는 일'처럼 명백한 피해가 발생하지 않는 행위(이 경우는 권위에 따르지 않는 것)를 도덕적으로 평가할 때는 위험성을 고려할 필요가 없다. 따라서 그 행동이 얼마나 무례하다고 생각하는지에 따라 도덕적인 비난 수위가 달라진다는 게 그의 주장이다.

하이트는 위험에 관한 우려가 우리의 도덕적 판단에 엄청나게 중요하다는 주장을 반박하면서 신체적·정서적으로 명백한 피해가 발생하지 않는 잘못, 그의 관점에서는 '객관적으로 무해한' 일을 몇 가지 시나리오로 제시했다. 그중 가장 유명한 것이 앞에서 소개한 마크와 줄리의 이야기다. 하이트의 연구진이 미국 버지니아대학교 학부생들에게 이 시나리오를 제시하자, 상당수가 남매끼리 섹스하는 건 잘못된 일이라고 답했다.

하이트는 그렇게 판단한 응답자들에게 서로 합의한 근친상간을 왜 부도덕하다고 생각하는지 그 이유를 물었다. 학생들은 장애아가 생길 수 있고, 남매 관계가 엉망이 되고, 부모가 알면 크게 괴로워할 거라는 등의 의견을 밝혔다. 학생들의 이러한 첫 반응에는 모두 그 행위가 위험하다는 판단이 깔려 있었다. 그러자 하이트는 이 시나리오에서는 그러한 위험성을 배제했다고 지적했다. 즉, 마크와 줄리는 두 가지 방식으로 피임했고, 성관계 후 정서적으로 더 가까워졌다고 느꼈으며, 부모에게는 영원히 비밀을 지키기로 했음을 강조했다.

위험성은 판단의 근거가 될 수 없다고 반박한 것인데, 많은 학생이 이런 설명을 듣고도 마크와 줄리의 행위는 잘못됐다고 판단했다. 하이트는 (위험성은 판단의 근거가 될 수 없다는) 합리적인 반박을 듣고도 학생들이 그 행위가 도덕적으로 잘못됐다는 의견을 고수한 것으로 볼 때, 위험성은 도덕성의 마스터키가 아님을 알 수 있다고 결론 내렸다. 인간의 도덕 정신에는 세밀한 설계에 따라 위험성과 분리된 다른 방들이 있고(즉, 객관적으로 무해한 잘못이 존재하고), 그 다른 방들은 별도의 열쇠가 있어야 열리기 때문에 사람들은 마크와 줄리의 성행위 같은 일을 부도덕하다고 판단한다는 것이다. 이처럼 하이트는 위험하지 않은 일을 부도덕하다고 평가하는 것은 위험성 말고도 도덕성을 구성하는 다른 요소들이 차지하는 공간이 있고, 이는 각각의 공간을 여는 열쇠가 따로 존재하는 근거라고 주장했다. 가령 누군가의 기이하고 '불순한' 성적 행동은 순수성이라는 도덕성의 구성 요소가 차지한 별도의 공간이 열리면서 부도덕하다는 평가가 내려진다고(적어도 보수적인 사람은 그렇다고) 설명했다.

무해하지만 도덕적으로 비난받는 잘못도 있다는 이 주장은, 인간의 도덕적 판단이 위험성에 대한 우려에서 비롯된다는 주장과 정면으로 배치되는 듯했다. 이후 이 주장은 '도덕 기반 이론'으로 정립되어 도덕심리학의 새로운 줄기를 형성했다. 도덕 기반 이론에서는 인간의 도덕 정신이 총 5개의 심리적 공간으로 나뉘어 있다고 설명한다. 그중 두 공간(배려/위험성, 공정성)은 진보주의자와 보수주의자의 도덕적 판단에 모두 이용되고, 나머지 세 공간(충성, 권위, 순수성)은 보수주의자의 도덕적 판단에만 이용된다. 지금부터 여러 장에 걸쳐 이 이론에서 제기한 주장들을 살펴보겠지만, 핵심은 도덕적인 우려가 근본적으로 여러 갈래로 나뉘며 각각은 깊이 분리되어 있다는 것이다. 이 도덕 기반 이론은 하이트가 저술한 베스트셀러《바른 마음The Righteous Mind》에 자세히 나와 있다. 그 책이 큰 호응을 얻은 이유는 도덕 기반 이론이 진보 진영과 보수 진영의 분열을 설득력 있게 설명한다는 인상을 주기 때문이다.

나는 대학원 공부를 막 시작할 때, 도덕 기반 이론에 푹 빠졌다. 내 지도 교수와 하이트가 친한 친구였다는 사실도 영향을 주었지만, 사람들이 신경 쓰고 지키려 애쓰는 가치를 그 이론이 명료한 언어로 설명한 게 인상적이었다. 명쾌함도 마음에 들었다. 자연현상이나 인간의 정신은 그렇게 딱 떨어지는 수치로 깔끔하게 정리되는 게 거의 없는데, 도덕 기반 이론에서는 우리가 도덕적으로 우려하는 걸 다섯 가지로 정리하고 위험성이 그중 하나라고 설명한다.

마크와 줄리의 이야기는 세상엔 무해한 잘못도 존재하며, 인간의 도덕 정신은 위험성과 무관한 다른 도덕적 우려들로도 이루어진다는 주장을 뒷받침하는 주요한 실증적 근거로 제시됐다. 물론 그 외에도 다양한 '무해한 잘못'의 사례가 있었다. 철학자들은 오래 전부터 선의의 거짓말이나 죽은 사람과의 약속을 깨는 것 같은 해가 되지 않는 행위를 과연 부도덕하다고 평가할 수 있는지 논쟁을 벌였는데, 도덕 기반 이론은 그런 행위를 설명하는 심리학적 틀을 제공하는 듯했다.

하지만 나는 도덕성을 연구할수록 무해한 잘못이라는 건 존재할 수 없다는 생각이 들었다. 심리학적 관점에서 해석하면, 무해한 잘못이 있다는 건 사람들이 부도덕하다고 비난하면서도 해가 되지는 않는다고 여기는 행위가 있다는 의미다. 특정 행위의 위험성에 관한 판단과 옳고 그름의 판단이 완전히 별개로 이루어질 수 있다는 뜻이다. 그게 사실이라면, 마크와 줄리의 행동을 해롭지 않다고 판단하는 사람과 잘못됐다고 판단하는 사람을 대상으로 '무해한 잘못'의 개념을 탐구할 수 있을 터였다.

마크와 줄리의 행동을 해롭지 않다고 판단하는 사람은 누구일까? 현실에서 거의 일어나지 않는 상황을 그와 같은 시나리오로 구성해서 제시하는 도덕심리학자 대부분이 그렇게 판단한다. 가족 안에서 성관계가 일어나는 실제 사례 중 아무도 해를 입지 않는 경우는 거의 없다. 그런 일에는 보통 힘과 권력의 차이가 작용하고, 상호 합의 없이 벌어지며, 가족을 파괴한다. 사회도 그런 행위를 허용하지 않으며, 그랬다가는 장애아가 태어날 가능성이 있다. 물론 세상 어딘가에는 합의에 따라 좋게 마무리된 근친상간의 사례가 있을 수 있다. 하지만 마크와 줄리의 사례를 어떻게 평가하든 일반적이지 않다는 점에는 모두가 동의한다. 그래서 대다수는 이 사례를 '해롭지 않다'고 여길 수 있다는 전제 자체를 쉽게 받아들이지 못한다.[2]

마크와 줄리의 행위가 해가 되지 않는다고 평가하는 도덕심리학자는 근친상간이라도 서로 합의한 것이라면 잘못은 아니라고 판단하는 듯하다. 명확한 이유는 알 수 없지만, 도덕심리학자는 다른 사람한테 신체적·정서적으로 직접적인 해를 끼치지 않는 한 뭐든 자유롭게 행동해도 괜찮다는 자유주의적 성향이 대체로 강한 편이다. 그게 마약을 하는 것이든, 기이한 물건이나 사상에 심취하는 것이든, 서로 합의해서 근친상간하는 것이든 말이다.

나 같은 도덕심리학자는 태어날 때부터 도덕적으로 분노하는 감각이 무딜 수도 있다. 어쩌면 그래서 다른 사람이 어떤 특정한 행위에 도덕적으로 강하게 반응하는 것에 흥미를 느끼는지도 모른다. 이처럼 자신에게 부족한 것을 더 깊이 연구하려는 현상을 설명하는 결핍 이론도 있다. 외로움을 느끼는 사람이 사회적 유대에 관해 연구하고, 읽기 능력에 문제가 있는 사람이 언어 이해의 심리적 측면을 연구하는 이유다. 인간의 도덕성을 연구하게 된 도덕심리학자의 동기가 무엇이든 대체로 마크와 줄리의 행위를 극악무도하다고 여기지는 않는다. 도덕심리학자의 관점에서 서로 합의한 근친상간은 해가 되지 않고, 허용할 수 있는 일이다. 더 간단히 정리하면 '무해하고 그럴 수 있는 일', 혹은 '무해하고 해도 되는 일'로 본다는 얘기다.

마크와 줄리의 행위가 잘못됐다고 판단하는 사람은 누구일까?

하이트의 연구에 참여해 이 시나리오를 읽은 일부 대학생은 그렇게 평가했다(일반적으로 대다수가 그렇게 평가한다). 여기서 중요한 사실은 이 학생들이 서로 합의한 근친상간을 위험한 일로 여겼다는 것이다. 참가자들이 마크와 줄리의 행위에 관한 시나리오를 읽고 처음 보인 반응은 도덕적 분노였다. 아울러 그렇게 평가한 이유는 가족이 무너질 수 있고, 장애아를 낳을 수 있고, 남매가 나중에 큰 정서적 고통을 겪을 수도 있기 때문이라고 설명했다. 이에 하이트 연구진은 시나리오의 내용상 그런 위험성은 배제해도 된다고 말했다. 하지만 학생들은 그 행위가 잘못됐다는 판단을 고수했다. 그런 억지스러운 안전망을 믿지 않았기 때문이다.

마크와 줄리의 시나리오를 활용한 후속 연구에서도 사람들이 그 행위를 위험하다고 확신한다는 사실을 계속 확인했다. 참가자들은 시나리오에 무슨 조건이 달려 있든 상관없이 줄리가 임신할 가능성이 있다고 생각했으며,[3] 설령 아무 일 없이 지나갈 수 있을지 몰라도 해가 될 가능성이 있었다는 점을 강조하기도 했다. 술을 마신 사람이 음주 운전을 감행하면 사고가 나지 않았더라도 우리는 그 행동 자체를 비난한다. 마찬가지로 이 시나리오를 활용한 연구에 참가한 사람들은 근친상간은 잠재적으로 해가 될 수 있다고 비난했다.[4] 이러한 연구 결과을 보면, 근친상간을 잘못된 행위라고 평가하는 사람은 모두 남매간의 섹스는 위험하다고 생각한다는 걸 알 수 있다. 합의한 근친상간일지라도 잘못된 행위이자 위험한 행위라는 게 이들의 직관적인 판단이다. 이들의 관점에서 그런 행위는 무해한 잘못이 아니라 '위험한 잘못'이다.

이제 마크와 줄리의 행위를 '무해한 잘못'이라고 판단하는 사람은 누구인지 정리해보자. 도덕심리학자는 합의한 근친상간이 해가 되지 않고 잘못도 아니라고 평가하므로 여기에 해당하지 않는다. 그 심리학자들의 연구에 참여한 학생들도 합의한 근친상간은 잘못된 일이고 위험하다고 평가하므로 역시 해당하지 않는다. 따라서 심리적으로 마크와 줄리의 행위가 무해한 잘못이라고 평가하는 사람은 아무도 없다. 사람들의 마음속에서 위험성과 부도덕성은 하나로 단단히 연결된 듯하다. 합의한 근친상간을 자유방임주의적 관점에서 평가하는 도덕심리학자든, 그런 행위는 잘못이라고 비난하는 대학생이든 그 점은 같다.

하이트는 마크와 줄리의 사례를 객관적으로 아무런 해도 발생하지 않도록 설계했으므로, 그 행위가 위험하다고 느낀 학생들의 직관이 잘못된 것이라고 주장할 수도 있다. 하지만 위험한지 아닌지는 객관적으로 판단하는 게 아니라 주관적으로 판단하는 것이라면?

피해가 명백한 행위도 있지만, 나는 어떤 행위가 위험한지 여부에 관한 판단은 개개인의 인식에 달려 있으며, 도덕적 판단에서는 더욱 그렇다고 생각한다. 즉, 위험성은 객관적으로 평가할 수 없고 주관적으로 지각하는 것이므로, 같은 행위라도 사람마다 위험성이 별로 없다고 느낄 수도 있고, 어느 정도 위험하다고 느낄 수도 있고, 위험성이 크다고 느낄 수도 있다. 사람마다 위험성을 다르게 느낄 수 있다는 얘기다. 그리고 그것이 도덕적 판단의 바탕을 이룬다. 가령 서로 합의한 근친상간을 두고 도덕심리학자는 별로 위험하지 않다고 느끼고 대학생들은 어느 정도 위험하다고 느낀다면, 그 행위를 도덕심리학자보다 대학생들이 더 크게 비난하는 이유는 위험성에 대한 이 상대적 인식의 차이 때문이라고 이해할 수 있다.

우리가 심리학에서 얻을 수 있는 진실을 한 가지만 꼽는다면, 외부 세계는 원재료일 뿐이며 인간의 정신은 외부에서 유입되는 '객관적' 정보를 사람마다 고유한 지각과 직관적 추측으로 걸러서 문화라는 렌즈를 갖다 대고 살펴본다는 것이다. 4장에서 설명한 개념의 확장, 즉 학교 폭력과 트라우마를 유발할 만한 사건 등의 위험성을 평가하는 기준이 시대가 바뀌면서 달라진 것도 위험성이 주관적으로 평가된다는 걸 보여준다.[5] 위험성의 판단이 주관적이라면, 어떤 행위가 해롭다거나 해롭지 않다는 주장에는 반드시 이런 질문이 뒤따라야 한다. "그 해로움의 판단은 누가 한 것인가?"

현대의 도덕심리학은 인간의 내면세계를 탐구할 때 옳고 그름의 판단이 누구에게서 나온 것인지를 성실하게 따진다. 나와 뜻이 같은 연구자나 도덕 기반 이론을 지지하는 사람을 포함한 모든 도덕심리학자가 도덕적 판단은 주관적이라고 주장한다. 이 세상의 근간이 되는 절대적인 도덕이 존재할 수도 있지만, 사람마다 선과 악을 얼마나 다르게 이해하는지를 탐구하는 도덕심리학에서는 그런 절대적인 도덕은 고려하지 않는다. 머리말에서도 언급했듯이 도덕심리학은 도덕성을 규정하는 학문이 아니라 설명하는 학문이다. 도덕심리학자는 진짜 선한 행동과 진짜 악한 행동이 무엇인지를 탐구하는 게 아니라, 사람들이 어떤 행위를 선하거나 악하다고 인식하는지를 탐구한다.

도덕적 판단이 주관적이라는 점에는 모든 과학자가 동의한다. 하지만 나와 뜻을 같이하는 동료들은 도덕 기반 이론을 지지하는 학자와 중요한 한 가지 측면에서 의견이 갈린다. 바로 위험성이다. 나는 위험성의 판단도 주관적이라고 주장한다. 무언가가 위협적인지, 위험한지, 고통을 주는지, 그 위험에 누가 얼마나 취약한지는 그것을 평가하는 정신에 따라, 즉 사람마다 다르다는 뜻이다. 우리는 위험성의 판단도 도덕성의 판단만큼 주관적이며, 위험성에 대한 직관적 인식이 부도덕성에 관한 직관적 인식을 좌우한다고 본다. 위험성의 인식과 부도덕성의 판단은 밀접하게 연결되어 있고 분리할 수 없으므로, 인간의 정신에 '무해한 잘못'으로 인식되는 행위는 없다. 위험성과 도덕성의 판단이 이처럼 깊이 연결되어 있다는 사실을 알면, 지금의 도덕적 불화를 이해하고 분열을 해소하는 가장 좋은 방법을 찾는 데 유용하다.

특정 행위에 대한 사람들의 도덕적 비난은 그 일의 위험성에 관한 판단과 연결되어 있고, 위험성의 판단은 각자의 인식에 달려 있다는 것이 2부의 핵심 주장이다.

살인이나 학대처럼 대다수가 명백히 해롭고 잘못된 행위라고 평가하는 일도 많고, 책을 거꾸로 뒤집어 읽는 것처럼 사회규범에는 어긋나지만 아무런 해도 끼치지 않고 허용되는 일도 많다. 동시에 낙태나 이민자를 수용하는 것처럼 옳고 그름과 위험성의 기준이 명확하지 않은 일도 있다. 도덕적 평가를 전체적인 스펙트럼으로 놓고 보면, 그 행위를 얼마나 위험하다고 평가하느냐에 따라 도덕적 평가도 달라진다는 사실을 알 수 있다. 진보주의자와 보수주의자를 포함한 모든 사람이 얼마나 위험하고 해로워 보이는지에 따라 특정 행위를 비난한다.

핵심 요약

◎ 인간의 도덕 정신이 아무런 해가 되지 않는데 잘못이라고 판단하는 일도 있다는 주장은 틀렸다. 일부 도덕심리학자는 서로 합의한 근친상간처럼 '객관적으로' 아무런 해가 되지 않는 행위를 잘못이라고 비난하는 사람이 있다는 건 도덕적 판단에 위험성과 무관한 도덕성의 다른 요소가 영향을 준다는 걸 의미한다고 주장한다.

◎ 무해한 잘못도 존재한다는 주장은 위험성을 객관적으로 평가할 수 있음을 전제로 하지만, 그 전제는 틀렸다. 위험성은 주관적으로 인식하며, 같은 행위라도 사람마다 별로 위험하지 않거나, 어느 정도 위험하거나, 위험성이 크다고 평가할 수 있다.

5장

인류의 유산
- 최근 역사와는 다르다

위험하다는 판단이 인간의 정신과 도덕성 그리고 사회에 얼마나 막강한 영향을 주느냐가 이 책의 주제다. 해를 입을 수 있다는 염려가 지금과 같은 도덕적 불화를 촉진하며, 고통에 관한 이야기를 통해 분열을 해소할 수 있다는 점도 자세히 설명한다. 위험성이 우리에게 얼마나 중요한지 이해하려면, 지금으로부터 50년도 더 전에 도덕심리학자 엘리엇 투리엘Elliot Turiel이 진행한 연구를 살펴볼 필요가 있다. 투리엘의 연구진은 서로 합의한 성인의 근친상간에 주목하는 대신, 아이들이 같은 반 친구에게 주먹을 날리거나 잠옷을 입고 등교하는 것과 같은 규칙 위반을 도덕적으로 얼마나 용인할 수 있다고 평가하는지에 주목했다.

옳고 그름을 구분하는 직관력이 말을 배우기 전부터 강하게 발달한다는 것은 발달심리학자들(아동을 연구하는 심리학자들)의 수많은 연구로 밝혀진 사실이다.[1] 아이들이 도덕을 어떻게 이해하는지 알면, 인간의 도덕 정신이 어떤 기초단위로 구성되는지 단서를 얻을 수 있다.

현재 버클리 캘리포니아대학교의 교수로 재직 중인 투리엘은 1970년대에 3~5세 아동을 모집해 연구실로 초대한 후, 일상생활에서 흔히 일어날 수 있는 다양한 시나리오를 제시하고 도덕적으로 어떻게 평가하는지 조사했다. 가령 아이들에게 같은 반 친구나 형제자매를 주먹으로 때리는 행위에 관해 묻자 거의 모두가 그건 잘못된 일이라고 평가했다.

투리엘은 그 시나리오를 변형해서 만약 선생님이 허락한다면 그런 폭력적인 행위가 괜찮다고 생각하는지 물었다. 아이들은 그래도 잘못된 행동이라고 말했다. 도덕심리학에서는 이렇게 평가되는 행위를 '권위와 무관한 보편적인 잘못'이라고 표현한다. 투리엘의 연구에서 아이들은 집에서든, 학교에서든, 방학을 맞아 다른 나라로 여행을 가서든 친구를 때리는 건 잘못된 행동이며 권위를 가진 사람이 허락해도 마찬가지라고 일관되게 답했다.

하지만 잠옷 차림으로 등교하는 것에 관해서는 그와 다르게 평가했다. 선생님이 금지하면 잠옷을 입고 학교에 갈 수 없지만, 허락한다면 그래도 된다는 게 아이들의 전반적 평가였다. 잠옷 차림으로 등교하는 건 '잘못'일 수 있지만, 같은 반 친구를 때리는 것 같은 도덕적인 잘못은 아니다. 투리엘은 아이들과의 인터뷰에서 얻은 이러한 결과를 토대로, 인간의 도덕 정신은 명백히 부도덕한 행위와 사회의 관습(3장에서 설명했듯이 사회규범이라고도 한다)에 어긋나는 행위를 구분한다고 설명했다.

투리엘은 명백히 부도덕한 행위란 문화나 장소·시간과 상관없이 부도덕하다고 평가하는 행위이고, 사회 관습에 어긋나는 행위란 맥도날드에서는 감자튀김을 손으로 집어 먹어도 되지만 영국 왕실 가족과의 만찬 자리에서는 그런 행동이 부적절하다고 여겨지듯이 상황에 따라 평가가 달라지는 행위라고 주장했다. 도덕심리학에서는 규범에 반하는 행위, 즉 사회의 관습에 어긋나는 행위는 보편적인 잘못이 아니며 권위와 무관하지도 않다고 본다. 즉, 평가하는 사람, 장소, 그런 행위를 허용하는 사람에 따라 잘잘못의 평가가 달라진다는 의미다. 무고한 사람을 때리는 것처럼 부도덕한 동시에 사회의 규칙에 어긋나는 행위도 있고, 예의를 지키지 않는 것처럼 그저 규범에 안 맞을 뿐인 행위도 있다.

투리엘은 수많은 아이에게 여러 다양한 시나리오를 제시하면서 인터뷰한 결과, 부도덕한 행위와 사회의 관습에 어긋나는 행위를 구분하는 기준은 위험성이라는 결론에 도달했다. 아이들은 다른 사람이 해를 입을 수 있다고 생각하는 행위는 부도덕하다고 평가했다. 약한 사람에게 의도적으로 해를 끼치는 건 잘못이라고 했지만, 식사할 때 상을 올바르게 차리지 못하는 것처럼 사회규범에는 어긋나도 누군가에게 해가 되지 않는 행위는 부도덕하다고 평가하지 않았다.[2]

투리엘의 이러한 초기 연구 결과를 토대로 이어진 다른 연구도 위험성이 아이들의 도덕적 판단에 핵심 기준이라는 사실을 분명하게 확인했다. 또한 이 이론을 확대해서 성인들에게 적용한 연구에서도 어떤 행위가 잘못이라는 평가는 그 행위가 위험하다는 평가와 확실하게 연결되어 있다는 사실을 입증했다. 이러한 연구 결과는 위험성의 판단이 도덕적 판단의 바탕임을 보여준 것이지만, 그렇게 생각하지 않는 사람들도 있었다.

특정 집단만 연구한 결과

1980년대 초까지만 해도, 투리엘의 연구로 도덕심리학은 싹 정리된 듯했다. 위험성의 판단은 도덕적인 잘못과 사회적으로 잘못이라 여겨지거나 규범에 어긋나는 행위를 구분하는 뚜렷한 기준으로 떠올랐다. 그러나 일부 사람들은 이 기준이 지나치게 뚜렷하다는 의혹을 제기했다. 누군가는 물리적 폭력이 동반되지 않는 행위라도 잘못이라고 비난할 수 있고, 규범에 어긋날 뿐 해가 되지는 않는 행위도 도덕적으로 잘못된 일이라고 평가할 수 있다는 주장이었다.

투리엘의 연구는 'WEIRD'라고 불리는 특정한 사람들만 대상으로 조사했다는 데 문제가 있다. '희한하다' '기이하다'라는 뜻의 영어 단어 weird를 떠올리고, 머리에 초록색 더듬이가 있거나 남들에게는 없는 감각 기관이라도 있는 사람들을 조사한 거냐고 생각할 수도 있으나 WEIRD는 'western, educated, industrialized, rich, and democratic(서구의 산업화된 부유한 민주주의 국가에 사는 교육 수준이 높은 사람들)'의 줄임말이다. 학부생을 비롯해 심리학 연구에 참가하는 사람들은 실제로 대부분 WEIRD에 해당한다. 그 특정한 인구 집단이 전 세계인을 대표할 수는 없다는 문화인류학자들의 지적대로, 지구 전체 인구로 보면 서구에 살고, 교육 수준이 높고, 산업화한 부유한 민주주의 국가에 살지 않는 사람이 대부분이다.[3] 투리엘은 캘리포니아주 버클리에 사는 아이들을 주로 조사했는데, 이 지역은 그때나 지금이나 WEIRD에 해당하는 사람이 극단적으로 많고 정치적으로는 진보적인 곳으로 꼽힌다. 일부 학자들은 그런 점에서 투리엘의 이론이 과연 인간의 도덕성을 전체적으로 설명할 수 있는지 의문스럽다며 문제를 제기하고, 그걸 제대로 이해하려면 다른 인구 집단도 연구해야 한다고 주장했다. 연구를 위해 멀리 떨어진 다른 지역으로 기꺼이 찾아갈 의지가 있다면 반길 만한 지적이었다.

투리엘의 이론에 회의적이었던 인류학자 중에 그런 사람이 있었다. 리처드 슈웨더Richard Shweder는 1987년 인도 부바네스와르Bhubaneswar로 가서 브라만 계층의 도덕적 평가가 미국인의 도덕적 평가와 얼마나 일치하는지 (또는 얼마나 일치하지 않는지) 조사했다. 브라만은 인도 카스트 제도에서 '성직자' 계급에 해당하며, 사람들의 종교적 스승으로 사원에서 거행하는 신성한 의식을 주재한다. 슈웨더는 신성함과 종교를 중심으로 살아가는 브라만 계층은 미국 버클리의 아이들에게는 없는 도덕적 판단 기준이 있을 거라고 추정했다. 슈웨더가 집중적으로 조사한 건 잠옷 차림으로 등교하거나 같은 반 친구를 때리는 행위가 아닌, 특정한 때에 닭고기를 먹는 행위에 관한 도덕적 판단이었다.[4]

미국인도 채식주의자라면 닭고기를 먹는 행위를 부도덕하다고 평가할 수 있다. 닭고기를 먹으려면 일단 닭을 죽여야 하니 말이다. 하지만 슈웨더가 그런 의미로 그 행위에 주목한 건 아니다. 그는 장례식을 마치고 닭고기를 먹는 특정한 행위가 브라만 사이에서는 잘못으로 여겨진다는 점을 집중적으로 조사했다. 미국인에게는 이해할 수 없는 일이다. 장례식과 닭고기를 먹는 일은 아무 관련이 없으니, 정말 이상한 걸 궁금해한다고 여길 수밖에 없다. 내가 최근에 참석한 장례식에서도 튀긴 닭 요리가 나왔는데, 참석자 중 왜 이런 걸 주느냐고 펄쩍 뛰며 화낸 사람은 한 명도 없었다. 심지어 미국 남부 출신이 저술한 장례식용 요리책에는 튀긴 닭 요리가 사람들의 마음을 위로하고 대다수가 좋아하는 음식이므로, 장례식에서 대접하기에 아주 좋다는 설명이 나온다.[5]

슈웨더가 브라만에게 던진 질문은 사실 좀 더 구체적이었다. "부친의 장례식이 끝난 후 장남이 닭고기를 먹는 것은 특별히 잘못된 일인가?" 여전히 이런 걸 왜 묻는지 이해가 안 될 것이다. 장례식에서 닭고기를 먹는 게 일반적으로 괜찮다면, 고인의 장남만 그래서는 안 될 이유가 있을까? 하지만 슈웨더가 만난 브라만들은 그건 부도덕한 행동이라고 답했다.

슈웨더가 이 성직자들에게 왜 그렇게 평가하는지 설명해달라고 하자, '순수성'을 가장 많이 언급했다. 사람이 죽으면 주변이 더럽혀지는 '부정不淨'이 발생하는데, 고인의 장남에게는 부친의 죽음으로 인해 발생한 이 일종의 오염을 처리해야 하는(즉, 정결하게 만들어야 하는) 의무가 있으므로 일정 기간 채식을 해야만 한다는 것이었다. 죽은 아버지의 영혼에 영적으로 해로운 것들이 축적되니, 아들이 자기 몸을 필터로 삼아 그것을 걸러내야 한다는 논리다. 이 여과 작용이 효과적으로 이루어지려면 필터를 깨끗하게 유지해야 하므로 육식을 삼가야 한다. 브라만은 죽음 때문에 발생한 오염을 처리하는 이 정결 의식에 총 12일이 소요된다고 믿는다. 그 기간에 영적으로 해로운 것들이 장남의 손톱과 머리카락에 모두 쌓인다. 12일째 되는 날 아들은 머리카락을 자르고 손톱을 깎은 후, 마지막으로 '정화' 목욕을 한다.[6] 브라만은 슈웨더에게 이런 이유로 부친이 세상을 떠나면 장남은 닭고기를 먹거나, 손톱을 자르거나, 이발하지 말아야 하며, 이를 어기는 건 잘못이라고 설명했다.

이 같은 순수성 중심의 도덕적 평가는 투리엘(그리고 미국인 대다수)의 도덕적 평가와는 일치하지 않는 듯했다. 미국인은 위험성과 피해자를 중심으로 도덕성을 평가하고, 미국의 법률은 자율성과 권리를 중시한다. 1부에서 설명했듯이 그런 기준은 자신과 소중한 사람들이 해를 입지 않도록 보호하려면 반드시 지켜야 하는 것들로 여겨지기 때문이다. 슈웨더는 인도 브라만 계급은 권리와 자율성뿐 아니라, 신성한 의식과 영혼의 순수성도 중시한다고 설명했다. 그리고 부친의 장례식 때 닭고기를 먹는 행위는 직접적으로 물리적인 피해를 발생시키지는 않지만, 단순히 관습적인 규범을 어기는 일로만 여겨지지도 않으므로 무해한 잘못이라고 보았다.

슈웨더는 브라만이 보는 세상은 신성한 것과 세속적인 것으로 양분된다고 설명했다. 신에게서 비롯된 순수하고 성스러운 것들이 세상의 신성한 부분을 이루고, 그 외에 속되고 지저분하고 불순한 것들이 세속적인 부분을 이룬다. 브라만의 이 같은 철학에 따라 신성한 것은 세속적인 것과 섞여선 안 된다. 가령 신성한 존재로 여겨지는 브라만은 바깥세상에 오염되면 안 되므로, 브라만 아이들은 학교를 마치고 집에 돌아오는 즉시 밖에서 '더럽혀진' 옷부터 갈아입어야 한다고 배운다. 브라만은 신과 매우 가까워서 부친의 죽음으로 인해 발생하는 부정을 포함해 불순한 것을 정화하는 특별한 능력이 있다고도 여겨진다.

슈웨더는 부바네스와르에서 파악한 이런 사실을 토대로, 도덕성의 판단은 물리적인 피해뿐만 아니라 더 폭넓은 우려에서 비롯된다는 이론을 수립했다. 아울러 (특히 WEIRD에 해당하지 않는 문화권에서는) 우리의 도덕적 판단에 공동체community, 자율성autonomy, 신성함divinity이 반영되는 경향이 있다고 주장하면서, 자신의 이론에 이 세 가지를 뜻하는 영어 단어의 앞 글자를 따서 'CAD' 가설이라는 이름을 붙였다.[7]

CAD 가설에서 공동체는 가족에게 충실하고 노인을 공경하는 등 사회적 약속의 존중을 뜻한다. 공동체를 중시하면 인류가 기대어 살아가는 집단의 안전성과 결집을 유지하기 위해 노력하게 된다. 자율성은 개인의 선택을 존중하되 서로 해치지 않는 것을 뜻한다. 서구 사회에서는 대부분의 법에서 핵심적인 요소다. 투리엘이 아이들의 도덕적 평가를 조사할 때 예로 든, 같은 반 친구를 때리는 행위가 서로를 해치는 행위의 예다. CAD 가설의 세 번째 요소인 신성함은 세상의 자연적 질서를 존중하고 장례 같은 신성한 의식의 정결함을 지키는 걸 의미한다.

슈웨더는 자율성이 도덕적 판단에 중요한 요소로 포함되는 이유는 누구나 직접적인 위험으로부터 보호받고자 하기 때문이라고 설명했는데, 이는 투리엘의 생각과 일치한다. 그러나 슈웨더는 자율성이 다양한 문화에서 도덕성을 평가할 때 고려하는 여러 요소 중 하나일 뿐이라고 주장했다.

도덕성의 판단이 세 가지 기준에서 나온다는 슈웨더의 이론은 수긍할 만한 점이 많았다. 그의 이론은 도덕성의 개념을 서구의 일반적인 정의를 넘어 확장했고, 아버지 장례식이 끝난 후 아들이 닭고기를 먹는 것이 누군가에게는 그저 사회적 관습을 어기는 행위로 보일 수 있고, 다른 누군가에게는 부도덕한 행위로 여겨질 수도 있음을 설명함으로써, 도덕적으로 잘못된 행위와 단순히 사회의 관습을 어긴 행위가 항상 뚜렷하게 나뉘지는 않는다고 해석해 투리엘의 이론을 보완했다.

슈웨더는 도덕성의 기준은 사람마다 다르고 문화마다 세상을 이해하는 방식이 다르므로, 그 차이를 고려해야 사람들의 도덕적 판단이 어떤 배경에서 나왔는지 알 수 있다고 강조했다. 이는 인간의 도덕성이 과거 심리학자들이 추정한 것보다 유연하며, 사람들은 사회나 종교의 질서를 흔드는 행위처럼 명백한 물리적 폭력과 무관한 행위도 부도덕하다고 평가할 수 있다는 의미였다.

곧 자세히 다루겠지만 조너선 하이트를 포함한 일부 학자는 슈웨더의 이론이 위험성의 평가가 인간의 도덕 정신에 대단히 중요한 기능을 한다는 투리엘의 주장에 치명타를 날렸다고 해석했다. 위험성은 슈웨더가 제시한 세 가지 도덕성 평가 요소 중 자율성과 관련이 있고, 슈웨더는 자율성이 다른 두 가지 기준인 공동체 및 신성함과 구분된다고 보았기 때문이다.

그러나 위험성이 도덕 정신에서 차지하는 비중을 그렇게 해석한 건 지나치게 성급한 결론이었다. 무엇보다 슈웨더가 진행한 민족 지학적 연구 결과를 자세히 살펴보면, 도덕성에 관한 브라만의 이야기에서 그가 말한 도덕성의 세 가지 기준이 뚜렷하게 구분되지 않는다. 특정 행위의 잘잘못에 관한 브라만의 평가는 그 세 가지 기준을 넘나든다. 자율성 위반으로 평가되는 행위가 다른 누군가에게는 신성한 영혼을 더럽히는 행위로 여겨질 수 있고, 공동체의 결집을 뒤흔드는 행위로도 여겨질 수 있다는 뜻이다.

또한 자율성, 즉 개인의 권리를 중시하는 것이 공동체나 신성함을 중시하는 것과는 다르다고 치더라도 그 세 가지는 모두 위험성과 관련이 있다. 슈웨더의 연구 결과를 잘 살펴보면, 브라만이 강조하는 신성함과 순수함은 위험성과 계속 연결되며, 미국인의 기준에서는 해가 안 되는 행위도 예외가 아니다. 이 계층의 사람들이 장례식을 마친 후 정결하게 지내는 것을 진지하게 신경 쓰는 이유는, 그래야 고인이 해를 입지 않는다고 믿기 때문이다. 이들은 죽음으로 인해 발생한 부정한 것들을 말끔하게 정화해야만 망자의 영혼이 사후 세계에 무사히 들어갈 수 있다고 믿는다. 따라서 장례를 치른 후 아들이 닭고기를 먹는 등 정결함을 유지하지 못하면, 아버지의 영혼은 연옥 같은 세계에 갇혀 영원히 고통을 겪는다고 여긴다.[8]

도덕적 판단의 중심에는 위험성이 있다고 주장한 엘리엇 투리엘은 슈웨더의 연구 결과가 자신의 이론을 더 폭넓게 뒷받침한다고 해석했다. 브라만의 도덕적 판단에 신성함에 관한 우려가 반영된 건 사실이지만, 그러한 우려 역시 사람들이 고통받지 않도록 보호하려는 깊은 열망에 뿌리가 있다고 주장했다.[9] 그리고 브라만이 고통의 가능성을 "어떤 정보를 토대로 추측하는지" 주목해야 한다고 강조했다.[10] 브라만은 장례식을 마치고 닭고기를 먹는 일뿐만 아니라 수많은 행위를 미국인과 전혀 다르게 평가하지만, 투리엘은 그런 차이가 브라만의 도덕 감각이 미국인과 다르다는 근거는 아니라고 주장했다. 그는 브라만과 미국인의 도덕 감각은 근본적으로 같고 위험성이 도덕 감각의 중심에 있다는 점도 같지만, 어떤 행위가 위험할 수 있는지는 서로 다르게 추정한다고 강조했다.

다음의 예시를 통해 특정 문화에서 '정보를 토대로 추측하는' 위험성이 어떻게 도덕적 판단으로 이어지는지 살펴보자.

기원전 6000년, 고대 메소포타미아에 한 인류학자가 살고 있었다. 우연히 타임머신을 발견한 이 인류학자는 2020년으로 가서 미래의 도덕성을 연구하기로 했다. 2020년의 사람들은 대다수가 청결에 집착했다. 특히 대기의 청결에 몹시 신경을 쓰며 모두가 마스크를 착용하고 생활했다. 수시로 창문을 열어 환기하고, 공기청정기를 사들이고, 여럿이 있을 때는 2미터 간격을 유지했다. 이런 규칙을 어기는 사람이 있으면 비난하고, 공기의 질을 나쁘게 만드는 사람에게 모두가 분노했다.

이 인류학자는 호흡과 관련한 2020년 사람들의 이 모든 의식이 위험성과는 아무런 관련이 없다고 평가했다. 그래서 미래 사람들에겐 위험성이 아니라 청결성이 도덕적 판단 기준이라는 결론을 내린다. 2020년 사람들에게 청결을 왜 그렇게 중시하느냐고 묻자,

그들은 이렇게 대답했다. 눈에 보이지 않는 아주 작은 미생물이 현재 전 세계에 잔뜩 퍼져 있으며, 그것이 병을 일으키거나 심지어 목숨도 빼앗을 수 있다고 말이다. 그리고 그런 미생물 중에서도 가장 무시무시한 것은 '코로나19 바이러스'라고도 알려준다. 고대에서 온 인류학자는 고개를 끄덕이며 다 받아적지만, 눈에 보이지도 않는 아주 작은 생물이 병을 일으킨다는 건 말도 안 되는 소리라고 속으로 비웃으며 이렇게 생각한다. '정말 재미있는 미신이군!'

타임머신을 타고 원래 살던 시대로 돌아온 인류학자는 메소포타미아 사람들에게 2020년 사람들은 청결로 도덕성을 평가하며, 공기의 청결함을 무척이나 걱정하고 그것 때문에 화도 낸다고 전한다. 또한 숨 쉬는 공기에 뚜렷한 위험성은 없으므로, 청결성을 기준으로 한 미래 인류의 도덕적 판단은 위험성과 무관하다고 결론 내린다.

이 인류학자의 관점에서는 그런 결론이 충분히 나올 만하다. 2020년 사람들은 공기를 오염시키는 행위나 눈에 보이지 않는 서로 간의 '거리'를 지키지 않는 행위를 비난하는데, 이 학자가 보기에 그런 것은 메소포타미아 아이들이 학교에서 같은 반 친구를 때리는 것과 같은 폭력적인 행위와는 닮은 점이 없으니 말이다. 하지만 그 인류학자가 내린 결론은 틀렸다. 현대인이 공기를 더럽히는 행위를 비난하는 건 세상이 돌아가는 방식에 관한 확고한 신념이 있기 때문이며, 이 경우는 기침과 재채기가 다른 사람한테 해를 끼칠 수 있다는 게 그런 신념이다. 문제의 코로나19 바이러스가 폐로 유입됐다가는 목숨을 잃을 수도 있고, 2020년 초에는 그럴 위험이 특히 컸다. 따라서 사람들이 공기를 더럽히는 행위를 비난하는 건 그런 행위가 위험하다고 판단했기 때문이다.

투리엘은 코로나19 대유행 시기에 마스크를 제대로 착용하지 않는 것이나, 인도에서 장례식을 마친 후 정결 의식을 올바르게 치르지 않는 행위에 대한 사람들의 도덕적 평가는 모두 위험성과 관련이 있다고 주장한다. 비록 물리적 폭력과는 거리가 멀고, 그런 행위를 비난하는 사람들에게 왜 잘못이라고 생각하는지 물어보면 순수성을 언급하더라도, 그 중심에는 위험성이 있다. 위의 사례 모두 위험성의 인식, 그리고 두 사회의 사람들이 세상에 존재한다고 추정하는 위험 요소가 도덕적 평가의 핵심이다.

인류학자들이 문화마다 도덕성을 다양하게 인식한다는 걸 이해한다면, 위험성 역시 문화마다 다양하게 인식한다는 것도 아는 게 마땅하다. 인도에서 장례식 후 닭고기를 먹는 걸 '객관적으로' 해로운 행위인지 따지는 것이나, 그것이 '객관적으로' 도덕적 비난을 받을 만한 행위인지 따지는 건 아무 의미가 없다. 둘 다 사람마다 다르게 평가하기 때문이다.

이후 한동안 도덕심리학계는 도덕성이 위험성을 중심으로 평가된다는 이론과 도덕적 판단은 문화마다 다양한 형태로 나타난다는 견해를 모두 수용하며, 투리엘과 슈웨더의 주장이 섞인 이론을 받아들이는 듯했다. 사람들의 도덕적 사고는 대체로 위험성의 인식과 관련이 있지만, 이러한 인식은 무엇을 위험하다고 추정하느냐에 따라 달라지므로 도덕적 판단 기준이 다양해질 수 있다고 여긴 것이다.

브라만을 만나고 돌아온 슈웨더는 10년 뒤 '고통의 원인에 관한 존재론'이 문화마다 다르다는 내용의 글을 썼다. 존재론은 실재하는 것에 관한 신념이므로 '고통의 원인에 관한 존재론'은 고통을 발생시키는 원인에 관한 신념, 다양한 위험으로 이어질 수 있는 행위에 관한 신념을 뜻한다.[11] 슈웨더는 영혼에 해가 되는 행위는 신성함과 순수함에 끼치는 영향에 관한 논의를 촉발하고, 집단에 해가 되는 행위는 공동체에 끼치는 영향을 논의하게 만들고, 개인에게 해가 되는 행위는 자율성에 끼치는 영향을 논의하게 한다고 설명했다. 고통을 일으키는 원인을 무엇으로 보느냐에 따라 도덕적 우려도 달라진다는 것이다.

그러나 슈웨더의 제자인 조너선 하이트는 문화마다 위험성을 다르게 이해하고 그에 따라 도덕성에 관한 각기 다른 우려가 촉발되는 게 아니며, 사람들이 자신의 도덕적 평가를 합리화하기 위해 위험성을 꺼내 드는 것뿐이라고 보았다. 하이트는 도덕성은 주관적이고 사람마다 도덕적 평가가 다를 수 있지만 위험성은 객관적 사실이라고 주장했다. 다른 사람을 때리는 것처럼 객관적으로 해로운 행위도 있고 장례식을 마치고 닭고기를 먹는 일처럼 객관적으로 아무런 해가 되지 않는 행위도 있는데, 브라만이 후자를 비난하는 건 신성함과 순수성을 중시하기 때문이지 위험성 때문이라고 하는 건 판단을 합리화하려는 사후 조치라는 것이다. 슈웨더는 영혼이 정결하지 못하면 해가 될 수 있다는 '고통의 원인에 관한 존재론'이 브라만이 중시하는 신성함의 바탕이라고 설명했으나, 하이트는 그런 게 아니라고 해석했다. 사람들이 도덕적 평가를 한 후에 그걸 정당화하려고 위험성 때문이라는 이유를 지어냈다는 게 하이트의 생각이었다. 따라서 여러 연구에서 위험성을 중심으로 도덕성을 판단한다는 사실을 입증한 미국의 WEIRD라도, 연구를 어떻게 설계하느냐에 따라 무해한 행위조차 도덕적으로 비난하게 만들 수 있다고 주장했다.

도덕 기반 이론

고층 빌딩처럼 거대한 건물을 지으려면, 해야 할 일이 정말 많다. 먼저 끝없이 땅을 파고 또 판다. 그런 다음 철근을 세우고, 콘크리트를 붓는다. 모두 건물의 단단한 토대를 만드는 작업이다. 거대한 건물에는 탄탄한 기반이 필요하다.

하이트가 자신의 이론에 '도덕 기반 이론'이라는 이름을 붙인 건 '기반'이라는 단어에 담긴 깊이와 단단함을 담으려는 의도가 깔린 듯하다. 이 이론에서 이야기하는 도덕 기반은 거대한 콘크리트 덩어리가 아니라, 그가 존재한다고 가정한 '정신의 조직'이다. 하이트는 이 정신의 조직이 서로 분리된 여러 부분으로 나뉘어 있으며, 인류가 집단생활에서 도덕적으로 우려하는 위험 요소가 그 각각의 부분을 하나씩 차지한다고 보았다. 예를 들어, 하이트가 도덕 기반의 하나로 제시한 '권위'는 슈웨더의 '공동체'를 확장한 것으로, 그는 사람들이 권위에 대한 존중을 도덕적으로 중시하는 건 집단의 고령자를 포함한 리더나 공권력의 말을 듣지 않으면 무질서와 폭력이 발생할 수 있기 때문이라고 주장했다. 하이트는 그에 대한 근거로, 전 세계 여러 문화권이 권위에 따르지 않는 행위를 부도덕하다고 여기며 사회질서를 무너뜨리는 명백한 위험 요소로 평가한다는 점을 들었다.[12]

실제로 사람들은 정당하게 부여된 권위를 따르지 않는 걸 도덕적으로 비난한다. 그러나 투리엘의 이론에서는 그러한 도덕적 비난이 위험성과 관련 있다고 설명한다. 즉, 권위를 거스르는 것은 사회를 무질서하게 만드는 위험한 행위라고 여기기 때문에 비난한다고 해석한다. 하이트의 이론은 인간이 도덕성을 갖게 된 궁극적인 목적이 위험으로부터 스스로를 보호하는 것이라는 점에는 동의하면서도, 위험의 인식과 심리적으로 무관한 도덕적 평가도 많다고 본다. 사람들이 권위의 가치를 훼손할 수 있는 행위에서 위험성을 인식하는지 여부는 핵심이 아니라는 의미다. 하이트의 이론에서는 권위를 따르지 않는 행위에 대한 비난은 도덕 정신을 구성하는 조직의 여러 부분 중 권위를 거스르는 행위를 포착하도록 특화된 부분에서 나온 평가라고 보기 때문이다.

하이트의 이론에서 위험성은 인간의 도덕 정신을 빚은 다음 오래전 하늘로 돌아간 신과 비슷하게 취급된다. 인류의 조상은 폭력 같은 직접적이고 물리적인 위험과 집단의 결집을 해치는 간접적인 위험을 포함해 다양한 위험을 겪었고, 그 과정에서 인간의 정신에 도덕성이 생겨났다. 하지만 이제는 그런 궁극적인 위험으로부터 우리를 보호하는 심리적 메커니즘이 완전하게 발달했으므로, 어떤 행위에 대한 도덕적 평가는 그 행위의 잠재적 위험성과 상관없이 이루어진다는 것이다. 이제 우리의 도덕 정신은 위험성 대신 특정 행위가 권위나 (슈웨더가 신성함과 함께 거론한) 순수성 등 도덕성의 '기반'이 되는 가치에 어긋나는지를 직접적으로, 또한 그 한 가지만을 기준으로 평가한다는 것이 하이트의 주장이다.

앞서 설명했듯 슈웨더는 사람들이 폭력과 학대뿐 아니라 신성함과 공동체에 영향을 끼치는 행위도 부도덕하다고 평가한다는 점을 강조했다. 하이트는 사람들이 영향에 대해 논의하고 도덕적으로 평가하는 주제가 그처럼 다양한 것은 각각의 주제마다 심리적인 메커니즘이 분리되어 있기 때문이라는 새로운 해석을 내놓았다. 그리고 사람들이 순수성에 어긋나는 행위나 불복종을 잘못으로 평가하는 건 그 자체를 문제로 여길 뿐이며 위험성과는 아무 관련이 없다고 주장했다. 슈웨더는 불복종을 부도덕하다고 평가하는 사람들이 그런 행위의 위험성을 우려한다고 밝혔지만, 하이트는 사람들의 그런 설명을 무의미한 미사여구라고 보았다. 위험성을 이유로 들지만, 실제로는 위험하다고 생각해서 내린 평가가 아니라는 얘기다.

하이트와 그의 동료들은 도덕성의 기반이 다섯 가지라고 주장했다. 이 다섯 가지는 도덕 정신을 구성하는 조직으로, 각각의 방마다 맞는 열쇠가 있어야 열린다는 게 이들의 결론이다. 다음에 그 다섯 가지의 정의와 각각의 이해를 돕는 간단한 질문이 나와 있다.

1. 조심성: 물리적 고통에 관한 우려와 힘없는 존재를 보호하려는
   마음. 개를 발로 차는 건 잘못인가?

2. 공정성: 형평성과 균형에 관한 우려. 수학 시험을 볼 때 부정행위를 하는 건 잘못인가?

3. 충성: 공동체에 관한 우려. 조국을 공개적으로 저버리는 행위는 잘못인가?

4. 권위: 위계질서에 관한 우려. 어머니나 아버지를 무례하게 대하는 건 잘못인가?

5. 순수성: 신성함과 오염에 관한 우려(음식뿐 아니라 영적인 오염까지 포함해서).《성경》을 불태우는 건 잘못인가?

하이트가 제시한 도덕성의 다섯 가지 기반이 슈웨더의 이론에 나오는 세 가지 기준을 확대했을 뿐이라면, 이 이론에 관한 설명은 이쯤에서 마무리해도 된다. 슈웨더는 도덕적 평가를 촉발하는 대화의 주제는 다양해도 모두가 위험성에 관한 깊은 우려에서 비롯된다고 보기 때문이다. 그러나 도덕 기반 이론은 두 가지 독특하고 중요한 주장을 펼친다. 먼저 보수주의자는 다섯 가지 기반을 전부 우려하는 반면, 진보주의자는 첫 두 가지만 중시한다는 주장이다. 진보주의자는 조심성과 공정성은 신경 써도 충성, 권위, 순수성은 신경 쓰지 않는다는 얘기다. 하이트는 이런 차이를 도덕성에서 나타나는 '보수의 이점'이라고 표현했는데, 여기에 대해서는 7장에서 자세히 설명할 예정이다.

도덕 기반 이론의 또 다른 핵심 주장은 앞서 설명했듯 이 각각의 도덕적 우려가 서로 다른 심리적 메커니즘에서 나온다는 것이다. 이 다섯 가지 도덕성의 기반은 "뇌의 각기 다른 스위치"와 연결되어 있다고 설명하기도 하는데,[13] 뇌에 정말로 도덕성의 각 요소에 상응하는 영역이 정해져 있다는 근거는 없다. 오히려 현대 신경과학 연구에서는 인간의 뇌가 작은 부분들로 나뉘어 각각 정해진 기능을 담당하는 게 아니라,[14] 각 부분이 상호 연결된 기능적 네트워크를 구성한다는 사실이 밝혀졌다. 이러한 네트워크에는 뇌의 광범위한 영역들이 포함된다. 예를 들어 '현저성 네트워크'에는 편도체와 섬엽이 포함되며, 우리를 놀라게 하는 자극에 주의를 쏟게 만든다("뱀이다!"). 배외측 전전두피질과 후대상피질이 포함된 '기본 네트워크'는 앞으로 하려는 일을 머릿속으로 미리 연습하거나 과거의 기억을 회상하고, 지나간 일에서 교훈을 얻도록 돕는다("어제 그 대화에서 내가 너무 이상하게 굴었나?").

우리의 도덕적 판단은 뇌에서 큰 규모를 차지하는 2개의 네트워크와 관련이 있다. 첫 번째, 측두엽과 두정엽 접합부 그리고 전측 대상피질을 포함한 '사회적 인식 네트워크'는 우리로 하여금 다른 사람들에 관해 생각하도록 하고 두 번째, 안와전두피질과 복내측 전전두피질을 포함한 '정서 네트워크'는 우리로 하여금 무언가를 느낄 수 있게 만든다. 우리의 삶은 다른 사람들에 관해 생각하고 무언가를 느낄 일이 정말 많으므로, 이 두 네트워크는 수많은 판단에 활용된다. 그러나 지금까지 어떤 연구에서도 우리 뇌에 권위와 충성 등 도덕성의 세부 요소를 담당하는 영역이 있다거나, 도덕성을 전담하는 특정한 영역을 발견했다는 결과는 나오지 않았다.[15]

뇌에 도덕성의 각 구성 요소에 해당하는 영역이 물리적으로 구분된다는 주장뿐만 아니라, 도덕적으로 우려하는 요소가 심리적으로 구분된다는 주장도 확실한 근거가 없기는 매한가지다. 오히려 도덕성의 기반이 각각 분리되어 있다는 주장을 가장 확실하게 반박하는 결과가 하이트의 연구진이 도덕 기반 이론을 주장하며 발표한 초창기 논문에 포함되어 있다. 도덕적 판단의 기반인 여러 요소가 서로 중첩적인 상관관계에 있다는 내용이다.[16]

일반적으로 상관관계는 -1부터 1 범위의 상관계수로 나타낸다. 두 가지 판단의 상관관계를 분석했을 때 상관계수가 0이면 겹치는 부분이 전혀 없다는 의미이고, 상관계수가 1이면 두 판단이 완벽히 일치한다는 의미다. 그리고 상관계수가 -1이면 두 판단이 완전히 정반대라는 뜻이다. 예를 들어, 우리 집 고양이가 낮잠을 자는 행동과 목성의 위성에서 측정한 온도는 아무런 상관관계가 없지만, 태양의 존재는 밖이 밝은 것과 매우 강한 상관관계가 있다. 이 두 가지 상관관계는 워낙 강해서, 햇빛이 아주 강한 것을 그냥 밖이 '훤하다'고 표현하는 등 거의 구분하지 않는 경우가 많다.

도덕 기반 이론을 설명한 문제의 논문에는 사람들이 권위 한 가지만을 기준으로 도덕성을 평가하도록 만든 시나리오(공동체 리더의 뜻을 거스르는 행위에 관한 이야기 등)와 충성 한 가지만을 기준으로 도덕성을 평가하도록 작성한 시나리오(국기를 불태우는 행동 등)를 제시하고, 그 두 가지 평가 결과의 상관관계가 어느 정도인지 분석한 결과가 실려 있다. 사람들이 권위에만 주목해서 도덕성을 평가한 결과와 충성만을 기준으로 도덕성을 평가한 결과의 상관관계는 0.88이었다. 거의 동일하게 평가했다는 의미다. 도덕 기반 이론의 주장처럼 이 두 가지 요소가 분리되어 있다면, 두 시나리오에 대한 도덕적 평가도 명확히 달라야 한다. 즉, 권위에 관한 도덕적 판단과 충성에 관한 도덕적 판단은 확실하게 분리되어야 하는데, 상관관계 분석 결과는 대부분의 과학자가 사실상 같은 판단을 내린 것이라고 할 만큼 밀접한 연관성이 있었다. 두 판단의 상관관계는 태양의 존재와 밖이 밝은 것을 동일시하는 수준만큼 높았다.

상관계수가 0.88이라는 것은 건물 두 채를 짓기 위해 콘크리트로 두 곳에 기초를 만들어달라고 했더니, 한곳에 콘크리트를 전부 다 부어놓은 것과 같다. 그뿐만이 아니라 이 연구에서 사람들이 순수성만을 기준으로 도덕성을 평가한 결과와 권위만으로 도덕성을 평가한 결과의 상관관계도 0.80이었다. 종합하면 충성, 권위, 순수성은 도덕적 판단의 개별적인 세 가지 기반이 아니라 한 덩어리임이 드러난 것이다. 또한 이 연구에 쓰인 시나리오들은 작은 집단을 결집시키는 사회적·정신적 구조가 흔들리는 것을 집단 전체의 결집력이 약해지는 간접적 위험 요소로 간주한다.[17]

7장에서 설명하겠지만, 도덕 기반 이론 연구에 쓰인 시나리오는 다양한 문화에서 중시하는 무수한 도덕적 가치를 공정하게 다루기보다 보수주의자들의 도덕적 우려에 주목한다. 미국 보수주의자들이 크게 신경 쓰는 성적인 순결, 종교, 적극적인 애국심 표출(이는 오래전부터 잘 알려진 사실이다)은 도덕 기반 이론 연구에서 각각 순수성, 권위, 충성을 평가하는 시나리오로 제시된다. 애초 보수주의자들이 중시하는 요소를 도덕성의 기반 요소로 정해놓고, 그런 요소는 보수주의자만 중시하며 진보주의자는 별로 신경 쓰지 않는다고 주장하는 건 문제가 있다. 그렇게 설계한 연구에서 나온 결과로 확실하게 주장할 수 있는 건 보수주의자는 보수주의가 중시하는 가치에 많은 신경을 쓴다는 게 전부다. 동어반복인 셈이다.

보수주의자가 중시하는 요소를 도덕성의 기반으로 정해놓고 그것을 얼마나 중시하는지 평가한 것도 문제지만, 이 이론의 가장 큰 문제는 '기반'이라고 칭한 것이 사실상 도덕성의 기반이 아니라는 데 있다. 도덕성의 기반마다 그걸 기준으로 도덕성을 평가하는 심리적 메커니즘이 존재한다는 주장은 사실이 아니기 때문이다. 위의 상관관계 분석 결과처럼 도덕성의 구성 요소가 분리되어 있지 않다는 게 명확히 드러난 결과를 제시하면, 도덕 기반 이론을 지지하는 사람들은 한 가지 반론을 꺼내 들며 더 강하게 반박한다. 사람들이 객관적으로 아무런 해가 되지 않는 일(앞에서 소개한 마크와 줄리의 이야기처럼 상호 합의한 근친상간 같은 사례)도 도덕적으로 잘못이라고 비난하는 게 도덕적 평가의 기반이 여러 부분으로 나뉘어 있는 증거라는 것이다.

그러므로 도덕 기반 이론에서는 '객관적으로 무해한' 행위가 정말로 존재하는지가 매우 중요하다. 아무런 해가 되지 않는 행위인데도 사람들에게 도덕적 비난을 받는다면, 위험성 외에 도덕적으로 잘못이라는 평가를 받을 만한 다른 이유가 있는 게 분명하다는 것이 그 이론의 논리다. 서로 합의한 근친상간이나 브라만이 장례식 후 닭고기를 먹는 행위가 도덕적으로 비난받는 이유는 위험성의 인식으로 설명할 수 없으므로 위험성은 도덕적 평가의 마스터키가 아니며, 인간의 도덕 정신에는 순수함 등 위험성과 무관한 다른 요소를 기준으로 도덕성을 평가하는 메커니즘이 존재한다는 주장이다.

하지만 사람들은 자신의 도덕적 평가를 설명할 때 그 일이 '무해한 잘못'에 관한 평가라도 거의 예외 없이 위험성이나 잠재적 위험성을 그 이유로 든다. 인도의 브라만이 장례식을 마친 후 몸을 정결하게 유지하는 것이 왜 중요한지를 설명한 내용도 마찬가지다. 사람들이 자신의 도덕적 평가를 설명할 때 늘 위험성을 언급하는 것은 위험성이 도덕성의 토대라는 주장을 뒷받침한다. 하지만 하이트는 위험성은 나중에 만들어낸 이유일 뿐이며, 사람들이 자기 판단이 어디서 나온 것인지 잘 몰라서 그냥 그렇게 설명하는 것이라고 했다. 도덕성은 주관적으로 지각하는 것일지라도, 위험성은 객관적이고 합리적인 판단의 영역이라는 게 그의 주장이다.

합리적 위험성?

도덕성은 주관적이고 위험성은 객관적이라는 하이트의 주장은 그가 생각하는 위험성의 본질이 도덕성의 본질과 매우 다르다는 걸 나타낸다. 하이트는 도덕적 평가가 대부분 신속한 판단과 느낌에 따라 직관적으로 이루어진다고 주장하면서 그에 대한 탄탄한 근거도 제시했다. 실제로 우리는 누군가 도덕적으로 잘못된 행위를 하면 깊이 고심한 후에야 잘못임을 아는 게 아니라 곧바로 '느낀다'.[18]

하이트는 직관적으로 지각하는 도덕성과 달리 위험성은 고심해야만 평가할 수 있다고 주장했다. 어떤 일이 왜 부도덕한지 숙고하고 합리적으로 따져본 후에야 위험성 때문임을 깨닫거나, 위험성을 그런 평가의 이유로 의식적으로 지어낸다는 것이다. 도덕적 평가가 분노나 혐오처럼 본능적인 감정과 비슷하다면, 위험성을 우려하는 건 친구나 심리상담사에게 자기감정을 털어놓으면서 이미 일어난 일을 사실과 별개로 스스로 이해하려고 하는 과정과 비슷하다는 의미다.

도덕성의 판단은 직관적으로 이루어지고 위험성은 합리적으로 평가한다는 이 주장은 심리학에서 가장 유명한 이분법적 이론을 떠올리게 한다. 바로 '자동적인 사고 체계'와 '숙고하는 사고 체계'에 관한 이론이다. 이제는 고인이 된 이스라엘 출신 미국 심리학자 대니얼 카너먼Daniel Kahneman은 (동료이자 절친한 친구였던 아모스 트버스키Amos Tversky와 함께) 경제학자들의 해석을 완전히 뒤집은 인간 행동 연구에 평생을 바쳤다. 카너먼과 트버스키는 인간이 정보를 주의 깊게 분석해서 논리적으로 결정을 내리는 이성적 존재라는 기존의 생각은 틀렸으며, 직관적인 어림짐작(생각의 지름길)으로 결정을 내리는 비이성적 존재임을 증명했다. 노벨상을 받은 카너먼의 이 연구는 그로부터 약 10년 후에 출간한 베스트셀러《생각에 관한 생각Thinking, Fast and Slow》을 통해 일반에도 널리 알려졌다.

카너먼은 인간이 사고하는 방식은 속도가 빠른 '시스템 1'과 그보다 느린 '시스템 2' 두 가지로 나뉜다고 주장했다. 그의 설명에 따르면 시스템 1은 의식적인 노력이 거의 또는 아예 개입하지 않는 자동적이고 직관적인 사고 체계다. 예를 들어 '2+2'라는 수학 문제를 보면 머릿속에 자동으로 '4'라는 답이 떠오르는 것, '분홍색 코끼리'라는 단어를 읽으면 피부가 불그스름한 코끼리의 모습이 즉각 떠오르는 것, 파티가 한창일 때 어디선가 누가 자기 이름을 말하면 귀에 쏙 들리는 것 등은 모두 시스템 1이 작동한 결과다. 무의식적으로 기능하는 이 시스템 1 덕분에 우리는 주변 환경에 신속하고 효율적으로 반응할 수 있다.

시스템 1과 달리 속도가 느린 시스템 2는 신중하고 의식적인 추론을 담당한다. 우리는 다양한 선택지 중 무엇을 택할지 가늠하거나 기억을 뒤질 때, 지금 읽고 있는 이 문장에 기역(ㄱ)이 몇 개 나오는지 세는 것처럼 인지 기능이 필요한 과제를 수행할 때 시스템 2를 활용한다. 시스템 2를 가동하려면 독점적으로 쓸 수 있는 인지적 자원(시간, 생각)을 투입해야 하고, 주의력을 모으는 이런 자원은 한정적이므로 한 번에 하나의 과제만 처리할 수 있다. 문장에 기역이 몇 개인지 세는 건 시간이 좀 걸려도 그럭저럭할 수 있다. 하지만 100에서 3을 연속으로 빼는 계산을 하면서 동시에 어떤 문장에 기역이 몇 개인지 세어보면, 그런 과제를 한꺼번에 처리하는 게 얼마나 힘든지 알 수 있다. 시스템 2는 의식적인 노력이 필요하므로 결론을 내는 속도가 시스템 1보다 느리다.

지난 20년간 많은 도덕심리학자가 도덕성의 판단은 시스템 1에서 나오고, 위험성의 판단은 시스템 2에서 나온다고 생각했다. 도덕성은 직관적으로 판단하고, 위험성은 합리적으로 판단한다고 본 것이다. 도덕성에 관한 진지한 논의에 위험성을 언급하는 경우가 많다는 것이 그와 같은 주장의 근거 중 하나였다. 판사들이 법 조항을 해설할 때 위험성이나 그와 관련한 개념인 손해, 고통, 피해 등을 언급하는 경우가 많은 것도 그런 예로 언급됐다.

사람들이 도덕적 판단의 '이유'로 위험성을 많이 거론한다는 것도 위험성의 판단은 의식적이고 합리적으로 이루어진다는 주장의 또 다른 근거로 여겨졌다. 투리엘과 하이트가 각각 진행한 연구에 자원한 사람들은 모두 자신이 특정한 도덕적 판단을 내린 이유로 위험성을 들었다. 순서를 따지자면, 도덕적인 평가를 마친 '이후'에 그렇게 평가한 이유로 위험성을 제시한 게 맞다. 가령 서로 합의한 근친상간 시나리오를 읽은 사람들은 직관적인 판단에 따라 잘못이라 평가하고, 그렇게 판단한 이유는 위험한 행동이기 때문이라고 설명한 것이다. 하지만 이것이 위험성의 판단은 시스템 2에서 나오고 도덕성의 판단은 시스템 1에서 나오는 증거라고 볼 수 있을까? 시스템 2가 위험성의 판단에 활용되는 건 분명하지만, 그렇다고 해서 시스템 1이 위험성의 판단과 무관하다고 할 수는 없다. "아니 땐 굴뚝에 연기 날까"라는 말처럼, 위험성이 도덕적 판단의 이유로 한결같이 거론되는(연기가 나는 현상) 이유는 사람들의 직관에 강하게 자리하기(장작을 때서 불을 피우는 것) 때문일 수도 있다.

나도 처음에는 도덕적 판단이 직관적으로 이루어지고 위험성은 합리적으로 추론하는 것이라고 생각했다. 대학원생 시절, 기계의 정신에 관한 사람들의 생각을 사회심리학과 간접적으로 연계된 방식으로 연구한 적이 있는데, 그때도 그 일반적인 이론을 고수했다. 그러나 도덕적 판단의 본질을 연구할수록 의구심은 커져만 갔다. 위험성의 판단은 합리적 추론에서 비롯되는 게 아니라 도덕적 판단처럼 직관적으로, 단시간에 본능적으로 이루어진다는 연구 결과가 일관되게 나왔다. 그리고 내 연구에서도 위험성은 직관적으로 느끼는 것이며, 그게 도덕적 판단의 마스터키라는 결과를 도출했다. 사람들은 폭력, 불공정, 배신, 무례, 일탈을 비롯한 모든 행위를 자신이 느끼는 위험성에 따라 비난한다.

핵심 요약

◎ 도덕성이 인류가 해를 입지 않고 스스로를 보호하도록 발달했다는 점에는 모든 도덕심리학자가 동의한다. 하지만 위험성이 오늘날 현대인의 도덕적 사고에서 얼마나 큰 부분을 차지하는지에 대해서는 의견이 엇갈린다. 위험성은 모든 도덕적 판단에 중요한 몫을 할까, 아니면 아주 작은 일부 판단에만 영향을 줄까?

◎ 초기 도덕심리학에서는 모든 도덕적 판단이 위험성에서 비롯된다고 설명했다. 1970년대에 엘리엇 투리엘이 진행한 연구를 통해, 사람들이 (같은 반 친구를 때리는 것과 같은) 부도덕한 행위와 (잠옷 차림으로 등교하는 것과 같은) 단순히 사회적 규범에 어긋나는 행위를 구분하는 기준은 위험성일 가능성이 제기됐다.

◎ 1980년대에 인류학자 리처드 슈웨더는 인도 브라만이 부친의 장례식을 마친 후 닭고기를 먹는 장남의 행위를 (미국인이 아무런 해가 되지 않는다고 여기는 것과 달리) 도덕적으로 비난한다는 걸 알았다. 브라만의 도덕적 평가에는 '순수성'이 자주 언급되고, 특히 종교와 관련한 일에 그런 경향이 있다는 점을 토대로, 사람

   2부 · 인간의 도덕 정신

들의 도덕적 우려는 물리적으로 명백한 피해가 있는 문제에만 국한하지 않는다는 해석이 나왔다.

◉ 도덕심리학자 조너선 하이트는 21세기 첫 10년에 걸쳐 도덕 기반 이론을 제시했다. 이 이론은 슈웨더가 사람들이 도덕성을 평가할 때 언급한다고 밝힌 요소마다 인지적 메커니즘이 분리되어 있다고 해석한다. 먼 옛날 인류의 조상이 진화하는 과정에 영향을 준 조심성·공정성·충성·권위·순수성이 그 도덕적 판단의 요소이며, 이 다섯 가지는 각각 분리된 채 잠겨 있는 방을 하나씩 차지한다고 설명한다. 그러나 도덕성에 이런 개별적 '기반'이 있다는 일관된 근거는 없다.

◉ 도덕 기반 이론의 중심에는 무해한 잘못도 존재한다는 주장이 있다. 하이트는 서로 합의한 근친상간처럼 '객관적으로 무해한' 행위가 사람들의 도덕적 비난을 받는 것을 보면, 위험성 외에 도덕적 평가를 유발하는 다른 요인(순수성 등)도 존재한다고 추론했다.

◉ 그러나 사람들이 '객관적으로' 무해한 잘못도 비난하는 이유는 그 행위가 위험하다고 인식하기 때문이다. 서로 합의한 근친상간을 부도덕하다고 평가하는 사람들은 그 이유를 위험하기 때문이라고 설명한다. 인도 브라만이 장례식 후 장남의 닭고기 섭취를 비난하는 이유도 그런 행위가 고인의 영혼에 해가 될 수 있다고 생각하기 때문이다. 문화마다, 사람마다 무엇이 얼마나 위험한지는 나름의 '정보를 토대로 추정'한다.

◉ 하이트는 사람들이 도덕적 평가의 이유로 위험성을 언급하는

것은 평가를 마친 후에 그것을 합리화하는 것에 불과하다고 일축했다. 그는 도덕적 평가는 직관적인 사고 체계인 '시스템 1'이 담당하고, 위험성의 판단은 신중하게 추론하는 사고 체계인 '시스템 2'에서 나온다고 주장했다. 그러나 위험성의 인식도 도덕적 평가와 마찬가지로 직관적인 느낌에서 비롯된다고 보는 게 더 정확하다.

6장

직감
- 현대의 새로운 위험

나는 지난 10년간 동료들과 함께 위험성이 인간의 도덕적 사고의 바탕을 이룬다는 이론을 수립했다. 우리는 인간의 정신이 기능하는 방식에 관한 새로운 연구 결과를 토대로 이 이론을 제시하고, 도덕 기반 이론을 정립한 조너선 하이트를 비롯해 많은 도덕심리학자의 의견을 들었다. 하이트는 위험성이 도덕 정신의 바탕이라는 가설을 과학적으로 연구한 결과가 담긴 우리 논문을 검토한 전문가단에도 여러 차례 참여했다. 하이트의 진지한 비평과 통찰력 있는 조언은 우리 이론을 더 탄탄하게 발전시키는 데 큰 도움을 주었다.

우리가 위험성이 도덕적 판단의 바탕이라는 이론을 수립한 이유는 도덕성에 관한 기존 생각을 깨고 싶어서도 아니고, 위험성을 인간 정신의 중심으로 본 1980년대 도덕심리학으로 되돌아가야 한다고 주장하고 싶어서도 아니다. 우리가 이 새로운 이론을 탐구한 이유는 사람들이 자기 자신을 더 잘 이해하고, 현대의 도덕적 갈등에 관해서도 더 정확하게 이해하도록 돕기 위해서다. 또한 지금까지 과소평가됐으나 매우 중요한 인간의 본성에 부합하는 이론이 필요하다는 판단도 있었다. 1장에서 살펴본 대로, 우리는 포식 동물의 먹잇감으로 살아가며 위험을 끊임없이 염려하면서 진화한 동물이다. 우리가 지금도 자신과 가족 그리고 사회를 보호하려는 강한 동기를 느끼는 이유다. 우리는 선천적으로 해롭고 위험한 일을 경계하고, 안전할 때도 위험을 느끼는 직감이 뿌리 깊게 형성되어 있다. 위험성이 도덕적 판단의 바탕이라는 이론은 인류의 과거와 현재를 하나로 잇는다. 우리는 인간의 정신이 위험성을 걱정하고, 위험한 것을 피하고, 위험성에 관해 이야기하면서 진화했다면, 도덕적인 정신의 바탕에도 위험성이 자리한다고 보는 게 자연스럽다고 생각한다.

우리는 도덕적 판단이 위험성을 토대로 이루어진다는 이론을 적용하면, 인간의 모든 도덕적 판단을 설명할 수 있다는 것을 연구를 통해 확인했다. 단, 이것이 설득력을 얻으려면 우리 이론에서 설명하는 위험성이 과거 학자들이 통찰한 위험성과 어긋나지 말아야 한다. 슈웨더는 위험성의 인식에 문화가 큰 영향을 주며 직접적이고 물리적인 폭력 외에도 사람들이 도덕적으로 비난하는 일이 있다고 밝혔으므로, 우리 이론은 그런 사실도 설명할 수 있어야 한다. 또한 도덕적 판단이 체계적인 추론보다 직관적인 느낌에서 나온다는 하이트의 이론도 설명할 수 있어야 한다.

우리 이론은 위험성에 관한 과거의 통찰을 존중한다. 또한 이론의 내용도 비교적 간단하다. 사람들이 도덕적으로 우려하는 문제를 특정한 가짓수로 한정하지도 않고, 인간의 정신에 작은 방들이 있다고 가정하지도 않는다. 도덕적 판단은 직감적으로 인식하는 위험성에서 비롯된다는 것이 우리 이론의 핵심 주장이다. 어떤 행위가 직감적으로 얼마나 위험해 보이는지(또는 위험하게 느껴지는지)에 따라 그 행위에 대한 비난 수위도 달라진다. 위험성의 인식은 진화를 통해 형성된 부분도 있는데, 이것이 사람마다 위험성을 비슷하게 인식하는 이유다. 동시에 문화로 생겨난 부분도 있어 사람마다 위험성을 다르게 인식한다.

고통과 관련된 모든 일이 부도덕한 것은 아니다. 문지방에 발가락을 찧으면 짜증이 나긴 해도 부도덕과는 거리가 멀다. 자동차 운전을 하다가 교통사고로 다치는 것도 안타까운 일이지만 부도덕한 일은 아니다. 인간의 도덕적 판단에 바탕을 이루는 위험은 약한 사람을 부당하게 해치는 '가해' 행위다. 따라서 이 책에 나오는 '위험(성)'은 구체적으로 따지면 고통과 단순히 직결되기보다는 사람이 타인을 해하거나 부당하게 대하는 걸 인식한다는 의미인데, 설명을 위해 간결하게 그냥 '위험'으로 통칭했다.

위험성을 도덕적 판단의 바탕이라고 보는 우리 이론은 50년 전 투리엘이 주장한 것처럼, 어떤 행위가 도덕적으로 잘못됐다는 평가와 그저 사회규범에 어긋난다는 평가를 나누는 기준은 위험성에 대한 인식이라고 설명한다. 서구 사회든 다른 문화권이든 모든 인간은 스스로 인식하는 위험성을 토대로 도덕성을 판단한다. 하지만 캘리포니아에 사는 평범한 아이들과 인도 브라만처럼 (문화와 사람마다) 위험하다고 간주하는 것에는 차이가 있고, 누가 혹은 무엇이 위험에 취약한지도 다르게 판단한다. 가령 부친의 장례식을 마치고 장남이 닭고기를 먹을 경우 고인이 영원히 고통받는다고 믿는다면, 그 행위를 부도덕하다고 평가한다.

위험성을 각자의 정보에 따라 다르게 추정한다는 이 사실은 넓은 차원에서 중요한 의미가 있다. 그런데도 도덕심리학이 이를 고려하지 못한 한 가지 이유는 사람들이 대체로 자기가 속한 문화의 핵심 전제, 즉 '존재론'을 굳이 분명하게 밝히지 않기 때문이다.[1] 우리가 항상 들이마시는 공기를 당연하게 여기듯 세상이 돌아가는 방식에 관한 가장 근본적인 생각은 각자 너무나 당연하게 받아들여서 굳이 설명하지 않는다. 그러므로 사람들이 위험성을 어떻게 생각하는지 확실하게 이해하려면, 무엇이 피해를 일으킨다고 여기는지 물어봐야 한다. 인도로 찾아가서 현지인들을 조사하는 문화인류학자든, 자신과 입장이 '정반대'인 부류의 생각을 기꺼이 들어보려는 사람이든 마찬가지다.

투리엘의 이론과 내 이론은 위험성을 도덕적 판단의 중심으로 본다는 점에서 공통점이 있다. 하지만 내 이론은 투리엘의 이론과 달리, 도덕성과 위험성의 판단은 모두 신중한 추론이 아닌 직관적 느낌에 가깝다고 본다. 또한 사람들은 위험성을 위험의 유무로 양분하는 게 아니라, 연속선상에서 위험의 정도를 구분한다는 것도 내 이론의 또 다른 특징이다. 살인이든 상호 합의한 근친상간이든 인간의 모든 행위를 '위험하다(해롭다)' 또는 '위험하지 않다(해롭지 않다)'로 양분하면, 사람들이 위험성을 얼마나 다양하게 느끼는지 제대로 이해할 수 없다. 물론 극히 위험한 행위(대량 학살 등)와 별로 위험하지 않은 행위(버스를 타는 일 등)는 분명히 존재한다. 하지만 그 양극단 사이에는 다른 사람을 모욕하는 것부터 다국적 기업이 운영하는 매장에서 절도 행각을 벌이는 일까지 위험성의 정도를 다양하게 평가할 수 있는 무수한 행위가 존재한다.

상대적 위험성, 즉 무엇이 더 위험하고 해가 되는지에 관한 고민은 도덕적 딜레마를 낳는다. 재미로 고양이를 죽이는 건 명백히 해롭고 잘못된 일이지만, 유기 동물 보호소에서 새끼 고양이를 들일 공간을 마련하기 위해 나이 많은 고양이를 안락사시키는 건 어떻게 평가할 수 있을까? 새끼 고양이 보호가 나이 든 고양이를 해치는 걸 정당화할 수 있는가? 마찬가지로, 다른 사람이 힘들게 번 돈을 훔치는 건 당연히 부도덕한 일이다. 하지만 번 돈의 일정 비율을 건강보험료 등의 세금으로 내게 해서 그걸로 힘든 사람을 돕는다면? 우리의 정신이 이처럼 서로 상충하는 위험성을 직관적으로 어떻게 이해하느냐에 따라 도덕적 판단도 달라진다.

위험성을 정도의 차이로 평가한다면, 도덕적 평가도 마찬가지일 것이다. 우리는 감정이 한껏 격앙된 상태에서는 어떤 행위를 '무조건 잘못된 일'이라고 비난하거나 '전혀 문제가 안 되는 일'이라고 단정 짓기도 하지만, 대체로 극악한 범죄와 사소한 실수는 자연스레 구분한다. 예컨대 이중 주차보다 절도를 더 꾸짖고, 절도보다 살인을 더 크게 비난한다. 이는 우리가 인식하는 위험성의 차이에서 비롯된다.

우리는 위험성을 직감적으로 인식한다. 아울러 위험성의 인식은 문화마다 다르며, 정도의 차이로 위험성을 평가한다. 인간의 정신

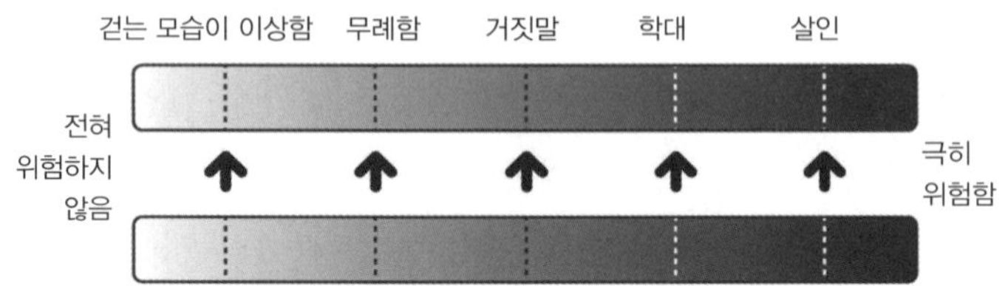

그림 8 ◉ 위험성에 따른 도덕적 평가. 사회규범에 어긋난다고 여겨지는 다양한 행위는 직관적으로 '위험하다', 또는 '해가 된다'고 인식하는지에 따라 부도덕하다고 평가할 수도 있고, 그렇지 않을 수도 있다. 사람들은 어떤 행위가 얼마나 위험해 보이는지, 또는 위험하게 느껴지는지에 따라 그 행위를 비난한다. 위험성이 크다고 느낄수록 더 부도덕하다고 평가한다.

은 이 단순한 사실로 설명할 수 있으며, 이것이 도덕적 판단은 위험성을 바탕으로 이뤄진다는 우리 이론의 핵심이다. 위험성을 도덕적 판단의 마스터키로 해석하는 우리 이론은 다른 사람의 도덕적 판단을 어떻게 이해해야 하는지 그 방법을 알려준다. 누군가 특정 행위를 얼마나 비난하는지 알고 싶다면, 그 사람이 그 일을 얼마나 위험하다고 느끼는지를 보면 된다. 그림 8은 그 내용을 설명한 것이다.

위험성과 도덕적 비난이 연결된다는 사실은 광범위한 근거가 뒷받침한다. 심지어 하이트도 위험성이 크다고 인식하는 행위일수록 더 부도덕하다고 평가받는다는 데 동의한다. 다음 두 가지 시나리오로 사고실험을 해보자. 황동 너클을 낀 주먹으로 아이를 때리는 행위와 해군 특수부대원의 귀를 툭툭 치는 행위 중 어느 쪽이 더 잘못일까? 첫 번째 행위를 두 번째보다 훨씬 큰 잘못으로 평가하는 이유는 그로 인해 발생하는 피해가 더 크기 때문이다.

이처럼 위험성의 인식이 도덕적 판단과 연결되어 있다는 걸 보여주는 사례는 대체로 논란의 여지가 없는 일이다. 하지만 앞서 소개한 마크와 줄리의 이야기처럼 서로 합의한 '아무에게도 해가 되지 않는' 근친상간은 어떨까? 내가 우리 연구실의 대학원생 첼시 샤인Chelsea Schein을 포함한 동료들과 진행한 연구에 따르면, 사람들은 '객관적인' 피해가 발생하지 않도록 설계한 그런 사례에서도 직관적으로 위험성을 느낀다.

객관적으로 아무리 안전해도 우리는 위험을 느낀다

우리의 정신적 경험은 객관적 사실과의 연결이 헐거운 경우가 많다. 1부에서 살펴봤듯 인간의 뇌는 세상을 왜곡해서 이해하기도 한다. 특히 잠재적 위험 요소에 대한 해석에서 그런 특징이 나타나는데, 이는 우리가 포식 동물의 먹잇감으로 살면서 진화했기 때문이다. 인간은 유전적으로도 "뒤늦게 후회하는 것보다 안전한 게 낫다"고 여기는 경향이 있다. 객관적으로 안전한 상황에서도 위험성을 직감하는 건 바로 그런 기준 때문이다.

사람들이 그랜드캐니언 스카이워크에서 하는 경험에 주목한 예일대학교 철학자 타마르 겐들러Tamar Gendler의 연구는 우리가 위험성을 얼마나 직관적으로 판단하는지 잘 보여준다.[2] 까마득한 절벽 낭떠러지에 놓인 투명한 다리 구조물인 스카이워크는 사람들에게 허공에 붕 떠 있는 듯한 기분을 선사한다. 스카이워크 웹사이트에는 이런 설명이 나와 있다. "수백 미터 높이에서 공중을 걷는 듯한 경험만큼 짜릿한 건 없습니다. 하지만 긴장하지 마세요. 스카이워크는 승객으로 꽉 찬 747 여객기 70대를 한꺼번에 올려도 끄떡없을 만큼 튼튼하니까요."

그랜드캐니언 스카이워크는 객관적 기준에서 안전한 시설인데도, 그 위에 오른 사람들은 겁을 먹는다. 사람들에게 왜 심장이 빨리 뛰고 손에 땀이 날 만큼 두려워하느냐고 물어보면, 수백 미터 절벽 아래로 떨어져서 죽을까 봐 그렇다고 말한다. 이성적으로는 그 시설물이 안전하다는 사실을 알지만(시스템 2), 위험하다는 직감(시스템 1)이 가시질 않는 것이다.

높은 곳에서는 위험하다는 직감이 합리적 추론을 누른다. 세상을 경험하는 여러 방식 중 직감이 맨 위로 올라와 큰 비중을 차지하는 것이다. 우리의 도덕적 판단도 마찬가지다. 서로 합의한 근친상간이 '객관적으로' 해가 전혀 안 된다는 조건을 달아도, 사람들은 위험한 행위라고 강하게 느낀다. 높은 곳과 부도덕한 행위가 객관적으로 아무리 안전해도 위험하다는 느낌을 지울 수 없는 이유는 진화적으로 먼 과거에 생겨난 직감 때문이다.

우리는 선천적으로 높은 곳은 위험하다고 느낀다. 그 이유는 절벽 끄트머리에서 지내던 인류의 선조가 그렇지 않은 사람들보다 아래로 떨어져 목숨을 잃는 경우가 더 많았기 때문이다. 우리가 형제자매와의 성관계는 위험하다고 깊이 확신하는 이유도 마찬가지다. 그런 행위를 했던 인류의 선조는 자기의 건강한 유전자를 후대에 물려줄 확률이 더 낮았다. 우리는 지금도 석기시대 인류와 똑같이 생각하고 느끼므로, 이런 직감은 높은 곳에 설치한 시설물이 더할 나위 없이 튼튼하고 현대적인 피임법이 있어도 사라지지 않는다. 심리학자가 어떤 행위를 아무리 '객관적으로' 무해하다고 설명해도, 인간의 직감까지 바뀌지는 않는다. 이렇게 직관적으로 느끼는 위험성이 우리의 도덕적 판단을 좌우한다.

위험성은 직감적으로 느끼므로, 사람들이 서로 합의한 근친상간 같은 '무해한 잘못'을 도덕적으로 비난하는 이유가 '순수함'이라는 도덕적 기반에 어긋나기 때문이라고 설명할 필요도 없다. 사람들은 근친상간이 해롭지 않다는 전제에 직관적으로 거부감을 느끼고, 그 행위를 직관적 인식에 따라 비난할 뿐이다. 물론 서로 합의한 근친상간을 살인만큼 해롭다고 느끼지는 않지만, 우리는 위험성을 정도에 따라 다르게 평가한다. 그리고 그 위험성의 정도가 일정 수준 이상이라고 느끼면 부도덕하다고 비난한다.

다시 그랜드캐니언 스카이워크로 돌아가서, 아찔한 높이 때문에 두려워하는 사람들에게 '객관적으로 무해한' 잘못에 관한 하이트의 이론을 적용한다고 가정해보자. 잔뜩 겁에 질려 있는 관광객한테 왜 그렇게 무서워하느냐고 묻자, 아래로 떨어질까 봐 그런다는 대답이 돌아온다. 이제 '사실'이라는 비장의 무기를 꺼내 들고, 이 시설물이 객관적으로 안전한 여러 이유를 조목조목 설명한다. 상대방은 고개를 끄덕이지만, 그래도 무섭다고 한다.

당혹스러운 반응이다. 위험하지 않다고 친절하게 다 설명했는데도, 관광객이 계속 겁을 내는 이 상황을 어떻게 이해해야 할까? 좋은 생각이 났다! 하이트의 논리적 도약을 그대로 따르는 것이다.

사람들이 스카이워크가 위험하지 않다는 객관적 사실을 인정하면서도 계속 두려워하는 걸 보면 위험성을 걱정하는 게 아니라 다른 이유가 있는 게 분명하다. 스카이워크는 객관적으로 안전한 시설물이므로, 관광객이 무서워하는 이유는 절벽 아래로 떨어질 위험성 때문일 리가 없다. 이런 논리에 따라 인간 정신은 각기 분리된 여러 부분으로 나뉘어 있고, 관광객이 느끼는 두려움은 그중 하나에서 비롯됐다는 가설을 세운다. 스카이워크가 하늘과 너무 가까워서 천상의 신과 정면으로 마주하는 무례를 범한다는 생각, 즉 신성함 또는 순수함에 어긋나는 두려움에서 비롯된 것인지도 모른다. '순수함'을 기준으로 도덕성을 판단하는 메커니즘이 있다고 가정하면, 그곳에서 사람들이 느끼는 두려움을 마침내 이해했다고 해석할 수 있다. 그리고 이 두려움은 똑같이 높은 곳에 설치한 시설물 중 스카이워크만큼 안전하지 않아서 느끼는 두려움과는 다르다고 여길 것이다.

하지만 스카이워크가 안전한 시설물인데도 사람들이 두려움을 느끼는 이유를 굳이 순수성을 기준으로 도덕성을 평가하는 메커니즘이 작동한 개별적 결과라고 설명하지 않아도 된다. 1,200미터 넘는 높이에서 까마득한 절벽 아래가 내려다보이는 곳에 섰으니, 직감적으로 위험하다고 느껴서 겁을 내는 것이다. 누군가 그 시설물이 객관적 기준에서 안전하다고 알려주고, 그 설명을 다 이해한다고 해도 마음속 깊이 느끼는 위험성은 가시지 않는다. 도덕성의 판단에서도 서로 합의한 근친상간 같은 '무해한 잘못'이 왜 해롭지 않은지 그 이유를 아무리 제시해도 위험한 행위라는 판단은 쉽게 사라지지 않는다. 사람들은 마음속 깊이 직감적으로 그런 행위는 해가 될 수 있다고 느낀다.

그랜드캐니언의 예시는 흥미로우면서도 한편으론 이런 의문이 들 수 있다. "사람들이 정말 그렇게 느낄까?" 또한 마크와 줄리의 사례 같은 '객관적으로 무해한' 시나리오를 제시했을 때 사람들은 정말로 직감적으로 위험하다고 느낄까? 나는 대학원생 시절에 이 의문을 해결하기 위한 실험을 설계했다.

동료들과 함께 진행한 그 실험에서는 하버드대학교 대학원생 중 참가자를 모집해 객관적으로 해롭지 않은 다양한 행위를 직접 할 때, 어떤 생리적 반응이 나타나는지 측정했다. 우리는 마크와 줄리의 시나리오처럼 원래는 해로운 행위(근친상간)를 해롭지 않은 행위로 바꾸면 사람들이 어떻게 느끼는지 조사했다.[3] 가령 사람 얼굴에 총을 쏘거나, 망치로 다리를 내리치는 행위를 해가 안 되도록 바꾸었다.

내 동료가 이 실험의 '희생자'로 활약했다. 우리는 할리우드 영화 감독처럼 참가자들이 객관적으로 안전한 행위를 하면서도 그 폭력성을 실감하도록 실험을 설계했다. 가령 참가자가 희생자 역할을 한 내 동료의 머리에 대고 총을 쏘게 한 실험에서는 꽤 묵직해서 진짜처럼 느껴지는 가짜 권총을 사용했다. 희생자의 다리를 망치로 내리치는 실험에서는 희생자의 바지에 PVC 파이프를 숨겨 망치에 맞으면 부서지는 느낌과 소리가 나게 했다.

이런 폭력 행위가 전부 가짜라는 사실을 100퍼센트 다 알고 있는 상태에서 실험을 진행할 때, 사람들의 몸에서 어떤 반응이 나

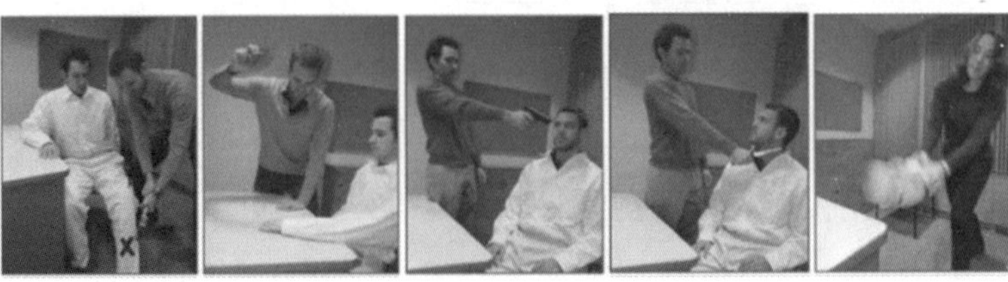

그림 9 ◉ 실험 참가자들은 위와 같은 다섯 가지 '무해한' 행위를 직접 했다. 모두 객관적으로 아무런 해가 되지 않는다는 걸 알고 실행했음에도, 참가자들은 직감적으로 위험성을 느꼈다. 사진에서 '머리에 총을 맞고' '칼에 목이 베일' 위기에 처한 사람이 나다(또 다른 남성은 도덕심리학자 피에리 쿠시먼Fiery Cushman이다. 아기 모형을 내려치는 여성은 신경과학자인 내 아내 크리스틴 린퀴스트Kristen Lindquist다. 우리 부부는 두 아이를 잘 키우고 있다).

타나는지 확인하는 게 우리 연구의 목적이었다. 인체는 그런 행위가 무해하다고 직감할까? 우리는 참가자들의 몸에 센서를 부착하고 어떤 생리적 반응이 나타나는지 살펴봤다. 예상대로, 참가자들이 희생자를 총으로 '죽이거나' 망치로 '때리는' 동안, 그들의 몸에서 위험을 느낄 때 나타나는 신체 반응이 일어났다. 시스템 2의 합리적 판단으로는 자신의 행위가 해를 끼치지 않는다는 사실을 이해하면서도, 위험성을 직감하는 시스템 1이 그런 판단에 동의하지 않고 본능적인 신체 반응을 일으킨 것이다.

실험 참가자들이 스스로 위험한 일을 한다고 느낀다는 게 겉으로도 역력히 드러났다. 가령 희생자 역할을 한 사람의 머리에 총을 쏠 때는 바로 실행하지 못했다. 그 자리에 얼어붙고 숨을 가쁘게 쉬며 땀도 뻘뻘 흘렸다. 방아쇠에 손가락을 걸고도 계속 주저했다. 그 행위가 해로울 수 있다는 직감이 하도 강력해서, 정말로 안 다치는 게 맞느냐고 재차 확인하려고 했다.

이 연구의 과학적인 결론과 실험 참가자의 정신 건강 측면에서 꼭 알아야 할 중요한 사실이 있다. 그것은 참가자들이 자신의 행위가 아무런 해도 끼치지 않는다는 걸 합리적으로 이해했다는 점이다. 실험을 마치고 참가자들과 면담했을 때, 그런 행위 때문에 정신적으로 괴로워하는 듯한 사람은 없었다. 그럼에도 참가자 대다수가 전한 후일담은 놀라웠다. 실험에서 요구한 행위가 '객관적으로' 무해하다는 사실을 이해했지만, 막상 하려니 실행에 옮기기가 너무나 힘들어 스스로도 놀랐다는 것이다. 전부 짜고 하는 행위라는 걸 합리적으로는 이해해도, 직감은 그런 합리적 추론을 거부했다. 그랜드캐니언 스카이워크에서 겁에 질린 관광객에게 사실을 내밀어봐야 소용없듯이 생생하게 펄떡이는 우리의 본능적 정서 반응 앞에서 사실은 빛을 잃는다.

위의 실험 내용을 담은 우리 논문에는 그러한 부정적 직감이 도덕적 판단을 촉발할 수 있다는 걸 입증한 또 다른 실험 결과도 실려 있다. 위험성이 도덕적 판단의 바탕을 이룬다는 우리 이론에 중요한 의미가 있는 결과였다. 이 두 번째 실험에서는 사람들에게 하얀 코트를 입고 굳은 표정으로 버티고 선 실험자가 빤히 지켜보는 앞에서 어려운 수학 문제를 풀도록 했다. 스트레스와 사회적 위협을 느끼도록 만든 설정으로, 무표정한 얼굴의 과학자 앞에서 암산 문제를 푸는 건 유쾌한 경험이라고 하기 힘들다.

우리는 그와 같은 상황에 놓인 사람들의 몸에서 생리적으로 어떤 반응이 나타나는지 측정했다. 그리고 암산 문제를 다 푼 다음에는 도덕적으로 평가하기 까다로운 상황을 제시하며 의견을 물었다. 예를 들어, 구명보트에 사람이 너무 많아서 배가 가라앉기 일보 직전이라 몇 명을 물에 빠뜨려야 하는 상황 같은 시나리오를 제시했다. 이 연구에서는 수학 문제를 푸는 동안 일반적으로 위협을 느낄 때 나타나는 신체 반응이 두드러진 사람일수록, 이후 주어진 특정 상황을 도덕적으로 더 엄격하게 평가했다. 그들은 다른 사람을 살리기 위해 누군가를 죽이는 건 잘못이라고 더 혹독하게 비난했다.

이와 같은 실험 결과는 위험성이 도덕적 판단의 바탕이라는 우리 이론을 뒷받침한다. '할리우드 액션'을 활용한 첫 번째 실험에서는 사람들이 객관적으로 무해한 행위를 할 때도 직감적으로 위험성을 느낀다는 사실을 확인했다. 일반적인 위협을 느낄 때 생기는 생리적 반응이 나타났고, 남을 해치는 행위를 주저했다. 두 번째 실험에서는 위협을 느낄 때 나타나는 생리적 반응이 일어나면 도덕적 판단에 영향을 준다는 사실을 확인했다. 이 두 가지 결과를 종합하면, 사람들은 객관적으로 안전한 행위에서도 위험성을 직감할 수 있으며, 위험성을 직감하면 도덕적 판단에도 영향을 준다고 정리할 수 있다. 하지만 이런 연구에는 한 가지 한계가 있다. 성적으로 부적절한 행위처럼 '순수성'을 해치는 일이 아니라, 물리적으로 위험한 행위를 활용한 실험 결과로 서로 합의한 근친상간 같은 행위를 비난하는 이유를 설명했다는 점이다.

사람들은 불순하고 '무해한' 잘못을 직감적으로 얼마나 해롭다고 느낄까? 이 의문을 해소하는 가장 확실한 방법은 형제자매들을 모집해 피임 수단과 철저한 사후 상담을 제공한 다음 실험실에서 섹스를 해보라고 권유하는 것인데, 이는 당연히 비윤리적인 일이다. 그래서 우리는 하이트를 포함한 다른 도덕심리학자들이 쓴 방법을 그대로 활용하기로 했다. 사람들에게 시나리오를 제시하고, 그걸 평가하게 하는 방식이다.

우리는 이전에 다른 도덕심리학 연구에서 사람들이 무해한 잘못을 어떻게 평가하는지 조사할 때 활용한 시나리오를 참가자들에게 제시했다. 예를 들면 동물이 교미하는 걸 지켜보며 성적 흥분을 느끼는 내용, 시체와 성관계를 갖는 내용 등이었다. 이런 시나리오를 활용한 이전 연구 결과를 살펴보면, 실험에 자발적으로 참여한 사람들은 스스로 인식하는 위험성을 바탕으로 각 시나리오의 도덕성을 평가했다. 즉, 그러한 행위를 도덕적으로 비난하면서 그 이유로 위험성을 들었는데, 하이트 같은 연구자들은 참가자의 그런 설명이 자신의 도덕적 평가를 합리화하기 위해 지어낸 것이라고 주장했다. 이들의 해석을 반박하려면, 사람들이 합리적 사고 체계인 시스템 2가 아니라, 직관적 사고 체계인 시스템 1에만 의존해 도덕적 평가를 하게 만드는 방법을 찾아야 했다.

시스템 2가 '가동하지 않게끔' 해서 합리적 추론을 막는 방법은 여러 가지가 있다. 가장 쉬운 방법은 시간 압박을 느끼게 하는 것이다. 사람들은 빨리 대답해야 하는 상황에 놓이면 본능적으로 느끼는 대로 반응하고, 대답할 시간을 주지 않으면 진심을 말해버린다. 미국의 유명한 TV 프로그램 〈패밀리 퓨드Family Feud〉처럼 단시간에 대답해야 하는 상황에서 사람들이 부적절한 말을 뱉는 이유다(1976년부터 지금까지 방영하고 있는 이 프로그램에서는 100명을 대상으로 다양한 설문 조사를 벌인 다음, 두 가족이 무대에 나와 그 설문 조사에서 나온 응답과 순위를 더 빨리, 더 정확하게 맞히기 위해 경쟁한다. 맞힐 기회를 먼저 얻기 위해 버저를 누르면 정해진 시간 안에 반드시 답해야 한다 — 옮긴이).

시간 압박을 줘서 사람들의 직관적 반응을 유도하는 방식은 사회심리학자들이 다양한 세부 분야의 연구에 활용하므로 검증된 방법이라고 할 수 있다.[4] 그래서 우리 연구에도 시간 압박을 활용하기로 하고, 도덕적으로는 잘못됐지만 객관적으로 아무도 해를 입지 않는 여러 상황을 참가자들에게 제시했다. 각각의 상황이 얼마나 위험하다고 생각하는지 단시간에 평가하도록 하면, 그 일의 위험성을 직감적으로 느낀 것인지 자신의 판단을 합리화하기 위해 위험하다고 평가한 것인지 확인할 수 있을 거라는 게 우리가 세운 가설이었다. 위험성을 이유로 드는 게 자신의 도덕적 평가를 합리화하기 위한 수단이라면, 왜 위험하다고 생각하는지를 지어내 합리적으로 설명해야 하므로 시간이 걸린다. 따라서 정해진 시간 안에 빨리 대답해야 하는 조건에서는 '객관적으로 해가 되지 않는' 잘못을 해롭지 않다고 평가할 가능성이 크다. 단시간에 도덕적으로 평가해야 하는 상황에서도 무해한 잘못처럼 보이는 행위를 위험하다고 평가한다면, 이는 그랜드캐니언 스카이워크에 오른 사람이나 남에게 가짜 총을 겨누고 PVC 다리를 망치로 내리치는 실험에 참여한 사람이 느낀 것처럼 직감적으로 그 행위가 위험하다고 판단한 것이라고 할 수 있다.

연구 방법은 간단했다. 우리는 기본적으로 참가자들에게 '해롭지 않지만' 잘못된 성적 행동, 명백히 해로운 행동(살인 등), 명백히 무해한 행동(버스 타기 등) 등 다양한 시나리오를 제시했다. 그리고 각각의 행위에 피해자가 있다면, 그 사람이 입는 피해가 얼마나 크다고 생각하는지 물었다.[5]

우리는 전체 참가자를 두 그룹으로 나눴다. 먼저 '시간 압박' 그룹한테는 각 시나리오를 읽고 최대한 빨리 피해를 평가하게 했다. 우리는 사전 실험을 통해 시나리오 하나를 읽고 직감대로 반응하는 데 7초 정도가 걸린다는 사실을 확인한 터였다. 그래서 본 실험에서도 참가자에게 7초 이내에 평가를 마치도록 했다. 사전 실험에서는 수학 문제를 7초 안에 풀라고 하면(137+53 같은 문제), 합리적 추론을 담당하는 시스템 2가 작동하지 않아 시스템 1에만 기대 답해야 하는 바람에 오답률이 높아진다는 사실도 확인할 수 있었다.

본 실험의 두 번째 그룹한테는 각 참가자가 시나리오를 읽고 평가하는 데 시간제한을 두지 않았다. 그뿐만 아니라 시스템 2가 확실하게 작동하도록 시나리오를 읽고 7초가 지난 다음 피해를 평가하도록 하고, 연구진이 신중하게 잘 생각해서 답하라는 조언까지 했다.

어떤 결과가 나왔을까? 버스 타기 같은 명백히 무해한 시나리오의 경우, 시간 압박 조건과 무관하게 모든 참가자가 아무런 피해도 발생하지 않는다고 평가했다. 당연한 결과였다. 대중교통을 이용한다고 해서 누가 피해를 보는 게 아니라는 건 신중하게 합리적 추론을 해야만 나올 수 있는 평가가 아니다. 그렇다면 살인처럼 명백히 해로운 잘못은 어떻게 평가했을까? 마찬가지로, 모든 참가자가 시간 압박과 상관없이 큰 피해가 발생하는 행위라고 평가했다. 다른 사람의 목숨을 빼앗는 게 잘못된 행위라는 건 즉각 판단할 수 있으므로, 역시나 당연한 결과다.

시체와 섹스하는 것 같은 '무해한' 잘못에는 어떤 평가가 나왔을까? 피해 정도를 1점(전혀 그렇지 않다)부터 5점(명확히 그렇다)까지 범위에서 평가하도록 했을 때, 생각할 시간이 무제한으로 주어진 그룹에서 나온 점수는 약 2였다. 사람들이 위험성을 다양한 정도로 인식한다는 걸 보여주는 결과다. 즉, 사람들은 서로 합의한 근친상간은 살인만큼 해롭지 않지만, 버스 타기만큼 무해한 행위는 아니라고 평가했다.

이제 이번 연구의 핵심 질문이 남았다. 시간 압박 속에서 답해야 할 때, 사람들은 성적으로 불순한 행위의 피해를 어떻게 평가할까? 하이트의 주장처럼 이런 행위를 부도덕하다고 평가한 후 그 이유를 위험하기 때문이라고 설명하는 것이 자신의 판단을 합리화하기 위해 지어내는 말이라면, 생각할 시간이 부족한 조건에서는 대다수가 위험하지 않은 행위로 평가해야 한다. 위험성은 직감적인 것이고 그게 도덕적 판단의 바탕이라면, 평가할 시간이 얼마나 주어지든 상관없이 위험성을 느낄 것이다.

우리 실험에서, 시간 압박 그룹이 성적으로 불순하고 무해한 행위로 인해 발생할 것이라 평가한 피해는 다른 시나리오에 대한 평가와 비슷하지도 더 낮지도 않았다. 사람들은 이런 시나리오에서 발생하는 피해를 더 크게 평가했다. 즉, 합리적으로 추론할 시간이 없는 조건에서 서로 합의한 근친상간 같은 무해한 잘못을 위험하다고 평가하는 확률이 더 높았다. 하이트의 주장과 달리 위험성을 직감한다는 의미다. 합리적 추론이 위험성의 판단에 영향을 준다는 하이트의 주장은 사실이지만, 그의 논리처럼 합리적 추론이 위험하다는 생각을 지어내는 게 아니라, 반대로 자신이 인식한 위험성의 정도를 누그러뜨리는 듯하다. 마크와 줄리의 시나리오를 처음 고안한 연구자들이 그 사례에서 해를 입는 사람은 아무도 없다고 열심히 설명한 것처럼, 우리의 이성적 판단력은 실제 위험성이 우리가 본능적으로 느끼는 위험성만큼 크지 않다고 설득한다.

하이트도 나처럼 도덕적 판단이 직관적 사고 체계인 시스템 1에서 나온다는 점에는 동의한다. 그런데 위의 연구에서는 위험성의 인식도 직관적 사고 체계가 담당하며 '객관적으로 무해하다'고 여기게끔 설계한 시나리오를 평가할 때도 마찬가지라는 결과가 나왔다.

위험성을 직관적으로 인식한다는 이러한 결과는 위험성이 도덕적 판단의 바탕이라는 우리 이론의 핵심 근거이자, 인간의 정신이 여러 개의 도덕적 기반으로 나뉘어 있다는 이론을 반박하는 핵심 근거이기도 하다. 위험성은 도덕적 판단의 마스터키이며, '객관적으로 무해한' 것처럼 보이는 일을 도덕적으로 판단할 때도 이 마스터키가 쓰인다.

내가 사람들에게 위의 연구 결과를 제시할 때 많이 듣는 질문 중 하나는 피해자가 누구냐는 것이다. 서로 합의한 근친상간처럼 뚜렷한 피해자가 없어 보이는 시나리오에서는 누가 피해자일까? 마크와 줄리의 사례 같은 성적으로 불순한 행위가 피해를 발생시킨다고 평가한 사람들에게 그 이유를 묻자, 크게 세 가지를 언급

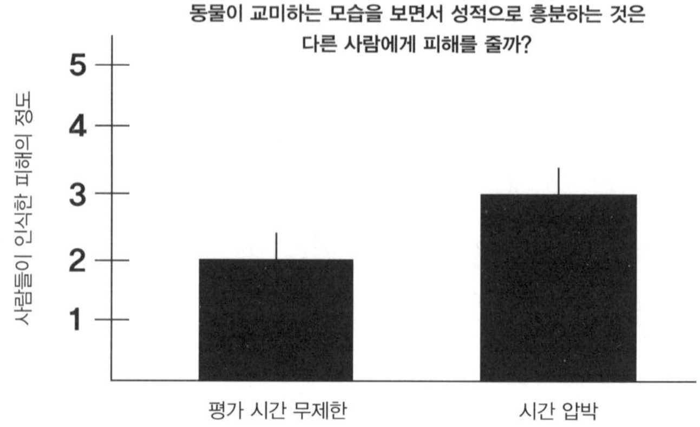

그림 10 ◉ '무해한' 잘못으로 인해 발생하는 피해를 평가할 때 시간 압박이 주는 영향. 사람들은 자신의 도덕적 평가를 합리화하고 추론할 만한 시간이 주어지지 않는 조건에서 오히려 그러한 행위로 인해 발생하는 피해가 더 크다고 평가했다. 이는 위험성을 직감한다는 걸 보여주는 결과이며, 위험성이 도덕적 판단의 바탕이라는 우리의 이론을 뒷받침한다.

했다.[6]

첫 번째는 행위 당사자들이 미래에 겪을 수 있는 피해다. 그런 일을 벌이다니, 얼마나 수치스러울까! 죄책감에 시달리는 건 물론, 혹시라도 세상에 알려진다면 그런 사람을 직원으로 채용할 회사도 없고, 데이트하려는 연인도 없을 것이다. 이렇게 평가한 참가자는 은퇴할 때가 되어서야 저축을 더 해놓을 걸 그랬다고 후회하는 사람이 많은 것처럼, 그런 패륜적인 성행위를 한 사람은 나중에 분명 후회할 것이라고 말했다.

두 번째는 사람들과의 관계에서 발생할 수 있는 피해다. 자기 형제와 그런 일을 벌이다니! 그건 자기 자신을 망치고 가족을 망가뜨리는 일이다. 부모님이 알면 당연히 기겁할 테고, 어머니는 가족사진을 붙들고 내내 눈물을 흘릴 게 뻔하다. 앞으로 온 가족이 모이는 모든 행사가 괴롭기만 할 것이다.

세 번째는 사회에 발생할 수 있는 피해다. 그런 식으로 모두가 근친상간에 동참한다면, 세상이 어떻게 되겠는가! 그런 사회에서 아이들을 어떻게 키운단 말인가? 서로 합의하면 근친상간도 괜찮다는 분위기가 형성되면, 그보다 해로운 다른 근친상간도 용인될 수 있고 성적 학대가 일상화할 것이다.

하이트는 객관적으로 무해한 사례를 시나리오로 만들 때부터 이런 해로운 결과가 나올 가능성은 없다는 전제를 달았는데, 바로 그 점이 문제다. 어떤 상황을 제시하면서 객관적으로 무해하며 아무도 피해를 보지 않는다고 설명해도, 사람들의 직관적 사고 체계는 그게 해롭지 않다고 믿지 못한다. 하지만 형제자매의 근친상간이 살인이나 학대만큼 해롭지는 않다는 건 안다. 이것도 위험성이 도덕적 판단의 바탕이라는 우리 이론에 부합하는 특징이다. 직관적으로 인식하는 위험성은 사람마다 제각기 정도의 차이가 있으며, 어떤 행위가 직관적으로 더 위험하다고 느낄수록 더 부도덕한 행위라고 평가한다는 것이 우리 이론의 주요 내용이다.

우리가 위험성을 직관적으로 인식한다는 사실은 심리학 연구뿐만 아니라, 미국 연방대법원이 내린 결정에 대한 사람들의 실제 반응으로도 드러난다.

현실에서 무해한 잘못에 사람들이 보이는 반응

2015년 6월, 미국 연방대법원은 오버거펠 대 호지스 사건Obergefell v. Hodges을 심리 중이었다. 연방 수정헌법 제14조가 동성인 두 사람이 결혼할 권리를 보장하는지 여부에 관한 것이었다.

미국 사회는 분열됐다. 진보주의자는 동성 결혼이 동성애자가 자신의 사랑을 자유롭게 표현하도록 보장하는 기본적 권리이며, 이 기본권을 인정받지 못하는 건 그들에게 심각한 피해를 준다고 주장했다. 자신의 사랑을 합법적으로 인정받지 못한다는 모욕감을 느끼는 걸 넘어 부부 합산 세금 신고의 혜택을 받지 못하고, 배우자가 죽었을 때 사망 보험금을 받을 수 없는 등 경제적 피해도 발생한다는 의미였다. 또한 혼인 관계를 인정받지 못하면 자녀를 입양하기 힘들어 가족을 꾸리고 싶어도 그 꿈을 이루지 못한다.

반면, 수많은 보수주의 기독교인은 동성 결혼을 허용한다는 발상 자체에 격분하며, 동성 결혼은 하나님 말씀에 어긋나는 일이라고 주장했다. 우익 성향의 기독교인 상당수가 "너는 여자와 동침하는 것처럼 남자와 동침하지 말라. 이는 가증한 일이니라"라는 〈레위기〉 18장 22절을 근거로 동성애는 부도덕한 일, 신이 창조한 자연의 질서를 거스르는 일이라고 역설했다.

하이트를 포함한 여러 도덕심리학자가 동성 결혼을 둘러싼 갈등을 진보주의자와 보수주의자의 도덕적 판단이 각기 다른 도덕적 기반에서 나온다는 걸 보여주는 대표적 사례라고 해석했다. 진보주의자들이 보기에 보수주의자가 동성 결혼을 인정하지 않는 건 그걸 허용하는 게 위험하다고 평가하기 때문인 듯하지만, 보수주의자가 동성 결혼을 비난하는 건 (오로지) 순수성을 어기는 일이기 때문이라고 주장하는 학자도 많았다. 그렇게 주장하는 학자들은 우익 성향인 사람들이 동성 결혼을 부도덕하다고 평가하는 건 위험성의 인식과 무관하며, 동성 간 섹스를 역겹다고 느끼기 때문이라고 추정했다.

보수주의자들이 동성 결혼을 반대하는 건 역겨워서이지 위험성을 느껴서가 아니라는 도덕 기반 이론의 해석에 대해서는 두 가지 중요한 반론을 제기할 수 있다. 첫 번째는 역겨움만으로는 부도덕하다는 평가가 나올 수 없다는 점이다. 반려견의 대변을 모르고 밟거나 곰팡이가 핀 빵을 무심코 한입 베어 무는 것처럼 역겹지만 부도덕하지 않은 일은 많다.

아이를 돌본 경험이 있다면, 역겨움이 어떤 느낌인지 아마 잘 알 것이다. 우리 딸이 다섯 살일 때 배탈이 나서 앓은 적이 있다. 내가 곁을 지켰는데, 아이가 갑자기 당장 화장실에 가야 한다고 했다. 얼른 아이를 두 팔로 안고 욕실로 달려갔지만, 타이밍을 놓치고 말았다. 가는 도중에 구토와 설사가 동시에 터져나와 토사물이 내 가슴팍으로 떨어지고, 아이 바지에서 흘러나온 설사는 내 팔을 뒤덮고는 다리를 타고 바닥까지 흘렀다.

찐득하고 냄새도 고약한 그 모든 분비물에 온몸이 뒤덮인 적이 있다는 내 이야기에 역겨움을 느낄 수는 있어도, 그런 일을 겪었다는 이유로 나를 부도덕한 괴물이라고 할 사람은 없을 것이다. 이런 경험을 들으면 구역질이 날 수는 있어도 화가 나지는 않는다. 오히려 아픈 아이를 돌보다 그런 일을 겪었으니 참 안됐다고 느낄 가능성이 크다.

우리는 역겹다고 해서 무조건 도덕적으로 비난하지 않는다. 사람들이 역겨움 한 가지만 느끼는 일(음식에서 머리카락이 나오는 경우)과 역겨우면서 잘못이라고 평가하는 일(동물과 섹스하는 경우)을 구분해서 조사한 결과,[7] 도덕적인 비난은 위험성을 느낄 때 동반될 확률이 가장 높은 것으로 나타났다. 혐오감은 부정적인 감정이므로 위험하거나 해가 될 만한 게 없는지 찾게 만들 수는 있지만, 혐오감만으로 도덕적인 분노가 촉발되지는 않는다.

사람들이 동성 결혼을 역겨워하며 잘못이라고 생각할 수는 있어도 위험하다고 느끼지는 않는다는 주장에 제기할 수 있는 두 번째 반론은, 그런 주장을 펼치는 도덕심리학자들이 자신의 관점과 연구 대상인 사람들의 관점을 혼동한다는 것이다. 진보 성향인 도덕심리학자들은 동성 결혼이 아무런 해가 되지 않으며, 심지어 유익한 일이라고 말한다. 또한 동성 결혼이 잘못이라고도 생각하지 않으므로 '무해하고 괜찮은 일'이라고 여긴다. 이렇게 생각하는 도덕심리학자들이 말하는 '무해한 잘못'은 심리학자 자신의 주관적 관점이 아니라, 동성 결혼에 대한 보수주의 기독교인의 관점을 추측한 것인데, 과연 정말로 보수주의 기독교인은 동성 결혼이 아무런 해가 되지 않는 잘못이라고 여길까? 불순하고 신이 금지한 일이지만 해를 입는 사람은 아무도 없다고 생각할까?

연방대법원의 판결이 나오기 얼마 전, 보수주의자인 노스캐롤라이나주의 한 복음주의 교회 목사가 동성 결혼을 금지하는 판결이

262　　　　　　　　　

나오지 않을 경우 빚어질 일을 예상하는 논평을 썼다. 그 글에는 동성 결혼을 허용하면 "핵무기로 인한 대참사에 버금가는" 피해가 발생해 온 나라가 무너질 것이라는 주장이 담겨 있었다.[8] 나도 그의 표현이 지나치다고 생각하지만, 그런 비유를 쓴 바탕에는 동성 결혼이 그토록 해롭다는 그의 진심 어린 믿음이 있다. 이 목사는 동성 결혼을 허용하면 아이들을 보호하는 사회의 필수 구조인 이성 부부 중심의 가족 기능이 흔들릴 것이라고도 주장했다.

이런 주장을 펼치는 사람은 그 목사 한 사람만이 아니다. 동성애자 권리에 반대하는 수많은 사람이 그러한 권리는 신앙심에 해롭다고 주장한다. 한때 유명한 컨트리음악 가수였다가 동성애 반대 운동가로 활동한 어니타 브라이언트Anita Bryant도 그중 한 사람이다. 어니타는 동성애자 권리가 중요한 문제로 대두한 후, 그게 얼마나 해로운지 깨달았다고 했다. 그리고 자신은 그 해로움을 정말로 느낀다며 음악계에서 쌓은 평생의 경력을 걸고 반드시 막을 거라고 역설했다. 그는 《어니타 브라이언트의 이야기: 미국 가정의 생존, 동성애의 공격적 위협Anita Bryant Story: The Survival of Our Nation's Families and the Threat of Militant Homosexuality》이라는 저서에서 동성애자 권리를 인정하는 건 사회를 낭떠러지로 밀어 떨어뜨리는 것이라고도 주장했다. "동성애를 시민의 권리로 인정한다면, 살인자들이 '살인자의 권리'도 있다고 주장하지 않겠는가?"[9] 어니타는 동성애자 권리는 사회에서 가장 취약하고 해를 입기 쉬운 아이들에게 위험 요소라고 보았다. "동성애자는 아이를 낳을 수 없으니 다른 데서 데려와야 한다. 그들이 집단을 유지하려면 미국 아이들이 필요하다는 얘기다."

내 말의 요지는 동성 결혼은 해롭다고 주장하는(그런 주장은 지금도 여전하다) 수많은 보수주의 기독교인의 두려움에 그럴 만한 근거가 있다는 게 아니라, 그들이 느끼는 그 두려움이 진심이라는 것이다. 이들은 동성애자 권리를 더 많이 인정하는 건 잘못이고 위험한 일이라고 생각한다.

오버거펠 대 호지스 사건에 대한 연방대법원의 결정이 나온 직후, 나는 〈뉴욕타임스〉에 첼시 샤인과 공동으로 집필한 평론을 기고했다. 우리가 진행했던 여러 과학적 연구를 토대로, 많은 보수주의 기독교인이 동성 결혼의 위험성을 직관적으로 인식한다고 설명한 글이었는데, 동성애자의 권리 보장을 위해 싸우는 운동가들은 내게 동성애를 반대하는 보수주의자와 한패라며 비난을 쏟아냈다. 나는 도덕적 입장이 상충하는 이유를 과학의 힘을 빌려 더 정확하게 이해할 수 있도록 도우려 한 것뿐이라고 진심을 담아 답변했다.

자신을 목사라고 밝힌 한 보수주의자는 내게 자신의 도덕적 견해와 자신이 느끼는 위험성이 진실하다는 걸 알아줘서 고맙다는 이메일을 보냈다. 그는 자신이 동성 결혼을 비난할 때 하나님의 말씀을 빌리는 건 사실이라고 인정하면서, 하나님은 자신을 믿는 자들의 영혼을 보호하려 하므로 동성 결혼을 금지하리라 믿는다고 말했다.

투리엘이 오래전에 설명한 것처럼 내게 이메일을 보낸 목사는 자신만의 정보를 토대로 위험성을 추정했고, 그 추정이 도덕적 판단으로 이어졌다. 또한 슈웨더의 설명처럼 자신의 도덕적 평가에 관해 설명하면서 신성함을 언급했다. 기독교인의 사고에서 신성함은 중요한 몫을 차지하는 문화적 요소이기 때문이다. 그러나 하이트의 주장과 달리, 이 목사가 동성 결혼은 부도덕하다고 평가한 이유로 든 순수성은 자신이 언급한 위험성과 분리되어 있지 않았다. 오히려 그가 직감한 위험성이 순수성과 도덕성에 관한 걱정의 바탕이 되었다. 그러므로 자신이 직관적으로 인식한 위험성을 신앙의 렌즈로 설명한 것이라고 할 수 있다.

새로운 도덕심리학 – 다양한 도덕적 가치와 위험성을 하나로

나는 위험성의 판단이 도덕적 사고의 바탕을 이룬다는 사실을 연구로 입증했지만, 최근 다른 학자들이 내 이론과 상충하는 연구 결과를 내놓았다. 사람들이 위험하지 않은 불순한 행위를 비난하는 현상에 주목한 연구들인데, 자세히 살펴보면 마크와 줄리의 이야기 같은 사례를 활용한 과거 도덕심리학 연구와 똑같은 허점이 있다. 즉, 특정한 시나리오를 제시하고, 사람들이 직관적으로 위험성을 인식하는지 확인하지 않으며, 시나리오 속 상황은 '객관적으로 무해하다'고 설명한다.[10] 사람들이 인식하는 위험성에 더 관심을 기울인 그보다 나은 연구도 있지만, 그런 경우조차 사람들에게 특정 행위의 위험성을 합리적으로 판단하도록 요구한다.[11] 이는 위험성은 합리적 추론에 따라 '위험하다' 또는 '위험하지 않다' 둘 중 하나로 나눌 수 있는 게 아니라 직관적인 것이며, 사람마다 느끼는 위험성이 다양할 수 있음을 무시하는 방식이다. 그와 달리 사람들이 위험성을 얼마나 직관적으로 인식하는지를 명확하게 조사한 연구에서는 위험성의 판단이 도덕적 사고의 바탕이라는 우리 이론을 탄탄하게 뒷받침하는 근거들이 나왔다.[12]

하지만 위험성이 도덕적 사고의 바탕이라는 이론에 힘을 실어주는 가장 놀라운 변화는 하이트와 그의 연구진이 최근에 자신들의 도덕 기반 이론을 설명하는 방식을 바꿨다는 데서 찾을 수 있다. 그 이론을 제시한 초기에 하이트는 저서 《바른 마음》에서 도덕성의 다양한 기반을 여러 개의 "인지적 모듈"로 묘사하면서, 각 모듈의 메커니즘은 "뇌의 작은 스위치들"이 각각 따로 있어 제각기 활성화한다고 설명했다. 이후 지금까지 여러 해가 흘렀고, 그사이 위험성의 직관적 인식에 관한 우리 연구 결과도 나왔다. 그리고 이제는 도덕 기반 이론에 관한 글에서, 이전과 같은 개별적 메커니즘이나 도덕성의 기반이 서로 분리된 방을 하나씩 차지하고 각각 맞는 열쇠가 있어야 열린다는 내용은 거의 사라졌다.

현재 도덕 기반 이론을 지지하는 사람들은 배려, 충성심, 순수성 같은 가치를 "발달 과정에서 생겨나는 도덕성의 구성 요소"라고만 설명한다. 아이들이 성장하고 도덕성에 관해 배우면서 옳고 그름을 판단하는 전반적인 기준이 되는 요소라는 의미다.[13] 도덕 기반 이론이라는 명칭에 '기반'이라는 표현을 사용한 건 그들이 주장하는 도덕성의 구성 요소가 인간의 정신에 뿌리 깊게 자리한다는 의미였는데, 최근의 이런 설명은 그 초창기 의미와 큰 차이가 있고 과거 슈웨더가 제시한 도덕적 주제와 훨씬 비슷해졌다. 중요한 건 도덕적 주제라고 표현하든 '발달 과정에서 생겨나는 도덕성의 구성 요소'라고 표현하든, 모두 위험성의 인식을 통해서 옳고 그름을 평가한다는 것이다. 인도 브라만 아이들이 순수성에 어긋나는 행위는 영적 고통을 유발하므로 비난받을 일이라고 배우는 것도 그런 예다.

실제로 아이들에게 어떤 행동이 잘못이라는 걸 가르치는 가장 좋은 방법은 그 행동이 해롭다고 말해주는 것이라는 사실이 여러 연구를 통해 입증됐다.[14] 한 연구에서는 어린아이들에게 "본저스 Bonzers(가상의 생명체)가 숲을 온통 솜 뭉치로 채웠어요"처럼 '해롭지 않은' 잘못에 관한 이야기를 들려줬는데, 처음에는 그런 행동을 해도 괜찮다고 말하던 아이들이 "본저스가 그렇게 하면 다른 사람들이 크게 다쳐요"라고 알려주자 금세 그런 행동을 해서는 안 된다고 비난했다.

도덕 기반 이론이 주장하는 도덕성의 기반이 아이들의 발달 과정에서 형성되는 도덕성의 구성 요소로 약화한 것을 보면(그 구성 요소는 위험성과 연계되면 곧바로 도덕적 평가 기준이 된다), 결국 돌고 돌아 아동을 대상으로 한 연구 결과를 토대로 인간의 모든 도덕적 판단의 중심엔 위험성이 있다고 설명한 투리엘의 주장에 다시금 주목하게 된다. 물론 그사이에 밝혀진 도덕적 평가의 다양성과 직감의 강력한 영향에 관한 슈웨더와 하이트의 연구 결과도 간과할 수 없다. 그러므로 이 모든 결과를 종합할 때, 도덕적 판단에 관한 투리엘의 이론을 다듬어 위험성은 직관적으로 느끼며, 사람마다 위험성을 다양한 정도로 인식한다는 점이 반영되도록 재정비할 필요가 있다.

도덕심리학의 이론들을 이와 같이 통합하면, 위험성의 진화적 중요성(도덕성은 인류가 해를 입지 않으려고 스스로를 보호하는 수단으로 발달했다는 점)과 심리적 중요성(도덕성의 중심에는 고통받는 피해자를 보호하려는 우려가 있다는 점)을 구분할 수 있다. 듀크대학교의 니컬러스 오초아Nicolas Ochoa가 최근에 진행한 연구에서, 다양한 도덕적 가치와 도덕적 판단이 위험성의 인식으로부터 나온다는 우리 이론을 종합한 좋은 예를 볼 수 있다. 오초아는 학생들이 시험을 보면서 커닝하는 것(공정성), 아내가 미인 대회에 출전했는데 남편이 다른 후보에게 투표하는 것(충성심), 사촌끼리 결혼하는 것(순수함) 등 도덕 기반 이론에서 주장하는 도덕성의 다섯 가지 기반마다 시나리오를 5개씩 만들어 총 25가지를 진보주의자와 보수주의자 참가자들에게 제시했다.[15]

오초아는 연구 참가자에게 이 25가지 시나리오의 위험성과 부도덕성을 각각 평가해달라고 한 다음, 그 두 가지 평가 결과에 어떤 관련성이 있는지 분석했다. 결과는 위험성이 도덕적 판단의 바탕이라는 사실을 이보다 더 확실하게 보여줄 수는 없다는 생각이 들 정도로 놀라웠다. 각 시나리오가 도덕적 판단의 기준이 되는 어떤 '기반'과 관련이 있든 없든, 진보주의자와 보수주의자 모두 자신이 인식한 위험성에 따라 도덕성을 평가했다. 사람들이 느낀 위험성의 정도에는 차이가 있고, 이는 도덕적 평가의 차이와 일치했다.

위험성이 다양한 도덕적 가치와 연결되어 있다는 걸 이해하면, 인류의 진화에서 그러한 가치가 어떻게 변화했고 지금 어떻게 남아 있는지 살펴볼 수 있다. 또한 그 가치에 어긋나는 일이 발생했을 때 사람들이 느끼는 위험성이 클수록 그 가치가 지켜지지 않았다는 데 더욱 강하게 격분한다는 것도 알 수 있다. 하이트와 그의 동료들은 도덕적 판단의 기반이 되는 가치를 다섯 가지로 간편하게 정리했는데, 나는 그렇게만 하면 시야가 너무 좁아진다고 생각한다. 인류가 신경 쓰는 가치는 사유재산권, 겸손, 자립성 등 셀 수 없을 만큼 다양하며 모든 사회규범이 여기에 포함된다. 이런 수많은 사회적 가치는 위험성과 연결될 때 도덕적 가치가 된다.

시간 약속을 잘 지키는 것도 그런 예다. 이 자질을 얼마나 중요하게 평가하는지는 사람마다 굉장한 차이가 있다. 남유럽(그리스 등) 사람들은 북유럽(독일 등) 사람들만큼 시간 엄수를 크게 중시하지 않는다. 북유럽이 남유럽보다 배달이 정시 도착 확률이 더 높은 이유다.[16] 하지만 북유럽 사람들도 약속한 시각에 늦는 바람에 특정한 피해가 발생하지 않는 이상 지각하는 사람을 죄다 도덕적으로 비난하지는 않는다. 의사가 수술 시각에 늦어 환자가 사망하는 것처럼 명백한 피해가 발생하면, 북유럽 사람이든 남유럽 사람이든 모두가 지각을 부도덕한 일이라고 평가한다. 사회적 가치는 도덕적 평가의 지침 정도에 머무르지만, 그 가치를 지키지 않아 누군가 고통을 겪으면 도덕적 평가의 잣대가 된다.

미덕 – 훌륭한 도덕성

내가 위험성이 도덕적 판단의 바탕이라는 우리 이론을 설명하면, 많은 사람이 미덕도 도덕적 판단의 기준이 되지 않느냐고 묻는다. 그렇게 묻는 사람들은 도덕적 가치에는 긍정적인 것도 많다고 말하는데, 옳은 지적이다. 도덕성은 악행뿐 아니라 선행과도 관련이 있다. 즉, 도덕적 판단은 해서는 안 되는 행위만 가려내는 게 아니라, 해야 하는 일을 가리는 일이기도 하다. 시간 엄수, 존중, 연민, 절제, 사려 깊은 태도, 관용은 도덕적으로 훌륭한 가치다. 우리의 도덕적 사고가 해를 입지 않는 것과 미덕을 높이 사는 것을 모두 중시하게끔 하려면 어떻게 해야 할까?

위험성과 미덕은 두 가지 방식으로 한 묶음이 될 수 있다. 하나는 미덕을 지키는 게 사회의 핵심적 위험을 방지하는 큰 틀로 작용한다는 것이다. 3장에서 도덕성이 협력의 수단이라고 설명하는 이론을 소개했는데, 이 이론에서는 협력에 필요한 일곱 가지 미덕을 보편적으로 지켜야 하는 중요한 가치라고 주장한다. 친족을 돕는 것, 자신이 속한 집단을 돕는 것, 남들이 먼저 획득한 재산을 존중하는 것, 자손을 돌보는 것 등을 포함한 일곱 가지 미덕은 모두 사람들을 고통으로부터 보호하고 집단의 와해를 막는 데에도 유용하다. 이런 미덕을 계속 외면하는 집단은 결국 내부 분열과 무질서가 판치는 위험한 내리막길로 빠르게 추락한다.

한때 내 연구 동료였고 현재는 스탠퍼드대학교 교수로 있는 미셸 겔펀드Michele Gelfand도 도덕적 판단에서 미덕과 위험성이 어떻게 연결되는지 밝힌 연구 결과를 발표했다. 겔펀드의 연구진은 자연재해나 질병, 전쟁 같은 위험에 빈번하게 시달리는 사회일수록 고결한 행동을 더 중시한다는 사실을 확인했다. 가령 홍수가 예고된 상황에서는 각자 자기 할 일을 하기보다는 모두 힘을 합쳐 모래주머니로 튼튼한 벽을 쌓아야 한다. 그럴 때는 한 명의 비협조가 수많은 죽음과 큰 재앙으로 이어질 가능성이 있다. 자연재해나 적군의 침입을 거의 걱정할 일 없는 사회에서는 그와 반대로 협력에 필요한 미덕이 도덕적 판단에 끼치는 영향도 약해서[17] 사람들은 더 편하게 각자의 선택대로 행동한다. 예를 들어, 노르웨이보다 지진과 쓰나미 발생 확률이 높은 일본은 집단주의와 집단 내 구성원의 조화, 그리고 권위를 따르는 것이 도덕적 판단의 기준인 경우가 더 많다. 또한 일본은 그러한 가치를 중시하지 않는 사람을 더 엄격하게 처벌한다.[18]

위험성과 미덕이 한 묶음이 되는 두 번째 방식은 미덕이 이미 발생한 피해를 보상한다는 것이다. 우리는 미래에 발생할 가능성이 있는 문제를 예방하는 훌륭한 행동뿐만 아니라, 과거의 잘못을 바로잡는 훌륭한 행동도 칭찬한다. 미덕의 하나인 남을 돕는 행위도 그렇다. 월스트리트를 지나가는 부자에게 돈을 기부하는 행위도 칭찬받을 일이지만(그리 큰 칭찬은 아니겠지만), 도움이 절실한 사람에게 기부하면 훨씬 큰 칭찬을 받는다. 우리는 주로 재난·범죄·질병으로 힘들어하는 사람에게 기부하는데, 이는 우리가 위험성의 인식에 따라 도덕성을 평가하므로 자연히 피해를 수습하는 일에도 신경을 쓰기 때문이다. 같은 이유로, 중산층이 휴가를 더 많이 다녀올 수 있도록 기부하자고 하면 동참하는 사람이 거의 없을 것이다.

우리 정신은 위험하고 해로운 것과 대비되는 것을 미덕으로 이해한다. 한참 굶은 후에 먹는 음식이 가장 맛있고, 추워서 덜덜 떨고 있을 때 느끼는 온기가 가장 반가운 법이다. 이렇듯 우리는 피해를 예방하거나 이미 발생한 피해를 보상함으로써 피해 규모를 줄이는 미덕을 가장 높이 산다. 이것이 바로 진정한 영웅에게 지켜 줘야 할 희생자가 필요한 이유다. 마을 사람들을 죽이고 처녀를 잡아먹으려고 하는 용을 처단하는 동화 속 기사는 고결한 인물로 평가되지만(과거에 발생한 피해를 보상하고, 향후 일어날 피해를 막았으므로), 숲에서 홀로 조용히 살아가는 용을 죽인 기사는 그냥 사냥꾼일 뿐이다.

미덕에 관한 논의는 미덕을 본질적으로 중요한 가치라고 주장하는 종교와 필연적으로 맞닿아 있다. 일부 도덕심리학자는 종교가 고결한 행동을 중시하는 것을 두고, 미덕과 위험성에 대한 우려가 별개임을 보여주는 증거라고 주장한다. 가령 기독교에서는《성경》에 적힌 대로 하나님에게 무조건 복종하는 걸 미덕으로 여기고, 하나님이 아브라함에게 무고한 그의 아들 이삭을 자신한테 바치라고 명령하는 〈창세기〉의 이야기를 그 대표적인 예로 제시한다. 아들을 바치는 건 아브라함에게 명백히 해로운 일이지만, 이 이야기는 더 넓은 관점에서 볼 필요가 있다.

기독교인이자 철학자인 쇠렌 키르케고르Søren Kierkegaard는 저서 《두려움과 떨림Fear and Trembling》에서《성경》에 나오는 그 사건을 설명했다. '두려움과 떨림'이라는 제목은 아브라함이 하나님의 뜻에 복종할 때 마음 깊이 느낀 감정의 상태와 자기 손으로 아들한테 해를 가하는 일의 어려움을 나타낸 것이다. 비기독교인의 눈에는 아브라함이 그런 명령에 복종하는 것이 잔혹하고 냉담해 보인다. 하지만 자세히 들여다보면 그런 무조건적 복종을 미덕으로 여기는 건 세상이 작동하는 방식, 그리고 고통을 막을 수 있는 최선의 노력에 관한 뿌리 깊은 믿음에서 비롯됐음을 알 수 있다.

  기독교(유대교와 이슬람교도 마찬가지다) 신자들은 신의 능력이 "무궁하며"(〈시편〉 147편 5절) 선하다고 믿는다. 따라서 신의 뜻을 믿고 따르는 것이 궁극적으로 선하게 사는 길이라고 여긴다. 아울러 〈잠언〉 3장 5~6절에 나오는 "너는 마음을 다하여 여호와를 신뢰하고 네 명철함에 의지하지 말라. 너는 범사에 그를 인정하라. 그리하면 네 길을 지도하시리라"를 포함한 《성경》의 여러 구절이 그 근거라고 생각한다. 즉, 기독교인은 자신의 도덕적 직관이 허술하고 불완전하므로 자신보다 더 높은 존재, 더 많은 것을 아는 권위자의 판단을 따르는 것(가장 중요한 미덕)이 고통을 덜고 더 나은 세상을 만드는 길이라고 믿는다.

  신의 뜻에 복종해야 한다는 기독교인의 이러한 믿음을 단순히 '권위'의 가치를 중시하는 것이라고 해석할 수는 없다. 그보다 우리는 모두 각자 가진 정보를 토대로 추정해서 도덕적 판단을 내리므로, 기독교인의 추정은 무신론자와 다르다고 보는 게 정확하다. 기독교인은 자기 자신과 사회를 안전하게 지키려면 하나님의 뜻에 복종하는 게 최선이라고 믿는다. 이처럼 사람들이 위험성을 어떻게 인식하는지 알면, 그들이 내리는 도덕적 판단도 이해할 수 있다.

고인과의 약속

위험성의 인식이 도덕적 사고의 바탕이라는 우리 이론은 지금까지 살펴본 것처럼 여러 연구 결과로 뒷받침됐고, 우리는 이 이론에 관한 논리적인 주장을 계속 펼쳐왔다. 하지만 모두가 여기에 동의하는 것은 아니다. 나는 몇 년 전 세상에는 객관적으로 무해한 잘못이 존재한다고 확고하게 믿는 도덕철학자와 이야기를 나눈 적이 있다. 많은 도덕심리학자가 대체로 그렇듯 이 사람도 도덕적으로 논란이 되는 여러 행위를 개인적으로는 거의 비난하지 않을 뿐만 아니라 해롭지 않고, 얼마든지 해도 되는 일로 보는 편이었다. 그는 (자신은 그렇지 않지만) 사람들은 어떤 행위가 무해하다는 사실을 알면서도 비난하는 경우가 있다고 확신했다. 그러면서 죽은 사람의 소원을 산 사람이 들어주지 않는 건 잘못이라고 강하게 비난한다는 자기 어머니 이야기를 꺼냈다. 철학에서 '무해한 잘못'을 논할 때 단골로 나오는 대표적인 예다.

그의 어머니는 자수성가한 백만장자이자 열성적인 예술품 수집가였던 앨버트 반스Albert Barnes가 설립한 반스재단이 있는 필라델피아에 살고 있었다. 그 재단은 고갱, 헨리 루소, 반 고흐, 모딜리아니를 비롯한 인상파 및 후기 인상파 화가들의 작품과 현대미술 작품 등 반스가 생전에 수집한 방대한 예술품을 관리한다. 반스는 자신이 죽고 나면 수집품을 대중에게 공개하되 반드시 자기 집에 그대로 두어야 한다는 조건을 달았다. 페르시아산 돌을 일일이 수작업으로 깎아서 만든 벽난로와 서재가 갖추어져 있고 집 주변에

12에이커(약 14,700평) 규모의 수목원이 둘러싼 독특한 양식의 저택이야말로 그 모든 수집품과 완벽하게 어우러지므로, 자신이 세세하게 설계한 전시 상태 그대로 영원히 보존되기를 바란 것이다.

반스의 수집품은 그의 집에 오랫동안 그대로 머물렀다. 하지만 반스재단의 신탁 관리자들은 더 많은 사람이 볼 수 있도록 필라델피아의 다른 곳에 수집품을 옮기기로 했다. 새로운 전시관은 반스가 살던 저택의 전반적인 설계를 반영해 통째로 새로 지었지만, 그곳이 반스의 집은 아니었다. 그의 마지막 소원이 지켜지지 않은 것이다.

철학자는 자기 어머니가 반스의 수집품을 다른 곳으로 옮긴다는 소식에 격분하며 그건 명백히 부도덕한 일이라고 비난했다면서, 반스는 이미 오래전에 세상을 떠났으므로 수집품을 옮겨도 아무런 피해가 없다는 걸 어머니도 알면서 그랬다고 주장했다. 하지만 내가 보기에는 과거 보수주의 기독교인의 도덕적 판단을 연구한 진보주의 도덕심리학자 상당수가 그랬듯 그 철학자도 자신의 개인적 판단과 어머니의 판단을 구분하지 못한다는 생각이 들었다. 철학자는 반스의 예술품을 옮긴 걸 '무해하고 허용되는 일'이라고 생각했지만, 나는 그의 어머니가 그 일을 잘못이라고 판단했다면 피해가 발생한다고 여긴 게 분명하다고 주장했다. 그는 그 일로 발생하는 객관적 피해는 전혀 없고, 자기 어머니도 그런 사실을 당연히 안다고 반박했다. 그러면서 반스는 이미 오래전에 저세상 사람이 됐는데, 대체 그 일로 누가 피해를 보겠느냐고 했다.

나도 굽히지 않고 위험성이 도덕적 판단의 바탕이라는 내 이론을 고수했다. 우리는 서로의 의견을 반박하며 교착상태에 빠졌다. 나는 그의 어머니에게 전화해서 물어보자고 했다. 밤 10시인 데다 소란스러운 술집이었지만, 그는 내 제안을 받아들였다. 그의 어머니는 다행히 아직 잠들지 않았는지 전화를 받았다. 모자간의 통화에서 으레 오가는 대화를 한 후("목소리를 들으니 좋구나.""너 어디니.""무슨 일이야?""별일 없지?"), 철학자는 어머니에게 질문을 던졌다. '유도 신문'의 가능성을 철저히 배제하며, 아주 자연스럽게 반스의 수집품을 옮긴 일을 화제에 올린 다음, 두 가지 핵심 질문으로 어머니의 생각을 물어봤다.

철학자는 먼저 반스재단이 그 수집품을 옮긴 게 잘못이라고 생각하는지 물었다. 어머니는 아주 확실하게 그렇다고 대답했다. 이어서 그는 그 수집품을 옮긴 게 반스재단에 해가 되는 일이냐고 물었다(누가 자기 어머니한테 이런 괴상한 질문을 하느냐고 생각할 수도 있지만, 철학자의 어머니답게 이런 희한한 사고실험에 익숙한 것 같았다). 어머니의 대답을 기다리는 동안, 그는 내게 히죽 웃어 보였다. 자기 어머니는 자신이 누구보다 잘 안다는 자신감을 드러낸 것이었다.

하지만 철학자가 틀렸다. 어머니는 수집품을 옮긴 건 해가 되는 일이 맞다고 단호하게 말했다. 그 일이 여전히 언짢은 듯 그건 사람들이 반스를 제대로 기억하지 못하게 하는 일이며, (누구나 언젠가는 죽을 텐데) 죽은 사람의 소원은 무시해도 그만이라는 선례를 남겼다는 점에서도 해가 된다고 했다. 그리고 새로 지은 건물에서 수집품을 관람하는 사람들에게도 해가 된다고 했다. 그곳을 찾는 사람들은 작품에서나 전시 공간에서나 반스가 바란 것과는 다른 감상

　　　　　　　　　　　　　　　　　2부 · 인간의 도덕 정신

을 얻을 수밖에 없기 때문이다.

이러한 인식이 옳은지를 놓고 계속 논쟁을 벌일 수도 있다. 오래 전에 죽은 반스의 소원을 따르지 않아서 객관적인 피해가 생겼다고 하기는 힘들다고 생각하는 사람도 있을 테고, 미술품을 다른 곳으로 옮긴 게 나쁜 선례가 되어 앞으로 고인과의 약속을 마음대로 어기는 일이 많아질 거라는 주장에 동의하지 않는 사람도 있을 것이다. 가장 중요한 핵심은 무엇이 옳으냐가 아니라, 이렇듯 의견이 엇갈린다는 점이다. 위험성의 인식은 각자의 몫이다. 진보주의자, 보수주의자, 철학자, 철학자의 어머니, 누구든 자신만의 방식으로 위험성을 인식하며, 그 인식은 도덕성에 관한 각자의 추측과 문화에 영향을 받는다.

이번 장에서는 우리의 도덕적 판단이 전부 직관적으로 인식하는 위험성에서 비롯된다는 사실을 설명했다. 위험성은 도덕적 판단의 마스터키이므로, 오늘날 정치적으로 대립하는 사람들의 공통분모가 될 수 있다. 여기서 중요한 의문이 생긴다. 누구나 위험성을 토대로 도덕적인 판단을 한다면, 진보주의자와 보수주의자의 판단은 왜 엇갈리는가? 누구나 소중한 사람이 고통받지 않도록 보호하려는 의지가 있다면, 왜 도덕적인 판단이 다를까?

답은 간단하다. 사람들의 도덕적 판단이 엇갈리는 큰 이유는 누가, 또는 무엇이 해를 입기 쉬운지에 관한 생각이 다르기 때문이다.

◉ 위험성의 인식이 도덕적 사고의 바탕이라고 보는 우리 이론에서는 인간의 모든 도덕적 판단은 위험성의 인식과 관련이 있다고 주장한다. 이 이론은 오래전 위험성을 바탕으로 도덕적 판단이 이루어진다고 설명한 투리엘의 연구 및 리처드 슈웨더의 연구로 밝혀진 문화별 도덕적 평가의 다양성과 더불어 위험성을 이해하는 새로운 해석을 제시한다.

◉ 위험성은 신중하게 추론해서 아는 게 아니라 직관적으로 느낀다. 우리는 위험성을 뚜렷하게, 본능적으로, 자동으로 직감한다. 사람들에게 서로 합의한 근친상간 같은 '객관적으로 피해가 발생하지 않는' 행위를 예로 제시하고 제한된 시간 안에 도덕적으로 평가하게 하면, 그런 행위는 부도덕하다는 자신의 평가를 합리화하기 위해 위험하다는 이유를 지어낼 수 있다는 주장과 달리 오히려 해로운 행위라고 평가하는 비율이 더 늘어난다. 그랜드캐니언 스카이워크가 객관적 기준에서는 안전한 시설물이라는 걸 알면서도 막상 그곳에 올라가면 겁을 먹는 것처럼, 사람들이 '아무런 피해도 발생하지 않는' 잘못을 비난하는 이유는 위험하고 해롭다고 깊이 느끼기 때문이다.

◉ 우리가 인식하는 위험성은 정도가 다양하다. 우리는 행위마다 위험성을 다양하게 인식하고, 그 정도에 따라 해당 행위를 도덕적으로 비난하는 강도가 달라진다. 사람들은 연구자들이 '피해가 발생하지 않는' 잘못이라고 제시하는 많은 사례를 그런 전제와 달리 어느 정도 위험하고 해롭다고 느낀다. 따라서 도덕적으

로도 어느 정도 문제가 있다고 평가한다. 가령 서로 합의한 근친상간은 집단 학살만큼 해롭지는 않다고 느끼므로 도덕적으로도 집단 학살만큼 비난하지 않지만, 엘리베이터에서 큰 소리로 노래하는 행위보다는 해롭다고 느껴 도덕적으로도 더 크게 비난한다.

◉ 시간 엄수, 명예, 정결한 영혼 등이 도덕성 판단의 기준일 수 있지만, 이러한 가치가 도덕적 가치가 되려면 위험성과 관련이 있어야 한다. 사람들의 도덕적 판단 기준이 다른 이유는 문화의 차이 때문도 아니고, 도덕성의 기반이 다양하기 때문도 아니다. 도덕적 판단이 다양한 진짜 이유는 사람마다 위험성을 다르게 추정하기 때문이다.

◉ 잘못을 벌하는 것뿐만 아니라 고결한 행위를 높이 사는 것도 도덕성이다. 위험성을 도덕적 판단의 바탕으로 보는 이론은 도덕성의 긍정적인 면과도 일치한다. 동화 속 악당이 약한 사람을 괴롭히는 자들로 그려지듯이, 동화 속 영웅은 용감하게 나서서 약한 사람이 해를 입지 않게 보호하고 과거에 발생한 피해를 보상한다. 어느 문화든 사람들을 위험으로부터 보호하는 것이 중요한 가치와 미덕으로 여겨진다. 지진이 잦은 일본처럼 자연재해의 위험성이 큰 문화에서는 사회를 안전하게 지키기 위해 엄격한 도덕적 가치가 발달했다.

7장

누가 약자인가
- 정치적 갈등의 원인

정치 성향에 따라 도덕적 판단이 엇갈린다는 사실은 뚜렷하게 드러난다. 진보주의자와 보수주의자는 기후변화부터 의료, 실업, 이민, 구조적 인종차별 등 수많은 쟁점에서 서로 다른 주장을 펼친다. 이런 갈등을 볼 때면 좌익 성향인 사람과 우익 성향인 사람은 도덕적 판단의 메커니즘이나 판단의 기반, 혹은 그런 판단과 관련한 뇌의 스위치가 다르다는 등 양쪽은 정신적으로 뿌리 깊은 차이가 있는 게 분명하다고 추정하기 쉽다. 하지만 모두가 위험성을 바탕으로 도덕적 판단을 내리더라도 그 판단의 결과는 다를 수 있다. 진보주의자와 보수주의자는 누가 특히 해를 입기 쉬운지를 다르게 생각하고, 따라서 해를 입지 않도록 가장 시급히 보호해야 하는 사람이 누구인가에 관한 생각도 엇갈린다. 정치 성향에 따라 취약성을 다르게 추정한다는 얘기다.

이런 차이가 가장 분명하게 드러나는 예가 태아의 취약성에 관한 양쪽의 주장이다. 보수주의자는 태아를 사람의 아기로 여기는 경향이 강하며, 자궁에 그 태아를 품고 있는 성인 여성보다 더 취약하다고 생각한다. 반면, 진보주의자는 태아를 아직 인간의 정신이 형성되지 않은 세포 덩어리와 사람의 아기 사이에 있는 존재라고 여긴다. 따라서 크게 해를 입을 수 있는 취약성도 보수주의자보다 훨씬 작게 평가한다. 이들은 설령 그 시기의 태아가 어느 정도 고통을 겪는다고 하더라도 취약성은 엄마가 더 크다고 생각한다. 좌익과 우익은 형성 초기 태아의 취약성을 이처럼 다르게 추정하므로, 이 일과 관련한 정치적 입장도 엇갈린다. 태아가 엄마보다 더 취약하다고 생각하는 사람에게 낙태는 부도덕한 일이고, 엄마가 태아보다 더 취약하다고 보는 사람에게 낙태는 허용 가능한 일이다.

사람마다 취약성을 다르게 추정한다는 걸 알면, 의견이 팽팽하게 대립하는 최근의 주요 쟁점을 좀 더 정확하게 이해할 수 있다. 그러한 쟁점은 전부 위험성에 대한 인식의 충돌, 즉 진짜 보호해야 할 대상이 누구인지에 관한 생각이 다른 게 핵심이기 때문이다. 낙태 문제는 엄마와 태아 중 누가 더 큰 피해를 입는가에 관한 의견이 다르고, 불법 이민 문제는 이주를 원하는 사람들이 고국에서 겪는 피해와 그들이 이주하려는 나라의 시민이 그로 인해 입을 수 있는 피해 중 무엇이 더 심각한가에 관한 생각이 다르다. 그리고 과세 문제는 부유층의 돈을 세금으로 거둘 때 발생하는 피해와 그들보다 가난한 사람을 돕지 못할 때 발생하는 피해 중 무엇이 더 중요한지에 관한 의견이 상충한다.

우리는 대체로 누구나 해를 입을 수 있다고 생각하지만, 정치적 논쟁에서는 누가 피해자이고 고통받는지에 대해 상반된 견해가 존재한다. 가령 미국 시민과 미국에 불법 체류하는 이민자 모두 다 같은 인간이고 누구나 해를 입을 수 있다는 점에는 모두가 동의해도, 어느 쪽의 피해가 더 큰지 저울질하기 시작하면 상황은 달라진다. 불법 이민자 때문에 일자리를 빼앗기거나 범죄가 늘어난다는 쪽으로 생각이 기울면, 미국 시민이 더 큰 피해자라고 판단해 더 엄격한 이민 정책이 필요하다는 주장에 이끌린다. 반대로 불법 이민자가 국경에 억류당할 때 겪는 고통과 달아날 수밖에 없는 고국의 폭력적 상황에 주목하고 그들이 더 취약하다는 쪽으로 생각이 기울면, 이민 정책을 완화해야 한다는 주장에 호응하게 된다. 물론 이민·낙태·과세 등 논란이 큰 문제 모두 세부적으로 따져볼 사안이 더 많지만, 공통적으로 위험성을 어떻게 인식하느냐에 따라 도덕적 판단과 정치적 견해가 달라진다. 그것이 이번 장의 주제다.

사람마다 취약성을 다르게 추정해서 도덕적 판단이 갈린다는 사실은 두 가지 이유에서 반가워할 만한 일이다. 그 첫 번째 이유는 의견이 대립하는 집단은 정신적 메커니즘이 다르다는 주장보다 이런 해석이 분열을 더 경제적으로 설명할 수 있기 때문이다. 과학적 경제성은 어떤 현상을 꼭 필요한 복잡성만 유지하는 선에서 최대한 간결하게 설명하는 게 낫다는 것을 의미한다. '오컴의 면도날 Occam's razor'로 요약되는 이 개념은 "쓸데없이 많은 것을 가정하지 말아야 한다" 또는 "행위의 주체가 필요 이상으로 많으면 안 된다"는 게 핵심이다.

이를 도덕성에 적용하면, 위의 과학적 경제성 원칙에서 말하는

'가정'과 '주체'는 도덕적 판단이 이루어지는 인지적 메커니즘이다. 즉, 위험성을 도덕적 판단의 바탕으로 보는 이론을 기준으로 할 때, 꼭 필요하지 않은 이상 위험성 외에 다른 인지적 메커니즘(또는 도덕성의 기반)이 있다고 가정하지 말아야 한다는 의미다. 다른 인지적 메커니즘이나 도덕성의 기반을 가정할 필요가 있는지는 위험성을 도덕적 판단의 바탕이라고 보는 이론으로 도덕적 판단의 다양성을 설명할 수 있는지에 달려 있다. 그런데 6장에서 살펴봤듯이 '순수성을 기준으로 도덕성을 평가하는 메커니즘'이 따로 있다는 주장으로는 사람들이 서로 합의한 근친상간 같은 행위를 도덕적으로 비난하는 이유를 설명하지 못한다. 그 주장과 달리 사람들은 '피해가 발생하지 않는' 행위에서도 직감적으로 위험성을 느끼기 때문이다. 그러므로 도덕성을 판단하는 정신적 메커니즘이 여러 개로 나뉘어 있다고 가정하지 않아도, 사람마다 취약성을 다르게 추정한다는 것으로 도덕적 판단의 차이를 설명할 수 있다. 이번 장에서는 이 점을 자세히 설명한다.

취약성의 추정이 달라서 도덕적 판단에 차이가 생긴다는 설명은 과학적 경제성 외에 우리가 현실에서 겪는 분열을 봉합하는 데 유용하다는 장점도 있다. 고통으로부터 스스로를 보호하려는 깊은 욕구는 모든 인간의 공통점이다. 이를 토대로, 자신과 생각이 다른 사람이라도 그 역시 위험하고 해로운 걸 걱정하고 있다는 사실을 쉽게 이해할 수 있다. 정치 성향이 어느 쪽이든 위험성이 도덕적 판단의 바탕이며, 이는 상반된 도덕적 입장을 좀 더 잘 이해할 수 있는 공통언어다. 자신이 보기에 부도덕한 일을 옳다고 주장하는 이가 있다면 "저 사람은 무엇을 위험하고 해롭다고 느끼는 걸까?"라는 질문을 던져볼 수 있다.

위험성이 모든 사람에게 도덕적 판단의 바탕이라는 사실을 이해하면, 도덕적 판단이 달라서 빚어지는 갈등을 더 명확하게 이해할 수 있다. 하지만 정신세계가 달라도 너무 다르다고 느껴지는 사람을 보면, 자신과 근본적으로 차이가 난다고 주장하고 싶은 충동이 들게 마련이다. 그래서 《화성에서 온 남자 금성에서 온 여자Men Are from Mars, Women Are from Venus》라는 책에 나오는 얘기처럼,[1] 남성과 여성이 서로 이해하기 힘든 건 애초에 뇌 구조가 다르기 때문이라고 생각하기 쉽다. 남성과 여성은 생물학적으로 다른 부분이 분명히 있지만, 사람들은 성별에 따른 정신적 차이를 대체로 실제보다 더 크게 추측하는 경향이 있다. 하지만 겉으로 드러나는 남성과 여성의 차이도 사람들이 생각하는 것만큼 그리 크지는 않다. 예를 들어, 대다수가 여성이 남성보다 말이 많다고 생각하지만, 한 연구진이 396명에게 마이크를 채우고 하루 동안 말을 얼마나 많이 하는지 조사한 결과, 남성과 여성 모두 하루에 약 1만 6,000단어를 말하는 것으로 나타났다.[2]

남성과 여성이 서로 다른 '행성'에서 왔다는 설명과 비슷하게, 도덕 기반 이론에서는 진보주의자와 보수주의자는 심리적으로 큰 차이가 있다고 주장한다. 또한 이 이론은 보수주의자가 도덕적으로 더 우월하다고도 주장한다. 진보주의자는 배려와 공정성에 민감하고, 보수주의자는 배려·공정성과 더불어 충성·권위·순수성까지 더 많은 도덕적 가치를 중시한다는 이유에서다.

　"보수주의자가 도덕적으로 더 우월하다"는 주장의 한 가지 문제점은 조너선 하이트와 그의 동료들이 애초에 그 가설을 확증하게끔 연구를 설계했다는 데 있다. 자신의 직관을 뒷받침하는 정보를 콕 집어서 찾는 이러한 확증 편향은 여러 방면에서 문제가 된다. 가령 경찰이 특정 용의자가 범인인 것 같다는 자신의 '직감'을 증명하는 데 급급한 나머지 무고한 사람이 체포되어 유죄 선고까지 받는 사태가 빚어질 수 있다.[3] 의료계에서도 의사가 환자를 진료할 때 자신의 최초 진단만 확신하고 거기에 맞는 증상만 찾으려고 하면, 다른 질병일 가능성은 배제되고 만다.

　과학에서도 확증 편향은 문제다.[4] 과학자도 인간이고 모든 인간은 확증 편향이 있다. 하지만 과학자에게 확증 편향이 끼어들면 애초에 연구를 자신이 원하는 결과가 나오도록 설계해서 거짓 결론을 도출하는 일이 벌어질 수 있다. "보수주의자가 도덕적으로 더 우월하다"는 결론도 그렇게 해서 나온 것으로 보인다.[5] 사람들이 충성·권위·순수성의 가치를 중시하는지 알고 싶다면, 다양한 상황을 가정해서 질문하는 방식으로 조사할 수 있다. 예를 들어, 순수성은 유기농 농산물 섭취를 중요하게 생각하는지 같은 질문으로 평가할 수 있는데(보수주의자보다 진보주의자가 더 신경 쓰는 사례), 하이트의 연구에서는 성적 순결을 얼마나 중요하게 여기는지 묻고 그에 대한 사람들의 답변으로 순수성을 얼마나 중시하는지 평가했다. 보수주의자가 진보주의자보다 청소년의 성적 순결을 더 중요하게 여긴다는 사실은 오래전부터 잘 알려진 사실이다.[6]

　하이트의 연구에서 충성, 권위, 순수성의 가치를 평가한 다른 질문들도 마찬가지다. 미국을 조롱하는 행위, 국기를 불태우는 행동, 《성경》을 훼손하는 행위 등을 제시했는데, 보수주의자가 애국심을 더 노골적으로 표현하고,[7] 신앙심이 더 깊다는 사실[8] 역시 오래전부터 잘 알려져 있다. 이 연구에 참여한 보수주의자는 실제로 이런 시나리오에 더 강하게 반응했다. 만약 다른 사례들로 시나리오를 만들어서 충성, 권위, 순수성의 가치를 얼마나 중시하는지 평가해도 보수주의자의 도덕성이 더 우월하다는 결과가 뚜렷하게 나올까?

다른 연구 결과들을 보면 그렇지 않다. 한 연구에서는 시민권 운동에 앞장서는 사람을 존경하는 것이나 노조 간부에게 충성하는 행위에 관한 시나리오를 제시하고 충성과 권위의 가치를 얼마나 중시하는지 평가했는데, 보수주의자보다 진보주의자가 그 두 가지 가치를 더 중시하는 것으로 나타났다.[9] 노동운동을 하는 노동자가 서로에게 충성하지 않으면서 어떻게 '연대'를 말할 수 있겠는가? 2023년 조 바이든이 국정 연설을 하러 나왔을 때, 한 나라에서 가장 권위 있는 대통령을 향해 큰 소리로 야유를 보낸 건 보수주의자들이었다. 순수성도 마찬가지다. 보수주의자는 성적인 순결이나 영혼의 정결함에 더 신경을 쓰고, 진보주의자는 환경[10]과 건강 그리고 뉴에이지 운동이 강조하는 영성[11]의 순수성에 더 신경을 쓴다. 사람들이 충성·권위·순수성의 가치를 얼마나 중시하는지 광범위한 시나리오로 평가한 다른 여러 연구에서도 진보주의자와 보수주의자가 이를 비슷하게 중시하며, 양쪽 모두 그 밖의 다양한 가치를 중요하게 여기는 것으로 확인됐다.

6장에서 여러 연구 결과를 제시하며 설명했듯이, 진보주의자와 보수주의자가 강조하는 도덕적 가치는 때때로 다를 수 있다. 하지만 그 가치별로 정신적 메커니즘이나 뇌의 스위치가 따로 마련되어 있다는 근거는 없다. 도덕 기반 이론이 주장하는 도덕적 판단의 다섯 가지 기반 모두 사람들이 직관적으로 인식하는 위험성과 도덕적 비난의 수위가 거의 정확하게 일치한다.[12] 위험성이 도덕적 판단의 바탕이라는 것은, 진보와 보수 진영의 도덕적 판단이 다른 이유를 이해하려면 두 진영이 각각 위험성을 어떻게 인식하는지, 누가 해를 입기 쉬운 존재라고 판단하는지 알아야 한다는 것을 의미한다. 그런데 한 가지 큰 문제가 있다. 다른 사람들이 취약성을 어떻게 판단하는지는 확실하게 알기 어렵다는 것이다.

우리는 다른 사람의 머릿속에 들어갈 수 없다

"앞으로 지금처럼 제 나약한 모습을 여러분께 드러낼 일은 없을 겁니다." 하이퍼소셜HyperSocial이라는 작은 회사의 최고경영자 브레이든 월레이크Braden Wallake가 SNS에 올린 게시물은 이렇게 시작됐다. 하이퍼소셜은 월레이크가 2010년 대학을 중퇴하고 오하이오주 콜럼버스에 설립한 마케팅 서비스 대행사다. 기술 분야의 투자와 혁신이 가속화하는 분위기 속에서 하이퍼소셜도 2022년까지 승승장구했다. 덕분에 월레이크는 회사 로고가 적힌 스티커를 잔뜩 붙인 포드 트랜싯Ford Transit 밴을 타고 아내와 수시로 여행을 다니면서 회사를 운영할 수 있었다.

월레이크는 꿈을 이뤘지만, 시장은 변화하기 시작했다. 주가가 폭락하고 아마존, 구글, 페이스북 등 거대 기술 기업들은 해고를 단행했다. 월레이크는 가장 먼저 자기 월급을 줄였다. 그리고 회사가 타격을 입지 않는 범위에서 비용을 아끼려고 애썼지만, 결국 정리해고가 불가피한 상황이 됐다. 월레이크는 링크드인LinkedIn에 올린 게시물을 통해, 17명의 직원 중 2명을 내보내야 했다는 소식을 전했다. 그는 해고가 "지금까지 해야 했던 모든 일을 통틀어 가장 힘든 일"이었다며 "차라리 내가 돈만 생각하는 경영자였다면 이렇게 힘들지 않았을 텐데… 나는 그런 사람이 아니다"라고 썼다. 그러면서 자신은 정이 너무 많아 탈이라고 한탄했다. 그리고 "최고경영자라고 해서 전부 냉혈한은 아님을" 꼭 알아줬으면 좋겠다고 덧붙이며, 자신은 해고한 직원들을 "마음 깊이 진심으로" 아낀다고 말했다.

월레이크는 "앞으로도 지금보다 더 우울한 일은 없을 것"이라는 말로 글을 마무리하며, 자기 얼굴 전체가 나온 고화질 사진을 첨부했다. 반듯하게 정장을 차려입고 회의실에 앉아 있는 단호한 경영자의 모습이 아니라, 녹색 티셔츠 차림으로 자기 집 서재 책상에 앉아 눈물을 흘리는 모습이었다.

이 게시물은 링크드인에서 폭발적으로 퍼져나갔다. 그의 인간미와 약한 모습을 좋게 보는 사람도 많았지만, 그건 연민이 아니라 자기애를 드러낸 것이라며 어떻게 그런 짓을 했는지 믿을 수 없다는 반응도 많았다. 그런 사람들은 월레이크가 자기 직원을 정말로 아졌다면 해고하지 않는 방법을 찾았을 테고, 적어도 링크드인 계정을 자기 연민으로 가득한 본인 사진을 찍어서 올리는 데 활용할 게 아니라, 해고된 직원들이 다른 일자리를 찾는 데 도움이 될 만한 글을 썼을 거라고 비난했다. 월레이크가 직원을 해고하고 진심으로 속상해했는지 의심스럽다는 더 냉소적인 반응도 있었다. 어떤 사람은 "보통 정말로 속상한 사람은 휴대전화 카메라를 켜고 자기 얼굴을 찍지 않는다"라는 댓글을 남겼고, 또 다른 사람은 "그는 울고 있는 자기 얼굴을 몇 장이나 셀카로 찍어서 여기 올린 이 한 장을 골랐을까?"라고 썼다. 월레이크가 정말로 괴로워한다고 해도, 이제 막 직장을 잃고 급여와 건강보험 없이 살게 된 직원들만 하겠느냐고 주장하는 사람들도 있었다. 월레이크가 속상하다고 쓴 것이 진심인지 아닌지는 알 수 없지만, 그의 게시물을 본 사람마다 그의 취약성을 각기 다르게 추정했다.

같은 게시물을 보고 왜 누군가는 악어의 눈물일 뿐이라고 하고, 다른 누군가는 당사자가 몹시 힘들어한다고 생각할까? 사람마다 취약성을 다르게 추정하는 이유는 '다른 사람의 정신'이라는 철학적인 문제 때문이다. 여기서 말하는 '문제'는 우리가 궁극적으로 다른 사람의 정신에 접근할 수 없다는 걸 뜻한다. 우리는 다른 사람의 감정을 그가 직접 설명해주는 대로 알거나 그의 표정 또는 그 밖의 행동을 보고 추론할 뿐 그 이상은 알 수 없다. 다른 사람도 바나나 맛을 나와 똑같이 느끼는지, 길을 걷는 낯선 사람이 보는 초록색과 내 눈에 보이는 초록색이 똑같은지 우리는 알 길이 없다. 남성이 아이를 낳는 게 어떤 경험인지 제대로 알 수 있을까? 여성이 누가 고환을 발로 찼을 때 느끼는 고통을 이해할 수 있을까? 안다고 주장할 수는 있어도, 정말로 아는지 증명하기는 어렵다. 다른 사람의 경험은 사실상 접근 불가다.

이런 문제 때문에 다른 사람이 무엇을 어떻게 느끼는지는 근본적으로 애매할 수밖에 없다. 그래서 의심이 생긴다. 누군가에게 "사랑해"라고 말했는데 상대방이 자신도 사랑한다고 말한다면, 과연 상대방이 말하는 사랑의 크기는 자신과 같을까? 사실은 헤어지고 싶으면서도 상처가 될까 봐 그렇게 말했을 수 있고, 이제는 아무런 애정도 없고 잔잔한 경멸만 느낄 뿐인데 그저 혼자 살다가 죽고 싶지는 않아서 그렇게 말하는 건지도 모른다. 연애하려면 그런 혼란을 각오해야 한다는 말을 하려는 게 아니라, 우리는 다른 사람의 마음을 절대 정확하게 알 수 없다는 게 핵심이다.

우리는 타인의 정신에 접근할 수 없으므로, 사실 다른 사람들은 어떠한 감정도 느끼지 않을지 모른다고 가정하는 철학자들이 있다. 데이비드 차머스David Chalmers는 평소 자기 생각이나 감정을 곧잘 이야기하는 주변 사람들이 알고 보니 모두 '좀비'라면 어떨지 생각해보라고 제안했다.[13] 차머스가 말한 좀비는 뇌를 먹어치우고 삽시간에 수가 늘어나는 괴물이 아니라, 정신에 '감각질qualia'이 없는 철학적 의미의 좀비다. 감각질은 의식적인 감각과 느낌의 설명하기 힘든 질적 특징을 가리킨다. 가령 빨간 사과를 볼 때 내적으로 느끼는 '빨간 정도', 웃긴 영화를 볼 때 느끼는 내적 즐거움, 누가 문을 닫는 바람에 손가락을 찧었을 때 내적으로 느끼는 물리적 고통, 자기 회사의 직원을 해고할 때 내적으로 느끼는 슬픔 등이 감각질이다. 감각질은 각자 자기 마음속으로만 경험할 수 있다.

물론 자다가 한밤중에 벌떡 일어나 혹시 주변 사람들이 주관적인 경험을 전혀 하지 않고 사는 철학적 좀비일지도 모른다는 걱정에 휩싸이는 사람은 별로 없다. 차머스가 그 개념을 통해 말하고자 하는 핵심은, 우리가 누구라도 다른 사람의 정신을 확실하게 알 수 없다는 것이다. 이는 부인할 수 없는 사실이다. 가장 친한 친구도 마찬가지고, 인터넷에서 알게 된 낯선 사람들은 더더욱 그렇다. 다른 사람의 정신에 접근할 수 없다는 건 우리가 그들의 경험, 생각, 감정을 그저 지각할 뿐임을 의미한다. 서로의 도덕적 판단이 다른 이유를 이해하려면 바로 이 문제를 꼭 알아야 한다. 우리는 타인이 얼마나 고통받는지 각자 알아서 추정해야 하므로, 가장 해를 입기 쉬운 취약한 존재가 누구인지에 관한 판단도 사람마다 다를 수밖에 없다. 그래서 SNS에서 누군가 울고 있는 똑같은 사진을 보면서도 진심으로 괴로워한다고 느끼는 사람이 있고, 거짓 눈물이라고 하는 사람도 있는 것이다. 모두 각자 그렇게 지각하는 것이고, 무엇이 옳다고 하기는 힘들다.

사람마다 타인의 고통을 다르게 지각한다는 사실은 프로 축구 선수들에 대한 평가에서도 여실히 드러난다. 한 연구에 따르면, 경기 중 한 선수가 상대 팀 선수가 밀치는 바람에 넘어져서 다리를 붙들고 누워 있으면 그 선수의 팀을 응원하는 사람들은 정말 아파한다고 여기고 상대 팀 선수에게 격분하지만, 상대 팀을 응원하는 사람들은 넘어진 선수가 페널티킥을 얻으려고 괜히 엄살을 부린다고 주장한다.[14]

물론 우리는 축구 선수에게 감정을 느끼는 능력이 있다는 데 동의한다. 그렇다면 동물이나 태아는 어떨까? 나는 도덕성과 더불어 '마음 지각' 현상에 관해서도 10년 넘게 연구했다. 마음 지각은 사람들이 다른 주체의 정신세계를 지각하는 현상을 의미한다.

마음 지각은 특정한 대상에 정신 능력이 있는지 없는지에 따라 우리가 그 대상을 다르게 대한다는 점에서 중요한 의미가 있다. 우리는 정신 능력이 있다고 판단하는 주체에 대해서는 도덕적으로 보호하고 연민을 느낄 만한 대상으로 여기고, 그렇지 않은 주체에 대해서는 사고팔거나 쓸모없으면 파괴해도 되는 '물건'쯤으로 여긴다. 과거 미국에서 흑인 노예를 소유한 사람들은 채찍을 휘두르고 강간하는 등 자신들이 저지른 잔혹한 일을 정당화하려고 노예는 강렬한 감정을 느낄 만한 정신적 능력이 부족하다고 주장했다. 의사이자 노예 소유주였던 새뮤얼 카트라이트Samuel Cartwright는 흑인의 뇌가 다른 인종보다 작으며 "자유가 주어지더라도 그들의 정신 체계에는 근면함, 도덕적 덕목, 용기, 경계심이 없으므로 그 자유를 지키지 못하고 야만적인 삶으로 퇴행할 것"이라고 강변했다.[15]

카트라이트는 노예제를 정당화하려고 유사 과학적인 주장을 펼친 것으로 유명하다. 그는 흑인이 "벌을 받아도 고통을 느끼지 못한다"고 주장하면서 이는 "에티오피아인 특유의 감각 이상Dysaesthesia Aethiopis" 때문이라는 악명 높은 주장도 펼쳤다.[16] 또한 흑인이 "도망 광증Drapetomania"이라는 정신 질환에 걸리면 주인에게서 달아나려 한다고도 주장했다(여기에는 미국 흑인은 대부분 노예 생

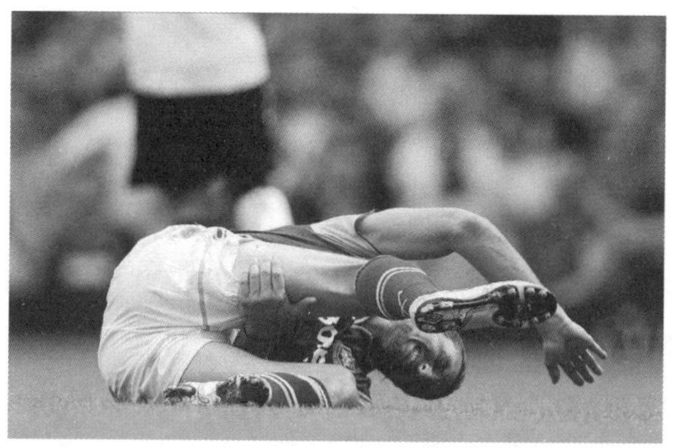

그림 11 ◉ 2014년 축구 선수 앤디 캐럴Andy Carroll이 경기 중 넘어져 얼굴을 잔뜩 찡그리고 있는 모습. 이때 그는 정말로 아팠을까, 아니면 아픈 척했을까? 우리는 다른 사람의 정신에 접근할 수 없으므로, 어느 쪽인지 알기 어렵다. 다른 사람의 행동과 표정만으로는 그의 내적인 정신 상태를 정확하게 알 수 없다.

활에 만족한다는 전제가 깔려 있다). 그뿐만 아니라 흑인은 폐가 더 작아서 백인만큼 맑은 공기를 마시지 않아도 되므로 좁고 더운 공간에 더 오래 있을 수 있다고도 말했다.

노예제 폐지를 주장한 사람들은 흑인을 이처럼 비인간화하는 소유주들의 주장을 반박하며 흑인도 정신 능력을 분명히 갖추고 있다고 강조했다. 저명한 노예제 폐지론자 프레더릭 더글러스Frederick Douglass는 노예들이 해방을 바라는 사실 자체가 "그들이 도덕성, 지성, 책임감 있는 존재임을 증명하는 것 아니겠는가?"라고 반문했다.[17] 노예도 생각하고, 느끼고, 괴로워할 줄 아는 깊은 정신 능력이 있고, 따라서 백인이 누리는 자유를 똑같이 누릴 자격이 있다는 의미였다.

사람마다 동물을 대하는 방식이 다른 이유도 마음 지각을 토대로 이해할 수 있다. 르네 데카르트처럼 동물을 그저 살덩어리로 된 기계처럼 여기는 사람은 잡아먹거나 재미로 서로 싸우게 만들어도 아무런 해가 되지 않는다고 생각한다.[18] 그와 달리 반려동물과 함께 사는 사람 상당수가 그렇듯 동물도 성격이 풍부하다고 생각하는 사람은 보호하고, 음식을 주고, 아프면 기꺼이 병원비를 부담한다.

동료와 함께 진행한 내 첫 번째 마음 지각 연구에서는 총 2,399명에게 아기, 침팬지, 죽은 사람, 개, 태아, 개구리, 여자아이, 신, 로봇 등 다양한 주체의 정신 능력을 평가하도록 했다.[19] 구체적으로는 허기, 두려움, 고통, 즐거움, 분노를 얼마나 느낄 줄 안다고 생각하는지, 또한 자제력, 기억력, 계획 수립 능력, 의사소통 능력, 생각하는 능력은 어느 정도라고 생각하는지를 비교해서 평가하는 방식이었다. 예를 들어, 한 질문에서는 죽은 사람과 개 중 어느 쪽이 더 배고픔을 느낄 줄 안다고 생각하는지 물었다(대부분 '개'라고 답했다).

이 연구를 설계할 때, 우리는 사람들이 각 정신 능력의 세부 항목을 주체마다 전부 동일하게 평가할 것이라고 예상했다. 인간은 바위부터 식물, 동물, 사람, 신까지 포괄하는 거대한 "존재의 사슬"에 대해 "마음의 유무"를 단일하게 판단한다는 게 과거 심리학과 철학 연구에서 나온 결과이자 신학자들의 주장이었다.[20] 즉, 과거의 학자들은 마음 지각이 전체적으로 단일한 차원이라고 추정했다. 이는 특정한 주체의 몇 가지 정신 능력(가령 고통과 즐거움을 느낄 줄 아는 능력)이 우수하다고 평가하면, 다른 정신 능력(가령 자제력, 기억력 등)도 우수하다고 평가한다는 의미였다.[21]

그러나 참가자들이 평가한 수천 가지 항목을 분석한 우리의 연

그림 12 ◉ 마음 지각 연구 결과를 나타낸 그래프. 마음 지각은 사고력을 갖춘 실행자와 감각 기능을 갖춘 약자의 두 가지 차원으로 나뉜다.

구에서는 그림 12처럼 마음 지각이 두 가지 차원으로 이루어진다는 결과가 나왔다. 마음 지각의 첫 번째 차원은 특정 주체가 '감각 기능을 갖춘 약자'인지에 관한 것으로, 고통·즐거움·두려움과 그 밖의 감정을 경험할 줄 안다고 인식하는 대상은 그와 같이 평가한다. 사람들이 어떤 대상을 얼마나 감각 기능을 갖춘 약자로 인식하느냐에 따라 그 주체가 해를 입거나 희생될 가능성, 해를 입지 않도록 도덕적으로 특별히 보호해야 할 필요성에 관한 판단이 달라진다.

마음 지각의 두 번째 차원은 '사고력을 갖춘 실행자'인지에 관한 것이다. 특정 주체가 계획을 수립하고, 소통하고, 자제력을 발휘하고, 기억할 줄 안다고 지각하면 이와 같이 평가한다. 이는 그 주체가 세상을 살아가는 데 필요한 능력을 대체로 갖추고 있는지, 일을 해낼 능력이 있다고 판단하는지를 나타낸다. 도덕성의 관점에서 누군가를 사고력을 갖춘 실행자로 지각하는 것은 그 주체가 악행을 저지르거나 가해자가 될 수 있다고 전제한다는 의미다. 우리가 누군가에게 도덕적으로 격분하고 처벌받아 마땅하다고 평가하려면, 우선 그 대상이 자기 의도대로 세상을 살아갈 능력이 있고 자기 행동의 도덕적 무게를 이해할 능력을 갖추어야 한다. 사회가 정한 가장 엄격한 처벌 대상은 악행을 저지른 성인이라고 규정하는 것도 그래서다. 아이들은 아직 충분히 생각하고 실행할 줄 아는 존재가 아니라고 보는 것이다.

그림 12의 그래프에는 우리 연구에서 참가자들이 각 주체의 정신 능력을 어떻게 지각했는지 나와 있다. 참가자들은 성인을 감각 기능을 갖춘 약자이자 사고력을 갖춘 실행자라고 평가했다. 성인은 해를 입을 수도, 가할 수도 있다고 지각한다는 의미다. 죽은 사람은 대체로 감각 기능을 갖춘 약자도 아니고, 사고력을 갖춘 실행자도 아니라고 평가했다. 죽고 나면 해를 입을 수도, 가할 수도 없다고 지각하는 것이다. 그런데 죽어서도 유령이나 영혼으로 존재한다고 믿는 경우는 그와 달리 죽은 사람에게도 마음과 도덕성이 어느 정도 있다고 지각한다. 예컨대 6장 후반부에 소개한, 앨버트 반스의 예술품을 그의 사후에 다른 장소로 옮긴 일을 비난한 철학자의 어머니는 죽은 사람에게도 마음이 어느 정도 있다고 지각했다.

참가자들은 아기와 동물은 감각 기능을 갖춘 약자이지만 사고력을 갖춘 실행자는 아니라고 평가했다. 우리가 반려동물이 해를 입을까 봐 걱정해도, 동물이 악의적인 짓을 벌일 거라고는 생각하지 않는 이유를 알 수 있는 결과다. 신에 대한 마음 지각은 그와 정반대로, 사고력을 갖춘 실행자이지만 감각 기능을 갖춘 약자는 아니라고 평가했다. 신을 막강한 실행력이 있는 존재로 여기지만 배고픔이나 행복, 부끄러움을 느낄 거라고 생각하는 사람은 별로 없다. 그래서 신이 해를 입으면 어쩌나 걱정하기보다 신의 노여움을 살 가능성을 훨씬 더 걱정한다.

우리는 마음 지각과 도덕성이 연결되어 있을 거라는 우리의 예상을 더 분명하게 확인하기 위해, 두 가지 질문을 통해 참가자들이 각 주체의 도덕적 판단 능력을 어떻게 평가하는지도 조사했다. 첫 번째 질문은 다음과 같다. "이들 중 하나를 반드시 직접 해쳐야 한다면, 어느 쪽을 선택하는 게 더 괴로울 것 같은가?" 자신이 직접 특정 대상에게 해를 가해야 한다면, 그 행위가 얼마나 괴로울 것 같은지를 물은 것이다. 예상대로 참가자들의 답은 평가 대상을 감각 기능을 갖춘 약자로 평가하는 것과 밀접한 상관관계가 있었다. 즉, 고통을 느낄 수 있는 대상을 해치는 게 더 괴로울 것 같다고 답했다. 실제로 우리는 누구나 아기가 로봇보다 더 해를 입기 쉬운 약한 존재라고 여기고, 그런 정신 능력을 갖춘 대상을 해치는 건 극히 괴롭고 부도덕한 일이라고 느낀다.

마음 지각과 도덕성의 관계를 확인하기 위해 우리는 다음과 같은 두 번째 질문을 제시했다. "다음 두 주체가 사람의 죽음을 초래했다면, 어느 쪽이 더 처벌받아 마땅할까?" 이는 특정 주체를 도덕적 책임이 있는 존재로 평가하는지를 확인하는 질문으로, 사고력을 갖춘 실행자, 즉 해를 가할 능력이 있는 존재로 지각하는지와 밀접한 관련이 있다. 한 예로, 참가자들은 개와 성인이 누군가를 죽게 만든다면 성인이 더 처벌받아 마땅하다고 답했다. 실제로 사람들은 인간의 목숨을 위협하는 동물보다 살인을 저지르는 인간에게 더 크게 분노한다. 인간이 동물보다 사고 능력이 더 뛰어나다고 지각하기 때문이다.

아기가 아버지를 발로 찰 때보다 아버지가 아기를 발로 찰 때 모두가 더 크게 분노하는 이유도 행위의 주체에 따라 누가 더 감각 기능을 갖춘 약자이고 누가 더 사고력을 갖춘 실행자인지를 다르게 평가하기 때문이다. 같은 행위라도 아버지에게 더 분노하는 바탕에는 아기는 감각 기능을 갖춘 약자이지만, 아버지만큼 사고력을 갖춘 실행자는 아니라는 인식이 깔려 있다. 그뿐만 아니라 보편적으로 영유아는 해를 입기 쉬운 취약한 존재로 여겨지므로 이들을 해치는 건 부도덕하다고 평가한다.[22] 누구나 아이를 취약한 존재로 인식한다는 사실은 의견이 나뉘는 도덕적 쟁점이 있을 때 거리 행진에 나서는 시위자들이 "아이들을 생각하라!"는 구호를 가장 많이 활용한다는 점으로도 확인할 수 있다. 예를 들어, 마리화나 합법화에 반대하는 사람들은 대마가 들어간 사탕을 잘못 먹고 입원한 세 살짜리 여자아이 이야기 같은 피해 사례를 제시하며 지지를 호소한다.[23] 우리의 도덕적 판단에서 아이들은 악의적 행위에 해를 입을 수는 있어도 악행을 저지를 능력은 없는 전적인 피해자로 인식된다. 그래서 도덕적 논쟁에서는 어떤 주장이든 아이들을 더 확실하게 보호하려는 쪽이 더 큰 지지를 받는 경우가 많다.

이처럼 아이들은 모두가 보살펴야 할 대상이라고 여기지만, 그 밖의 사람들에 대해서는 누가 특히 더 취약한지 저마다 다르게 추정한다. 그 차이에서 도덕적 판단이 엇갈린다.

누가 얼마나 약한지는 사람마다 생각이 다르다

우리의 도덕적 판단은 정치 성향과 분명 관련이 있다. 하지만 그 차이는 어디에서 비롯될까? 지금까지 살펴봤듯이 진보주의자와 보수주의자의 도덕적 판단이 각기 다른 도덕적 기반에서 나온다는 근거는 없다. 사람들은 특정 행위를 자신이 보기에 얼마나 위험하고 해롭다고 느끼느냐에 따라 비난한다. 정치적 갈등을 이해하려면 '자신이 보기에'가 비난의 기준이라는 점에 주목해야 한다. 누군가 규범을 어겨 피해가 발생하면 모두가 분노하지만, 그 잘못으로 누가 가장 큰 해를 입는지는 사람마다 다르게 추정한다. 5장에서 예로 든 것처럼, 인도 브라만은 돌아가신 아버지의 영혼도 해를 입을 수 있다고 추정하며, 그 추정에 따라 아버지의 장례를 마친 후 육식을 멀리하지 않는 아들을 비난한다.

나는 몇몇 동료와 함께 사람마다 취약성을 다르게 추정하는 게 진보 진영과 보수 진영의 도덕적 판단이 엇갈리는 것과 관련이 있는지 조사했다. 내 연구실에서 박사 후 과정을 밟으며 정치와 도덕성을 연구 중인 제이크 워믹, 정치적 적대감의 뿌리에 관해 연구 중인 도덕심리학자 다니엘라 고야토체토, 위험성이 도덕적 인식에 얼마나 중요한지를 연구해온 사회학자 니컬러스 오초아가 그들이다.

낙태 문제의 경우, 정치 진영의 의견 차이가 취약한 대상이 누구인지를 다르게 추정하는 데서 기인한다는 사실이 마음 지각에 관한 여러 연구에서 이미 밝혀졌다. 즉, 보수주의자는 진보주의자보다 태아가 감각 기능을 갖춘 약자라는 인식이 더 강하다. 우리 팀은 평가 대상에 따라 취약성을 다르게 추정하는 것이 정치 성향별로 도덕적 판단에 차이가 있는 것과도 관련이 있는지 조사하기로 했다. 이 관련성을 확인한다면, 위험성이 도덕적 판단의 바탕이라는 우리 이론의 추가적인 근거가 될 터였다. 또한 사람마다 특정 대상의 취약성을 다르게 추정한다는 사실을 알면, 도덕적 판단이 달라도 위험성을 우려하는 건 양쪽 모두가 같다는 사실을 이해할 수 있다.

우리는 먼저 사람들이 다양한 상황에서 취약성을 어떻게 추정하는지부터 확인하기 위해 간단한 질문지를 만들었다.[24] 무엇보다 취약성을 어떻게 추정하는지가 핵심이므로, 마음 지각을 조사할 때처럼 특정 주체가 고통을 느낄 수 있거나 피해를 입을 수 있다고 생각하는지를 묻는 수준을 넘어 피해에 특히 취약한 존재라고 생각하는지 물었다.

우리는 이 연구에서 사람들이 특정 대상의 취약성을 상대적으로 다르게 인식하는 것이 정치적 갈등의 원인이라고 가정했다. 논란이 뜨거운 쟁점은 위험성의 판단이 다른 데서 비롯되기 때문이다. 사람들은 흑인 경찰이든 백인 경찰이든 모두 해를 입을 수 있다고 생각한다. 하지만 "흑인의 생명은 소중하다!"는 표어를 내건 시민운동과 그에 맞서 "경찰의 생명도 소중하다!"고 외치는 시민운동 중 어느 한쪽을 지지하는 사람은 특히 더 취약한 쪽이 있다고 판단한다. 그래서 우리는 다양한 주체에 다음과 같은 공통 문장을 적용해 취약성을 1점부터 5점으로 판단하도록 했다(전혀 취약하지 않다고 생각하면 1점, 전적으로 취약하다고 생각하면 5점).

> 1. 나는 다음 주체가 특히 해를 입기 쉽다고 믿는다.
> 2. 나는 다음 주체가 특히 부당한 대우를 받기 쉽다고 생각한다.
> 3. 나는 다음 주체가 특히 희생당하기 쉽다고 느낀다.

이 문장은 각 질문을 통해 파악하려는 요지가 '표면'에 드러나므로 '표면적 타당성'을 충족한다. 즉, 사람들이 생각하는 취약성을 평가하기 위해 만든 것이고, 질문마다 각 존재가 얼마나 '해를 입기 쉬운지' 묻는 표현이 포함되어 있다. 이 셋은 모두 응답자가 특정 주체의 취약성을 어떻게 판단하는지 묻는다는 공통점이 있지만, 세부적으로는 취약하다는 생각·느낌·믿음을 구분했다. 이 세 가지는 우리가 어떤 주체의 취약성을 추정할 때 활용하는 요소이자, 각자가 인식하는 위험성의 정도를 반영한다. 앞에서도 설명했듯이 사람들은 고통을 느낄 줄 아는 존재라고 해서 무조건 도덕적으로 비난하지는 않는다. 사고력을 갖춘 실행자로 평가되는 주체가 감각 기능을 갖춘 취약한 다른 주체에게 의도적으로 해를 가하거나 학대하면 가장 높은 확률로 도덕적 비난을 한다. 그래서 우리 연구에서도 해를 입는 것, 부당한 대우를 받는 것, 희생당하는 것에 관해 각각 질문했다.

또한 위의 문장은 평가하려는 개념을 얼마나 잘 측정할 수 있는지를 의미하는 '구성적 타당성'도 충족한다. 취약성을 평가하는 질문은 응답자가 판단하기에 해를 입기 쉬운 매우 취약한 존재(아기 등)에는 높은 점수를 주고, 비교적 덜 취약하다고 판단하는 주체(프로 레슬링 선수 등)에는 낮은 점수를 주도록 구성되어야 하는데, 이 요건을 충족한다는 뜻이다. 이 질문지를 활용한 예비 조사에서 사람들에게 아기와 프로 레슬링 선수 등이 포함된 여러 주체의 취약성을 평가하도록 하자, 예상대로 아기는 가장 취약하고 레슬링 선수는 취약성이 낮다는 평가 결과가 나왔다.[25]

우리는 아기와 프로 레슬링 선수의 취약성은 진보와 보수 진영 모두 비슷하게 평가할 수 있어도, 불법 이민자 등 정치적으로 의견이 팽팽하게 맞서는 쟁점과 관련 있는 주체는 정치 성향에 따라 취약성도 다르게 평가할 것이라고 예상했다. 일반적으로 진보주의자는 불법 이민자라는 이유로 부모와 분리된 채 억류당하는 어린아이를 보수주의자와 달리 해를 입기 쉬운 존재라고 평가한다. 반면, 보수주의자는 후안 가르시아고메즈Juan Garcia-Gomez 같은 사례를 언급하며 불법 이민자는 취약한 사람이 아니라 남을 해치는 존재라고 주장한다. 엘살바도르 출신으로 '스쿠비Scooby'라고도 불리는 후안 가르시아고메즈는 청소년들을 살해한 집단으로 악명 높은 남미 갱단 MS-13의 일원이다. 스물여섯 살에 뉴저지에서 이 갱단에 들어간 그는 일종의 입단 절차로 당시 열아홉 살이던 호세 우리아스에르난데스Jose Urias-Hernandez를 살해했다. 취약성을 제각기 다르게 추정하는 것이 이런 사안을 포함한 정치적 견해 차이를 설명할 수 있는지 알아내는 게 우리 연구의 목표였다.

과학 연구는 먼저 비공식적인 예비 조사부터 진행한 다음에 본격적인 연구를 시작하는 경우가 많다. 땅에서 금을 채굴하려면 여러 곳을 탐사해봐야 어디에서 금이 나올 확률이 높은지 알 수 있는 것처럼, 우리도 먼저 취약성 평가 주체를 약 70가지로 추려서 소규모 연구를 여러 차례 진행했다. 이 예비 조사에는 정치 성향에 따라 취약성을 다르게 평가할 가능성이 있는 주체, 그리고 논쟁이 큰 사안과 관련한 대상이 모두 포함됐다. 이런 예비 조사를 거쳐 최종적으로 취약성 평가 대상을 다음 네 가지 큰 틀로 확정했다.

1. 환경
2. 신
3. 권력자
4. 타자他者

하나씩 자세히 설명하기에 앞서 간단히 짚고 넘어갈 사실이 한 가지 있다. 이 네 가지 묶음은 조너선 하이트가 인간의 정신에 깊이 형성되어 있다고 주장한 도덕적 판단의 여러 '기반'과 아무 상관이 없다는 것이다. 앞서 두 챕터에 걸쳐 도덕적 판단은 각각 분리된 도덕성의 여러 요소에서 비롯되지 않는다고 실컷 반박해놓고 여기서 다시 뒤집을 리도 없지만 말이다. 위의 분류는 위험성이 도덕적 판단의 마스터키라는 우리 이론을 그대로 유지하면서 정치 성향에 따라 취약성을 다르게 추정하는 대상, 또한 정치 성향별 도덕적 판단에서 나타나는 특징을 설명하는 데 도움이 될 만한 대상을 편의상 임시로 묶은 것이다. 이 네 가지는 슈웨더가 도덕적 판단을 위한 대화에서 거론되는 주제를 세 가지로 제시한 것과 비슷하게 도덕적 논쟁에서 자주 언급되는 평가 대상이다.

가장 먼저 한 축을 이루는 환경에는 자연계의 다양한 대상이 포함될 수 있으나, 우리 연구에서는 가장 많은 논쟁이 벌어지는 세부 대상 세 가지를 선정했다. 열대우림, 산호초 그리고 지구다. 열대우림은 전 세계 생물 다양성을 절반 이상 책임지는 환경이자 우리가 숨 쉬는 산소의 약 20퍼센트를 생산하고 해마다 20억 톤이 넘는 이산화탄소를 처리하는 곳이다.[26] 환경보호와는 거리가 먼 일을 벌이는 산업계의 실태를 고발한 애니메이션 〈푸른 골짜기Fern Gully〉, 영화 〈아바타〉도 주로 열대우림이 배경이다. 많은 과학자가 기후변화의 지표이자 취약한 생태계라고 주장하는 산호초도 세부 평가 대상으로 뽑았다.[27] 지구는 특정한 생물 서식지를 넘어 환경에 관한 사람들의 좀 더 폭넓은 우려를 파악할 수 있으므로 세 번째 세부 대상으로 선정했다.

환경의 취약성을 묻는 질문은 자연 생태계에 피해가 발생하거나 함부로 다루어질 가능성에 관한 사람들의 견해를 포착할 수 있도록 설계했다. 우리는 진보주의자와 보수주의자 모두 북극곰과 캘리포니아 삼나무가 매우 취약하다고 평가하는 등 특정 동물이나 식물의 취약성은 전반적으로 비슷하게 추정하고, 그보다 복잡한 생태계의 취약성 특히 벌목·어획·기후변화 등 인간의 개입으로 생태계에 피해가 발생할 가능성은 의견이 다를 것이라고 예상했다.

또한 우리는 정치 성향별로 환경의 취약성을 어떻게 추정하는지 알면, 환경을 보호하고 기후변화의 영향을 줄이는 정책에 대한 양당의 입장 차이를 이해하는 데 도움이 되리라고 전망했다. 미국 민주당 지지자의 74퍼센트는 환경보호를 정부의 최우선 목표로 삼아야 한다고 주장하는 반면, 그 생각에 동의하는 공화당 지지자는 31퍼센트에 불과하다.[28] 마찬가지로 공화당 지지자는 알래스카에 새로운 유정을 뚫어야 한다는 주장에 더 많이 동조하는 반면, 민주당 지지자는 시추에 반대하는 사람이 더 많은데, 보수주의자의 주장을 '파괴 서사'로 해석하는 식으로는 이런 견해 차이를 설명할 수 없다. 누구나 자기 자신과 세상을 안전하게 지키려고 한다. 보수주의자는 환경을 해치려는 게 아니라, 환경보호와 상충하는 다른 가치를 더 중시하는 것이다.[29] 그들은 알래스카 유정 개발에 성공하면, 미국이 다른 나라에 의존하지 않아도 석유를 확보할 수 있으므로 산유국들이 판매를 중단하거나 미국을 공격할 때 발생할지 모르는 피해를 방지할 수 있다고 생각한다.[30]

사람들에게 취약성을 평가하도록 요청한 두 번째 대상은 신이다. 세부적으로는 초자연적 힘이 있거나 신성하게 여겨지는 존재가 포함되며 특히 기독교의 예수, 하나님,《성경》이 평가의 중심이었다. 물론 전통적인 종교마다 신과 신성한 경전 혹은 기록이 있고, 특히 이슬람교는 예수를 예언자 중 한 명으로 여긴다. 하지만 우리 연구는 미국의 정치적 갈등을 탐구하는 것이 주된 목적이므로, 미국의 정치적 담화에서 대부분 명시적으로나 함축적으로 중심이 되는 기독교를 평가의 중심에 두었다.[31]

진보주의자든 보수주의자든 신앙이 있을 수 있으나, 통계적으로 《성경》에서 말하는 하나님을 믿는 신도의 비율은 진보주의자(45퍼센트)보다 보수주의자(70퍼센트)가 더 높다.[32] 사실 종교적 대상은 사람들이 취약성을 어떻게 추정하는지 조사하기가 쉽지 않다. 이와 관련해 기독교 신학에서는 신도 고통받을 수 있는지에 관해 수 세기 동안 논쟁이 이어지고 있다.[33] 앞서 소개한 마음 지각 연구에서 사람들은 신이 인간보다 고통에 덜 취약하다고 평가했다.

하지만 일반적인 기독교인 상당수는 죄를 지으면 하나님이 아파한다고 믿으며, 예수가 십자가에 못 박혔을 때 얼마나 큰 고통을 겪었는지 강조한다.[34] 또한 《성경》을 훼손하거나, 불에 태우거나, 화장실 휴지로 쓰는 건 《성경》을 함부로 대하는 행위, 심지어 《성경》을 해치는 행위라고 여기는 신도도 많다.[35] 물론 《성경》의 그와 같은 '고통'을 아이들이 겪는 고통과 동일시하지는 않지만, 우리가 살고 있는 물질세계에는 영적인 존재도 많다고 믿는 것, 더 강한 의미로는 그런 영적 대상이 '살아 있다'고 믿는 것이 기독교 신앙의 한 부분이다. 가톨릭 신자의 30퍼센트는 성체성사에 쓰이는 빵과 포도주가 실제 예수의 몸과 피라고 믿는다는 조사 결과도 있다.[36]

슈웨더와 하이트가 사람마다 '신성함'과 관련이 있다고 설명한 도덕적 판단의 차이는 신의 취약성을 다르게 평가하는 데서 비롯되는 것일 가능성이 크다. 5장에서 설명했듯이 인도 브라만은 영적인 생활 지침을 따르지 않는 걸 부도덕하다고 여기는데, 이런 생각에는 그러한 지침을 지키지 않으면 죽은 사람의 영혼 같은 영적인 존재가 해를 입을 수 있다는 믿음이 큰 비중을 차지한다.

환경과 신은 둘 다 인간이 아닌 생태계와 종교적 대상이다. 이러한 공통점은 진보주의자와 보수주의자가 추정하는 이 두 주체의 취약성이 크게 다른 이유와 관련이 있다. 산호초나 초자연적 힘을 가진 존재는 뇌와 몸이 있는 인간과 달리 얼마나 해를 입을 수 있는지가 명확하지 않으므로, 취약성을 추정할 때 평가하는 사람의 개인적 생각이 끼어들 여지가 많다. 그와 달리 우리 연구에서 취약성 평가 대상으로 정한 나머지 두 대상인 권력자와 타자는 모두 인간이다.

권력자는 사회에서 힘 있는 자리에 있고 명령할 권한을 보유한 사람을 가리킨다. 세부적으로는 권위 있는 인물, 기업 경영자, 경찰 등이 포함된다. 사람들은 이런 권력자가 자신의 힘을 이용해 스스로를 보호할 수 있으므로 해를 입을 가능성은 대체로 거의 없다고 생각하지만, 우리 연구에서는 정치 성향에 따라 이런 판단에도 차이가 있는 것으로 나타났다. 우익 성향인 사람은 좌익 성향인 사람에 비해 기업 경영진을 포함한 권력자를 취약한 존재로 여기는 경향이 더 강하다.

조지메이슨대학교에 재직하는 보수 성향의 한 경제학자는 저서 《거대한 산업: 미국의 반영웅에게 보내는 러브레터Big Business: A

Love Letter to an American Anti-hero》에서,[37] 다국적 기업의 CEO가 대중으로부터 얼마나 가혹한 대우를 받아왔는지 지적하며, 대기업 경영진도 취약한 존재라고 노골적으로 주장했다. 미국의 패스트푸드 체인 칙필레Chick-fil-A의 댄 캐시Dan Cathy 회장은 동성 부부가 "《성경》이 말하는 가족의 정의"에 포함되지 않는다고 발언한 적이 있다. 그 후 캐시와 그의 가족을 향한 시민운동가들의 비난이 쏟아지자, 실제로 복음주의 기독교를 믿는 많은 보수주의자가 그의 상황을 안타까워했다. 보수 성향의 평론가들도 대중의 반발과 침습적인 기업 감시가 산업계에 해를 끼친다고 주장한다.[38]

경찰도 보수 진영과 진보 진영이 취약성을 다르게 평가하는 대표적인 권력자의 예다. 우리 연구에서는 사람들이 평가 대상을 구체적으로 떠올릴 수 있도록 미국 주정부 소속 경찰을 제시했다. 그냥 '경찰'이라고만 하면 고등학교에 배치되는 전담 경찰부터 FBI 요원까지 다양한 사람을 생각할 수 있으므로, 취약성을 평가하는 사람들이 모두 비슷한 존재를 떠올리게 할 필요가 있었다. 주정부 경찰을 선정한 또 다른 이유는 이들이 고속도로에서 수시로 교통 단속을 벌이기 때문이다. 교통 단속은 경찰관과 이들이 정차를 지시하는 단속 대상(특히 흑인) 양쪽 모두에게 위험한 일이 될 수 있다. 미국 전역에서 이뤄진 교통 단속 1억 건을 분석한 연구에서는 흑인이 백인 운전자보다 정차 지시를 받는 비율이 3~6퍼센트 더 높은 것으로 나타났다. 이런 차이는 운전자의 인종을 쉽게 구분하기 힘든 야간 시간대가 되면 감소했다.[39]

경찰이 법 집행을 위해 시민과 접촉할 때마다 둘 중 한쪽은 피해자가 될 가능성이 있다. 미국에서는 2023년 최소 1,243명이 경찰한테 목숨을 잃었고, 그중 108명(약 9퍼센트)은 교통 단속 중에 그런 결과가 빚어진 것으로 집계됐다.[40] 경찰 역시 법을 집행하는 과정에서 생명의 위협을 많이 느끼는데, 그럴 만한 이유가 있다. 2022년 FBI 통계에 따르면 3,061명이 법을 집행하다가 화기 공격을 당했고, 그중 49명이 목숨을 잃었다.[41]

보수주의자는 진보주의자보다 경찰이 취약하다고 보는 경향이 훨씬 강하다. 경찰이 무장하지 않은 시민을 총으로 쏘는 사건이 발생해도, 보수 진영에서는 경찰이 사회를 안전하게 지키려고 매일 목숨 걸고 일하는 취약한 사람들임을 강조하는 경우가 많다.[42] 보수주의자가 경찰을 비롯해 권위를 가진 사람들을 보호해야 한다고 생각하는 이유 중 하나는 그들이 사회질서를 유지하는 데 도움을 준다고 보기 때문이다. 안정과 질서의 '보전'은 '보수주의'를 정의하는 중요한 특징이다.[43] 전통적인 사회질서를 지키려는 이런 보수주의자의 특성은 우리가 네 번째 평가 대상으로 선정한 타자에서도 나타난다.

타자는 이슬람교도, 불법 이민자, 트렌스젠더 등 미국 사회의 전통적인 구성원이 아닌 사람을 의미한다. '타자'는 유명한 페미니스트 작가이자 철학자 시몬 드 보부아르Simone de Beauvoir를 통해 널리 알려진 개념이다.[44] 보부아르는 사회를 지배적인 집단, 즉 기본 집단 및 그들과 다르다고 여겨지는 타자로 나누었다. 그리고 이런 타자화는 사회의 지배적인 집단(기본 집단)보다 힘이나 영향력을 갖기 힘든 사람들이 생기는 원인이자, 그런 격차로 인해 발생하는 결과라고 주장했다. 보부아르는 주로 남성을 지배 집단으로, 여성을 타자로 생각했으나 이후 학자들은 이 개념을 확대해서 다른 사회 집단에도 적용해왔다.

오늘날에는 타자라는 표현보다 '소외 계층'이나 '약자'라는 표현이 더 많이 쓰이기도 하지만, 나는 몇 가지 이유에서 타자라는 표현이 더 낫다고 생각한다. 첫 번째는 타자의 개념이 처음 등장한 것이 현대의 정당 정치와 큰 연관성이 없다는 점 때문이다. 두 번째는 이슬람교도와 불법 이민자, 트랜스젠더가 미국 사회의 전통적인 중심 집단이 아니라는 데에는 진보주의자와 보수주의자 모두 동의하면서도, 이들을 소외 계층이라고 표현하면 정확히 어떤 사람을 가리키는지, 누가 얼마나 소외됐다는 의미인지를 놓고 양쪽이 다른 주장을 펼칠 수 있기 때문이다. 미국적인 생활 방식의 핵심 원칙을 준수하는 것이 사회를 안정적으로 지키는 최상의 방법이라고 믿는 일부 우익 성향 사람들은 그걸 지키지 않는 타자가 사회의 중심이 되지 못하는 건 당연하다고 주장한다. 또한 국경 개방에 반대하는 보수주의자는 타자가 늘어나면 자국민의 성공에 걸림돌이 된다고 생각한다. 도널드 트럼프는 2015년에 이렇게 말했다. "멕시코가 미국에 보내는 사람들은 뛰어난 자들이 아닙니다. (…) 마약을 가져오고, 범죄를 몰고 옵니다. 그 사람들은 강간범입니다."[45]

진보주의자는 이와 반대로 타자가 미국 사회의 중심이 되지 못하는 이유는 인종차별, 외국인과 트랜스젠더 혐오를 포함한 각종 오해와 악의적인 이유 때문이라고 주장한다. 그리고 사회 주변부로 강제로 밀려난 사람들은 해를 입거나 차별당할 가능성이 더 높다는 사실을 강조한다. 진보주의자는 타자가 나라에 위협을 줄 가능성은 별로 없으며, 그런 사람들을 더 넓게 수용하는 것이 오히려 미국의 번영에 유익하다고 생각한다. 진보주의자는 보수주의자보다 타자를 해를 입기 쉬운 취약한 사람들로 보는 경향이 더 강하다.

2016년 내가 사는 노스캐롤라이나주에서 타자에 관한 논쟁이 벌어진 적이 있다. 트랜스젠더가 여자 화장실과 남자 화장실 중 어느 쪽을 사용할지 마음대로 선택하지 못하게 하는 '하원 법안 2호'가 보수주의자의 지지로 통과됐을 때였다. 이 법안에 찬성한 의원들은 트랜스젠더 여성은 남성의 타고난 성적 공격성이 남아 있으므로 여자 화장실에서 젊은 여성을 보면 성폭행 충동이 들 수 있다고 주장했다. 진보 진영은 이 주장에 강하게 반대하면서 트랜스젠더는 가해자가 아니라 폭력에 희생되는 비율이 훨씬 크다는 통계를 제시했다.

타자화한 또 다른 집단인 이슬람교도의 취약성에 관해서도 정치 성향에 따라 이와 비슷한 의견 차이가 나타난다. 보수주의자는 9·11 테러처럼 이슬람 극단주의자들이 저지른 폭력적인 사례를 강조하고, 진보주의자는 평범한 이슬람교도들이 오직 종교 때문에 억울하게 증오 범죄의 표적이 되는 수많은 사례를 강조한다.

우리 연구에서 취약성 추정의 대상으로 선정한 환경, 신, 권력자, 타자에 관해 자세히 소개했으니, 이제 사람들이 이 네 가지를 어떻게 평가하는지 살펴보자.

취약성에 관한 진보주의자와 보수주의자의 생각

진보주의자와 보수주의자의 여러 일화, 인용구, 투표 행동, 여론 조사를 보면 그 두 집단이 환경과 신, 권력자, 타자의 취약성을 다르게 평가하리라는 것은 충분히 예상할 수 있었지만, 관련 자료나 과학 연구 결과에서 일관된 사실을 확인할 수는 없었다. 그래서 우리는 총 세 가지 연구를 통해 미국인이 정치 성향에 따라 각 대상의 취약성을 어떻게 평가하는지 알아봤다.

첫 번째 연구에서는 온라인 설문 조사 플랫폼을 통해 미국인 1,008명에게 우리가 선정한 네 가지 대상이 각각 얼마나 취약하다고 생각하는지 물었다. 누구든 참가자로 등록만 하면 응답 가능하므로 연구 표본을 편리하게 모집할 수 있는 방식이었다. 각 대상의 취약성은 앞서 소개한 세 가지 문장을 토대로 작성한 질문으로 평가하도록 했다. 그리고 네 가지 평가 대상마다 각각 세 가지 세부 대상을 제시했다. 참가자들은 그 세부 대상마다 세 가지 질문, 즉 해를 입거나, 희생되거나, 부당한 대우를 받기 쉽다고 생각하는지 평가했다. 환경의 취약성 평가 세부 대상으로는 산호초, 열대우림, 지구를 제시하고, 타자의 취약성 평가 세부 대상으로는 트렌스젠더, 이슬람교도, 불법 이민자를 제시했다. 그리고 권력자의 취약성 평가 세부 대상으로는 권위 있는 사람들, 기업 경영자, 주정부 소속 경찰을 제시하고, 신의 취약성 평가 세부 대상으로는 하나님, 예수, 《성경》을 제시했다. 종합하면, 각 참가자는 네 가지 평가 대상마다 세 가지 세부 대상의 취약성을 세 가지 질문으로 평가했으므로 모두 합쳐 36개의 질문에 답했다. 참가자들은 이 질문에 답하기 전 자신의 정치 성향, 교육 수준, 수입, 인종 등 인구통계학적 정보를 밝혔다.

이러한 방식은 연구 표본을 편리하게 모집할 수 있다는 장점이 있으나, 조사 결과를 폭넓은 인구군에 적용하기는 힘들다. 그래서 두 번째 연구에서는 미국 남부, 북동부, 중서부, 서부 지역 인구의 인종과 정치 성향을 광범위하게 대표할 수 있는 1,832명의 표본을 모집했다. 전체 표본의 약 73.2퍼센트는 백인, 12.1퍼센트는 흑인, 4.6퍼센트는 아시아인, 10.2퍼센트는 그 밖의 인종이었다. 교육 수준은 초졸부터 박사학위 소지자까지 다양했다. 수입 규모는 연간 수입 2만 5,000달러 미만부터 15만 달러 이상까지 분포했다. 교육 수준으로 보면 대학 교육을 받은 적이 있는 사람의 비중이 가장 컸고(30.9퍼센트), 수입 규모의 중간값은 연간 2만 5,000~5만 달러였다. 연구 표본을 온라인으로 모집하면 참가자의 정치 성향이 진보 쪽으로 다소 치우치는 경향이 있는데, 우리가 모집한 참가자는 매우 진보적이면 1점, 매우 보수적이면 9점으로 응답하는 정치 성향 척도의 평균 점수가 5.41이었으므로 전반적 성향은 보수 쪽으로 약간 치우쳤다. 또한 이 두 번째 연구의 표본은 기독교 신자가 과표집되었으므로 이들의 취약성 평가를 종교가 없는 미국인의 평가와 비교할 수 있었다.

세 번째 연구에서는 첫 번째 조사처럼 표본을 간편하게 모집했다. 총 1,011명의 미국인을 모집하고 일주일 간격으로 두 차례에 걸쳐 취약성 평가를 요청해 참가자의 견해가 시간이 흘러도 변함

없는지 확인했다. 이 세 건의 연구에서 얻은 결과, 그리고 세 번째 연구의 두 가지 시점時點에 나온 결과는 모두 거의 구분할 수 없을 만큼 비슷했다.

우리는 먼저 참가자의 평가 결과가 환경, 신, 권력자, 타자까지 네 가지 평가 대상에 따라 명확히 나뉘는지부터 분석했다. 즉, 권력자의 예시로 제시한 기업 경영진에 대한 취약성 평가 결과와 같은 평가 그룹의 다른 예시인 주정부 소속 경찰의 취약성 평가 결과는 상관관계가 있는지, 또한 같은 평가 그룹의 여러 예시에 대한 취약성 평가 결과가 다른 평가 그룹의 예시에 대한 취약성 평가 결과보다 더 밀접한 상관관계가 있는지 확인했다는 의미다. 결과는 모두 '그렇다'였다. 도덕 기반 이론이 주장하는 도덕적 판단의 여러 기반과 달리, 제시한 평가 대상이 같은 집단에 속하면 취약성 평가 결과가 밀접한 상관관계를 보였다. 이는 큰 분류가 같은 세부 대상에 대한 평가에 일관성이 있음을 나타낸다. 마찬가지로 평가하는 대상이 각기 다른 평가 집단에 속하면 취약성 평가 결과의 상관관계가 그보다 훨씬 약했는데, 이는 평가 대상마다 각기 다른 판단이 이루어졌음을 의미한다.

취약성 평가 대상으로 선정한 네 집단별로 같은 집단 내에서는 평가 결과에 일관성이 나타나고 다른 집단끼리는 평가 결과가 상당히 명확하게 나뉜 것은 반가운 일이지만, 이 연구의 핵심은 진보주의자와 보수주의자의 취약성 평가에 체계적인 차이가 있는지 확인하는 것이었다. 답부터 간단히 말하면, 차이가 있었다. 이 결과를 자세히 설명하기 전에 먼저 언급할 게 한 가지 있다. 우리는 연구

    2부 · 인간의 도덕 정신

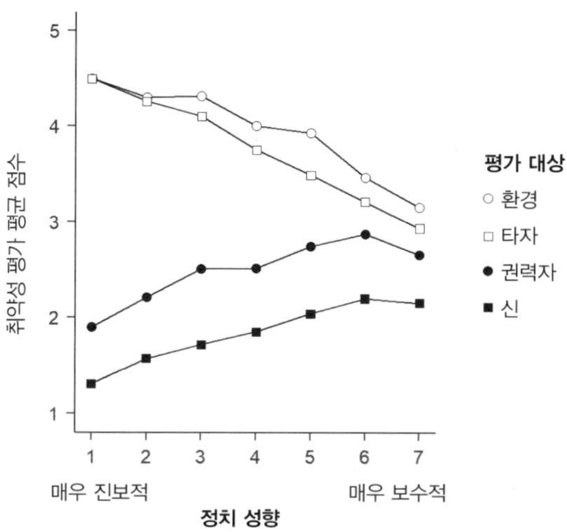

그림 13 ◉ 대상별 취약성 평가 결과. 응답자의 정치 성향은 1점부터 7점의 범위로 나타내고 취약성은 1점(전혀 취약하지 않음)부터 5점(매우 취약함)의 범위로 나타낸 그래프다. 진보주의자는 대상을 매우 취약하거나(환경. 타자) 거의 취약하지 않다고(권력자. 신) 평가하는 등 집단에 따라 도덕관이 크게 나뉘는 경향이 있었다. 보수주의자는 집단별 취약성 평가의 결과에서 나타난 차이가 그보다 덜했다.

참가자의 정치 성향을 점수화해서 평가 결과를 구분했다. 즉, 세 건의 연구에서 나온 평가 결과를 정치 성향별로 이해하기 쉽게 제시할 수 있도록, 응답자의 정치 성향을 1점(매우 진보적)부터 7점(매우 보수적)까지로 나타냈다. 세 건의 연구에서 모집한 모든 참가자의 평가 결과를 종합하면, 중도층(정치 성향 척도에서 4점)이 평가한 취약성은 평가 대상별로 적당한 차이가 있었다. 그림 13과 같이(첫 번째 연구에서 나온 결과다) 중도층은 환경과 타자가 해를 입거나, 부당한 대우를 받거나, 희생되기 쉬운 가장 취약한 존재라고 평가했고, 권력자와 신이 차례로 그 뒤를 이었다.

세 건의 연구에서 나온 전체적인 취약성 평가 결과는 대체로 일치했다. 환경과 타자가 거의 비등하게 1위와 2위, 그다음이 권력자, 신의 순서였다. 평가는 시간이 지나도 안정적으로 유지됐다. 수치로는 시점 1에서 나온 결과와 시점 2에서 나온 결과의 상관관계가 0.88로 확인됐는데, 이는 시점마다 거의 같은 평가가 이루어졌음을 보여준다. 물론 일주일이 그리 긴 시간은 아니지만, 참가자가 이전에 답한 내용을 기억해서 똑같이 답하기보다 새롭게 다시 평가하기에는 충분한 간격이다.

취약성을 평가한 네 집단의 전반적인 취약성 순위는 비슷했지만, 뚜렷한 의견 차이도 드러났다. 예를 들어, 미국 전역에서 모집한 연구 표본 중 기독교인의 비율이 높은 표본 집단이 평가한 신의 취약성은 5점 만점에 평균 2.46점이었으나, 기독교인의 비율이 그보다 작은 표본 집단이 평가한 신의 취약성은 평균 1.78점에 불과했다. 이런 차이는 독실한 종교인일수록 하나님이나 예수, 《성경》이 부당한 대우에 고통을 겪을 수 있다고 생각할 가능성이 더 크다는 것을 나타낸다. 우리 연구가 평가 대상에 따라 취약성의 평가가 달라진다는 점을 잘 포착했음을 다시 한번 입증한 결과다.

좌익과 우익의 의견은 타자와 환경, 그리고 권력자와 신의 취약성 평가에서 의견이 가장 크게 벌어졌다. 진보 성향이 아주 강한 사람들(1점)은 타자와 환경을 매우 취약한 대상으로 평가했고, 권력자와 신은 해를 입을 가능성이 매우 낮다고 보았다. 반대로 보수 성향이 강한 사람들(7점)은 대상별 취약성 평가에 그만큼 차이가 나지 않았다. 보수 성향인 사람들도 타자와 환경이 권력자와 신보다 취약한 존재라고 평가했으나 큰 차이는 없었다.

그림 13의 그래프를 보면, 매우 진보적인 사람들이 평가한 타자와 권력자의 취약성은 큰 차이(약 2.5점)가 있고, 매우 보수적인 사람들이 평가한 타자와 권력자의 취약성은 별로 차이가 없음(0.25점 미만)을 알 수 있다. 정치 성향에 따라 무려 10배의 차이를 보인 것이다.

종합하면, 이 연구에서 나온 결과는 사람들이 특정 대상의 취약성을 일관되게 추정하는 경향이 있으며, 그것이 정치적 견해의 차이로 나타난다는 걸 보여준다. 진보주의자는 보수주의자보다 환경을 취약하다고 평가하고, 신은 별로 취약하지 않다고 평가한다. 이런 사실을 알면, 진보 성향인 사람들이 북극에서 벌이는 석유 시추를 부도덕한 행위로 여기고《성경》을 불태우는 행위는 별로 부도덕하다고 여기지 않는 이유를 이해할 수 있다. 보수주의자는 타자를 별로 취약하다고 평가하지 않고, 권력자는 취약하다고 평가하는 경향이 강하다. 이는 사회 정의에 관한 논쟁에서 이들이 펼치는 주장의 바탕을 이룬다.

진보주의자는 사회 정의를 이야기할 때 종교, 인종, 생물학적 성별이나 사회적 성별로 인해 소외되는 소수자를 보호하는 추가적인 조치가 필요하다고 주장한다. 그리고 오랜 불평등이 만든 현대의 권력 불균형을 해소하려면, 사회 체제를 다시 세워야 한다고 말한다. 그러한 체제 재구축의 대표적인 예가 흑인의 대학 입학을 도와주는 미국의 적극적 우대 정책이다. 경제적 계층 구조에서 흑인이 더 위로 올라갈 수 있도록 디딤돌을 제공하는 것이 목적인 이런 정책의 필요성을 주장하는 진보주의자는 노예제부터 짐 크로 법Jim Crow Laws(1870년대부터 1965년까지 미국 남부 주를 중심으로 시행한 인종 분리법 — 옮긴이), 인종차별적 주택 정책, 흑인 대량 투옥 사건에 이르는 인종차별의 역사가 얼마나 치명적인 악영향을 끼쳤는지 지적한다.[46] 흑인이 지금도 여전히 피해를 겪고 부당한 대우를 받기 쉬운 취약한 사람들이라는 인식에서 비롯된 주장이다.

물론 모든 정책은 장단점이 있고, 흑인의 대학 입학을 돕는 적극적 우대 정책도 마찬가지다. 백인이나 아시아인 학생이 성적과 대학 입학시험 점수가 우수해도 입학 자격을 흑인에게 먼저 부여하는 것도 이 정책의 문제점으로 꼽힌다. 휴스턴 중국인연맹Houston Chinese Alliance의 데이비드 카오David Cao는 조지 오웰의 소설《동물농장》에 나오는 구절을 인용하며 이런 상황을 냉소적으로 언급했다. "모든 동물은 평범하지만, 어떤 동물은 다른 동물보다 더 평등하다. (…) 미국 명문 대학에 입학할 자격에서 아시아인이 덜 평등한 대우를 받는다는 건 공공연한 사실이다."[47] 유명한 흑인 비평가 콜먼 휴스Coleman Hughes도 이런 정책은 혜택을 주려는 학생들에게 오히려 해를 입힌다고 주장한다. 대학들이 재학생의 다양성을 높이기 위해 입학 문턱을 선택적으로 낮추면, 그 혜택에 힘입어 "준비가 제대로 안 된 채 입학한 불안정한" 학생들은 "결국 함께 입학한 또래보다 더 헤맬 수밖에 없다"는 것이다.[48]

이런 반응을 보면, 적극적 우대 정책에 대한 도덕적 평가는 흑인, 백인, 아시아인 학생의 상대적 피해를 어떻게 보느냐에 따라 달라진다는 걸 알 수 있다. 즉, 각 인종의 취약성을 어떻게 추정하느냐가 판단을 좌우한다. 우리 연구에서 지정한 평가 집단으로 볼 때, 흑인은 상대적으로 '타자'에 더 가깝고 백인과 (논란의 여지가 있으나) 아시아계 미국인은 상대적으로 '권력자'에 더 가깝다. 물론 버락 오바마처럼 백인보다 더 큰 권력을 가진 흑인도 있지만, 미국에서 흑인의 경제적 수준과 영향력이 더 약하다는 사실은 통계가 말해준다. 흑인 가정의 가계소득 중간값은 5만 2,860달러이고, 백인 가정의 경우는 8만 1,060달러다.[49] 기업 경영진도 흑인보다 백인이 훨씬 많다.

그러나 누가 얼마나 취약한지는 통계나 실제 현실과 무관하게 개개인의 인식에 따라 다르다. 진보 성향인 사람은 타자가 권력자보다 훨씬 취약하다고 평가하므로, 미국에서 흑인이 피해를 입을 가능성이 백인보다 훨씬 크다고 여긴다. 위험성의 인식에 이런 특징이 있다는 걸 알면, 진보주의자가 백인의 희생을 감수하고서라도 흑인을 더 보호해야 한다고 주장하는 이유를 이해할 수 있다. 마찬가지로 보수주의자가 이들과 달리 타자와 권력자가 비슷하게 취약하다고 평가한다는 걸 알면, (흑인과 똑같이 미래에 대한 희망과 꿈을 가진) 백인과 아시아인 학생에게 불리한 방향으로 대학 입학 제도를 바꾸는 것에 주저하는 이유를 이해할 수 있다.

"흑인의 목숨도 중요하다!"고 외치는 시민운동과 "경찰의 목숨도 중요하다!"고 주장하는 시민운동의 대립도 타자와 권력자의 취약성을 다르게 평가하는 데서 비롯된다. 진보주의자는 미국에서 경찰과 일반 시민이 저지르는 총기 관련 폭력 사건에서 흑인 피해자의 비율이 더 높다는 점을 강조하며 흑인이 더 취약하다고 주장한다.[50] 보수주의자도 흑인의 피해를 걱정하지만, 사회를 보호하느라 다른 직업에 비해 업무 중 목숨을 잃을 확률이 4배나 더 큰 경찰의 취약성을 더 크게 염려한다.[51] 즉, 보수 진영도 대체로 흑인을 보호해야 한다고 생각하고, 진보 진영 역시 전반적으로 경찰을 보호해야 한다고 생각한다. 하지만 타자와 권력자의 취약성을 다르게 평가하므로 도덕적 판단이 달라져 진보주의자는 흑인의 목숨이 중요하다고 주장하는 운동을 지지하고, 보수주의자는 경찰의 목숨도 중요하다고 주장하는 운동을 지지한다.

정치 성향별로 의견이 엇갈리는 다른 여러 쟁점도 취약성을 다르게 평가하는 것으로 설명할 수 있다. 트랜스젠더의 권리에 관한 논쟁에서, 진보주의자는 트랜스젠더 여성이 해를 입기 쉬운 취약한 사람임을 강조하는 반면, 보수주의자는 트랜스젠더 여성이 다른 여성을 해칠 수 있다고 강조한다. 과세와 최저임금 문제도 마찬가지다. 진보주의자는 빈곤층이 고통받는 취약한 사람들이라는 점에 주목하고, 보수주의자는 최저임금을 높이고 사업주에게 세금을 더 많이 부과하는 법을 제정하면 힘들게 일하는 사업주의 돈을 빼앗는 격이라고 주장한다. 기후변화에 관한 의견 대립에서도 진보주의자가 극단적 기후에 가장 큰 타격을 받는 쪽은 사회의 소외 집단이라고 주장하는 걸 보면, 양 진영의 의견 대립이 타자와 권력자의 취약성을 다르게 평가하는 것과 관련이 있음을 알 수 있다.

개별적인 쟁점에서 벗어나 전체를 살펴보면, 좌익과 우익의 전반적인 취약성 평가가 사회적 쟁점에서 양측이 펼치는 주장과 맞물려 있다는 사실이 드러난다. 진보주의자는 대상에 따라 취약성의 평가에 큰 차이를 보이는 경향이 있다. 특히 타자와 권력자에 대한 평가가 크게 벌어진다. 이런 경향은 진보주의자가 역사적으로도 그랬고 현대에 들어서도 그렇듯, 사람들을 탄압하는 세력(취약성이 매우 낮은 권력자)과 탄압받는 존재(취약성이 매우 높은 타자)로 양분하려는 특징으로 나타난다. 사회는 착취당하는 프롤레타리아와 착취하는 지배계급 간의 갈등이 존재하는 곳이라는 카를 마르크스의 주장이나[52] "탄압하는 자들은 절대 자발적으로 자유를 제공하지 않는다. 탄압받는 자들은 그들에게 자유를 요구해야만 한다"는 마틴 루서 킹 주니어의 글에서도[53] 대상에 따라 취약성의 평가가 크게 다른 좌익의 특성을 볼 수 있다.

보수주의자의 취약성 평가는 대상별로 큰 차이가 없다. 이런 특성은 보수주의자가 사회를 자기 결정권이 있는 개인의 집합체로 보는 경향이 있고, 각자가 초래한 결과는 직접 책임져야 한다고 생각하는 것과 관련이 있다. "우리는 이성적인 존재이자 자유로운 존재로 태어났다"는 철학자 존 로크의 말에서도[54] 우익의 취약성 평가는 대상별로 큰 차이가 없다는 사실이 잘 나타난다. 로크는 다양한 집단을 언급하는 대신 의미가 광범위하고 총체적인 '우리'라는 표현을 사용해 모든 사람은 똑같이 자유로운 존재이며 이성을 발휘하고 책임질 줄 아는 능력도 공통적으로 갖고 있음을 강조했다.

진보주의자와 보수주의자 모두가 인권과 자유를 중요하게 생각한다. 그러나 진보주의자는 우리 사회를 구성하는 집단에 따라 불평등이 존재한다고 보는 경향이 더 강하다. 개인의 정체성, 인종, 종교, 사회적·생물학적 성별에 따라 훨씬 취약한 사람들이 있다고 보는 것이다. 진보주의자는 이런 취약한 사람들을 보호하려면 현 상태를 그대로 유지하려는 생각을 바꿔야 하며 그 과정에서 매우 힘 있는 사람들, 진보주의자가 보기에 상대적으로 취약하지 않은 사람들이 어느 정도 피해를 감수해야 한다고 주장한다.

이와 반대로 보수주의자는 사회가 자유로운 개인 간 계약으로 형성되며, 우리는 모두 자기 운명을 책임질 능력이 있고 성공과 실패는 주로 각자의 선택에 달려 있다고 보는 경향이 강하다. 그러므로 태어날 때부터 가난한 사람이나 부유한 사람 모두 똑같이 타인에게 해를 가할 수 있고 똑같이 해를 입을 수도 있다고 생각한다.

진보주의자가 보수주의자는 명백한 사회 불평등을 인정하지 않는다고 비난하고, 보수주의자가 진보주의자는 집단별 차이를 과장해 분열을 조장한다고 비난하는 이유도 타자와 권력자에 대한 진보주의자의 취약성 평가 결과는 격차가 크고, 보수주의자는 차이가 별로 없는 것으로 설명할 수 있다. 폭스뉴스 앵커 로라 잉그러햄Laura Ingraham은 자신의 팟캐스트에서 타자가 사회에서 특별 대우를 받는 것에 불만을 토로했다. "소수자라는 이유로 특별한 기준을 적용하고 특별한 대우를 받는 것이다."[55] 〈내셔널 리뷰National Review〉의 한 사설은 진보주의자가 "피해와 불평 정도에 따라 사회 집단을 계층화하는" 경향이 있다고 주장했는데,[56] 보수주의자는 대부분 그런 경향을 비난한다. 확고한 보수주의자는 모든 사람이 비슷하게 고통을 겪으며 살아간다고 생각하므로, 진보주의자가 타자의 피해를 실제보다 과장해서 주장한다고 여긴다.

진보주의자의 생각은 정반대다. 이들은 보수주의자가 집단 간의 차이를 그만 외면하고, 어떤 사람은 어쩌다 그렇게 태어났다는 이유로 남들보다 피해에 취약한 삶을 살아가는 사람들도 있음을 인정해야 한다고 주장한다. 이브람 켄디Ibram X. Kendi는 저서 《반인종주의자가 되는 법How to Be an Antiracist》에서 이렇게 설명했다. "백인이 누리는 특권 중 가장 두드러지는 것이 목숨 그 자체다. 미국에서 백인의 수명은 흑인보다 평균 3.5년 더 길다. 이는 건강과 관련한 두 인종의 무수한 차이 중 가장 눈에 띄는 한 가지일 뿐이다. 그 격차는 유아기부터 나타나며, 흑인 영유아의 사망률은 백인 영유아의 2배다."[57]

다들 진보와 보수의 입장 중 더 공감하는 쪽이 있을 것이다. 그게 어느 쪽이든 사람들이 특정 대상의 취약성을 어떻게 평가하는지를 알면, 도덕적 판단에서 나타나는 차이를 이해할 수 있다는 것이 이번 장의 핵심이다. 위험성이 도덕적 판단의 바탕이라는 점은 모두 같지만, 누가 또는 무엇이 해를 입거나 희생당하고 부당한 대우를 받기 쉬운지는 사람마다 다르게 평가한다. 그리고 그 차이가 서로 다른 도덕적 판단으로 나타난다. 취약한 존재가 해를 입지 않도록 보호하려는 마음은 모두 같다. 그러나 가장 먼저 보호해야 하는 대상이 누구인지는 사람마다 의견이 다르다. 누구를 먼저 보호해야 하는지 반드시 우선순위를 정해야 하는 상황에 몰리면, 취약성의 평가가 조금만 달라도 치열한 논쟁이 벌어질 수 있다.

환경, 신, 권력자, 타자까지 네 집단의 취약성에 관한 사람들의 평가에서 나타나는 차이로 많은 정치적 논쟁을 설명할 수 있지만, 이는 어디까지나 연구를 위해 설정한 평가 집단일 뿐이다. 도덕적 판단이 엇갈리는 쟁점 중에는 여기에 포함되지 않은 다른 대상에 대한 취약성 평가와 관련 있는 내용도 있다. 가령 다른 나라의 전쟁에 참전하는 일이나 미국의 지역별 주택 소유자 협회 회의에서 벌어지는 일들에 관한 논쟁, 가정 파탄의 책임을 놓고 생기는 갈등도 누가 얼마나 취약한지에 관한 서로 다른 평가에서 비롯될 가능성이 크다. 자신은 시누이가 (남의 말에 정서적으로 별로 영향을 받지 않는) 강철 심장이라 생각하고, 배우자는 정반대로 이야기한다면, 특정한 말이나 행동이 시누이의 감정을 상하게 할 수 있는지 여부를 도덕적으로 다르게 평가할 수밖에 없다. 중요한 건 이처럼 사람마다 특정 대상의 취약성을 다르게 평가하는 것이 우리 뇌에 평가 기준마다 하나씩 자리한 작은 방이 있다거나, 취약성을 평가하는 다양한 정신적 메커니즘이 존재해서가 아니라는 것이다. 취약성의 추정은 도덕성과 위험성에 관한 각자의 신념과 문화가 한데 합쳐져서 나오는 결과다.

1부에서는 우리에게 자신과 다른 사람이 해를 입지 않도록 보호하려는 본질적인 충동이 있다고 설명했다. 그리고 6장에서는 직관적으로 인식하는 위험성이 우리의 도덕적 판단을 좌우한다는 사실을 살펴보았다. 취약성의 추정은 위험성에 관한 우리의 전반적인 걱정과 특정 대상의 피해에 관한 개개인의 직관적 인식을 하나로 연결하는 문화적인 개념이다. 우리가 도덕적으로 대립하고 도덕적 판단이 달라 분개하도록 만드는 건 피해에 관한 개개인의 직관적 인식이다.

위험성은 모두가 사용하는 도덕성의 공통언어다. 하지만 사람마다 취약성을 다르게 평가하기 때문에 공통언어가 있어도 서로 말이 통하지 않는 상황이 벌어진다. 3부에서 자세히 설명하겠지만, 이러한 분열은 상대방의 신념을 물어보는 것으로 극복할 수 있다. 문제는 명백히 악의적인 가해자와 명백히 고통받는 피해자를 구분하지 못하는 듯한 사람하고는 도덕성을 논하기가 쉽지 않다는 것이다.

◎ 진보주의자와 보수주의자 모두 위험성을 토대로 도덕성을 판단한다. 둘 다 직관적으로 지각하는 위험성이 도덕적 판단의 바탕을 이루는데, 그럼에도 정치적 견해가 엇갈리는 이유는 누가 얼마나 취약한지에 대한 평가가 다르고 그에 따라 도덕적 판단도 달라지기 때문이다. 진보주의자와 보수주의자는 부당한 대우와 피해에 특히 취약한 사람이 누구인지를 다르게 평가한다.

◎ 사람마다 특정 대상의 취약성 추정에 큰 차이가 있는 이유는, 우리가 다른 사람의 감정을 제대로 알 수 없고 겉으로 드러나는 것으로만 인식하기 때문이다. 스포츠 경기에서 어떤 선수가 '부상'을 당하면, 어느 팀을 응원하느냐에 따라 그 선수의 고통에 공감하기도 하고 엄살을 부린다고 비난하기도 한다.

◎ 미국의 진보 진영과 보수 진영은 환경(지구 등), 신(하나님 등), 권력자(주정부 소속 경찰 등), 타자(불법 이민자 등)의 취약성을 다르게 추정한다. 이 차이를 알면 두 진영의 정치적 갈등 중 상당 부분을 더 자세히 이해할 수 있다. 진보주의자는 보수주의자보다 환

경과 타자가 해를 입기 쉬운 취약한 존재라는 인식이 더 강하고, 권력자와 신은 별로 취약하지 않다고 추정하는 경향이 있다.

◎ 정치 성향에 따라 특정 대상의 취약성 평가에서 전반적인 경향성이 나타난다. 확고한 진보주의자는 대상에 따라 취약성의 평가가 크게 나뉘며 세상을 매우 취약한 존재(피억압자)와 거의 취약하지 않은 존재(억압자)로 양분하는 경향이 있다. 확고한 보수주의자는 대상별 취약성 평가에 큰 차이가 없다. 이들은 모든 사람이 비슷하게 취약하다고 생각하며, 각자의 정체성과 상관없이 누구나 피해자 또는 가해자가 될 수 있다고 본다.

◎ 취약성 평가에서 나타나는 진보주의자와 보수주의자의 견해 차이를 알면, 인종·치안 유지·적극적 우대 정책·과세·환경문제 등 문화 전쟁으로 일컬어지는 현대사회의 수많은 갈등을 더 깊이 이해할 수 있다. 누구나 약한 사람을 보호하려 함에도 도덕적 갈등이 일어나는 이유는 취약성을 다르게 평가하기 때문이다.

8장

비난
- 도덕적 정형화

히틀러의 심적 고통을 굳이 헤아리려는 사람은 없다. 괴물이나 할 법한 일을 저지른 인물이니 그럴 만도 하다. 그래서 사람들은 아버지가 어린 시절 내내 그를 가차 없이 때리고 학대했다는 사실도 잊는다.[1] 히틀러는 생애 중 어느 정도는 가해자가 아니라 피해자로 살았다. 하지만 그를 모두와 똑같이 고통을 느끼는 인간으로 묘사하면 사람들은 분노한다.

영화 〈다운폴Downfall〉에는 연합군이 포위망을 좁힐 때, 지하 벙커에서 지낸 히틀러의 마지막 며칠이 나온다. 히틀러의 약한 모습, 두려움을 비롯한 그의 감정을 인상적으로 묘사한 이 영화는 오스카상 후보에 올랐으나, 바로 그런 이유로 엄청난 공분을 샀다. 사람들은 무자비한 독재자도 슬퍼하고 걱정할 줄 안다는 사실에 거부감을 느꼈다. 굳이 따지자면 히틀러도 우리와 같은 인간이므로 당연히 고통을 느낄 거라고 인정할 수 있지만, 그가 저지른 악행을 생각하면 그를 피해자로 보기는 힘들다.

미국 뉴멕시코주 출신 소년 코디 포시Cody Posey의 사례는 히틀러와 정반대다. 코디가 열 살일 때, 그의 부모는 이혼 법정에서 양육권을 놓고 싸웠다. 이혼 소송이 장기간 이어지는 사이 부친은 코디를 괴롭히고 때리며 화풀이 대상으로 삼았다. 다행히 양육권은 아이를 아끼는 엄마에게 주어졌고, 코디는 부친과 완전히 절연했다. 양육권 결정이 나고 몇 달 후, 새출발을 결심한 엄마는 아이와 함께 뉴멕시코주를 떠나 워싱턴주로 향했다. 코디는 이제 자유라고 생각하며 안도했다. 그런데 이사 가던 바로 그날, 두 사람이 탄 픽업트럭이 고속도로에서 다른 차와 충돌했다. 이 사고로 코디의 엄마는 세상을 떠났다.

뉴멕시코주 법률에 따라 코디의 양육권은 잔인한 부친에게로 넘어갔다. 그사이 재혼한 부친은 외딴 농장에 살고 있었다. 그곳에서 지내게 된 코디는 끊임없이 학대를 당하며,[2] 농장에서 강제로 일했다. 먹을 것도, 물도, 휴식도 제공되지 않는 날이 허다했다. 부친은 아침마다 소를 다룰 때 쓰는 기다란 전기충격기로 코디를 깨웠다. 그리고 채찍, 삽, 갈고리, 돌 등 온갖 도구로 계속 때렸다. 새엄마까지 정신적·신체적 학대에 가세했다. 의붓여동생은 코디가 실수하면 고자질하라는 부모의 지시를 순순히 따랐고, 그에 대한 보상도 받았다.

어느 날 밤, 부친은 당시 열네 살이던 코디에게 새엄마와 성관계를 하라고 강요했다. 거부하자 벌겋게 달군 쇠를 가져와 코디의 몸에 낙인을 찍었다. 엄청난 절망감을 느낀 코디는 다음 날 38구경 리볼버로 부친과 새엄마, 그리고 당시 열세 살이던 의붓여동생을 죽였다.

코디가 살인자인 건 분명한 사실이지만, 우리의 도덕적 사고는 그와 히틀러를 동일 선상에 놓지 않는다. 사람들은 코디를 살인에 무감각한 악인이 아니라 피해자라고 여기며 그가 겪은 고통에 공감한다. 그래서 코디가 부친과 새엄마를 죽인 일에 도덕적으로는 책임을 묻기 힘들다고 생각한다. 대다수가 코디를 피해자로만 평가하는 경향은 실제 판결에서도 나타났다. 코디는 살인에 대한 처벌을 대부분 면했고, 온 가족을 죽이고도 6년 만인 2010년 감옥에서 풀려났다.

히틀러와 코디는 악인과 피해자의 극단적 사례다. 우리 대다수가 저지르는 악행은 히틀러와는 비교도 할 수 없을 만큼 약하고, 대부분이 경험하는 피해도 코디만큼 크지 않다. 도덕적으로 평가하자면 우리는 나쁜 일도 약간 저지르고 피해도 약간 당하는, 가해자와 피해자가 조금씩 섞인 사람들이다. 때로는 다른 사람에게 피해를 주고 때로는 다른 사람으로부터 해를 입으며 완전한 피해자도 아니고 완전한 가해자도 아닌 회색 지대에서 살아간다.

큰 트라우마를 겪은 사람도 도덕적으로 가해자와 피해자의 면모가 모두 있는 건 마찬가지다. 우리의 이런 복잡한 도덕성은 '리하이 종단 연구Lehigh Longitudinal Study'에서도 입증됐다. 1970년대에 미국 리하이대학교의 한 연구진은 태어날 때부터 생활 여건이 힘든 아이들의 삶을 추적했다. 아동복지 사업의 지원을 받은 아이들이 주요 연구 대상이었고, 상당수(63퍼센트)가 월수입 700달러 미만인 가정에서 자랐다. 42퍼센트는 집에서 수시로 학대를 겪었다.

조사 결과, 어릴 때 학대당한 아이들과 그렇지 않은 아이들 모두 소수지만 유의미한 비율로 나중에 범죄자가 된 것으로 나타났다. 다른 사람을 심하게 해친 중범죄자도 있었는데, 어린 시절 학대나 폭행을 당한 아이들은 그러한 중범죄에 연루될 확률이 더 높았다. 어릴 때 학대를 겪은 아이들은 47퍼센트가 중범죄를 저질렀다(학대받은 경험이 없는 아이들 중 중범죄자 비율은 36퍼센트).[3] "상처받은 사람은 남에게 상처를 되갚는다"는 말처럼, 이 연구 결과에는 피해자가 가해자가 되는 상관관계가 나타난다.

우리는 피해자가 가해자가 되기도 한다는 사실을 알면서도, 피해를 겪은 사람이 남을 해칠 수도 있다는 걸 쉽게 받아들이지 못한다. 그 두 가지가 공존하는 회색 지대를 인정하기보다는 도덕성을 흑백으로 깔끔하게 단순화하려고 한다. 개개인의 삶이 복잡하다는 걸 간과하고, 다른 사람의 도덕성을 가해자 아니면 피해자 둘 중 하나로 규정하려고 한다. 자신이 마치 할리우드 영화감독이라도 된 것처럼 불쌍한 피해자와 사악한 가해자 둘 중 하나로 정형화한다.

우리는 유명 배우가 특정 작품에서 맡은 역할의 이미지를 계속 떠올리는 경향이 있는데, 그와 마찬가지로 다른 사람의 도덕성도 한 번 평가를 내리면 거기에 얽매인다. 작고한 배우 앨런 릭먼Alan Rickman은 영화 〈해리포터〉의 (불쾌하고 음침한) 세베루스 스네이프 교수와 〈다이하드〉의 (차갑고 계산적인) 한스 그루버를 연기한 후 고전적인 악당의 모습으로 하도 유명해져서, 사람들은 그가 재밌는 일을 하거나 태평스럽게 지내는 모습을 잘 떠올리지 못한다. 아역 배우도 비슷하다. 작품에서 아이 특유의 약함과 귀여움으로 각인된 어린 배우는 무자비한 악당과 잘 연결되지 않는다. 〈오즈의 마법사〉에서 도로시 역할을 맡은 배우 주디 갈런드Judy Garland가 먼치킨을 목 졸라 죽이는 걸 상상할 수 없듯이 말이다.

할리우드 배우는 이처럼 특정한 이미지가 고정되면 배역의 폭이 좁아져 연기력을 두루 보여줄 기회를 얻기 힘들다. 그게 배우들이 겪을 수 있는 문제라면, 도덕적 정형화는 모두에게 문제가 된다. 진실을 가리기 힘든 복잡한 도덕적 갈등 상황에서 (비난할 수 없는) 피해자와 (해를 입을 리 없는) 가해자로 지나치게 단순화하면 갈등은 더욱 심해진다.

도덕적 정형화의 중심에는 단순화가 자리한다. 인간의 정신은 놀랍도록 뛰어나지만, 우리를 둘러싼 자연계와 세상은 너무나 복잡해서 이해하기 힘들다. 그래서 우리에게는 그런 복잡함을 덜어내고 세상을 더 쉽게 이해하도록 도와주는 어림짐작, 경험 법칙, 인지적 지름길이 발달했다. 5장에서 설명했듯이 우리가 어림짐작으로 세상을 이해한다는 사실을 처음 밝혀낸 심리학자 아모스 트버스키와 대니얼 카너먼은 《생각에 관한 생각》에서, 인간의 사고 체계 중 시스템 1에 해당하는 인지적 지름길이 정보의 신속한 처리를 도와준다고 설명했다. 또한 위험성을 인식하고 도덕적 판단을 내릴 때도 인지적으로 더 큰 노력이 필요한 시스템 2가 아닌 빠르고 직관적인 시스템 1을 활용한다고 밝혔다.

도덕적 정형화는 도덕성을 어림짐작하는 방식이다. 다른 사람을 피해자와 가해자 중 하나로 단순화하는 것이다. 즉 해를 입은 사람은 뼛속까지 피해자일 뿐 절대 악인이 될 수 없고, 해를 가한 사람은 뼛속까지 악인이며 절대 피해자가 될 수 없다고 단순화한다.

도덕성을 이렇게 양분하면, 도덕적 판단이 엇갈리는 일과 거기에 연관된 사람을 보는 관점이 왜곡된다. 그래서 불완전할 뿐 나쁜 의도가 없는 사람을 히틀러와 코디 중 하나로 나눠버린다. 도덕성을 흑백으로만 분류하는 이런 인식으로는 도덕적 쟁점을 면밀하게 들여다보기 힘들 뿐만 아니라, 진지한 대화 자체가 힘들어질 수 있다. "온라인에서 토론이 길어질수록 상대방을 나치나 히틀러에 비유할 확률은 점점 높아진다"는 고드윈의 법칙Godwin's law이 작동하는 바탕에도 도덕적 정형화가 있다.[4]

이번 장을 열면서 히틀러와 그가 겪었을 고통을 언급한 것도 고드윈의 법칙을 이야기하기 위해서다. 이 나치 지도자의 이름은 오늘날 정치적인 대화에서 상대편을 철저한 악인으로 정형화하는 사람들 입에 수시로 오르내린다. 자신의 정치 성향과 상관없이 정치적 견해가 다른 사람의 신념을 히틀러나 할 법한 생각으로 여긴다는 연구 결과도 있다.[5] 이 연구에서는 진보주의자와 보수주의자 모두에게 정치 이데올로기의 범위를 극좌부터 극우라고 한다면 히틀러의 정치 성향은 어디쯤이라고 생각하는지 물었다. 그러자 진보 성향인 사람들의 75퍼센트는 히틀러가 우익이라고 평가했고, 보수 성향인 사람들의 50퍼센트는 좌익이라고 평가했다. 여기서 핵심은 좌익과 우익 어느 쪽도 히틀러는 아니라는 것이다. 그게 히틀러의 정치 성향이 실제로 어느 쪽인지보다 중요한 사실이다. 하지만 안타깝게도 우리의 도덕적 사고는 "그 생각은 잘못됐어"에서 "그건

332

대량 학살을 설계한 인간이나 할 법한 생각이야"로 너무 쉽게 쑥 나아간다.

도덕적 정형화가 일어나면 저마다 다른 도덕관 속에서 누군가에게는 가해자가 다른 누군가에게는 피해자로 여겨진다. 대학생들에게 불법 이민자에 관한 '사회적·정치적·도덕적·경제적 견해'를 글로 쓰도록 한 연구에서도 예상대로 도덕적 정형화가 명확히 드러났다.[6] 대학생 85명 중 50명(59퍼센트)이 불법 이민은 부도덕한 행위이며 "이민자가 한정된 일자리를 빼앗는다"거나 "합법적인 이민자가 누려야 할 기회를 불법 이민자가 빼앗는다"고 주장했다. 그리고 37명(44퍼센트)이 불법 이민자의 '절박함'과 '심각한 상황'을 강조하며 그들은 피해자라고 주장했다. 주목할 점은 이 연구에서 불법 이민자가 주는 피해와 그들이 입는 피해를 모두 언급한 대학생은 6명(7퍼센트)에 불과했다는 것이다. 나머지 93퍼센트는 도덕적 정형화로 단순화한 도덕관을 갖고 세상을 바라본다는 의미다.[7]

불법 이민자에 관해 아무것도 모르는 미국인이 이 연구 결과를 봤다고 하자. 학생들의 응답 중 어느 쪽이 자신에게 더 설득력 있게 들리느냐에 따라, 합법적 절차를 밟지 않고 미국으로 오는 사람들을 보는 시각이 크게 나뉠 것이다. 전체 응답자의 93퍼센트가 피해자 아니면 가해자라는 식으로만 이야기하므로, 답변만 본다면 이들이 같은 대상에 대한 견해를 말하고 있는 게 맞는지 의아할 정도다. 복잡한 도덕성을 압축하고 단순화해서 캐리커처처럼 만드는 것이 도덕적 정형화의 가장 중요한 특징이다.

도덕적 정형화의 발견

도덕과 정치 관련 대화에는 도덕적 정형화가 빠짐없이 등장한다. 도덕적 정형화가 뭔지 알고 나면, 생각나는 대로 입으로 뱉는 친척을 가리켜 지독하게 악의적이라고 하거나, 직장 동료가 냉혹한 상사에게 시달리는 다른 동료를 아무 죄 없는 피해자로 여기는 경우 등 온 사방에서 도덕적 정형화의 사례가 보인다. 우리는 정치 성향이 자신과 다른 전문가가 직장에서 '잘리면' 그 나쁜 인간이 마침내 마땅한 벌을 받았다고 여긴다. 그리고 자신과 정치 성향이 같은 전문가가 해고되면 온라인에서 암약하는 광신도 같은 집단 때문에 무고한 피해자가 생겼다고 주장한다. 이 모두가 도덕적 정형화다.

도덕적 정형화는 우리 주변 어디에서나 볼 수 있지만, 나는 (과학적인 발견이 대부분 그렇듯) 이런 현상을 우연히 발견했다. 대학원에 입학한 첫해에 실패만 거듭하다가 생긴 일이라, 내게는 더욱 놀라운 기억으로 남아 있다. 하버드대학교에서 대학원 생활을 막 시작한 그때, 나는 어쩌다 굴러온 돌이 된 기분이었다. 친구들은 이미 번듯한 연구 주제를 찾았는데 나만 헤매고 있었다. 사람들이 인간과 로봇의 정신 및 도덕성을 어떻게 생각하는지 조사해서 인간의 정신이라는 큰 수수께끼를 탐구하려고 했으나, 흥미로운 결과는 나오지 않았다. 가령 로봇 청소기 룸바Roomba와 어린이 중 도덕적으로 누가 더 보호해야 할 대상이라고 생각하는지 물으면 당연히 후자라고 대답하는, 전혀 놀라울 것 없는 조사 결과를 얻었을 뿐이다.

　그렇게 실패의 저주에 걸려 있던 겨울의 어느 날, 나는 늦게까지 연구실에 있었다. 2월의 보스턴답게 이미 몇 시간 전부터 밖은 온통 컴컴했다. 머리를 좀 비우려고 잠시 연구실에서 나와 복도를 서성이다, 마침 늦게까지 연구 중이던 친구 캐리 모어웨지Carey Morewedge와 만났다. 지금은 마케팅 교수로 AI의 지각에 대해 연구하고 있는 캐리는 흥미로운 연구를 설계하는 데 탁월한 소질이 있었다. 그는 연구실에 있을 때면 전등을 끈 채 책상 스탠드만 켜놓고 컴퓨터 모니터에서 나오는 불빛과 마주 앉아 있곤 했다. 그날도 그의 연구실에 들어서자 마치 비상한 과학이 튀어나올 듯한 어둡고 신기한 동굴에 온 기분이었다. 나는 그에게 내 패배감을 토로했다.

　캐리는 하던 일을 멈추더니, 내게 연구에 사용하고 있는 설문지를 보여달라고 했다. 내가 파일을 가져다주자 바로 손을 보기 시작하더니, 이내 12쪽이나 되던 분량을 딱 두 장짜리 간결한 설문지로 탈바꿈시켰다. 성인과 로봇이 고통을 느낄 수 있는지(상처가 생기면 얼마나 아파할까), 잘못을 저질렀을 때 도덕적 비난을 받을 만한 대상인지(다른 사람을 해쳤다면, 얼마나 비난받아야 할까)를 묻는 새로운 설문지가 완성됐다.

　캐리는 내게 연구 범위를 넓혀서 로봇과 일반적인 성인뿐 아니라 다운증후군 환자처럼 발달장애가 있는 사람들의 정신과 도덕성에 관한 인식도 조사하면 어떻겠느냐고 제안했다. 내 연구를 전체적으로 물갈이할 필요성을 느끼던 터라 그 제안을 받아들이긴 했지만, 솔직히 큰 희망은 걸지 않았다. 다음 날, 나는 새로운 설문지

뭉치를 들고 출퇴근 시간에 지하철역으로 가서 전동차를 기다리는 사람들에게 내밀었다. 원래 지하철에서 설문 조사를 하면 안 되는데, 역사 근무 경찰이 연구 목적으로 설문지를 돌리는 대학원생까지 쫓아내는 경우는 거의 없었다.

그렇게 수집한 데이터를 분석하자, 기존의 결과를 대부분 분명하게 재확인할 수 있었다. 사람들은 일반 성인이 로봇보다 고통을 더 많이 느끼며, 로봇과 인간이 다른 사람을 해쳤다면 인간이 도덕적으로 더 큰 비난을 받아야 한다고 보았다. 또한 잘못을 저질렀을 때 일반적인 성인이 다운증후군 환자보다 도덕적으로 더 비난받아야 한다고 답했다. 발달장애는 법적으로도 형사처벌 시 감경 사유로 인정받는다. 또한 우리는 자기 행동의 도덕적 의미를 충분히 이해할 만한 지적 능력이 없다면 그 행동에 대한 책임도 덜어줘야 한다고 생각한다.

그런데 이 설문 조사에서 뜻밖의 결과도 나왔다. 응답자들이 발달장애를 앓는 사람은 일반 성인보다 고통에 더 민감하다고 한 것이다. 당시에는 정신 능력과 도덕적 판단 능력이 한 묶음이라고 여겨졌으므로 희한한 결과였다.[8] (앞 장에서 소개한 우리 연구에서) 인간의 정신은 사고력을 갖춘 실행자와 감각 기능을 갖춘 약자를 구분해서 지각한다는 사실이 밝혀지기 전이었고, 마음 지각에 관한 연구에서는 지적 능력이 정교할수록 정서적으로 더 강렬한 경험을 한다는 견해가 지배적이던 때였다. 그 논리로는 일반 성인이 다운증후군 환자보다 자기 행동에 도덕적으로 더 큰 책임을 져야 한다고 판단한다면, 고통과 괴로움도 더 많이 느낄 거라는 의견이 우세

해야 했다.

그런데 설문 조사에서 얻은 결과를 보면, 도덕적으로 비난받을 일을 할 수 있다고 평가한 대상에 대해서는 해를 입을 가능성을 배제하는 경향이 나타났다. 마찬가지로 다운증후군 환자는 악행을 저지를 능력이 부족하며 더 큰 해를 입을 수 있다고 평가했다. 이런 결과를 확인한 나는 '비난과 고통'에 대한 이 같은 상반된 생각이 전반적인 도덕적 판단의 기본 재료는 아닐지 궁금했다. 사람들은 대체로 악의적인 면과 해를 입을 가능성이 공존할 수 없다고 여기는 건 아닐까? 어떤 대상이 해를 입기 쉬운 취약한 존재라는 인식이 강할수록 그가 비난받을 일을 저지를 수 있다는 인식은 약해지고, 그 반대의 경우도 마찬가지라면?

캐리가 옆구리를 쿡쿡 찔러준 덕분에, 나는 마침내 연구 주제로 삼을 만한 흥미로운 현상을 발견했다. 그때부터 도덕적 책임에 대한 평가와 취약성 평가가 반비례하는지 확인할 수 있는 연구를 열심히 설계했다. 지금은 돌아가신 지도 교수 대니얼 웨그너Daniel Wegner와 함께 진행한 그 연구에서는 참가자에게 히틀러, 연쇄 살인범 테드 번디Ted Bundy, 테러 조직 알카에다를 창설한 오사마 빈 라덴 같은 명백한 악인 등 다양한 대상을 제시하고 각각 비난받을 만한 일을 저지를 능력이 얼마나 된다고 생각하는지, 고통을 얼마나 느낄 수 있다고 생각하는지 물었다. 고아, 데이트 성폭행 피해자, 다운증후군 환자 등 일반적으로 취약하다고 여겨지는 사람들도 평가 대상에 포함해 같은 질문을 던졌다. 악인으로 제시한 예가 유명한 인물이라는 사실이 응답자의 평가에 영향을 줄 수도 있으

그림 14 ◉ 우리 연구에서는 웡-베이커 통증 척도를 활용해 사람들에게 다양한 악인과 피해자가 상처를 입었을 때 고통을 얼마나 느낄지 물었다.

므로 네트워크 관리자, 교사, 은행원 등 우리가 일상에서 자주 접하는 평범한 사람과 가수 겸 배우 브리트니 스피어스Britney Spears, 영국의 해리 왕자 등 유명인이면서 악인이 아닌 사람도 평가 대상에 포함했다.[9]

각각의 대상이 아픔을 얼마나 느낀다고 생각하는지 명확한 결과를 얻기 위해, 우리는 병원에서 환자가 느끼는 주관적 통증을 확인할 때 쓰는 웡-베이커Wong-Baker 통증 척도를 활용했다. 맨발로 유리 조각을 밟는 것과 같은 특정한 상황을 제시하고, 통증 척도 0~10점의 '아픈 얼굴' 중 하나를 골라서 얼마나 아파할 것 같은지 평가하도록 했다.[10] 도덕적으로 비난받을 일을 저지를 수 있는 능력에 관해서는 다음 질문으로 사람들의 평가를 확인했다. "이 사람은 자기 인생에서 일어난 일들에 얼마나 책임이 있을까?"

분석 결과, 다양한 대상에 대한 평가에서 일관된 경향이 나타났다. 사람들은 고통받는 피해자로 여기는 대상일수록 비난받을 일을 저지를 가능성은 없다고 여긴다는 점이다. 악하다는 인식이 강한 대상일수록 피해자라는 인식은 감소한다(반대의 경우도 마찬가지다). 이 결과를 보면, 우리 머릿속에 누군가가 해를 입을 가능성과 비난받을 일을 저지를 가능성은 공존할 수 없는 듯하다.

이 연구에서는 평가 대상을 극단적으로 나누어 명백한 악인과 해를 입기 매우 쉬운 취약한 사람을 제시했는데, 평범한 대상을 평가 대상으로 제시한 다른 연구에서도 악하다고 평가되면 해를 입을 가능성은 없다고 여기는 비슷한 결과가 나왔다. 제프리와 미셸이라는 가상의 두 인물이 등장하는 시나리오를 활용한 우리 연구에서도 그런 점을 확인했다. 제프리와 미셸이 다니는 회사는 원래 환경보호를 중요하게 생각했으나 이윤을 높이려고 환경오염을 무시하기로 계획했다는 내용이었다. 제프리는 회사의 이러한 방향 전환을 진두지휘하며 새로운 계획에 동의하지 않는 직원을 해고했고, 미셸은 회사의 새로운 정책에 동의했으나 소극적인 역할을 맡았다. 우리는 이 시나리오를 제시하고 제프리와 미셸 중 누가 더 비난받아 마땅한지 물었다. 예상대로 제프리가 더 비난받을 나쁜 사람이라는 평가가 압도적으로 우세했다.

앞서 진행된 연구 결과들로 추정할 때, 사람들은 제프리가 해를 입을 리 없고 고통도 크게 느끼지 않을 거라고 여길 터였다. 우리는 이를 확인하기 위해 뜨거운 커피가 몸에 쏟아졌을 때 제프리와 미셸 중 누가 더 아파할 것 같은지 물었고, 짐작한 대로 응답 결과에서 그러한 도덕적 정형화가 나타났다. 사람들은 똑같이 뜨거운 커피가 쏟아져도 미셸이 제프리보다 더 아파할 것이라고 답했다. 잘못된 업무를 추진하는 것과 뜨거운 커피가 몸에 쏟아졌을 때 느끼는 고통은 객관적으로 아무 관련이 없다. 그럼에도 사람들은 그

두 가지를 한 덩어리로 묶어서 나쁜 사람은 해를 적게 입을 거라고 생각한다.

도덕적 정형화로 발생하는 결과는 크게 두 가지로 정리할 수 있다. 피해자(가해자가 아닌 사람)는 비난받을 일을 할 리 없다고 여겨진다는 것, 그리고 가해자(피해자가 아닌 사람)는 고통을 느낄 리 없다고 여겨진다는 것이다. 이런 도덕적 정형화가 정당한 경우도 있다. 가령 독재자와 고아가 잘못을 저지르면 우리는 고아에게는 그 행위에 대한 책임을 덜 지우고, 고아와 독재자가 고통을 겪으면 고아의 고통에 더 공감한다. 그러나 도덕적 정형화가 일어나면 전체적인 인간성은 보지 못한 채 주변 사람들의 도덕성을 단순한 캐리커처처럼 인식하게 된다.

비난에서 벗어나는 사람들

분노는 우리가 도덕적 감정을 가장 강력하게 표출하는 방식이다. 3장에서 살펴봤듯이 우리는 남을 해치는 사람을 보면 당황하고 분노한다. 그런 반응은 악의적인 행위를 저지른 사람을 집단에서 내쫓거나 감옥에 가두는 등 처벌 동기로 작용하므로 우리 자신과 사회를 보호하는 데 유용하다. 그래서 심각한 피해를 초래한 사람에게는 더더욱 크게 분노하고 처벌한다. 하지만 가해자가 동시에 피해자라는 확신이 들면 이야기가 달라진다.

앞서 소개한 코디 포시의 사례로 돌아가보자. 코디는 부친과 양

2부 · 인간의 도덕 정신

어머니, 의붓여동생을 살해했다. 코디의 범죄가 처음 알려졌을 때, 배심원단을 포함한 사람들의 첫 반응은 분노였다. 그러나 그 감정은 곧 연민으로 바뀌었다. 코디가 자기 아버지와 양어머니에게 잔혹한 학대를 당했다는 사실을 알게 된 후, 사람들은 코디를 벌하는 게 아니라 보호할 방법을 찾기 시작했다. 코디가 폭력에 시달렸다는 사실은 그를 가해자가 아닌 피해자로 바꿔놓았고, 그의 행위엔 정당한 사유가 있다고 여겨졌다. 그로써 코디는 비난을 면할 수 있었다.

보통 잘못을 저지르고도 "비난을 면한다"고 할 때는 그 일이 악의적인 건 아니라는 의미가 담겨 있다. 즉 어떤 사건에서 피해자가 자신은 잘못한 게 없다고 주장하는 것과 별개로, 비난을 면하다는 건 피해자가 일을 "저지른" 건 맞지만 그 일이 "잘못"은 아니라는 주장이 내포되어 있다. 코디도 자신이 살인했다는 사실은 인정했다. 그러면서도 자신은 잔인한 일을 겪었으므로 정당한 행동이었다고 주장했다.

실제로 피해자가 나쁜 행위 자체는 인정하면서 자신이 겪은 위협과 고통, 두려움이 원인이므로 악의적인 의도는 없었다고 변명하는 경우가 있다. 유능한 변호사로 알려진 게리 스펜스Gerry Spence의 저서 《재판에서 이기는 법Win Your Case》은 형사사건 피의자가 재판에서 이기는 일곱 가지 방법을 소개하는데, 그중 하나가 "피해자가 돼라"는 것이다. 피의자 자신이 겪은 고통을 부각해 혐의를 제기한 쪽을 "냉담하고 잔인한 사람, 복수심을 품은 사람"으로 만들라는 얘기다. 이 조언은 저자가 직접 변호한 피의자들의 피

해를 성공적으로 입증해서 판사와 배심원들로부터 가벼운 형량을 받아낸 경험에서 나온 것이다.[11]

실제 법정에서 판결이 내려지는 과정은 복잡하지만, 우리 연구진은 사람들에게 피해자로 평가되면 잘못을 저질러도 비난을 면하는지를 여러 통제된 조건에서 조사했다. 한 연구에서는 주급 600달러를 받는 가상의 인물 조지 이야기를 두 버전으로 만들어 사람들에게 제시했다. '일반' 버전의 시나리오는 조지가 매주 번 돈을 이런저런 물건을 사는 데 쓴다는 내용이고, '피해자' 버전의 시나리오는 조지의 상사가 매주 100달러를 부당하게 빼앗고 혹여라도 그 일에 불만을 품으면 해고하겠다고 협박한다는 내용이었다.[12]

그 뒤에 이어지는 이야기는 두 버전의 시나리오가 동일했다. 어느 날 길을 걷던 조지가 어떤 여성이 10달러 지폐를 떨어뜨리는 걸 봤고, 그 돈을 얼른 주워 자기 주머니에 넣었다는 내용이다. 우리는 이 두 가지 시나리오를 사람들에게 제시하고 조지가 한 일이 얼마나 비난받을 일인지, 얼마나 엄한 처벌을 받아야 한다고 생각하는지 물었다. 예상대로 도덕적 정형화의 영향이 나타났다. '피해자' 버전의 시나리오를 읽은 사람들은 '일반' 버전을 읽은 사람들보다 조지를 덜 비난했고, 필요하다고 밝힌 처벌의 강도도 약했다. 우리는 이 조사에서 다른 질문을 통해 조지가 고통을 얼마나 느낄 것 같은지도 물었는데, 그가 고통을 더 심하게 느낄 것이라고 답한 사람들은 조지의 행위를 처벌해야 할 필요성에 공감하지 않았다. 역시나 도덕적 정형화의 결과였다. 조지를 고통받는 희생자로 더 강하게 정형화한 사람일수록 그가 범죄자일 리 없다는 생각도 강했다.

　다른 연구에서는 2명의 젊은 요리사가 등장하는 시나리오를 제시하고 사람들의 반응을 조사했다. 같은 음식점에서 보조로 일하는 이 두 요리사는 실수로 음식에 견과류가 들어가지 않도록 항상 주의해야 할 책임이 있었다. 음식점을 찾는 손님 중에는 견과류 알레르기가 있는 사람도 있을 것이기 때문이다. 그러나 어느 날 두 사람의 실수로 음식에 땅콩이 들어갔고, 그걸 먹은 한 손님이 알레르기를 일으켜 목숨을 잃을 뻔했다. 겨우 회복한 그 손님은 문제의 요리사 중 한 명을 해고하지 않으면 고소하겠다고 엄포를 놓았다.

　이 시나리오에는 두 요리사의 배경 정보가 포함되었다. 둘 중 한 요리사는 원래 철물점에서 일했던 사람이고, '피해자'로 설정한 다른 요리사는 음주 운전 차량에 치여 몇 개월간 걷지도 못하다가 겨우 재활에 성공한 사람이었다. 이 시나리오를 제시하고 두 요리사 중 누구를 해고해야 한다고 생각하는지 묻자, 이번에도 도덕적 정형화가 일어났다. 두 요리사 중 피해 경험이 있는 사람을 덜 비난한 것이다. 그가 겪은 피해는 오래전 일이고 지금은 다 회복했다고 설명했지만, 참가자의 69퍼센트는 그런 안타까운 일을 겪은 적 없는 요리사를 해고해야 한다고 했다. 이는 할리우드 배우의 특정 이미지처럼 도덕적 정형화가 '끈질기게 지속된다'는 것을 보여준다. '피해자'가 지금은 아무 문제 없이 잘 지내고 있음에도, 사람들은 여전히 그를 '일반적인' 요리사보다 비난받을 자격이 덜하다고 여겼다.

　우리는 이러한 연구를 통해 통제된 실험 조건에서 도덕적 정형화의 강력한 영향을 확인할 수 있었을 뿐만 아니라, 예상치 못한 또 한 가지 사실을 알게 됐다. 남의 돈을 주워서 가진 조지와 실수로 손님을 죽일 뻔한 두 요리사의 이야기 모두에서, '피해자'는 자신과 아무 관련 없는 사람에게 해를 끼쳤다는 점이다. 코디 포시는 자신이 겪는 고통을 끝내고 스스로를 방어하기 위해 범죄를 저질렀으므로 정의의 저울에 어느 정도 균형을 맞추는 행위였다고 할 수 있지만, 10달러를 잃은 여성은 조지에게 돈을 빼앗은 상사가 아니고 알레르기 반응을 겪은 손님 역시 요리사가 과거에 겪은 피해와 무관한 사람이다. 그런데도 오래전 피해 경험이 있다는 이유로 현재 저지른 잘못을 덜 비난하는 건 합리적인 판단이 아니다.

과거에 해를 입은 사람이 그 일과 무관한 사람에게 해를 끼치고도 어떻게 피해 경험이 있다는 이유로 비난을 면할 수 있을까? 도덕적 정형화 때문이다. 과거의 고통이 그 사람에 대한 우리의 도덕적 판단에 영향을 준다. 그런 경험이 있는 사람은 비난받을 일을 저지를 수도 있는 일반적인 사람이 아니라 고통받는 사람으로 인식된다. "악을 악으로 갚으면 안 된다"는 말도 있지만, 한 번 악을 겪은 사람은 자기 손으로 악을 저질러도 용인되는 듯하다.

피해를 경험한 사람이 죄를 저질렀을 때 봐주는 걸 직관적으로 이해할 수 있는 경우도 있다. 가령 트라우마 때문에 더 쉽게 발끈해서 공격적으로 반응한다면, 그런 행동은 덜 비난하는 게 당연한지도 모른다. 하지만 과거에 고통을 겪은 사람은 정말 자기 행동에 아무런 책임을 지지 않아도 될까? 예를 들어, 어릴 때 학대당한 사람은 성인이 되어 잔인한 일을 저질러도 (친구, 가족은 물론) 사회가 책임을 덜 지우는 게 당연할까?

피해를 겪은 사람이 잘못을 저질렀을 때 정확히 어디까지 용인되는지는 시나리오를 활용한 연구로 알아낼 수 없을 뿐만 아니라, 도덕심리학에서 밝혀낼 수도 없는 문제다. 다른 사람의 특정 행위를 얼마나 비난해야 하는지는 '규범'의 문제이고, 앞에서도 언급했듯 도덕심리학이 할 수 있는 역할은 사람들이 실제로 남을 비난하는 방식을 '설명'하는 게 전부다. 그런 한계는 있지만, 위와 같은 연구 결과는 피해자라는 이미지가 막강한 영향을 발휘한다는 사실과 우리가 다른 사람을 평가할 때 도덕적 정형화에 빠지기 쉽다는 사실을 잘 보여준다.

우리가 도덕적 정형화에 빠지기 쉬운 더 깊은 이유는 부도덕한 행위의 일반적인 구조에 있다. 살인, 폭행, 절도 범죄에서 죽임을 당하거나 폭행당하고 자기 물건을 빼앗기는 사람은 그 행위를 저지르는 사람과 동일인일 수 없다. 즉, 가해자와 피해자는 다른 사람이며, 그 두 역할은 공존할 수 없다. 만약 어떤 부도덕한 행위의 가해자가 곧 피해자라면, 예를 들어 도둑과 도둑맞은 사람이 동일인이라면 그 일은 부도덕한 일이 아니다. 자기 지갑에서 자신이 직접 돈을 빼내는 걸 절도라고 하지는 않는다. 이처럼 한 사건에서 가해자와 피해자는 동일인일 수 없고 둘 중 하나여야 한다. 도덕적 정형화는 우리 머릿속에서 이 개념을 확장해 다른 사람의 전반적인 도덕성을 평가할 때도 적용한 결과다.

부도덕한 행위를 저지른 사람과 피해자가 동일인일 수 없다고 여기는 현상을 설명할 때 유용한 비유가 심리학 책에 자주 등장하

그림 15 ⊙ 토끼와 오리 그림. 이 그림이 토끼로 보일 때는 오리가 잘 보이지 않듯이 누군가를 피해자라고 여기면 가해자일 리 없다고 생각하게 되고, 그 반대의 경우도 마찬가지다. 같은 그림에 당근을 추가하면 토끼만 보이는 것처럼 한 번 피해자나 가해자로 인식된 사람은 계속해서 그렇게 평가받는다.

는, 어떻게 보면 오리 같고 어떻게 보면 토끼 같은 그림이다. 사람들은 이 그림에서 오리와 토끼를 동시에 보지 못한다. 오리가 보이면 토끼가 보이지 않고, 토끼가 보이면 오리가 보이지 않는다. 보통 토끼, 오리, 토끼, 오리가 번갈아 보이는데, 여기에 다른 요소를 추가하면 이미지가 한 가지로 고정된다. 그림 15의 오른쪽 그림처럼 토끼의 입 부근에 당근을 추가하면, 이제 그 그림에서 오리는 잘 보이지 않는다. 어떤 사람의 과거 피해 사실을 알게 되는 건 그림에 당근을 추가하는 것과 같다. 그걸 알게 된 후에는 그가 비난받을 수 없는 피해자라는 인식이 굳어진다. 좀 더 깊이 생각해보면 피해자도 당연히 가해자가 될 수 있다는 걸 알 수 있지만, 사람들은 도덕적 판단을 내릴 때 직관적 인식에 의존할 뿐 깊이 생각하는 경우는 거의 없다.

사기꾼은 우리가 타인을 나쁜 사람이든 피해자든 둘 중 하나로만 판단한다는 점을 이용해 돈을 뜯어낸다.[13] 자신이 피해자인 척

2부 · 인간의 도덕 정신

굴며 표적의 마음이 약해지게 만들고 자신은 나쁜 사람이 아니라는 인상을 심은 후 사기를 치는 것이다. 실제로 연쇄 살인범 테드 번디가 살인할 여성을 꼬드길 때 썼던 수법처럼 다리를 절며 목발을 짚고 다니거나 가짜 석고붕대를 감고 큰 사고를 당했다며 눈물 고인 얼굴로 호소하는 식인데, 표적으로 정한 사람이 동정심을 느끼면 게임은 끝난다. 그때부터 표적은 그 사기꾼이 나쁜 사람일 가능성은 떠올리지 못한다.

도덕적 정형화를 이용한 더 정교한 사기 수법은 표적으로 정한 사람한테 접근한 다음 제삼자(존재하지 않는 인물이거나 사기꾼의 공범)를 속여 함께 이득을 보자고 하는 것이다. 이 경우 표적이 된 사람, 즉 진짜 사기 피해자는 자신과 그 사기꾼이 같은 가해자라고만 여기므로 자신이 피해자일 가능성은 생각하지 못한다. 자신이 최상위 포식자라고 느끼는 사람은 누군가의 먹잇감이 될 수도 있다고는 생각하지 못한다.

피해자로 인식되면 비난을 면한다는 점을 이용해 자신이 겪은 피해를 과장하거나 없는 피해를 지어내기도 한다. 성폭행범으로 악명 높은 영화감독 하비 웨인스타인Harvey Weinstein의 사례처럼 심지어 법정에서도 그런 일이 벌어진다. 지팡이를 짚고 다리를 절며 법정에 들어선 웨인스타인은 자신이 고령이고 허약하다며 사람들에게 피해자로 여겨지기를 바랐으나, 그의 전략은 먹히지 않았다. 이미 그를 악인으로 판단하는 도덕적 정형화가 일어난 후였기 때문이다(영화감독이라는 직업상 이미지가 한 번 고정되면 바뀌기 힘들다는 걸 자신이 누구보다 잘 알았을 텐데 말이다). 웨인스타인이 가장한 고통은 너무 약했고 타이밍도 맞지 않았다. 피해자인 척하는 모습은 오히려 사람들의 분노를 더 뜨겁게 지폈고, 꾀병은 그가 저지른 악행이 사실임을 더 확실하게 입증하는 것으로 해석됐다.

비난을 면하려고 자신이 피해자임을 강조하는 사람을 다들 한 번쯤 만난 적이 있을 것이다. 그런 사람은 자신이 겪는 고통을 과장하고, 불리한 상황에 놓이면 과거 부당한 대우를 받았던 일을 끄집어내기도 한다. 심한 말을 한 친구에게 그 일을 지적하면 갑자기 몸이 아프다고 하거나 자기 배우자가 자신을 얼마나 함부로 대하는지 호소하고, 직장에서 남의 아이디어를 훔친 동료에게 그 일을 따지면 업무 압박이 너무 심하고 정신적으로 이상이 생긴 것 같다며 앓는 소리를 하기도 한다. 그들이 상대방을 이기려고 그런 심리 전략을 의도적으로 이용했다고 보기는 어렵다. 그보다는 자신이 피해자로 여겨지면 도덕적 비난을 면할 수 있다는 걸 알고 직관적으로 이를 활용했을 것이다.

나는 놀이터에서 노는 아이들한테서도 도덕적 정형화를 수시로 목격한다. 잘 놀다가 무슨 말썽이 생기면, 아이들은 즉시 자기가 다쳤다고 강조하거나 괴롭힘을 당했다고 호소한다. 나는 아이들이 '전략적으로' 그런 술수를 부린다고는 생각하지 않는다. 일종의 도덕적 반사작용처럼 그렇게 반응하는 것이다.

그러나 때로는 도덕적 정형화를 의도적으로, 또한 악의적으로 이용하기도 한다. 한 국가의 정부가 비도덕적인 목표를 추진하면서 비난을 면하려고 도덕적 정형화를 성공적으로 이용한 사례도 있다. 예를 들어, 다른 나라 군대인 척 자국 군대를 공격하는 '자작극'을 벌이고는 '방어'를 내세워 '보복'해야 한다는 명분을 만들기도 한다.

성공한 자작극 중 가장 유명한 사례는 악랄함에 있어 사상 최고로 꼽히는 집단인 나치에게서 나왔다. 1939년 9월 나치의 하인리히 힘러Heinrich Himmler는 소규모 독일군 병사들에게 폴란드 군복을 입고 국경 가까이에 있는 폴란드 도시 글리비체Gliwice의 한 라디오 방송국을 장악하라고 지시했다. 공격에 성공한 이 가짜 '폴란드군'은 독일을 비난하는 내용을 방송하며, 독일과 전쟁을 시작해야 한다고 주장했다. 나치는 폴란드가 독일에 얼마나 악의적인 짓을 저질렀는지 더 분명하게 알리려고 독일 국민 몇몇을 죽여 그 시체를 글리비체 방송국 송신탑 주변 곳곳에 두었다. 히틀러는 폴란드 민족주의자들의 공격에 무고한 독일인들이 희생됐다며, 독일은 '폴란드의 잔혹 행위'로부터 자국을 '방어'할 수밖에 없다고 주장했다. 그로부터 얼마 후, 히틀러는 폴란드를 침공했다.

국제사회는 독일군이 공격당한 게 맞는지 의심했지만, 히틀러는 이 작전으로 독일 국민에게 자국이 해를 입었다는 인식을 심어 나치를 향한 비난을 가라앉히고 전쟁의 필요성을 설득할 수 있었다. 이와 같은 자작극은 사람들을 가해자와 피해자로만 양분하는 도덕적 정형화를 확장해 가장 큰 규모로, 또한 가장 부정적으로 이용한 사례라고 할 수 있다. 도덕적 정형화는 이처럼 피해 경험이 있으면 절대 비난받을 일을 할 리 없다는 인식으로도 나타나지만, 악인으로 평가된 사람의 고통을 외면하는 것으로도 나타난다.

찔러도 피 한 방울 안 나올 인간

조 캐머런Jo Cameron(71세)은 통증을 느끼지 못한다. 스코틀랜드 출신의 이 쾌활한 여성에게 출산의 고통은 "좀 간지러운 정도"였고, 스카치보닛 고추를 먹는 것도 "기분 좋은 여운이 남는" 일에 불과했다. 65세에 고관절 전체를 인공 뼈로 대체하는 수술을 받는데도 아무런 고통을 느끼지 못했다. 캐머런은 자신이 남들과는 어딘가 다른 사람일지도 모른다고 생각했다.[14] 그리고 무한증無汗症을 동반한 '선천성 통증 무감각증'이라는 희귀 질환을 앓고 있다는 사실을 알았다. 신체 통증을 거의 또는 아예 느끼지 않는 병이므로 주사를 맞을 때도 아무렇지 않고 발가락을 찧어도 아프지 않으니 언뜻 큰 축복인 것 같지만, 실상은 저주나 다름없다.

캐머런 같은 질환을 앓는 많은 사람이 노년기까지 생존하지 못한다. 우리가 느끼는 통증은 몸에 손상이 생겼음을 알려주고, 몸을 해칠 수 있는 행동을 피하게 한다. 난로에 손을 너무 가까이 대지 않고 손발이 뜨거워지면 곧바로 알아채는 이유도 통증 덕분이다. 1부에서도 설명했듯 인류는 스스로를 안전하게 보호할 수 있도록 진화했고, 신체 통증은 (하루에도 수십 번씩 발생하는) 우리 목숨을 앗아갈 수도 있는 위험을 피하는 데 꼭 필요한 감각이다.

조 캐머런 같은 소수를 제외한 모든 인간은 신체적·정서적 고통을 느낀다. 슬픔, 불안, 실망감 따위도 우리에게 유용한 감정이다. 불운이나 위험, 실패처럼 그런 감정을 유발하는 일을 피하도록 동기를 부여하기 때문이다. 세상에서 가장 부유한 왕, 세상에서 가장 가난한 빈민, 스웨덴 출신의 기술자, 원시 부족의 주술사 등 누구라도 내면의 고통을 겪지 않는 사람은 없다. 하지만 인류 대부분이 고통을 느낀다고 해서 우리가 다른 사람의 고통을 늘 이해하는 건 아니다.

7장에서 설명했듯이 우리는 다른 사람의 정신에 접근할 수 없다. 그래서 다른 사람의 내적 경험을 엉뚱하게 추측하고, 남들의 고통을 실제로 느끼는 것보다 더 크게 추측하기도 한다. 가령 조 캐머런이 뜨거운 난로에 손을 가까이 대는 모습을 지켜보는 사람은 그녀가 실제로 느끼는 것보다 더 큰 고통을 상상한다. 하지만 그런 경우보다는 대체로 다른 사람의 고통을 과소평가하는 문제가 더 크다. 학대당한 사람, 다친 사람, 심지어 고문당한 사람의 고통을 별것 아니라고 여기는 경우가 그렇다. 실제로 길에서 비참한 모습의 노숙자를 봐도 대다수가 아무렇지 않게 지나간다.

우리가 타인의 고통을 무시하는 원인 중 하나가 도덕적 정형화다. 앞서 설명했듯이 피해 경험이 있는 사람은 잘못을 저질러도 비난하지 않는 경향이 도덕적 정형화의 절반이라면, 나머지 절반은 다른 사람을 해친 적 있는 사람은 해를 입을 리 없다고 여기는 경향이다. 브레이든 윌레이크의 '우는 CEO' 사진을 보고 그 눈물이 가짜라고 평가한 사람들은 이 두 번째 도덕적 정형화가 일어난 것으로 볼 수 있다. 윌레이크는 직원을 해고해서 피해를 준 사람이므로 그의 괴로움을 인정하지 않는 것이다.

사람들이 가해자는 별로 아픔을 느끼지 못한다고 여기는 게 사실인지는 간단한 실험으로 확인할 수 있다. 앞서 소개한 우리 연구에서는 사람들에게 악하다고 여겨지지 않는 사람(교사 등)부터 매우 악한 사람(연쇄 살인범 등)까지 다양한 대상을 제시하고, 맨발로 깨진 유리 조각을 밟는다면 얼마나 아파할 것 같은지 물었다. 참가자들은 악한 사람은 통증을 덜 느낄 것 같다고 추측했다. 악하다는 인식이 강한 대상일수록 그들이 느끼는 고통도 더 약할 것이라고 평가했다.

심지어 사소한 악행도 통증에 덜 민감할 것이라는 인식을 주는 듯하다. 우리 연구진은 마이클과 제프리라는 가상의 인물이 등장하는 시나리오로 이를 연구한 적이 있다. 친구 사이인 마이클과 제프리는 어느 음식점에서 함께 식사를 했는데, 마이클이 제프리에게 계산하지 말고 도망가자고 제안하는 내용이었다. 이 시나리오를 제시하고 마이클과 제프리가 길을 걷다가 발이 걸려 넘어지는 바람에 양손에 찰과상을 입는다면 누가 더 아파할 것 같으냐고 묻자, 사람들은 마이클이 제프리보다 고통을 덜 느낄 것 같다고 답했다. 마이클이 더 나쁜 사람이라고 판단한 것이다.

우리가 나쁜 사람의 고통을 인정하지 않으려는 건 이해할 만한 일이다. 과연 히틀러에게 공감하는 사람이 있을까? 하지만 때로는 이 도덕적 정형화로 인해 많은 사람이 진짜 피해자라고 평가하는 사람이라도 그의 고통을 인정하지 않고 '피해자를 비난하는' 일이 벌어진다. 피해자로 여겨지는 사람이 실제로는 악인이며, 따라서 사람들의 동정을 받을 자격이 없다고 주장하는 것이다. 성폭행 피해자에게 노출 심한 옷을 입지 않았느냐 따지고, 폐암 환자에게 흡연자라서 그런 것 아니냐 묻고, 심지어 자연재해를 겪은 사람에게 왜 그런 위험한 곳에 사느냐고 묻는 것도 여기에 해당한다. 피해자가 자초한 일이라고 여기는 것이다.

자신의 견해가 '피해자 비난'에 해당해도 그걸 인정하는 사람은 거의 없다. 또한 지금까지 살펴봤듯이 도덕적 정형화의 특성상 우리는 일반적으로 피해 경험이 있으면 잘못을 저질러도 비난하지 않는다. 그럼에도 다른 사람의 피해를 인정하지 않는 정반대의 일이 일어나는 데에는 몇 가지 이유가 있다. 첫 번째는 다른 사람의 고통을 알게 됐을 때, 인간의 정신은 그런 불행이 대부분 복잡하게 얽힌 여러 일들로 인해 이루어진다는 사실을 외면하고 되도록 간단하게 이해하려 하기 때문이다. 예를 들어, 누가 폐암에 걸렸다고 하면 유전자, 후생적 요소, 환경오염을 비롯해 여러 가지 불운한 요인이 종양의 증식을 유발했다고 이해하기보다 환자가 자진해서 담배를 피웠기 때문이라고 비난하는 게 훨씬 더 간편하다.

두 번째 이유는 무고한 사람이 고통받는다는 사실을 받아들이기가 너무 힘들고, 그 일로 세상이 불공평하다는 생각이 들면 더더욱 괴롭기 때문이다.[15] 그래서 세상이 공평하다는 자기 믿음을 지키려고 폐암은 흡연 때문이라고 믿는다. 담배를 한 번도 피운 적 없는 사람(게다가 식생활도 바르고 운동도 열심히 한 사람)이 폐암에 걸린다면 세상이 너무 잔인한 것처럼 느껴지고 자신도 폐암에 걸릴 수 있다는 생각이 든다. 불공평한 세상에 살고 싶은 사람은 아무도 없으므로, 세상은 공정하고 다 자기 업보대로 산다는 관점을 지키려고 무릎반사처럼 피해자를 비난한다.

세상이 공평하다는 걸 믿고 싶어서 남의 피해를 인정하지 않는 반응이 반사적으로 나오더라도, 대부분 다시 도덕적 정형화가 힘을 발휘해 피해자의 고통에 공감한다. 그러나 이런 반사적 반응이 아니라, 의도적으로 피해자를 비난하는 사람도 있다. 그런 사람은 대부분 가해자이며, 도덕적 정형화를 무기 삼아 피해자가 하는 말의 신빙성을 떨어뜨리고 그를 심리적으로 지배하는 무자비함을 드러낸다. 자신이 저지른 일을 부인하고, 피해자를 공격하고, 피해자와 가해자를 바꿔버리는 이들의 단계적인 시도는 안타깝게도 잘 먹히는 경우가 많다.

이런 전략을 쓰는 가해자는 첫 단계로 피해자를 포함한 모두에게 자신은 잘못을 저지른 적이 없다고 부인한다. 모든 건 피해자가 지어낸 주장이며, 현실과 상상을 혼동한 것이라고 말한다. 이런 주장으로도 피해자의 심리를 지배하는 데 실패하면, 재빨리 두 번째 단계로 옮겨가 공격을 시작한다. 주로 진짜 피해자는 자신이고 상대방이 가해자라고 주장하는 방식이다. 이 모든 전략의 핵심은 피해자와 자신의 위치를 바꾸는 것이다.

가해자는 도덕적 정형화를 이용해 사람들이 피해자와 가해자를 반대로 생각하게끔 상황을 뒤집으려 한다. 피해자가 자신에게 정서적·신체적 해를 끼쳤다는 이들의 주장은 강력한 심리적 지배 효과를 발휘한다. 그 영향으로 실제 피해자마저 자신이 겪은 피해를 사람들에게 알린 일이 (가해자의 주장처럼) 가해자를 공격한 것인지도 모른다고 생각한다.

이런 단계적인 피해자 비난 전략은 흔히 쓰인다. 대학 생활 중 성폭력을 겪은 여성 89명을 조사한 연구에서, 피해자의 거의 절반

이 가해자가 그런 전략을 썼다고 밝혔다. 그중 상당수가 심리적으로 엄청난 영향을 받은 것으로 나타났다.[16] 성폭력 피해자는 그 경험에 관한 자기 기억을 의심하고, 그런 피해를 당한 사실에 죄책감을 느끼는 경우가 많다. 명성과 권력을 이용해 여성과 아이들을 성적으로 학대한 사실이 드러나 징역 30년을 선고받은 가수 로버트 켈리Robert Kelly도 이 단계적인 피해자 비난 전략을 활용했다. 켈리의 범죄 사실은 50명 넘는 피해자들이 나서서 그가 여러 미성년자를 성적 노예로 삼았다고 일관되게 증언함으로써 밝혀졌다. 그런데 처음 의혹이 제기됐을 때 켈리는 한 인터뷰에서 피해자는 자신이며, 잔인한 여성들이 자신을 부당하게 공격하는 것이라고 주장했다. 또한 자신을 악마화하는 언론 역시 불공평한 공격을 하는 것이라고 말했다.

단계적인 피해자 비난 전략과 그 안에 포함된 도덕적 정형화는 누군가 해를 입었다고 주장할 때 그 진위를 쉽게 파악하지 못하게끔 만든다. 연인 관계인 두 사람이 서로 자기가 피해자라고 주장한다면, 누구 말을 믿어야 할까? 그런 상황에서는 통계를 활용하는 게 한 가지 해결책이다. 일반적으로 피해를 많이 당하는 쪽에 속하는 사람의 말에 귀 기울이는 것이다. 예를 들어, 남성이 여성에게 해를 입을 확률보다는 여성이 남성에게 해를 입을 확률이 더 높다. 그리고 배우자나 동반자가 있는 여성 4명 중 한 명이 가정 폭력을 겪으며, 가해자는 대부분 남성이다. 이런 통계를 참고한다면, 여성이 피해자일 가능성이 더 크다는 결론을 내릴 수 있다.

그런데 세상을 단순화해서 이해하려는 우리 정신의 특성상, 폭

력의 가해자가 주로 남성이고 여성은 피해자라는 이 통계적 경향
성을 일반화해서 모든 남성과 여성에게 적용하기 쉽다. 실제로 그
런 도덕적 정형화로 인해 남성은 보통 다른 사람에게 폭력적으로
해를 끼치는 존재로, 여성은 피해를 당하는 존재로 여겨진다. 성별
에 따른 이런 도덕적 정형화는 남성이 여성에게 폭력을 행사하는
일이 상대적으로 더 많다는 사실을 알려준다는 점에서는 유용하지
만, 일반적이지 않은 상황을 제대로 보지 못하게 만드는 결과를 초
래할 수도 있다.

키 164.5센티미터에 체중 50킬로그램인 가정주부와 키 190센티
미터에 체중은 86킬로미터이고 건설 현장에서 일하는 남편이 있
다고 하자. 이 부부 사이에 폭력 행위가 있었다고 한다면 누가 피
해자일까? 내기를 즐기는 사람은 남편이 아내를 폭행했다는 쪽
에 돈을 거는 게 현명한 판단이라고 할 것이다. 이 남편은 아내보
다 덩치가 크고 힘도 더 셀 것이므로 당연히 가해자일 것 같지만,
모든 규칙에는 예외가 있다. 미국 국립가정폭력상담전화National
Domestic Violence Hotline에 따르면, 남성의 약 13.8퍼센트가 친밀한
관계인 동반자로부터 심각한 신체 폭행을 당한 경험이 있다고 한
다.[17] 폭행당하는 여성의 비율과 비교하면 약 3분의 1 수준이지만,
그런 일을 겪고 트라우마에 시달리는 남성을 지원하는 단체가 여
러 곳 있을 만큼 심각하다. 게다가 피해 남성은 자신이 피해자라는
말을 믿어줄 사람이 거의 없다는 걸 직감적으로 알기에, 거짓말쟁
이로 몰릴 게 두려워 피해 사실을 알리지 않는 경우가 많다.

실제로 사람들은 도덕적 정형화에 따라 남성은 가해자일 확률이

　　　　　　　　　　　　　　　　2부 · 인간의 도덕 정신

더 높고 여성은 피해자일 가능성이 더 높다는 인식이 강하다. 이런 사실은 여러 연구로도 입증됐다. 〈남자라면 견뎌라〉라는 제목의 한 논문은 구내식당에서 같이 식사하는 두 동료의 불쾌한 행동에 관한 시나리오를 활용했다.[18] 식사 도중 (남성 또는 여성) 동료가 바닥에 떨어뜨린 포크를 주우려고 몸을 숙이자, 같이 식사하던 다른 동료(포크를 떨어뜨린 사람이 남성이라면 여성, 또는 그 반대)가 "그걸 해내려면 연습 많이 해야겠다"고 말했다는 내용이다. 이 시나리오를 읽은 사람들은 그 말을 여성이 남성 동료에게 했다면 남성이 여성 동료에게 하는 것보다 듣는 사람이 덜 불쾌했을 것 같다고 평가했다. 또한 그 말을 한 사람이 여성일 때보다 남성일 때 부적절하다고 답한 응답자가 많았다.

성추행 가해자는 여성보다 남성이 더 많다는 통계를 고려한다면, 그런 말을 남성이 했을 때 더 비난받고 그 얘길 듣는 쪽이 남성인 경우 별로 상처받지 않을 것이라는 도덕적 정형화가 일어나는 걸 이해할 만하다. 하지만 객관적으로 어느 한쪽의 비율이 뚜렷하게 높지 않은 일에도 성별에 따른 도덕적 정형화가 일어난다. 가령 도형이 등장하는 짧은 영상을 볼 때도 그렇다. 위의 연구진은 다른 실험에서 참가자들에게 삼각형 2개가 나오는 동영상을 보여줬다(하나는 녹색, 다른 하나는 주황색이었다). 녹색 삼각형이 마치 주황색 삼각형을 공격하는 것처럼 움직이는 이 영상을 보여준 후, 연구진은 참가자들에게 두 삼각형 중 어느 쪽이 피해자고 어느 쪽이 가해자라고 생각하는지 물었다. 그리고 각 삼각형의 성별을 정한다면 어떻게 하고 싶은지도 함께 물었다. 이때 주황색이 여성이면 녹색은 남성이고 주황색이 남성이면 녹색은 여성인 보기를 제시하고 둘 중 하나를 선택하도록 했다.

주황색이나 녹색 삼각형에는 본질적으로 남성이나 여성으로 구분할 만한 특성이 전혀 없었다. 그럼에도 참가자들은 별 고민 없이 성별에 따른 도덕적 정형화를 드러냈다. 즉 '공격을 가한' 녹색 삼각형을 남성으로, 공격을 받은 주황색 삼각형을 여성이라고 했다. 통계적으로는 녹색 삼각형을 가해자라고 한 응답의 표준편차가 1만큼 증가할 때마다 그 녹색 삼각형이 남성이라고 답한 비율이 34퍼센트 늘어났다. 마찬가지로 주황색 삼각형을 피해자라고 한 응답의 표준편차가 1만큼 증가할수록 주황색 삼각형이 여성이라고 답한 비율이 50퍼센트 높아졌다.

가해자의 성별을 자연스레 남성이라 결론짓는 이런 정형화는 억울한 일을 만들기도 한다. 성폭행범으로 고발당한 남성한테 그게 허위로 드러나도 가해자라는 딱지가 끈질기게 따라다니는 것 역시 그런 경우다. 유명한 사례가 2006년 미국 듀크대학교의 라크로스 선수 3명(모두 백인)이 겪은 사건이다. 이들은 돈을 받고 춤을 추는 흑인 스트립 댄서를 집으로 불러 성폭행했다는 혐의를 받았다. 온 나라의 관심이 이 사건에 쏠렸고, 인종·계급·성폭행 의혹이 제기됐을 때 그 문제를 다루는 방식에 관한 논쟁에 불이 붙었다. 사건 초기에 사람들은 도덕적 정형화에 따라 라크로스 선수들이 명백한 가해자라고 확신하며, 전부 감옥에 넣거나 목을 매달아야 한다고 주장했다. 셋 모두 부유한 백인에 힘도 세고 자신감 넘치는 운동선수였다. 다른 사람들 눈에는 피해자가 될 리 없다고 보일 만한 특

　　　　　　　　　　　　　　　　　　　　　2부 · 인간의 도덕 정신

징이었다.

그러나 이들을 고발한 댄서의 증언에 일관성이 없고 DNA 증거도 발견되지 않았다. 결국 세 피고는 최종적으로 무죄 판결을 받았다. 그들이 거액의 합의금을 받는 것으로 사건은 마무리됐지만, 도덕적 정형화의 영향으로 이들이 속한 라크로스팀의 평판은 무너져 오랫동안 회복하지 못했다. 이 사건을 다룬 다큐멘터리에서, 익명의 한 선수가 작성한 글이 공개됐다. "그 일로 무너진 내 명예와 사람들이 나를 보는 시선을 단 한 달도 잊고 지낸 적이 없다. 때로는 시간이 흘러야만 치유되는 상처도 있다."[19]

허위 고발은 당황스럽고 부당하지만, 그런 일은 일반적인 게 아니라 예외적이다. 성폭행 고발은 대부분 사실로 드러나며, 학계의 추정에 따르면 그런 고발이 허위일 확률은 최대한 높게 잡아도 2~10퍼센트에 불과하다.[20] 실제로 폭행을 당한 여성이 신고해도 가해자가 자신을 피해자로 만드는 단계적인 전략을 써서 피해를 인정받지 못하는 경우가 많다는 게 이런 허위 신고보다 더 큰 문제다. 물론 통계적인 동향과 별개로 학대 사건은 진실을 가려내기 힘들 수 있다. 하지만 한 가지 사실은 분명하다. 도덕적 정형화가 우리의 도덕적 판단에 막강한 힘을 발휘한다는 것이다.

100퍼센트는 없다

도덕적 정형화는 사람들을 100퍼센트 가해자(피해자일 확률은 0퍼센트)와 100퍼센트 피해자(가해자일 확률은 0퍼센트)로만 판단하려는 직관적 충동에서 비롯된다. 우리는 고통받는 사람과 비난할 대상을 이렇게 흑백으로 나눈 다음, 피해를 겪은 적 있는 사람은 잘못을 저질러도 좋게 봐주고 남을 해친 적 있는 사람은 괴로워해도 무시하며 그렇게 판단하는 자신을 정의롭다고 느낀다.

그러나 도덕적 정형화에서 비롯된 판단은 대부분 지나치게 단순하다. 그건 잘못을 저지른 사람도 고통을 느낄 수 있다는 사실, 해를 입은 사람도 비난받을 수 있다는 사실을 무시한 판단이다. 인간의 도덕성은 복잡하고 뒤죽박죽이라 고통과 비난이 누구의 몫인지를 깔끔하게 판단할 수 있는 경우는 별로 없다. 나쁜 일을 저지르는 사람은 어린 시절 피해자였던 경우가 많고, 피해 경험이 있는 사람도 때로는 잔인한 짓을 한다. 그러므로 같은 사람이 비난받을 짓을 하고 피해를 겪을 수도 있음을 인정할 필요가 있다.

물론 가해자와 피해자는 분명한 차이가 있다. 아돌프 히틀러가 코디 포시보다 훨씬 사악한 짓을 저지른 건 의심의 여지가 없는 사실이다. 히틀러는 코디보다 훨씬 많은 사람을 해쳤을 뿐 아니라 자기방어로 그런 일을 벌인 것도 아니다. 코디는 자기 아버지 손에 달군 쇠로 몸에 낙인이 찍히고 양어머니에게 성적 학대도 당하는 등 히틀러보다 훨씬 큰 고통을 겪었다. 하지만 코디가 살해한 건 그 둘만이 아니라 부친과 양어머니의 영향으로 사고가 뒤틀렸을 것으로 추정되는 열세 살짜리 의붓여동생까지 포함한 총 3명이었다. 코디가 두 어른을 죽인 건 자신이 살기 위한 절박한 선택이었겠지만, 여동생에게 방아쇠를 당길 때는 의기양양한 만족감을 느겼을지도 모른다.

마찬가지로 히틀러는 자신이 목숨을 빼앗은 모두에게 최고의 악인이지만, 어린 시절 무고한 피해자로 지낸 때도 있었다. 한 사람이 일평생 남을 해친 일과 해를 당한 일을 합산해서 도덕성을 평가한다면, 히틀러는 99.9퍼센트 악인이고 코디는 97퍼센트 피해자라고 할 수 있을 것이다. 절반쯤 피해자고 절반쯤 악인인 것과는 엄청난 차이가 있지만, 핵심은 둘 다 완벽한 100퍼센트나 0퍼센트는 아니라는 것이다. 극단적 악인, 극단적 피해자를 볼 때 우리는 대강 반올림해서 100퍼센트라고 해도 된다고 느끼지만, 도덕성이 시험대에 오르면 우리 생각과 달리 대다수는 반쯤은 피해자고 반쯤은 가해자이며 각각의 비율에 큰 차이는 없다. 거의 모든 인간에겐 자기 자신과 가족을 보호하려는 강한 욕구가 있다. 동시에 인간은 불완전한 존재라서 때때로 속 좁게 굴거나 공격적으로 반응하기도 한다. 자신이 위험에 처했다고 느끼면 특히 그렇다. 사람들의 도덕성은 복합적이다. 가령 배우자가 직장에서 해고됐을 때 100퍼센트 피해자일 뿐 아무런 잘못도 저지르지 않았을 가능성은 거의 없다. 학부모회에서 사사건건 부딪치는 어느 학부모가 자기 자식한테 유리한 학급 정책을 억지로 밀어붙인다고 해서 그 사람이 100퍼센트 사악하고 0퍼센트 피해자일 가능성은 아주 낮다. 우리 대다수는 해를 입기도, 주기도 하면서 살아간다.

도덕적 정형화가 지나친 단순화라는 사실을 알아야 비로소 다른 사람을 더 깊이 이해할 수 있다. 잔인한 일을 저지른 사람의 내적 고통이 보이고, 엄청난 고통을 겪은 사람도 스스로 책임져야 할 일을 저지른다는 사실이 눈에 들어온다.

도덕적 정형화의 영향에서 벗어나는 건 힘든 일이지만 불가능하지는 않다. 심지어 극단적 상황에서도 정형화에 묶이지 않을 수 있다. 유대인 프리모 레비Primo Levi는 스물네 살이던 1944년 체포되어 사람들로 꽉 찬 아우슈비츠행 기차에 강제로 올랐다. 훗날 레비는 당시 자신을 포함한 홀로코스트 피해자들이 겪은 굶주림과 폭행, 저체온증 등 여러 잔혹한 일을 글로 남겼다. 수용소에서 그는 자신과 같은 처지인 수감자들이 나치 간수를 돕고 그들의 요구에 협력하는 모습을 지켜보면서, 사람들을 '피해자와 가해자'로 단순하게 양분할 수 없다는 걸 깨달았다고 했다. 레비는 이루 말할 수 없는 고통과 부도덕한 일이 넘쳐난 그 강제 수용소에서 많은 사람이 선택한 건 '회색 지대'였다고 주장했다. 그런 상황에서는 도덕성을 흑백으로 깔끔하게 나눌 수 없다는 의미였다.

레비는 나치에 동조한 사람들을 피해자와 가해자로만 나누려 하지 말고, 그 상황이 빚어낸 도덕적 모호성을 봐야 한다고 설명했다. 살기 위해 나치와 협력한 사람들의 선택을 '회색 지대'라고 표현한 레비의 말을 곰곰이 생각해보면,[21] 그들의 행위를 단순하게 평가하는 대신 절박한 생존 욕구, 피해의식, 타인에 대한 배려 등 그들의 선택에 영향을 주었을 여러 복잡한 요소를 좀 더 이해할 수 있다.

프리모 레비는 과학자였으므로 세상은 복잡하며 딱 떨어지는 분류는 불가능하다는 걸 알고 있었다. 한 교수는 레비의 생각을 다음과 같이 요약했다. "그는 현실을 빛이 닿으면 각양각색의 색이 퍼져 나오는 프리즘 같다고 보았다. 프리즘에서 갈라져 나온 색 중 어느 것도 그 원천이 된 빛과 같지 않다. 세상은 흑과 백으로 간단히 나눌 수 없다. 흑과 백 사이에는 수없이 다양한 회색이 존재하며, 어떤 면에서는 우리 모두 그 회색 지대에서 살아간다."[22]

회색 지대는 다른 사람의 도덕성을 판단할 때, 심리적으로 대립하는 요소가 공존할 수 있음을 이해하도록 이끈다. 회색 지대의 존재를 이해하면, 고통을 겪은 사람이라도 비난받을 만한 일을 할 수 있다고 생각하게 된다. 도덕성에는 뚜렷한 구분 선이 있는 게 아니라 농도의 차이가 있을 뿐임을 이해하고, 도덕적 쟁점의 복합성과 서로 상충하는 요소를 볼 수 있도록 돕는 것이 이 책의 목표 중 하나다. 도덕성이 복합적이라는 사실을 기억한다면, 세상 사람들을 좀 더 정확하고 세밀한 눈으로 볼 수 있게 되리라 믿는다.

사람을 피해자나 가해자로만 판단하는 시각에서 벗어나면, 분열을 더 효과적으로 해소하고 자기편과 상대편 모두에게서 나타나는 인간성을 볼 수 있다. 갈등이 벌어지면 상대적으로 누가 더 피해자이고 가해자인지 도덕적 판단을 하게 마련이지만, 그럴 때 어느 한쪽이 '전적인' 피해자가 아니라 피해자에 '더 가깝다'고 보는 게 진실에 더 가깝다. 그게 인간의 도덕성이 엄청나게 복잡하고 뒤죽박죽이라는 진실을 반영한 시각이다.

10장과 11장에서는 우리가 가해자라고 평가하는 사람에게서 그가 겪은 피해도 함께 볼 수 있도록 도와주는 전략을 탐구한다. 도덕적 이해라는 목표는 달성하기 힘들고 진실과 멀어지기 쉬우므로 그러한 전략이 꼭 필요하다. 우리의 정신은 물이 아래로 흐르듯 도덕적 정형화를 향해 나아가기 쉽다.

그 전략을 탐구하기에 앞서 한 가지 더 짚고 넘어가야 할 문제가
있다. 아마도 도덕적 판단과 관련해 가장 골치 아픈 문제일 것이다.
세상에는 피해자와 가해자가 명백하게 나뉘는 상황이 분명히 있
지만, 부당하게 고통당하는 피해자라는 명찰을 누구보다 당당하게
달고 있는 존재가 있다. 바로 자기 자신이다.

핵심 요약

◎ 할리우드 배우가 특정 작품에서 맡은 배역의 이미지로 굳어지
는 것처럼, 우리의 도덕 정신은 다른 사람의 도덕성을 그렇게
정형화해서 가해자나 피해자 둘 중 하나로만 나누려고 한다. 이
런 도덕적 정형화는 다채로운 빛깔의 도덕적 세계를 과도하게
단순화해서 흑백 이미지로 만드는 것과 같다.

◎ 우리는 보통 가해자를 비난하고 피해자의 고통을 염려하지만,
도덕적 정형화가 일어나면 피해자는 잘못을 저질러도 별로 비
난하지 않고(피해 경험이 있으면 가해자가 될 수 없다고 판단한다), 가
해자는 해를 입어도 그 고통을 별로 염려하지 않는다(가해자는 해
를 입을 리 없다고 판단한다).

◎ 사람들에게 피해자로 여겨지면 잘못을 저질러도 비난을 면할
수 있다. 그래서 사람들은 자신의 고통을 무의식적으로, 또는 고
의로 과장하는 경우가 많다. 가해자가 그런 점을 이용해 자신은
가해자가 아니라 희생자라고 사람들을(또한 자신이 해를 입힌 상대
까지) 속이기도 하며, 그 목적을 위해 자신을 피해자로 둔갑시키
는 단계적 전략(가해 사실 부인, 공격, 피해자와 가해자 바꿔치기)을 활

용한다.

◉ 우리는 자연스레 특정 집단(가령 남성)이 가해자일 확률이 높다거나 특정 집단(가령 여성)은 피해자일 확률이 더 높다고 정형화하기도 하지만, 상황에 따라 이런 인식은 바뀔 수 있다. 때때로 우리는 현실을 있는 그대로 인정하기 불편하다는 이유로 피해자를 비난하기도 한다.

◉ 현실에서는 가해자와 피해자가 흑백으로 완벽하게 나뉘지 않는다. 가해자도 고통을 겪고, 피해자도 해를 끼치는 경우가 많다. 프리모 레비는 강제수용소에서 나치에 동조한 수용자들을 분석한 글에서 '회색 지대'라는 개념을 제안하며, 개개인의 도덕성을 피해자의 측면과 가해자의 측면이 섞인 것으로 보는 복합적인 도덕관에 관해 설명했다.

9장

자기중심적 피해의 해석

　　블라디미르 푸틴은 2022년 2월 우크라이나를 침공했다. 수천 명의 병력을 투입해 우크라이나의 병원을 폭파하고, 아이들을 죽이고, 사회 기반 시설을 파괴했다. 서구 사회는 푸틴을 사악한 독재자라고 평가했지만, 정작 푸틴은 자신이 피해자에 더 가깝다고 여겼다. 이 러시아 지도자는 기자회견에서, 자신에게는 우크라이나를 공격하는 것 외에 다른 선택지가 없었다고 주장했다. "서방 주요국들이 러시아를 '전략적으로 패배시키려는' 목표를 숨기지 않는다"며, 자신과 러시아는 수십 년간 부당한 대우를 받았다는 방어 논리를 펼쳤다. 심지어 자신의 공격은 모두 서구 국가들 때문이라고도 주장했다. "이 전쟁을 시작한 건 그들이다. 러시아는 그 전쟁을 끝내려고 무력을 쓰는 것이다."

　　구소련 연방보안국 국장 출신으로 사실상 러시아의 종신 대통령이 된 푸틴은 교묘한 언어와 선전으로 사람들에게 왜곡된 인식을 퍼뜨리는 일에 익숙하다. 위의 언급 역시 도덕적 정형화를 이용해 거짓으로 가해자와 피해자를 바꾸고, 자신의 연설을 지켜보는 러시아군과 관리들에게 특정한 인상을 주려는 의도가 명백하게 드러난다. 동시에 자신을 진심으로 피해자라고 여긴다는 점도 상당히 선명하게 느껴진다. 그의 말처럼 서방 국가들이 오랫동안 그를 악마화했으므로, "체계적이고 단계적으로 러시아의 모든 것을 공격하려는" 서구 국가들의 시도에 정말로 자신이 피해자라고 느끼는 것이다.[1]

푸틴이 스스로 부당한 대우를 받았다고 여기다니, 어떻게 그런 일이 가능하냐고 생각하는 사람도 있을 것이다. 자신에게 반대하는 사람을 죽이고 반체제 인사를 독살하는 등 사이코패스나 다름없는 자가 어떻게 피해자일 수 있단 말인가? 도덕적 정형화의 영향에 떠밀려 세상을 피해자와 가해자로 양분하는 시각으로 보면, 푸틴은 명백히 가해자일 뿐이다. 하지만 푸틴은 똑같은 이유로 자신이 명백히 피해자라고 확신할 가능성이 크다.

세상에서 가장 힘센 존재가 된 다른 몇몇 사람도 그와 같이 자신을 피해자로 느끼는 듯하다. 그들은 엄청난 부와 권력을 거머쥐고도 늘 자신이 부당한 대우를 받는다고 느낀다. 스스로 판단하기에 자신은 '권력자'가 아니라 '타자'에 더 가깝다고 여기는 것이다. 소프트웨어 회사 오라클Oracle의 대표로 태평양의 라나이Lanai섬을 소유한 억만장자 래리 앨리슨Larry Ellison은 자신이 구매한 러시아 군용기 MiG-29를 미국 영공에 띄우려다 미국 정부의 제지를 받자 피해자인 것처럼 굴었다. 연쇄 성범죄를 저지른 영화감독 하비 웨인스타인도 자신이 언론의 희생자라고 주장했다. 범죄 행위가 알려진 후, 그는 기자들에게 자기가 만든 영화에 관해 아무도 언급하지 않는다며 "세상에서 지워진 것 같다"고 말했다. 그리고 자신이 여성을 위해 얼마나 애썼는지도 언급했다. "나는 여성이 연출한 영화나 여성에 관한 영화를 다른 어떤 감독보다 많이 만들었다. 심지어 그런 영화가 거의 없던 무려 30년 전에 말이다. 내가 처음이었다! 나는 선구자다!"

이런 영향력 있는 사람들이 피해자가 아니라는 사실이 너무나 명백한(적어도 자신을 제외한 다른 사람들 눈에는) 일에 대해 어떻게 이토록 자신이 피해자라고 확신할 수 있을까? 이는 8장에서 소개한 도덕적 정형화로도 설명할 수 있다. 즉, 피해자로 여겨지는 게 자신한테 유리해서 그런지도 모른다. 피해당하길 바라는 사람은 없겠지만, 자신이 남에게 피해를 줬다면 거꾸로 '피해자'라는 지위를 획득해야 비난을 면하는 데 유용하다.

힘을 갖고 있는데도 자신을 피해자로 여기는 태도를 이보다 덜 냉소적으로 설명할 수도 있다. 즉, 인간의 정신은 근본적으로 자기만족을 중시하고 자기중심적이므로, 스스로 판단하기에 자신이 겪는 고통은 명백할 수밖에 없다.

다른 사람의 정신에는 결코 접근할 수 없지만, 자신의 고통은 아주 선명하게 경험한다. 타인의 고통이 바람에 실려 온 속삭임 정도라면, 자신의 고통은 누군가 귀에다 대고 질러대는 비명과 같다. 자기 고통은 그만큼 명확하므로, 사람은 자신이 피해자라고 판단하기 쉽다. 그 이유는 우리 정신이 자기중심적이기 때문이다.

자기중심성

    인간은 태생적으로 자기중심적이다. 우리가 하는 경험의 가장 중심에 자기 자신(느끼고 생각하는 자아)이 있다는 의미다. 아기는 세상에 태어나 첫 숨을 쉬는 순간부터 자신의 감각 경험만을 안다. 배고프고, 졸리고, 불편한 감각이 현실을 압도한다. 아기가 자라서 세상을 좀 더 알게 된 후에도 그런 직접적인 감각이 여전히 현실을 지배한다. 아기는 과거나 미래를 모른다. 현대의 뉴에이지 전문가들이 권장하듯 '지금 이 순간'만 경험할 뿐이다.

    유아기로 넘어와도 아이들은 말도 못 하게 자기중심적이다. 자신이 좋아하는 음식을 모두가 좋아한다고 생각하고(땅콩버터랑 꿀 발라서 먹어!), 자신이 좋아하는 TV 프로그램을 다들 즐겨 본다고 생각한다(만화 보자!). 눈을 감으면 아무것도 안 보이니 다른 사람도 자신을 못 본다고 생각한다.

    좀 더 크면 개인적 경험과 자신 바깥에 존재하는 현실이 다르다는 것을 이해한다. 눈을 감아도 다른 사람은 자신을 볼 수 있다는 걸 알고, 당장 눈에 보이지 않지만 '저 멀리' 다른 세계가 존재한다는 것도 안다. 때때로 철학자들은 현실의 본질에 의문을 품는다. 우리가 현실이라고 믿는 게 전부 꿈은 아닌지, 혹은 영화 〈매트릭스〉에 나오듯 컴퓨터 시뮬레이션은 아닌지 궁금해한다. 그런 우려를 가장 먼저 제기한 사람 중 한 명인 데카르트는 만약 세상이 "전지전능한 힘을 가진 교활한" 악마가 만든 것이라면 어떨지 상상해보라고 했다. 그러곤 그 악마는 "자신이 가진 모든 힘을 총동원해서 우

리가 그런 사실을 모르게 만든다"고 했다.[2]

데카르트는 자신의 감각이나 생각으로 진짜 세상을 발견할 수 있는지 의문을 던졌다. "하늘, 공기, 땅, 색깔, 형태, 소리, 내 바깥에 있는 모든 것이 나의 판단력을 흐리려고 악마가 고안한, 꿈과 비슷한 망상은 아닐까. 사실 내게는 손, 눈, 육신, 피, 감각이 없는데도 나한테 그런 게 다 갖추어져 있다고 나 혼자 착각하는 건 아닐까."[3] 데카르트는 급기야 자기 자신도 스스로 상상한 허구가 아닌지 우려했다. 그리고 숙고 끝에 "나는 생각한다. 그러므로 나는 존재한다"는 말로 자신을 달랬다. 자신의 정신을 경험할 수 있는 건 분명하므로 자신은 존재하는 게 맞다고 결론 내린 것인데, 굉장히 자기중심적인 근거로 인간의 존재를 확신한 셈이다.

아이들은 어느 정도 나이가 들면 전등을 꺼서 주변이 캄캄해도 세상은 사라지지 않는다는 걸 안다. 하지만 여전히 세상을 자기 관점에서 인식한다. 발달심리학을 창시한 장 피아제Jean Piaget는 방 중앙에 장난감으로 산 3개를 만들어놓고,[4] 초등학교 취학 연령 아이들에게 보여주며 산마다 어떤 점이 다른지 살펴보라고 했다(그 3개의 산 중 하나는 꼭대기에 눈이 덮여 있고, 하나는 십자가가 있고, 나머지 하나는 작은 오두막이 있었다). 그런 다음 피아제는 인형 하나를 아이들 시선과 다른 위치에 놓아두었다.

그리고 다양한 각도에서 산을 찍은 사진 10장을 아이들에게 보여주고 인형이 앉은 자리에서 보는 산은 어떤 모습일지 골라보라고 했다. 아이들은 자기 관점에서 벗어나 인형의 시각에서 산을 볼 수 있을까? 실험 결과를 보면, 7~8세 미만 아이들의 70~80퍼센트가 인

　　　　　　　　　　　　　　　　2부 · 인간의 도덕 정신

형의 관점을 생각하지 못하고 그냥 자기 눈에 보이는 산의 모습이 담긴 사진을 골랐다. 자기중심적인 시각에서 벗어나지 못한 것이다.

성인은 아이들보다는 다른 사람의 관점으로 볼 줄 알지만, 우쭐해도 될 만큼 뛰어나지는 않다. 성인도 처음에는 아이들 못지않게 자기중심적이다. 하지만 다른 사람의 관점을 고려해 자기 관점을 조정하는 능력이 아이들보다 나은 것으로 여러 연구 결과 나타났다. 관점을 그와 같이 조정하는 건 꽤 까다로운 일이라 노력이 필요하다. 인간은 본질적으로 자기중심적이므로, 다른 사람이 세상을 자신과 다르게 볼 수도 있다는 걸 이해하려면 정신 능력을 열심히 발휘해야만 한다. 자신과 다른 관점, 가령 정치적 생각이 정반대인 사람의 관점을 고려할 때도 마찬가지다. 따라서 그런 노력을 하지 않는다면, 타인의 관점을 제대로 보지 못하기 십상이다.

한 연구에서는 우리가 성인이 되어서도 자기중심성이 끈질기게 남아 있다는 걸 확인할 수 있는 기발한 실험을 설계했다.[5] 연구진은 정육면체 모양의 칸이 여러 개 있는 책장을 준비하고, 각 칸에 소형 초와 중형 초, 대형 초 등 다양한 물건을 진열했다. 그리고 실험 참가자와 '지시자'가 이 책장을 사이에 두고 마주 앉도록 했다. 책장의 각 칸은 완전히 뚫린 곳도 있지만 중간에 판으로 막혀 있는 곳도 있어 어떤 물건은 참가자 쪽에서는 보이지만 맞은편의 지시자는 볼 수 없었다. 연구진은 그렇게 막혀서 참가자한테만 보이는 칸 하나에 크기가 가장 작은 초를 두었다. 지시자 쪽에서는 초가 2개만 보이고, 참가자 쪽에서는 이 가장 작은 초를 포함해 모두 3개가 보이도록 해서 두 사람의 정보와 관점이 달라지게 만든 것이다. 연

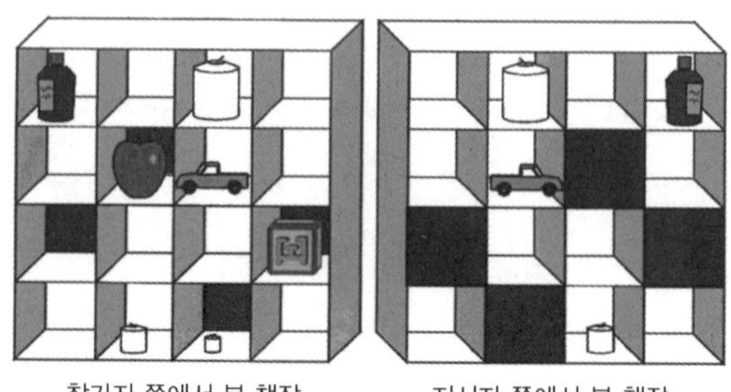

그림 16 ◉ 책장에 여러 가지 물건이 놓여 있다. 왼쪽 그림은 참가자 쪽에서, 오른쪽 그림은 지시자 쪽에서 본 책장의 모습이다. 두 사람이 다 볼 수 있는 물건(큰 초와 중간 크기 초)도 있고, 중간이 막혀 있어 참가자만 볼 수 있는 물건(가장 작은 초)도 있다. 이 상태에서 지시자가 '작은 초'를 달라고 요청하면, 참가자 대다수는 오답(자기 눈에만 보이는 가장 작은 초)부터 쳐다본다. 우리의 자기중심적 관점을 잘 보여주는 결과다.

구진은 이 조건에서 자기중심성이 드러나는지 조사했다.

연구진은 참가자에게 지시자가 달라고 하는 물건을 지시자의 관점에서 찾아 건네주라고 요청했다. 그림 16을 보면 책장에 놓인 물건 상당수는 지시자와 참가자 모두에게 보이므로, 가령 지시자가 트럭을 달라고 하면 참가자는 트럭을 집어서 건네면 된다. 책장에 놓인 물건 중 트럭은 하나밖에 없고, 트럭이 놓인 칸은 앞뒤가 뚫려 있어 둘 다 볼 수 있다.

하지만 초는 상황이 복잡하다. 지시자 관점에서는 가장 작은 초가 보이지 않으므로, 지시자가 '작은 초'를 달라고 하면 참가자는 자신의 관점에서 중간 크기의 초를 건네야 한다. 참가자가 자신의 관점에서 벗어나 지시자의 관점에서 중간 크기의 초를 올바르게 골라 건네는지로 자기중심성이 나타나는지를 확인할 수 있다.

실험 참가자는 대부분 지시를 정확하게 따랐다. 약 83퍼센트가 작은 초를 달라는 지시자의 말에 자기 관점에서 중간 크기인 초를 집어서 건넸다. 하지만 참가자와 지시자 사이에 있는 책장의 형태상 지시자 눈에 보이는 물건이 자신과는 다르다는 사실을 분명하게 알 수 있는 조건에서 주어진 간단한 과제(달라는 물건을 집어서 건네기만 하면 된다!)라는 걸 생각하면, 83퍼센트는 그리 높다고 보기 힘든 성공률이다. 17퍼센트나 되는 성인이 이런 과제에서도 자기 관점을 벗어나지 못했다면, 공방이 치열한 정치 논쟁에서 자신과 생각이 다른 사람들의 도덕적 판단을 이해하는 게 얼마나 어려운 일일지 짐작할 수 있다.

이 연구에서 드러난 또 한 가지 중요한 사실은 실험에 참가한 성인들이 처음에는 아이들 못지않게 자기중심적이었다는 것이다. 연구진은 카메라를 설치해 지시자가 물건을 달라고 할 때 참가자의 시선이 맨 처음 어디로 향하는지 확인했는데, 작은 초를 달라는 지시에 대다수가 오답, 즉 가장 작은 초를 한 번 이상 쳐다본 다음에 생각을 바로잡고 올바른 초를 건넸다. 약 25퍼센트는 가장 작은 초 쪽에 손까지 뻗음으로써 자기중심성의 영향을 더 명확히 드러냈다. 우리가 처음에 자각한 것에서 벗어나 생각과 행동을 바꾸는 건 정신적으로 굉장한 노력이 필요한 일이다.[6]

현실에서 인간의 자기중심성이 드러나는 대표적인 예가 특정 분야 전문가들이 비전문가의 시각에서는 보지 못하는 '지식의 저주'다. 네트워크 관리자가 그저 좀 더 안정적인 인터넷 사용 환경을 바랄 뿐인 사람들에게 패킷 지연이나 서버 간 네트워크 응답 속도 지연 같은 이야기를 꺼내는 것도 그런 편향성 때문이다. 전문가는 다른 사람도 자신만큼 특정 분야의 지식이 있다고 가정한다. '1867~1898년의 영국 해군 역사' '합성 유기 금속 화학 및 금속과 리간드 ligand의 결합' '마음 지각과 도덕적 인식' 같은 협소한 주제를 파고들며 전문 용어를 잔뜩 만들어내고 복잡한 이론적 틀을 세우며 살아온 학자들은 이 지식의 저주가 더더욱 심각한 수준이다.

수십 년간 연구에 몰두한 학자들은 자신이 탐구하는 주제에 대해서는 (비유가 아니라) 정말로 전 세계 누구보다 많이 알지만, 다른 사람들은 자신이 매일 들여다보는 그 탐구 주제의 가장 '기초적인' 개념조차 평생 한 번도 들어본 적이 없다는 사실을 망각한다. (진심으로 노력하는 도덕심리학자를 포함해) 학자들이 일반 사람도 쉽게 이해할 만한 책을 잘 쓰지 못하는 것만 봐도 특정 분야의 전문 지식을 자기중심적으로 보지 않는 게 그리 쉽지 않다는 걸 알 수 있다.

사람들은 도덕성에서 유독 자기중심적인 경향이 있다. 자기가 확신하는 도덕적 판단이 도덕성의 객관적 진실과 일치한다고 생각한다. 그래서 '도덕성이 훌륭한 사람'이라면 옳고 그름을 판단하는 관점이 당연히 자신과 같을 것이라고 전제한다. 심지어 도덕성의 궁극적 기준인 신도 그런 전제에 포함한다.

신은 혼전 성관계나 마리화나 흡연 같은 문제를 지극히 독자적으로(다른 말로 불투명하게) 판단한다고 생각할 수도 있다. 신학자들은 신의 생각은 인간이 이해할 수 있는 범위를 벗어난다고 지적한다. 개신교 종교개혁을 선도한 장 칼뱅 Jean Calvin은 이런 말을 남겼다. "하나님의 신비를 이해하는 데 있어 인간은 아무리 명민해봐야 음악의 하모니를 이해하지 못하는 당나귀만큼 무식하다."[7]

신의 도덕적 신념을 인간은 결코 알 수 없다는 이 사실이 안타깝게도 인간의 자기중심성을 부추긴다. 신의 도덕적 입장을 확인할 수 있는 객관적 증거가 없으므로, 사람들은 자신의 관점이 곧 신의 관점이라고 간단히 결론 내린다. 신의 도덕성을 평가하도록 한 연구에서도, 사람들은 신의 도덕적 관점이 자신과 같다고 여겼다.[8] 자신이 마리화나를 허용해도 된다고 여기면 신 역시 같은 생각일 거라 여기고, 마리화나가 지역사회를 망가뜨리고 아이들에게 해가 된다고 여기는 사람은 신도 그렇게 생각할 거라고 추정한다.

사람들이 전능한 신이라면 도덕적으로 어떤 판단을 할지 생각할 때 뇌에 어떤 활성이 나타나는지 '기능적 자기공명영상fMRI'으로 조사한 결과는 더욱 흥미롭다. 신은 도덕적으로 어떻게 판단할지 생각할 때 뇌의 내측 전전두피질에서 활성이 나타났는데, 이 영역은 원래 우리가 자기 자신에 관해 생각할 때 활성화하는 곳이다. 신의 생각을 자기 자신과 연결 짓는다는 의미다. 신은 궁극적으로 인간이 결코 알 수 없는 존재라는 모호성이 역설적으로 신의 생각은 자기 생각과 일치할 거라는 확신의 씨앗이 된다.

도덕적 자기중심성은 자신의 정치적 견해에 수백만 명쯤 동의하리라는 확신으로 이어지고, 그 확신은 때때로 파국으로 끝을 맺기도 한다. 우익에서 그런 대표적인 사례는 배우 활동을 재개한 후 자기 이름을 내건 TV 쇼까지 생겨서 승승장구하던 로잰 바Roseanne Barr가 트윗 하나로 자멸한 일이다. "무슬림형제단과 영화 〈혹성탈출〉의 유인원이 낳은 자식＝vj"라는 로잰의 트윗은 버락 오바마 대통령의 백악관 상임고문이던 흑인 여성 밸러리 재럿Valerie

Jarrett을 표적으로 삼은 것이었다. 하지만 사람들은 그 트윗에 담긴 인종차별주의에 분노했고, 로잰은 그동안 애써 쌓은 모든 걸 잃었다. 당시 로잰은 앰비엔Ambien(졸피뎀의 브랜드명 — 옮긴이)과 음주 탓을 했다. 그러나 믿기 힘들겠지만, 자신과 같은 생각을 하는 사람이 많을 거라는 자기중심성도 분명히 한몫했을 것이다.

좌익에서 나온 비슷한 예는 트위터에 트럼프를 "쓰레기 같은 놈"이라고 썼다가 CNN 진행자 자리를 잃은 레자 아슬란Reza Aslan을 들 수 있다.[9] 자칭 사회문제 평론가인 그는 그렇지 않아도 좌편향적이라고 비난받는 방송사의 얼굴과도 같은 자신이 트럼프를 그렇게 욕하면 문제가 되리라는 것 정도는 알았을 것이다. 하지만 그 트윗을 쓰고 일주일도 채 되지 않아 그 자리에서 해고될 만큼 엄청난 분노를 일으키리라는 것도 예상했을까? 그럴 가능성은 크지 않다. 그 역시 많은 사람이 자신과 생각이 같을 거라고 추정했을 것이다.

아슬란과 로잰이 드러낸 견해는 정반대였지만, 둘 다 다른 사람들의 생각과 도덕적 판단을 오판하는 바람에 잘 쌓아온 경력이 무너졌다. 평범한 사람도 자기중심적인 도덕적 판단으로 곤란을 겪는다. 별생각 없이 던진 농담으로 직장 상사나 동료, 친구와 서먹해지는 경우가 그렇다. 사람들이 사건을 공정하게 보는 게 당연한 판사와 배심원까지 자신의 관점에서 도덕적 판단을 할 것이라고 착각하는 데서도 자기중심성이 드러난다.

사람들은 소송이 대부분 재판까지 간다고 생각한다. 하지만 법학계의 조사에 따르면, 소송의 95퍼센트는 재판까지 가지 않고 합의를 통해 법정 밖에서 마무리된다. 재판은 시간이 오래 걸리고 돈

2부 · 인간의 도덕 정신

도 많이 드는 일이라, 몇 개월씩 그 사건에 매달려 재판에서 이길 방법을 모색하는 변호사한테만 이득인 경우가 많다. 그 엄청난 비용을 생각하면 합의가 나을 텐데, 그럼에도 왜 일부는 재판을 택할까? 탐욕, 이미 너무 많이 들인 시간과 돈, 복수심 등 여러 이유가 있지만 자기중심성도 큰 이유 중 하나다.

자신의 도덕적 판단이 정확하다고 확신하는 사람은 판사가 당연히 자신에게 유리한 판결을 내려줄 것이라고 믿는다.[10] 독일 교수들로 이뤄진 한 연구진은 이 문제를 탐구한 논문에서 "자기 지식이 사건 관련 정보를 자의적으로 해석하게 만든다"고 주장했다. 사건 관련 상황을 잘 아는 사람은 자기 관점이라는 색안경을 끼고 세상을 보면서 다른 사람들의 관점도 자기와 같을 거라고 믿는다는 의미다.[11]

사회심리학에서는 지금까지 소개한 예와 같은 일을 '순진한 현실주의'라는 개념으로 설명한다. 자신이 세상을 객관적으로, 있는 그대로 정확하게 본다고 믿는 자기중심적 확신을 가진 순진한 현실주의자는 자신과 생각이 다른 사람은 정확한 정보를 모른다고 여기며 그들의 생각을 비합리적이고 편향됐다고 주장한다.

순진한 현실주의는 자신의 도덕적 판단이 객관적으로 옳다고 믿거나 선거에서 자신이 지지하는 후보가 객관적으로 가장 훌륭하다고 평가하는 등 많은 일에서 나타나지만, 이런 자기중심성은 음식의 맛 같은 본능적인 경험에서 유독 뚜렷하게 드러난다. 파인애플 피자는 객관적으로 맛있는 음식이라고 주장하는 사람들, 베지마이트Vegemite는 객관적으로 맛있는 음식이라고 말하는 호주 사람들, 상어 고기를 발효한 하칼hákarl을 (관광객은 오줌 비슷한 냄새가 난다고 느끼며 먹고 나면 구역질까지 하는데도) 객관적으로 맛있는 음식이라고 주장하는 아이슬란드 사람들이 그런 예다. 먹었을 때 자기 몸에서 '맛있다!'는 반응이 강하게 나오면, 누군가는 정반대로 반응할 수 있다는 걸 도저히 믿지 못하는 듯하다. 흡사 갓 태어난 아기처럼, 누가 뭐라고 하든 자신의 본능적 경험만이 진짜라고 느끼는 것이다.

그런데 우리가 자기 입에 잘 맞는 것이 객관적으로 맛있는 음식이라고 확신하는 것 못지않게 명명백백한 진실이라고 확신하는 또 다른 본능적인 경험이 있다. 바로 고통이다. 적어도 당사자의 현실은 고통이 압도한다. 누가 피해자인지를 판단할 때 자기중심성이 너무나 막강하게 작용하는 이유다.

고통의 막강한 힘

인간의 정신이 위험성을 기준으로 도덕성을 판단한다는 사실을 이 책 전반에 걸쳐 설명했다. 우리의 정신은 다양한 위험성 중에서 도 몸에 발생할 수 있는 심각한 피해에 가장 신경을 쓰고 막으려 한다. 통증은 우리가 그 위험성을 피하도록 진화한 강력한 생리적 신호다. 통증은 인간의 정신이 만들어낼 수 있는 모든 감각 중 가 장 불쾌한 감각이다. 생존에 너무나 중요한 만큼 통증은 다른 생각 과 감각을 전부 누를 정도로 강력하다.

영국의 신경과학자이자 통증에 관한 세계적 전문가인 패트릭 월Patrick Wall의 짤막한 저서 《통증: 고통의 과학Pain: The Science of

Suffering》에는 이런 내용이 나온다. "통증은 주의를 사로잡고 독차지하며, 통증 완화와 직접적으로 관련이 없는 모든 활동에 끼어들어 방해한다."[12] 통증은 우리를 오로지 자기 몸과 현재 상태에만 집중하는 극단적 자기중심성으로 내몬다. 해탈의 경지에 이르려는 사람들은 바로 지금을 살아야 한다고들 하지만, 현재가 고통으로 가득하다면 그런 삶은 지옥이 될 뿐이다.

일반적으로 통증 감각은 무언가에 피부가 베이거나 데는 등 인체의 말초신경 말단이 손상되거나 자극을 받을 때 발생해서 전기 화학적 신호로 신경을 따라 척수까지 다다른다. 척수에 도달한 신호는 뇌로 곧장 전달되는데, 이때 척추 맨 꼭대기에 자리한 통증 '관문'을 통과한 다음 뇌의 원시적인 구조인 시상에 도착한다. 여러 감각이 모이는 집합소인 시상은 인접한 뇌 영역들로 감각을 드넓게 방출해서 신체 경험을 만든다. 즉 '감각을 일으키는' 다양한 영역들이 활성화하면서 우리는 뜨겁고 화끈거리는 느낌, 욱신거리는 느낌, 쓰라린 느낌 등 저마다 특징이 다른 다양한 신체 감각을 경험하게 된다.

이처럼 통증 감각을 처리하는 뇌 영역들은 좋은 기분과 나쁜 기분을 모두 형성하는 뇌의 '정서 영역'과 연결되어 있다. 정서 영역은 기쁨·두려움 같은 감정이 생겨나도록 돕는 곳이지만, 의식적인 경험이 형성되도록 돕는 곳이기도 하다. 그래서 우리의 의식에는 감정이 끊임없이 섞인다. 우리가 경험하는 모든 순간은 좋거나 나쁜 기분, 신나거나 차분한 기분 등 몇몇 감정들로 채색된다. 흥미진진한 과학책을 읽을 때처럼 정서 경험이 잦아들고 은은한 배경으로 남아 있을 경우도 있지만, 감정이 맨 앞으로 강하게 치고 나오면 마음대로 누르기가 힘들다. 책을 읽다 갑자기 오래전 헤어진 연인에게서 문자메시지가 오면, 곧바로 심장이 빠르게 뛰기 시작하고, 그러한 신체 경험을 새롭게 지각함에 따라(자신의 감정에 집중하는 자기중심성이 발휘되어) 더 이상 독서에 집중하기가 힘들어진다.

좋은 기분과 나쁜 기분 모두 우리의 주의를 사로잡을 수 있지만, 나쁜 기분의 영향이 더 강력하다. 정서 경험을 조사한 모든 심리학 연구 결과를 종합적으로 분석한 검토 연구에서도 "부정적인 기분이 긍정적인 기분보다 더 강력하다"는 신뢰도 높은 결론이 나왔다.[13] 어떤 사람이 여러분에게 내기를 제안했다고 하자. 동전 하나를 던져 앞면이 나오면 자신이 1,000달러를 줄 것이고, 뒷면이 나오면 여러분이 자신에게 1,000달러를 줘야 한다고 말한다. 경제학자들은 이와 같은 내기는 같은 금액을 딸 확률과 잃을 확률이 동일하므로 '기댓값'이 0이라고 말한다. 득이 될 확률이 0인 내기이므로 할지 말지 고민할 필요가 없다는 얘기다. 이런 내기를 받아들일지 고민하는 건 잠시 산책하러 나가면서 왼발로 걸을지 오른발로 걸을지를 고민하는 것만큼 아무 의미가 없다.

하지만 우리는 이런 내기를 제안받으면 아무 의미가 없다고 느끼는 게 아니라, 돈을 따지 못할 확률이 더 크다고 부정적으로 해석한다. 트버스키와 카너먼(시스템 1과 시스템 2를 설명할 때 소개한 연구자들)은 이 내기를 활용한 연구 결과를 소개하면서, 사람들이 내기에서 져 1,000달러를 잃을 때 느끼는 괴로움은 내기에서 이겨 1,000달러를 땄을 때 느끼는 기쁨보다 2배 더 강하다고 설명했다.

이득이 주는 기쁨보다 손실의 고통이 더 큰 것이다.

이 정서적 불균형은 신체 통증에서 더욱 두드러진다. 세상에서 가장 기분 좋은 경험과 가장 고통스러운 경험을 할 기회가 주어지고, 동전 던지기로 둘 중 무엇을 경험할지 정한다고 하자. 동전의 앞면이 나오면 롤러코스터를 타면서 지상 최고의 디저트를 맛보는 엄청난 쾌감을 경험할 수 있고, 뒷면이 나오면 생식기에 전기 충격이 가해지는 동시에 개미 1,000마리가 콧구멍으로 들어와 마구 물어뜯고 두 다리는 불길에 휩싸이는 고문을 당해야 한다. 자신이 운 좋은 사람이라 믿고 이 내기에 도전하는 사람도 있겠지만, 내기에서 지고 뜨거운 고통을 겪고 나면 두 번 다시 동전 던지기는 쳐다보지도 않을 것이다.

고통을 겪을 때 느끼는 부정적 감정은 우리의 의식을 온통 불쾌함으로 가득 채울 정도로 영향이 막강하다. 그래서 미래 전망이든 지나간 추억이든 만사를 부정적으로 생각하게 된다. 지독한 치통에 시달릴 때는 지금 하는 일이 앞으로 잘될 것이라고 낙관하거나 어린 시절의 기억을 기분 좋게 떠올리기 힘들다.

흥미로운 사실은 통증의 '신체 감각'과 '정서 경험'이 보통 하나로 연결되어 있어, 모르고 발가락을 찧어 욱신거리는 통증이 생기면 기분도 안 좋아지지만, 그 두 가지가 분리될 수도 있다는 것이다. 오피오이드 진통제는 정서 경험을 일으키는 뇌 영역의 활성만 가라앉히고 신체 감각이 발생하는 뇌 영역에는 작용하지 않는다. 따라서 이 진통제를 투여하면 욱신거리는 것과 같은 통증 감각은 그대로 느끼지만 "기분이 나빠지지는 않는다".[14]

진통제의 이런 작용이 없으면 통증이 일으키는 정서 반응이 계속 우리 주의를 사로잡아 이성적인 사고를 하기가 극히 힘들어진다. 5장에서 소개한 시스템 1과 시스템 2를 기준으로 설명하면, 통증이 생기면 사고의 방식이 시스템 1에 묶여 합리적인 사고나 노력이 필요한 생각을 하지 못한다. 이런 사실은 복잡한(시스템 2의 기능이 필요한) 인지 기능을 발휘해야 하는 과제를 활용한 연구로 입증됐다.[15] 이 연구에서는 '일정 간격으로 나오는 글자 찾기' 과제를 활용했다. 참가자가 알파벳이 하나씩 연달아 나타나는 컴퓨터 화면을 보다, 연구진이 지정한 횟수만큼의 간격으로 반복해서 나오는 알파벳이 있으면 키보드에서 그걸 찾아 누르는 과제였다. 이때 연구진이 지정한 간격은 3회였다. 예를 들어, 화면에 W, U, R, R, U, E, Z의 순서로 알파벳이 나온다면 U가 3회 간격으로 반복해서 나왔으므로 키보드에서 U를 찾아 눌러야 한다.

이 과제는 난이도가 상당하다. 화면에 계속 나타나는 글자를 보며 새로운 정보를 처리하는 동시에 지나간 글자(가령 3회 전에 나온 글자)도 기억해야 하므로 시스템 2를 가동해야 수행할 수 있다. 연구진은 이 과제를 다양한 방식으로 여러 차례 진행했는데, 일부 경우에는 참가자의 오른쪽 발목에 열침을 갖다 대는 방식으로 과제 수행을 방해했다. 예상대로 발목에 뜨거운 통증을 느낀 사람들은 테스트 결과가 훨씬 나빴다.

앞에서 소개한 책장에 놓인 물건 건네기 실험은 우리의 타고난 자기중심성에서 벗어나 다른 사람의 관점을 이해하려면 노력이 필요하다는 사실을 보여준다. 통증은 합리적인 사고 능력을 떨어뜨리므로 자기중심성을 곱절로 키운다. 고통은 우리의 의식적인 경험을 온통 차지할 뿐만 아니라, 자기감정에만 몰두하지 않고 다른 사람들을 고려해 기분을 조정하지도 못하게 만든다. 고통을 느낄 때는 자신이 명백한 피해자라 확신하고, 다른 사람도 억울할 수 있으리라고는 생각하지 못한다. 고통은 오직 자신만이 가장 확실한 피해자라고 느끼게 만든다.

미국의 수필가 일레인 스캐리Elaine Scarry는 《고통받는 몸The Body in Pain》에서 "극심한 고통은 (자신이 피해자라는) 확신을 주고 다른 사람이 고통을 이야기해도 (그가 과연 피해자가 맞는지) 의심하게 만든다"고 썼다. 고통을 겪는 사람들은 자신이 '진짜' 피해자라고 확신한다. 이 확신에 도덕적 정형화가 더해지면, 도덕성에 관한 깊이 있는 대화는 불가능해진다. 사별처럼 정서적으로 감당하기 힘든 혼란을 겪거나 몸을 심하게 다친 사람들은 도덕적 판단이 다른 사람과 엇갈릴 때 '양쪽 모두 나름의 입장이 있다'는 사실을 잘 받아들이지 못하고, 상대편이 보기에는 자신들이 가해자로 여겨질 수도 있다는 것을 인정하지 않는다.

다행히 대부분의 도덕적 갈등은 신체 통증과 직접적인 관련이 없지만, 그럼에도 누가 피해자인지 가릴 때는 자기중심성이 끼어든다. 위협, 분노, 두려움 같은 부정적 감정도 신체 통증처럼 우리의 주의를 사로잡아 자기중심성을 강화하기 때문이다. 두 사람이 싸우면 둘 다 절망감과 분노를 느끼고, 그 부정적 감정의 영향으로 둘 다 자신이 진짜 피해자라고 확신하게 되는 것이다. 나와 아내도 바로 그런 이유로 서로에게 분노를 표출한 적이 있다. 다른 곳도 아닌 컴컴한 우리 집 침실에서 벌어진 일이다.

흔히 예상할 법한 부부싸움이 아니었다. 아이들이 겨우 잠든 직후, 우리는 위층에서 조심조심 발소리를 죽여가며 움직였다. 그러다 서로가 아래층으로 내려간 줄 알고 각자 컴컴한 침실로 들어갔다가 몸을 세게 부딪히고 말았다. 순간 너무 놀란 우리 입에서는 똑같은 말이 터져 나왔다. "왜 몰래 들어와서 사람을 놀라게 해!" 당연히 둘 다 상대방을 일부러 놀라게 할 의도는 전혀 없었다. 그저 아이들을 깨우지 않으려고 살금살금 움직였고, 방 안이 너무 어두워서 서로를 못 보고 부딪혔을 뿐이다. 하지만 그 순간 몸에서 아드레날린이 폭발하고 두려움에 휩싸이자, 그 부정적인 기분이 의식을 장악해 상대방이 나를 해치려 했다고 느낀 것이다.

인류가 수백만 년을 언제 덮칠 줄 모르는 포식 동물과 사악한 의도를 가진 사람들을 두려워하며 사는 동안 깊이 뿌리 내린 취약성을 우리는 그날 어둠 속에서 제대로 체험했다. 서로 몸이 부딪힌 순간, '여긴 우리 집 침실이고 저 사람은 아마도 내 배우자일 거야'라는 생각 대신 '침입자다! 살인자야!'라는 생각부터 떠오른 결과였다. 그야말로 즉각적으로 나타난 투쟁 또는 도주 반응이었고, 우리의 정신은 그 위협감을 곧장 받아들여 분노를 일으켰다. 둘 다 자신이 피해자라 느꼈고, 도덕적 정형화가 더해져 상대방은 악의가 있는 게 분명하다고 판단했다. 둘 다 자신은 아무 잘못도 없고, 어둠 속에서 갑자기 충돌한 것은 오로지 상대방 때문이라고 여겼다.

아무도 해를 입지 않고 끝난, 공교롭고 바보 같은 사건이지만 아주 작게나마 도덕적 갈등을 일으킨 건 사실이다. 20분쯤 지나 몸에

　　　　　　　　　　　　　　　　　　　2부 · 인간의 도덕 정신

아드레날린이 가라앉고 나서는 둘 다 서로에게 격분했던 걸 떠올리며 폭소를 터뜨렸는데, 이 일은 자칫 더 큰 싸움의 시초가 될 수도 있었다. 몸을 부딪친 후 서로에게 끔찍하게 불쾌한 말을 뱉었다면, 그러다 해묵은 갈등까지 소환해 으르렁댔다면, 분노에 찬 말들이 오가다가 자신이 공격당한 피해자라는 확신이 더 강해졌을 것이다. 그렇게 자신을 피해자로 확정하고 나면 상대방에게 더더욱 심한 말을 할지도 모른다. 우연히 발생한 신체 통증이나 정서적 혼란이 갑자기 자신은 피해자라는 또렷한 확신을 낳고, 그 결과 결혼 생활이 파경에 이른 사례가 얼마나 많을지 누가 알겠는가.

고통의 경험이 만든 연민, 또는 이기심

자기 고통에 휩싸이면 타인의 고통을 보지 못할 수도 있지만, 보통은 반대이지 않을까? 큰 고통을 경험한 사람은 다른 사람의 고통에도 더 공감하는 게 당연한 일 아닐까? 공감은 다른 사람의 감정, 특히 고통을 이해하고 함께 느끼는 능력이다. 고통을 경험해본 사람은 다른 이의 고통을 더 잘 이해하게 되므로 당연히 더 공감할 것이라는 생각이 든다. 존 스타인벡John Steinbeck의 《에덴의 동쪽 East of Eden》에는 이런 구절이 나온다. "사람들의 일을 내 일처럼 느껴야만 그들을 이해할 수 있다." 병이나 가난을 경험한 사람은 그게 어떤 것인지 당연히 더 쉽게 이해할 수 있을 것이다.

하지만 때로는 과거의 고통이 오히려 공감 능력을 떨어뜨리는 듯하다. 어릴 때 트라우마를 겪으며 자란 사람들은 생존에 집중하려면 동정심은 눌러야 한다고 느끼기도 한다. 미국 해군 특수부대 출신인 데이비드 고긴스David Goggins는 대중에게 엄청난 인기를 얻은 회고록《아무도 나를 파괴할 수 없다Can't Hurt Me》에서 어린 시절에 가난과 학대, 방치를 겪었다고 밝혔다. 고긴스는 그 고통과 피해를 이겨내려고 스스로를 '단련'해 육체적으로나 정신적으로 더 단단해졌지만, 약한 사람에게 공감하지 못한다. 그가 사람들에게 전하는 메시지는 주로 신체 훈련에 관한 내용이지만, 위의 책에는 그가 나약함에는 공감하지 못한다는 사실이 여실히 드러난다. "요즘은 위대한 존재가 되는 게 아주 쉽다. 왜냐하면 대부분의 사람이 나약하기 때문이다." 힘들어하는 사람들을 향한 고긴스의 조언은 간단하다. "핑계 대지 마라. 더 이상 피해자로 살지 마라."[16]

우리 대다수는 스타인벡의 글과 고긴스의 사례 중 어느 쪽에 더 가까울까? 과거의 고통은 연민의 바탕이 될까, 오히려 타인의 고통에 무감각해지는 원인이 될까? 한 심리학 연구진은 이 의문을 풀기 위해 사람들을 모집하고 부상이나 질병, 폭력, 사별, 대인관계 문제, 사회와 생활환경의 스트레스, 재난 등 총 여섯 가지 트라우마를 겪은 경험이 있는지 조사했다.[17] 그런 경험이 있다면 트라우마를 겪은 빈도와 그 일의 심각성, 언제 겪은 일인지도 물었다. 그런 다음, "다치거나 도움이 필요한 사람을 보면 도와주고 싶은 강한 충동을 느낀다" 같은 문항에 얼마나 동의하는지 답하게 하는 방식으로 각 참가자가 다른 사람에게 느끼는 연민을 평가했다. 응답 결과를 분석하자, 과거에 더 심한 트라우마를 경험한 사람일수록 사람들에게 더 큰 연민을 느끼는 것으로 나타났다.

스스로 자신은 공감을 잘한다고 말하는 사람은 많지만, 과연 실제 행동도 그럴까? 트라우마 경험을 조사한 위의 심리학 연구진은 참가자들에게 연구를 도와준 답례로 1.5달러씩 주고, 원한다면 그중 최대 1달러를 적십자에 기부할 수 있다고 했다. 스스로 자신을 '연민할 줄 아는' 사람이라고 평가한 참가자들은 기부에 동참했을까? 스스로 평가한 연민 점수가 표준편차를 기준으로 평균보다 1만큼 커질수록 기부금은 25센트 늘어났다. 이는 과거의 트라우마 경험이 연민의 감정과 이타적인 행동을 모두 키울 수 있다는 사실을 어느 정도 입증한 결과다.

이 연구진은 미국의 대학원 입학시험 과목 중 언어 이해력 평가 문항을 활용한 다른 실험도 설계했다. 해당 평가 문항 중 어려운 문제를 골라서 연구 참가자와 또 다른 한 명에게 주고, 두 사람이 한 공간에서 문제를 풀도록 했다. (이쯤 되면 다들 짐작하겠지만) 참가자와 함께 문제를 푼 파트너는 연구진 중 한 명이었고, 문제를 풀다가 몸이 좋지 않다고 호소하며 그만하고 싶다고 말했다. 연구진은 그 요청을 단호하게 거부했고, 참가자를 가장한 이 '공범'은 괴로워하며 문제를 다 풀겠다고 수긍했다. 두 사람은 각자의 책상에서 계속 문제를 풀었다. 이때 연구진은 진짜 참가자에게 문제를 다푼 다음에 먼저 나가든, 끙끙대며 겨우 문제를 풀고 있는 사람을 도와주든 스스로 선택할 수 있도록 했다. 이 실험에서, 과거 심한 트라우마를 겪은 참가자일수록 먼저 나가지 않고 힘들어하는 사람을 더 오랫동안 도왔다.[18]

과거의 트라우마 경험이 적십자에 기부하고 몸이 아픈 사람을 향한 연민을 키운다면, 자신과 대립하는 사람에게는 어떨까? 2명의 연구자가 공감과 가장 거리가 멀어 보이는 정치에서 그런 효과가 나타나는지 확인했다.[19] 이들은 진보 성향인 사람들과 보수 성향인 사람들을 연구실로 불러 두 가지 방식으로 통증 민감도부터 평가했다. 하나는 각 참가자가 직접 평가하는 방식, 다른 하나는 압력 통각계에 달린 작은 금속을 참가자의 피부에 대고 아픔이 느껴질 때까지 누르는 방식이었다. 연구진은 이렇게 전반적인 통증 민감도를 평가한 후, (통증을 느끼지 않는 상태로) 정치에 관한 질문이 담긴 설문지에 답하도록 했다.

이들의 답을 분석한 결과, 통증에 민감한 진보주의자는 (통증에 덜 민감한 같은 진보주의자보다) 미치 매코널Mitch McConnell이나 케빈 매카시Kevin McCarthy 같은 대표적 보수 정치인의 견해와 반테러 정책, 국기 모독 행위의 처벌에 관한 보수주의자의 입장을 더 많이 수용하는 것으로 나타났다. 통증에 민감한 보수주의자 역시 낸시 펠로시Nancy Pelosi, 버니 샌더스Bernie Sanders 같은 대표적인 진보 성향 정치인의 견해와 부의 재분배, 사형제에 관한 진보주의자의 입장을 더 많이 수용했다.

통증 민감도와 정치적 공감 능력을 왜 연결하는지 의아할 수도 있지만, 우리의 도덕적 판단이 위험성에서 비롯된다는 사실로 그 두 가지의 연관성을 설명할 수 있다. 고통으로부터 자신을 (물리적으로) 보호하는 일에 민감한 사람일수록 자신과 의견이 다른 사람의 행동을 보호 서사로 이해할 가능성이 높다. 위의 연구에서 참가자들이 정치적으로 자신이 반대하는 견해를 평가할 때 큰 고통을 겪는 상태가 아니었다는 점도 중요하다. 고통에 대체로 민감한 사람들일 뿐, 고통에 휩싸여 자기중심적인 관점에 붙들린 상태에서 나온 판단이 아니었다.

이러한 연구 결과는 일반적으로 고통을 겪는 사람들, 과거에 트라우마를 겪은 사람들은 고긴스와 달리 대체로 더 큰 연민을 발휘한다는 사실을 보여준다. 그러나 피해를 겪은 지 얼마 되지 않았다면 오래전에 겪은 트라우마와 관련된 그러한 영향이 나타나지 않을 수 있다. 자신이 피해자라고 느끼는 상태에서는 자기중심성이 막강한 힘을 발휘해 오히려 더 이기적으로 굴고 자신이 겪은 부당한 상황을 바로잡을 방법을 찾기도 한다. 심지어 다른 누군가에게 피해를 주는 일도 서슴지 않는다. 여러 실험으로 이런 현상을 조사한 연구진은 그 결과를 〈피해자가 얻는 이기적으로 행동할 자격〉이라는 적절한 제목의 논문으로 발표했다.[20]

이 연구에서 두 그룹으로 나뉜 참가자들은 컴퓨터 화면에 뜨는 여러 개의 단어 중 지정된 단어를 제한 시간 내에 찾는 게임을 했다. '피해자' 그룹에게는 화면에 몇 안 되는 단어를 커다랗게 제시해 척 봐도 찾아야 하는 단어가 없음을 알 수 있었다. 이 그룹의 참가자들은 해결할 수 없는 과제임을 바로 알아챘고, 컴퓨터마저 먹통이라 아무것도 할 수 없었다. 그래서 다들 제한 시간이 흐르는 동안 여기저기 무의미한 클릭만 해댔다.

'통제군'은 정상적인 게임을 했다. 화면에 뜬 글자들 속에 찾아야 하는 단어가 없는 건 마찬가지였지만, 섞여 있는 글자가 훨씬 많아서(글자 크기도 훨씬 작았다) 잘 보면 찾을 수 있을 것처럼 느껴졌다. 애초에 실패할 수밖에 없는 게임이었던 건 두 그룹 모두 마찬가지였지만, 피해자 그룹에 제공한 게임은 명백히 조작됐다는 인상을 줘서 참가자들에게 피해를 당했다는 기분이 들도록 만들었다.

이 첫 번째 게임이 끝난 후, 참가자들은 두 번째 게임으로 넘어갔다. 이번에는 다른 사람과 돈을 걸고 총 10개의 단어를 찾는 게임이었다. 연구진은 지정된 10개의 단어 중 7개를 먼저 찾는 참가자가 우승하며, 이긴 사람에게는 상금으로 6달러를 준다고 설명했다. 그리고 각 참가자에게 만약 정해진 단어를 먼저 많이 찾아서 이긴다고 가정하면, 상금을 경쟁자와 어떻게 나누고 싶은지 물었다.

3달러씩 똑같이 나눌 수도 있지만, 연구진이 10개의 단어 중 7개를 먼저 찾으면 이긴다는 구체적인 상황을 제시했으므로 우승자는 분명 더 큰 몫을 가져갈 만한 정당한 이유가 있었다. 그러므로 상금 6달러 중 자신이 4달러를 갖고 상대방에게 2달러를 주겠다고 할 수도 있고(67퍼센트를 자신이 갖는 것), 자신이 5달러를 갖고 1달러를 주겠다고 할 수도 있다(83퍼센트를 자신이 갖는 것). 또는 6달러를 전부 자신이 갖겠다는 이기심을 드러낼 수도 있다.

각 참가자의 답변을 분석한 결과, 첫 번째 게임에서 '피해자' 그룹에 배정되어 부당한 게임을 했던 기억이 아직 생생한 참가자는 그렇지 않은 사람들보다 이기적인 선택을 한 비율이 더 높았다. 첫 번째 게임에서 '통제군'에 속했던 참가자는 두 번째 게임에서 6달러가 생기면 전부 자신이 갖겠다고 한 비율이 8퍼센트에 불과했으나, 앞서 조작된 게임으로 피해를 봤다고 느낀 상태에서 두 번째 게임을 한 참가자는 19퍼센트가 상금을 전부 자신이 갖겠다고 했다. 첫 번째 게임에서 피해를 봤다고 표현했지만, 사실 그 그룹이 객관적으로 잃은 건 아무것도 없고 그저 재미로 한 놀이였을 뿐이다. 그런데도 부당한 대우를 받았다는 분노가 자기중심성과 이기심을 키운 것이다.

이 두 번째 게임에서 참가자들은 자신이 경쟁자보다 단어를 더 많이 찾아서 상금을 받는다는 구체적인 상황을 가정했으므로, 고긴스의 방식대로라면 게임에서 진 건 '나약해서'라고 비난하기 쉽다. 여기서 핵심은 자신이 피해를 봤다고 해서 잘 모르는 무고한 사람에게 그 분노를 전가할 자격이 생기느냐다. 사람들은 도움을 받으면 다른 이에게 선행을 베풀 듯 자신의 피해 경험도 남에게 갚으려고 하는 걸까?

도움을 받고 선행으로 베푸는 건 좋은 일이다. 드라이브스루 음식점에서 뒷사람들의 밥값까지 먼저 다 계산하는 것으로 실천하는 이들도 있다. 한 사람의 기부는 미래에 3명의 기부로 이어져 친절이 연쇄적으로 확장된다는 어느 자선 단체의 홍보 문구에도 그러한 선행의 핵심이 잘 담겨 있다. 하지만 나와 동료들은 피해 경험도 그와 같이 남에게 갚으려는 경우가 많을 것이라 가정하고, 여러 건의 실험을 통해 은혜를 선행으로 베풀려는 경향과 자신이 당한 피해를 남에게 갚으려는 경향 중 무엇이 더 강한지 조사했다.[21] 우리가 설계한 실험은 전반적으로 간단했다. 앞서 소개한 연구처럼 각 참가자에게 6달러를 제공한 다음, 다른 사람과 나눠 갖도록 하는 것을 기본 설정으로 정하고 그 과정을 총 두 단계로 구성했다.

첫 단계에서는 참가자들(B 그룹)에게 봉투 하나를 주고, 그 안에 돈이 들어 있으며 금액은 이전 참가자들(A 그룹)의 선택에 따라 다르다고 설명했다. 사실 A는 우리가 만들어낸 가상의 그룹이었다. 우리는 B 그룹 사람들에게 A 그룹이 먼저 6달러를 받았으며, 그 돈을 B 그룹과 어떻게 나눌지 선택했다고 말했다.

B 그룹 사람들이 받은 봉투에는 A 그룹 사람이 돈을 너그럽게 분배했음을 알 수 있는 금액(6달러 모두)이나 공평한 선택을 했음을 알 수 있는 금액(절반인 3달러)이 담겨 있었다. 또한 A 그룹 사람이 이기적인 선택을 했음을 알 수 있는 빈 봉투도 있었다. 모두 다른 사람의 친절함이나 공정함, 이기심 중 한 가지를 느끼도록 지정한 금액이고, 각 참가자는 그 세 가지 금액 중 하나가 담긴 봉투를 무작위로 받았다.

실험 두 번째 단계에서는 B 그룹 참가자 전원에게 6달러가 담긴 새로운 봉투를 건넸다. 그리고 새로운 연구 참가자들(C 그룹)과 그 돈을 어떻게 나눌지 선택하라고 했다. 각 참가자가 A 그룹부터 C 그룹까지 순차적으로 돈을 나눠 갖는 연쇄적인 흐름 속에서 B 그룹은 A 그룹이 나눈 돈을 받는 동시에 C 그룹 사람들과 돈을 나눠 갖는 중간 역할을 하게 만든 것이다. 연구 첫 단계의 경험은 이들의 선택에 어떤 영향을 주었을까? A 그룹이 남긴 돈에서 느낀 타인의 친절함이나 공정함, 이기심을 C 그룹에게 비슷하게 갚으려고 했을까?

첫 단계에서 전체 금액의 절반인 3달러를 받은 사람들은 C 그룹에게도 똑같이 절반을 남긴 경우가 가장 많았다. 그들이 C 그룹에 남긴 평균 금액은 3달러보다 조금 많은 3.38달러였다. 흥미로운 사실은 첫 단계에서 6달러를 고스란히 다 받은 사람들은 자신도 그와 같은 친절함을 베풀어야 한다는 압박감을 느끼지 않았다는 것이다. 그들이 C 그룹에 남긴 금액은 평균 3.71달러로, 앞서 공평한 대우를 받은 사람들이 남긴 3.38달러와 통계적으로 유의미한 차이가 없었다. 현실이 아닌 실험 조건이긴 하지만, 사람들은 너그러운 대우를 받아도 그 경험을 금세 잊을 수 있음을 보여준 결과였다. 자신이 돈을 더 넉넉하게 갖고도 받은 만큼 베풀지 않는 선택을 하고, 별로 죄책감을 느끼지 않은 것이다.

첫 단계에서 다른 사람의 이기심을 느낀 사람들은 어땠을까? 너그러운 대우를 받은 사람들처럼 이전의 경험을 잊고 공평하게 돈을 나눴을까? 그렇지 않았다. 첫 단계에서 한 푼도 받지 못한 B 그룹 사람들이 C 그룹에 남긴 돈은 평균 1.30달러였다. 6달러 중 평균 4.70달러를 자신이 챙긴 것이다. 똑같이 3달러씩 나누는 것과 비교할 때 통계적으로 유의미한 수준의 이기적인 선택이었다.

이 연구 결과로 보면, 친절을 다른 친절로 베풀기보다 피해를 다른 피해로 갚는 경우가 더 많았다. 자신이 불쾌한 일을 겪었으니 다른 사람을 골탕 먹일 자격이 생겼다고 느끼는 셈이다. 돈을 한 푼도 못 받은 사람들도 다른 사람에게 평균 1.30달러를 남긴 걸 보면 모두가 자신이 당한 만큼 갚으려고 한 건 아니라고 좋게 해석할 수도 있다. 그런데 이 평균 금액이 어떻게 나온 것인지 자세히 들여다보니, 사람들의 선택은 자신은 한 푼도 못 받았지만 공정하게 나누거나(3달러씩 나눠 갖기), 전적으로 이기심을 드러내거나(6달러를 다 갖기) 둘 중 하나였다.

피해를 겪고도 자신이 입은 손실은 묻어둔 채 공정하게 절반씩 나눠 갖는 훌륭한 선택을 한 사람, 즉 이전의 경험에서 벗어난 사람은 소수였다. 그 외에는 부당한 대우를 받은 대다수가 자신이 겪은 부당함을 다른 사람에게 되갚았다. 자신이 0달러를 받았으면 다른 사람도 0달러를 받아야 한다는 식이었다. 같은 피해를 겪고도 이런 다른 선택을 하게 된 배경이 무엇인지 자세히 분석한 결과, 참가자의 정서적인 경험과 가장 밀접한 관련이 있는 것으로 나타났다. 첫 단계에서 피해를 본 후 괴로움, 속상함 같은 부정적인 감정을 느꼈다고 밝힌 사람은 다른 사람에게 피해를 갚은 비율이 높았다. 부당한 대우를 받은 이후 생긴 부정적 감정이 자기중심성을 자극했고, 그것이 다른 사람을 부당하게 대하는 동력으로 작용함으로써 피해가 다른 피해를 낳는 악순환이 일어난 것이다.

자신이 겪은 피해에만 몰두하면, 자신이 다른 사람에게 준 피해로 그가 겪을 고통을 헤아리지 못한다. 이 무심함에 도덕적 정형화가 더해지면 자신은 피해를 봤으므로 남에게 해를 끼쳐도 비난을 면할 수 있다는 생각까지 하게 된다. 불공정한 사회에 불만을 느낀 사람들이 저지르는 약탈과 폭동은 그와 같이 피해가 다른 피해를 낳는 악순환의 실례다. 예를 들어, 프랑스 정부가 정년을 62세에서 64세로 2년 연장해 국민이 일할 수 있는 기간을 늘리자, 그건 부당한 결정이라고 분개한 프랑스인들은 거리로 나와 파괴 행위를 벌였다. 그 새로운 법안을 통과시킨 정치인들에게 직접 따져 물을 방도가 없으니 그런 행위로 반응한 것이다. 이들이 손상시킨 사유재산 중에는 정확한 소유자를 알 수 없는 다국적 기업의 재산도 있었지만, 평범한 사람들이 생계를 유지하려고 운영하는 가게도 있었다. 자신이 피해를 봤다는 이유로 다른 피해를 일으킨 것이다.

이번 절의 첫머리로 돌아가서, 고통의 경험은 다른 사람의 아픔을 더 이해하도록 만들까, 아니면 더 이기적으로 굴도록 만들까? 정답은 둘 다이다. 과거에 자신이 겪은 트라우마를 받아들이고 고통에 전반적으로 더 민감해지면 다른 사람의 아픔에 더 공감하게 되지만, 현재 고통을 겪고 있거나 부당한 대우를 받고 감정이 크게 상한 상태에서는 이기적으로 굴어도 되는 자격이 생긴 것처럼 느낀다. 이처럼 자기중심성이 고개를 들면 자신이 겪은 피해가 훨씬 크게 느껴져서 다른 사람을 걱정할 틈이 없어지기도 한다. 그러나 트라우마나 부당한 일을 똑같이 겪어도 자신을 피해자로 여기는 정도에는 차이가 있다. 자신이 피해자라는 생각은 객관적인 피해 경험보다 사고방식의 비중이 더 크기 때문이다.

피해의식

자신을 피해자로 여기며 살아가는 사람들이 있다. 세상이 자신을 외면하고, 살면서 생긴 안 좋은 일은 전부 남 탓이며, 자신은 과거에 힘든 일을 겪었으므로 남들에게 좀 잔인하게 굴어도 비난받아선 안 된다고 말하는 사람이 주변에 한 명쯤 있을 것이다.

엄청난 트라우마를 겪은 사람일수록 그런 사고방식이 강하다고 생각할 수 있다. 실제로 여러 연구에서 트라우마 경험은 사고방식에 영향을 준다는 사실이 확인됐다. 예를 들어, 성폭행 피해자의 11퍼센트는 원치 않는 생각에 잠을 잘 이루지 못하며, 또다시 그런 일을 당할 수 있다는 두려움을 느끼는 등 PTSD에 시달리는 것으로 나타났다.[22] PTSD는 제1차 세계대전 이후 처음 연구되기 시작했는데, 당시에는 '포탄 충격shell shock'이라고 불렸다. 당시 한 연구자는 참전 군인의 약 20퍼센트가 전쟁 때 겪은 끔찍한 충격에서 벗어나지 못하며, 그중 일부는 수시로 공황 발작을 일으키거나 긴장증을 겪는다고 밝혔다.[23]

하지만 과거에 트라우마 경험이 있거나 현재 PTSD를 앓고 있다고 해서 무조건 자신이 피해자라는 사고방식으로 살지는 않는다. 심지어 집단 학살 같은 극단적 사건을 겪고도 자신을 피해자로 여기지 않는 사람이 있다. 앞서 도덕적 정형화를 설명하면서 언급한 홀로코스트 생존자 프리모 레비가 그렇다. 레비는 명백한 피해자지만, 인간의 도덕성에서 나타나는 미묘한 특성에 관한 그의 사려 깊은 견해는 그가 자신을 피해자로 느끼지 않는다는 것을 보여준다.

피해를 당한 사람이 그런 일을 겪었다는 사실을 인정하는 것과 피해의식에 빠지는 건 별개의 일이다. 피해의식이란 정확히 무엇일까? 객관적인 트라우마 경험이 그런 사고방식으로 직결되지 않는다면, 어떤 사람이 자신을 피해자라고 느낄까? 이런 사고방식에 대해 탐구한 이스라엘 텔아비브대학교의 한 연구진은 "대인관계에서 자신을 피해자로 여기는 경향"을 22가지 질문을 통해 평가할 수 있는 척도를 개발했다.[24]

다음에 그 평가 척도에 포함된 몇 가지 질문을 소개한다. 응답자는 각 질문에 1점(전혀 동의하지 않는다)부터 7점(매우 동의한다)까지의 범위에서 대답하면 된다.

1. 내게 상처를 준 사람들은 나를 부당하게 대했다는 사실을 인정해야 한다고 생각한다.
2. 나는 대인관계에서, 사람들이 나를 대하는 것에 비해 내가 훨씬 양심적이고 도덕적이라고 생각한다.
3. 나와 가까운 사람들이 나 때문에 상처받았다면, 내게 그럴 만한 매우 중요하고 분명한 이유가 있어서다.
4. 나는 부당한 공격을 당하면 며칠이 지나도록 그 일에 몹시 사로잡혀 있다.

피해의식도 다른 여러 심리학적 변수처럼 정규분포의 양상을 띤다. 즉, 전체의 절반에 해당하는 일반적인 사람들의 평균 점수는 1점부터 7점 척도의 중간인 4점이다. 이는 절반 정도가 가끔 스스로 피해자라는 느낌에 사로잡힐 때가 있음을 의미한다. 7점 만점에 평균 2.4점 정도인 전체의 하위 2.5퍼센트는 다른 사람에게 부당한 대우를 받아도 그저 운이 나빴다거나 상대방이 실수한 것으로 여기는 등 너그럽게 해석한다. 반대로 평균 6.6점인 상위 2.5퍼센트는 끊임없이 자신이 부당한 대우를 받는다고 느끼며, 계속해서 자신의 억울함을 인정받으려고 한다.[25] 스스로 피해자라고 인식하는 이런 사람은 자신이 남들보다 도덕적이라 생각하고, 자신의 불만을 곱씹느라 남의 고통에는 공감하지 못한다. 또한 자신은 피해자이므로 다른 사람이 가해자라는 도덕적 정형화에 빠져 자기 삶에 문제가 생기면 전부 그들 탓이라고 여긴다.

이 평가 척도를 개발한 연구진은 피해의식에 사로잡힌 사람이 어떤 태도와 행동을 보이는지도 조사했다. 한 연구에서는 직장에서 자신보다 직급이 높은 동료로부터 다음과 같은 애매한 충고를 듣는 상황을 제시했다. "자네 아이디어를 열정적으로 추진하는 건 좋지만, 열정과 고집은 한 끗 차이야. 다른 사람 의견도 들어보는 게 도움이 될 수 있어." 사람들은 이런 말을 격려로 받아들일까, 냉담한 비난이라고 받아들일까? 연구진의 예상대로, 대인관계에서 피해의식이 강한 사람은 이처럼 어느 쪽으로든 해석할 수 있는 조언을 악의적이고 잔인한 말로 해석했다. 흥미로운 사실은 피해의식이 강한 사람은 그런 말을 한 상급자를 피하려고 할 뿐만 아니라, 복수하고 싶다는 뜻을 밝히기도 했다는 점이다.

다른 연구에서는 일명 '독재자 게임'을 활용해 피해의식에 사로잡힌 사람이 그러한 복수심을 정말로 실행에 옮기는지 조사했다. 독재자(참가자들은 다른 참가자라고 생각했지만, 실제로는 컴퓨터 프로그램)에게 10달러를 준 다음, 그가 이 돈을 알아서 참가자와 나눠 갖는 게임이다. 연구진은 이 독재자가 돈을 매우 부당하게 나누거나(참가자에게 1달러만 주고 나머지는 자신이 갖기), 다소 부당하게 나누거나(참가자에게 3달러를 주고 자신은 7달러 갖기), 약간 부당하게 나누도록(참가자에게 4달러를 주고 자신은 6달러 갖기) 설정하고, 얼마나 부당한 대우를 받았든 상관없이 모든 참가자에게 복수할 기회를 제공했다. 돈을 나눠준 '상대방'의 돈을 빼앗을 기회를 준 것이다. 참가자는 독재자 몫의 돈을 그대로 두는 것(독재자가 자기 돈을 그대로 다 갖게 두는 것)부터 몽땅 빼앗는 것(독재자가 돈을 한 푼도 못 받게 하는 것)까지 다양한 범위의 선택을 할 수 있었다. 여기서 중요한 사실은 독재자에게서 빼앗는 돈은 참가자가 갖는 게 아니라는 것이다. 즉, 참가자는 이득 없이 순전히 복수를 선택할 수 있었다.

실험 결과, 독재자로부터 매우 부당한 대우를 받은(독재자가 1달러만 나눠준 경우) 모든 참가자가 피해의식이 얼마나 강한지와 상관없이 분노하며 복수하고 싶다는 의지를 드러냈다. 이들은 독재자의 돈을 빼앗을 기회가 주어지자, 평균 30퍼센트를 빼앗는 선택을 했다. 피해의식이 강한 사람들의 특징은 약간 부당한 대우, 즉 10달러 중 4달러를 받았을 경우에 드러났다.

독재자로부터 4달러를 받은 참가자들은 독재자가 가져간 돈의 평균 15퍼센트(90센트)를 빼앗는 선택을 했다. 그러나 피해의식이 강한 사람들의 선택만 추려서 보면, 그 2배에 달하는 30퍼센트를 빼앗았다. 독재자가 1달러만 주고 나머지는 다 가져간 훨씬 부당한 대우를 받은 사람들과 같은 수준의 벌을 내려야 한다고 판단한 것이다. 피해의식이 강한 사람들은 조금만 부당한 대우를 받아도 뜨거운 복수심을 느낀다는 사실을 보여준 결과였다. 피해자 사고방식이 강한 사람들과 그렇지 않은 사람들은 잘못을 바로잡으려는 욕구에 차이가 있는 게 아니라, 사소한 문제를 얼마나 심각하게 부당한 일로 여기는지가 다르다는 것도 알 수 있다.

살면서 겪은 일과 성격 특성이 피해의식과 어떤 연관성이 있는지 조사한 연구에서는 놀랍게도 과거의 트라우마 경험과 자신을 피해자로 여기는 사고방식에 상관관계가 없다는 결과가 나왔다. 수많은 사람이 살면서 트라우마를 경험한다. 트라우마 경험을 조사하면, 70퍼센트 이상이 최소 한 번 그런 일을 겪었다고 이야기한다. 그리고 30퍼센트는 그런 일을 4회 이상 겪었다고 말한다. 이들이 밝힌 트라우마 경험에는 강도를 당하거나, 교통사고로 목숨을 잃을 뻔하거나, 치명적인 병을 앓는 것과 같은 일이 포함된다. 그러나 범죄나 자연재해로 피해를 입은 사람들이 무조건 피해의식에 빠져 살지는 않는다는 결과가 나온 걸 보면, 그러한 사고방식은 실제로 겪은 일보다 자신에게 일어난 일을 심리적으로 어떻게 지각하느냐와 더 관련이 있음을 알 수 있다. 이는 스스로 인식하는 위험성에 따라 도덕적 판단이 달라지는 것과 매우 비슷한 특징이다.

경험, 성격 특성과 피해의식의 관계를 조사한 이 연구에서는 피해의식이 강한 사람들이 유난히 반사회적이거나 무례하지는 않다는 사실도 확인됐다. 스스로 피해자라 여기는 사람들이 대체로 성미가 고약하거나 공격적이지는 않다는 것이다. 이들은 그런 특징보다 대인관계에서 불안 애착으로 알려진 유형이 많다. 심리학자 존 볼비John Bowlby와 메리 에인스워스Mary Ainsworth는 대인관계에서 다른 사람과 정서적 유대를 맺고 교감하는 방식에 따라 애착 유형을 나누었다. 불안 애착은 대인관계의 잠재적 위협에 매우 민감하고 버려지거나 거부당하는 것에 두려움을 느끼며 관계를 끊임없이 재확인하려는 특징이 있다. 이런 위협감을 느끼면서 사람들과 교류하면, 상대방이 자신을 부당하게 대한다거나 자신만 나쁘게 대한다고 여기며 스스로 피해자라는 생각을 하게 된다. 버려질 수도 있다는 두려움과 피해의식의 이러한 연관성은 집단에서 배제당하는 일이 생존의 위기와 직결되었던 진화적으로 먼 옛날에 시작된 것으로 볼 수 있다.[26] 고대 인류를 사로잡은 그 두려움은 그때보다 물리적으로 더 안전한 환경에서 살게 된 지금도 부당하게 공격받거나 외면당할지 모른다는 깊은 감각을 불러일으킬 수 있다.

사람들과 처음 관계를 맺을 때는 피해의식이 남들의 관심을 끌어서 불안 애착 관계를 형성하는 데 도움을 줄 수 있다. 자신이 부당한 일을 겪었다고 호소하면 다른 사람의 관심과 인정, 연민을 얻을 수 있기 때문이다. 그러나 조금만 불쾌한 일을 겪어도 과잉 반응을 보이고 자신은 비난받으면 안 된다고 주장하며 복수심을 드러내는 태도는 사람들을 금세 지치게 만든다. 결국 피해의식은 남들을 자신에게서 멀어지게 만들어 그런 사고방식을 가진 사람들이 그토록 두려워하는 주변의 외면을 스스로 유도하는 비생산적인 요소로 작용한다.

한 가지 주목할 점은 피해의식이 유독 강한 사람들은 자신이 겪은 부당함을 과장하고 자기 고통에만 집착하긴 해도, 그들이 느끼는 아픔은 진짜라는 것이다. 강한 피해의식은 타인을 향한 불신, 부정적인 생각 곱씹기, 우울증 같은 정신 건강 문제와 관련이 있다. 이들이 의식적으로나 무의식적으로 상황을 자신에게 유리하게끔 조작할 수는 있지만, 자기 의도대로 일이 풀렸다고 해서 자신이 더 유리해졌다고 느끼지도 않고 심지어 기뻐하지도 않는다.

자기애성 성격장애가 있는 사람(나르시시스트)은 자신이 피해자라는 사고방식이 강한 경우가 많다. 과도하게 자기중심적이고 남들

의 추앙을 받으려는 욕구가 강한 자기애성 성격장애 역시 불안 애
착과 비슷하게 불안감을 느낀다. 하지만 스스로 피해자라 밝히고
도움을 호소하기보다는 그 두려움을 감추기 위해 자신감을 과하게
표출하고 자신이 대단한 사람인 것처럼 과장한다. 하지만 그런 자
신감은 속임수일 뿐이다. 나르시시스트는 사소한 비판에도 자신이
큰 피해를 입었다고 느낀다.

자기애성 성격장애가 있는 사람들의 일기를 분석한(작성자의 허락
을 받고) 연구에서, 이들은 일상적인 불쾌한 일을 부당하다고 느끼
는 경향이 다른 사람보다 더 강한 것으로 나타났다.[27] 자신이 피해
자라는 그와 같은 병적인 확신을 이용해 남들이 죄책감이나 수치
심을 느끼도록 유도하는 나르시시스트도 많다. 그런 사람들은 자
기 행동이 남에게 상처를 준다는 지적을 받으면 (가해자가 자신을 피
해자로 둔갑시키는 단계적 전략을 활용해) 자신이 아니라 그런 지적을
한 당사자가 가해자라고 주장한다.

핀란드의 몇몇 심리학자는 자기애성 성격장애 피해자를 지원하
는 협회와 협력해, 해당 협회의 웹사이트에서 '친밀한 관계에서 일
어난 일' 게시판에 등록된 회원들의 글을 분석했다. 이 게시판에는
자기애성 성격장애가 있는 사람의 배우자들이 일상생활에서 겪는
일을 토로한 글이 100여 건 있었는데, 분석 결과 이들이 제기한 주
된 문제는 상대 배우자의 극단적 자기중심성과 협박 그리고 물리적
폭력이었다. 또한 자신의 결함이나 실수를 배우자 탓으로 돌리는 문
제도 있었다.[28] 예를 들어, 한 작성자는 이런 글을 남겼다. "자기애
성 성격장애가 있는 사람은 뻔히 잘못된 것인 줄 알면서 그 일을 저

지른 다음, '그건 잘못이야'라는 말을 들으면 난데없이 다른 사람 탓이라며 남을 비난합니다. 그리고 자기가 한 게 아닌데 자신한테 잘못했다고 해서 상처받았으니 사과하라고 요구하죠. 늘 그런 식입니다." 자기애성 성격장애가 있는 사람들은 8장에서 설명한, 가해자가 비난을 면하려고 자신을 피해자로 만드는 단계적 전략의 전문가다. 게다가 이들이 쓰는 이 전략이 실제로 효과가 있다는 안타까운 연구 결과도 있다. 이 연구에 따르면, 나르시시스트에게 문제를 제기했을 때 그들이 비난을 면하려고 자신을 피해자로 만드는 이 전략을 빼 들면, 상대방은 자기 잘못이 맞다며 물러서는 경향이 있다.[29]

이번 장 서두에서 한 나라의 독재자나 할리우드 거물 등 세상 누구보다 큰 힘을 가진 사람들이 어째서 자신을 피해자로 여길 수 있는지 의문을 던졌다. 푸틴이나 하비 웨인스타인에게 직접 설문을 하고 평가하지 않는 이상 그들이 속으로 무슨 생각을 하는지 알 수 없겠지만, 지금까지 살펴본 과학적 연구 결과를 종합하면 피해의식이 반드시 객관적 피해 경험에서 비롯되는 건 아니다. 남과 불안정한 애착 관계를 맺는 사람, 자기애성 성격장애가 있는 사람은 세계적인 지도자, 거물, 억만장자라도 자신이 피해자라고 느낀다. 어린 시절에 자신을 꼭 안아주는 든든한 사람이 있었다면, 독재자가 자신이 피해자라는 생각을 덜하게 됐을지도 모른다.

다행히 우리가 일상에서 만나는 사람들은 대부분 극단적인 나르시시스트도 아니고 피해의식이 극히 강하지도 않다. 하지만 평범한 사람도 도덕적 판단이 엇갈리는 갈등 상황에서는 피해의식을 일종의 창과 방패처럼 활용해 자신에게 향할 수 있는 비난을 면하고, 상대방이 주장하는 고통은 잘라버리려고 한다. 이런 경향은 '우리'와 '그들'을 나누는 집단 갈등에서 특히 두드러진다. 그럴 때는 모두가 자신이 피해자라고 앞다퉈 주장한다.

피해자 경쟁

이스라엘과 팔레스타인의 대립, 진보 진영과 보수 진영의 문화적 충돌, 미국의 주택 소유자 협회 회의에서 벌어지는 갈등을 살펴보면, 모두가 자신이 속한 집단이 진짜 피해자라고 주장한다. 자기중심성이 힘을 발휘하면, 자기편이 피해자라는 생각에서 벗어나지 못한다. '진짜' 피해자로 인정받으면 잘못을 저질러도 비난을 면하거나 상대편에게 가해자라는 딱지를 붙일 수 있는 등 큰 이점이 따를 때는 그런 경향이 더더욱 두드러진다.

하지만 피해자가 되면 누릴 수 있는 것들이 생긴다고 해서 정말로 해를 입는 걸 바라는 사람은 없다. 누구도 고통을 원하지는 않는다. 사람들이 바라는 건 양쪽의 상황이 똑같을 때 기왕이면 자기 집단이 가해자보다는 피해자처럼 보이는 것이다. 양쪽이 똑같이 서로에게 잘못을 저지르며 갈등을 빚어도 '피해자' 타이틀을 얻는 쪽은 사람들의 공감을 얻고, '가해자' 타이틀이 붙는 쪽은 욕을 먹는다. 그 차이는 피해자가 되려는 집단 경쟁을 부른다.[30]

피해자 경쟁은 아이들이 서로 싸울 때처럼 개인 간 갈등에서도 일어난다. 각각 여섯 살, 세 살인 우리 두 딸이 맞붙으면 서로 비등하게 상대방을 공격하고 못되게 굴지만, 그러다 한쪽이 다치거나 부모가 개입해 크게 혼내면 곧장 자신이 피해자라고 주장하기 시작한다. 싸우다 다친 사람이 누구든, 누가 먼저 싸움을 시작했든 상관없이 둘 다 울면서 상대방이 먼저 주먹을 날렸다거나 나쁜 말을 한 진짜 가해자라고 주장한다. 두 아이 모두 진심으로 자기가 피해자라고 생각하지만, 그게 진심인 것과 별개로 둘 다 자신의 고통을 과장해서 자기 책임을 줄이려고 한다. (이론적으로는) 이 피해자 경쟁에서 이기는 쪽이 공감을 얻고, 한동안 조용히 앉아 반성해야 하는 벌을 받는 시간도 줄어드는 이점을 누린다(그러나 이 사태의 진짜 피해자는 그 모든 난리 통을 감당해야 하는 부모이므로, 이기는 쪽은 없고 둘 다 서로 그만 헐뜯으라는 잔소리를 듣는다).

우리 아이들은 언제 싸웠냐는 듯 다시 같이 놀면서 자신이 피해자라는 생각에서 금세 벗어나지만, 사회 집단 간에 벌어지는 갈등에서는 서로 피해자가 되려는 경쟁의식이 갈수록 격화한다. 가장 유명한 예가 양쪽 모두 합당한 근거를 들며 자신들의 고통을 주장하는 이스라엘과 팔레스타인의 분쟁이다. 유대인은 인류 역사에서 가장 큰 피해를 당한 민족이고 홀로코스트 같은 집단 학살까지 겪었다. 이스라엘을 둘러싼 아랍 국가와 테러리스트 단체는 이스라엘이 합법적인 국가임을 인정하지 않는다. 그래서 이스라엘을 무너뜨리려는 야욕을 품고 전쟁을 벌이거나 납치 및 폭탄 공격을 감행하며 그런 의지를 수시로 드러낸다. 팔레스타인도 큰 해를 입은 건 마찬가지다. 이스라엘은 경제적으로나 정치적으로 자신들보다 열세인 팔레스타인의 토지와 재산을 빼앗고, 팔레스타인 사람들의 이동을 통제하고, 그들의 집과 병원을 빈번히 공격한다. 팔레스타인 사람들의 인권 유린도 서슴지 않는다.

피해의식은 현재 진행 중인 갈등을 해석하는 방식에 영향을 준다. 테러나 보복 행위의 정당성에 관한 판단도 예외가 아니다. 1980년대에 이와 관련한 대표적인 연구가 아랍인과 이스라엘인 그리고 둘 중 어느 쪽도 아닌 사람들을 대상으로 이뤄졌다. 이 세 그룹의 사람들에게 베이루트에서 벌어진 대량 학살 사건을 다룬 TV 프로그램을 보여주자, 아랍인도 이스라엘인도 아닌 사람들은 방송 내용이 공정하고 균형이 잘 잡혀 있다고 평가했다. 그러나 아랍과 이스라엘의 입장을 각각 지지하는 쪽은 자신들의 피해가 '정확하게' 다루어지지 않고 상대편에 유리한 편향된 내용이라는 불만을 드러냈다.[31]

우리 편과 상대편으로 양분되는 집단 갈등에서는 한쪽이 피해자면 다른 한쪽은 가해자가 될 수밖에 없다. 피해자로 여겨지는 쪽은 폭력적인 행위를 저질러도 정당방위가 되는 편리한 사고방식이다. 게다가 가해자는 괴로울 리 없다는 도덕적 정형화까지 더해지면, 피해자로 여겨지는 쪽은 적에게 해를 가하고도 상대방이 아무런 피해도 입지 않았다고 우길 수 있다. 이러한 사고방식 역시 이스라엘과 팔레스타인 분쟁에서 가장 두드러지게 나타난다. 한 심리학자는 〈이스라엘과 팔레스타인 분쟁에서 피해자라는 신념이 갖는 기능〉이라는 제목의 논문에서 이렇게 설명했다. "자신들이 피해자라는 신념은 앞으로 벌어질 갈등과 상대를 향한 폭력적인 행위에 힘을 보태는 일이자, 과거 상대편에게 해를 가한 행위를 합리화한다. 양쪽의 갈등은 이런 식으로 지속되고 격화한다."[32]

한 연구에서는 이스라엘과 팔레스타인의 분쟁,[33] 르완다 후투족과 투치족의 갈등,[34] 북아일랜드에서 일어난 가톨릭과 개신교의 갈등,[35] 발칸반도에서 벌어진 세르비아인과 크로아티아인의 갈등,[36] 칠레의 전 대통령 아우구스토 피노체트 지지자와 그에게 반대하는 사람들의 갈등,[37] 에스파냐에서 일어난 카탈루냐인과 바스크인의 갈등,[38] 튀르키예인과 아르메니아인의 싸움[39] 등 지난 세기 전반에 걸쳐 세계 곳곳에서 벌어진 주요 집단 갈등마다 사실상 전부 피해자 경쟁의 양상이 나타난다고 분석했다. 위험성의 인식이 도덕적 판단의 공통 화폐인 것처럼, 자신들이 피해자라는 인식은 집단 갈등을 촉발하는 공통 요인이다.[40]

갈등을 빚는 집단 중 어느 쪽이 '진짜' 가해자이고 피해자인지는 보는 사람마다 다르지만, 두 집단 중 한쪽이 상대방보다 단연 우세한 경우가 있다. 물론 집단 간 권력 구조를 확실하게 파악하려면 시간이 걸리고 다양한 관점도 필요하다. 그러나 아메리카 대륙에서 수천 년간 잘 살던 원주민이 유럽에서 건너온 더 우세하고 힘센 정착민에게 해를 입었다는 건 누구나 아는 사실이다. 가해자로 여겨지는 것, 또는 가해자의 후손이라는 소리를 듣는 것은 당연히 불쾌한 일이고, 이런 구도에서 피해자 경쟁이 벌어지면 더 힘센 집단이 죄인이라는 딱지를 피하려고 자신들의 고통을 지어내는 결과가 초래될 수 있다. 그런 경우 강한 집단이 지어낸 이야기는 문제의 본질과 '무관하게' 누가 피해자인지를 따지는 데 주력함으로써 대화의 방향을 자신들에게 유리한 쪽으로 유도한다.

한 연구에서는 백인 미국인 참가자를 대상으로, 백인 대학생들이 핼러윈에 인종차별적인 옷차림을 했다가 문제가 생긴 이야기를 제시했다.[41] 그러자 참가자 일부는 '미국 수정헌법 제1조에 규정된 표현의 자유'를 침해한 것이 그 사건의 '진짜 피해'라는 의견을 밝혔다. 표현의 자유는 당연히 중요하고, 이 책에서 지금까지 살펴봤듯 모든 도덕적 쟁점은 저마다 다른 위험성의 인식이 복잡하게 교차하면서 발생한다. 그러나 추가로 진행된 여러 연구에서, 위와 같은 식의 피해 주장은 비난을 면하려는 편리한 핑계에 더 가깝다는 결과가 나왔다. 표현의 자유를 억압해서는 안 된다는 주장이 설득력을 얻으려면 언론의 자유 등 그와 관련한 다른 쟁점에서도 일관된 주장을 해야 하는데, 그렇지 않았기 때문이다.

위의 연구의 핵심은 자유를 지키려는 헌신적 노력을 무시해야 한다는 것도 아니고, 힘센 집단만 문제의 본질에서 벗어나 자신이 피해자라고 주장한다는 것도 아니다. 특정한 상황에서 무릎반사처럼 피해자는 자신이라고 주장하는 건 진지한 숙고를 거친 확신이 아니라, 먼저 피해자로 인정받으려는 경쟁의식일 뿐이라는 게 핵심이다. 피해자 경쟁에 뛰어드는 사람은 전부 이기려고 애를 쓴다.

피해자 경쟁은 가정과 직장에서 정체성이 다른 집단 간 관계를 해치고, 개인 간 관계에도 해가 된다. 어떤 도덕적 쟁점에 관해 의견이 달라서 편이 나뉘고 서로 상대편으로부터 부당한 공격을 받았다고 생각하면, 더 큰 피해자라는 타이틀을 먼저 거머쥐려고 경쟁을 벌이게 된다.

대인관계 심리학자 존 고트먼John Gottman은 부부의 결혼생활이 유지될 (또는 끝장날) 확률을 93퍼센트의 정확도로 예측한다. 그의 연구에 따르면, 피해자 경쟁은 애정으로 형성된 관계에 재앙을 부른다. 고트먼은 피해의식에서 생겨나는 방어 심리는 결혼생활을 파탄으로 이끄는 "〈요한묵시록〉의 네 기수" 중 하나라고 지적했다. 배우자가 경솔하게 굴었던 일을 열거하고 자신의 경솔한 행동은 정당한 복수였다고 주장하기 시작하면, 그 관계는 회복하기 어려운 충돌로 치닫는다.

피해자 경쟁이 직장에서 동료끼리 서로를 공격적으로 대하는 태도를 부추긴다는 연구 결과도 있다.[42] 그러나 서로 먼저 피해자가 되려는 이 경쟁의 민낯을 가장 확실하게 볼 수 있는 곳은 SNS다. 코로나19 대유행기 초반에 "SNS는 피해자 올림픽이 열리는 곳"이라는 글이 트위터(현재의 X)에 게시됐다.[43] 사람들이 자신의 도덕적 입장을 방어하기 위해 정반대 주장을 펼치는 쪽보다 자기가 더 큰 피해자라고 주장한다는 의미였다. 왜 인터넷에서는 자신이 더 큰 피해자라는 주장이 넘쳐날까? 4장에서 설명했듯이 온라인에서는 서로 익명으로 만나고 사회적 관계에도 어느 정도 거리가 있다. 그래서 사람들은 현실에서보다 자신이 느끼는 적개심을 더 많이 표출한다. 무리 속에 숨을 수 있고 자신이 뱉는 잔인한 말이 상대방에게 끼치는 영향을 직접 눈으로 볼 수 없는 환경에서는 더 쉽게 격분한다.

좀 더 너그러운 해석도 있다. 인터넷에서는 사회적 관계에 거리가 있고 익명성이 유지되므로, 서로를 이해하기 어렵다는 것이다. 얼굴을 마주하면 이런저런 잡담을 통해 관계의 공통적 터전을 닦을 수 있다. 좋아하는 음악이나 싫어하는 날씨가 같다는 사실을 알게 되면 유대가 싹튼다. 익명으로 만나는 인터넷에서는 자연스레 생기는 이런 유대와 공통 기반이 형성되기 어렵다. 다짜고짜 정치적 문제를 놓고 각자의 주장을 펼치기 시작한다면 더욱 그렇다. 그래서 도덕적 공통 화폐인 피해 경험에 기대기 쉽다. 우리는 누구나 위험성을 바탕으로 도덕적 판단을 내리므로, 자신이 겪은 피해에 관한 이야기는 모두의 이해를 얻기 쉽다.

자신의 피해 경험을 이야기하면, 대화가 보호 서사 중심으로 이어질 수 있다. 즉, 자신도 (상대방과 마찬가지로) 소중한 사람들 그리고 사회를 깊이 염려한다는 사실을 그 이야기를 통해 알릴 수 있다. 자기중심적으로 자신의 고통에만 집착한다면 분열을 피할 수 없겠지만, 피해를 겪고 느낀 것을 적절한 방식으로 공유하면 도덕적 판단이 달라서 발생하는 분노를 가라앉히고 서로를 존중하는 데 도움을 줄 수 있다.

의견이 충돌할 때 서로를 이해하는 방법은 여러 가지다. 사람들은 대부분 자신의 고통을 이야기하는 것보다 사실을 강조하는 게 합의점을 찾는 가장 좋은 방법이라고 생각하는 듯하다. 하지만 그건 틀린 생각이다.

◉ 인간은 자기중심적이다. 오로지 자기 감각에만 집중하는 신생아나 자신의 경험과 취향을 중심으로 생각하는 성인이나 모두 마찬가지다. 이런 자기중심성에서 벗어나는 건 쉬운 일이 아니다. 사람들이 세상을 자신과 다르게 볼 수 있음을 이해하려면 인지

적 노력이 필요하다. 다른 사람의 (심지어 신의) 도덕적 판단이 자신과 다를 수 있다는 걸 이해하는 건 더더욱 어려운 일이다.

◉ 자기중심성은 고통을 느낄 때 더 강력한 힘을 발휘한다. 감정이 부정적인 상태에서는 주의력이 자신에게 쏠리기 때문이다. 자신이 해를 입었다고 느낄 때, 겁을 먹거나 화가 날 때는 오로지 자기 자신한테만 집중하게 된다.

◉ 과거 피해 경험이 있으면 다른 사람의 고통을 이해하게 되므로 공감의 바탕이 된다. 그러나 과거가 아닌 현재 자신이 억울한 피해자라고 느끼는 사람은 남의 고통을 보지 못하고, 자신은 피해자이므로 이기적으로 굴어도 괜찮다고 생각한다. 설령 그것이 무고한 사람을 해치는 일이라도 괜찮다고 여긴다.

◉ 자신이 피해자라는 생각에 계속 사로잡힌 채로 살아가는 사람이 있다. 이 같은 사고방식은 실제로 객관적 고통을 겪었는지와 상관없이 버림받을지 모른다는 두려움과 과도한 자기애에서 생겨난다. 이들은 진심으로 자신이 불행하다고 느끼지만, 사람들이 어울리기 힘들다고 느끼게끔 행동한다. 피해의식이 강한 사람은 끊임없이 특별한 대우를 바라고 손톱만큼만 부당하다고 느껴도 펄펄 뛴다.

◉ 집단 갈등이 일어나면 거의 예외 없이 피해의식에 젖어 서로 자신들이 더 피해자라고 주장한다. 피해자 경쟁이 벌어지면 자신이 속한 집단의 고통을 확대해석하는 동시에 상대편의 고통에는 눈을 감게 되므로 분열이 격화하고 양쪽의 관계는 파국으로 치닫는다.

분열의 봉합

모두의 공통점으로 더 나은 미래 만들기

분열의 해소에 관한 오해
- 분열 해소의 가장 좋은 방법은 사실 활용이다

지금까지 우리는 두 가지 유명한 오해를 바로잡았다. 하나는 인간의 본성에 관한 것이고, 다른 하나는 도덕심리학에 관한 것이다. 가장 먼저 바로잡은 오해는 인간이 먹잇감이 아닌 포식자라는 생각이다. 많은 사람이 호모 사피엔스를 먹이사슬의 맨 꼭대기에서 무자비한 파괴를 일삼는 포식 동물이라고 생각한다. 인간의 본성을 이런 어두운 렌즈로 보면, 정치적 견해가 상반되는 사람이든 의견이 안 맞는 직장 동료든 자신과 도덕적으로 대립하는 사람을 공격적이며 지배욕이 강하다고 여기게 된다. 실제로 무자비하고 권력에 목을 매는 사람이 있는 건 사실이지만, 과학은 인류가 포식자가 아닌 먹잇감으로 살며 진화했다고 말한다. 인간의 동기는 대체로 남을 파괴하는 게 아닌 자신을 보호하는 데 있는 경우가 많다. 사람들의 공격적인 행동은 보통 자신이 겪는 고통에 골몰할 때 나타난다. 남을 해치려는 게 아니라, 자신이 해를 입지 않으려고 그런 행동을 한다.

이 책에서 바로잡은 두 번째 오해는 인간의 도덕적 사고에 관한 것이다. 인류가 집단생활을 시작하면서 남에게 해를 끼치는 사람들이 나타나는 등의 문제가 생기자 이를 극복할 수 있도록 도덕성이 진화했다는 점에는 모든 도덕심리학자가 동의한다. 한 유명한 도덕성 이론에서는 인간의 정신에 여러 개의 작은 방이 있고, 각각의 방에는 도덕적인 '기반'이 자리한다고 설명한다. 그리고 이 정신의 구획을 여는 열쇠는 각 방에 상응하는 도덕적 가치(충성, 순수성 등)이며, 어떤 가치가 적용되느냐에 따라 잠긴 방이 열리고 도덕적 판단이 이루어진다고 설명한다. 도덕적 판단에는 여러 가치에 관한 고민이 따르고 문화와 정치 역시 분명 다양하지만, 이 책에서 설명했듯이 그 모든 것을 아우르는 도덕적 판단의 마스터키는 위험성이다. 모든 사람이 각자 직관적으로 인식한 위험성에 따라 도덕적 판단을 내린다. 위험성의 인식은 누가 또는 무엇이 부당한 대우를 받기 쉬운 약자인가에 대한 추정에서 비롯된다. 그리고 그러한 추정은 문화와 정치적 신념에 따라 다를 수 있다.

누구나 도덕적 판단의 바탕에 위험성이 있다는 사실을 이해하면, 생각의 차이를 새로운 관점으로 볼 수 있다. 사람마다 도덕적 견해가 다른 건 특정한 정신적 메커니즘이 과도하게 발달하거나 덜 발달해서가 아니라, 각자의 방식으로 위험성을 인식하기 때문임을 알게 된다는 얘기다.

도덕적 판단의 바탕이 위험성이라는 우리 모두의 공통점은 분열을 봉합하는 공통 기반이 될 수 있다. 3부에서는 도덕성에 관한 새로운 이해가 가져올 수 있는 낙관적인 측면을 살펴본다. 자신을 보호하는 게 우리 모두의 보편적 관심사라는 것을 알면, 현재의 도덕적 갈등을 이해할 수 있을 뿐만 아니라 미래를 희망적으로 전망할 수 있다. 누구나 각자가 인식한 위험성에 따라 도덕적 판단을 내린다는 사실을 알면 다른 사람, 심지어 도덕적 쟁점에 대해 자신과 의견이 대립하는 사람한테서도 같은 인간으로서 공통점을 엿볼 수 있다. 관건은 이 공통적인 인간성의 씨앗을 무럭무럭 키워서 서로의 도덕적 판단을 더 깊이 이해하도록 만드는 최상의 방법을 찾는 것이다. 정치와 우리 일상생활의 도덕적 분열을 봉합하는 가장 좋은 방법은 무엇일까?

어쩌면 사람들은 서로 달라서 생긴 거리를 좁히는 최상의 해결책을 이미 알고 있는지도 모른다. 진화 과정에서 인간의 정신에는 여러 가지 유용한 어림짐작이 발달했으므로, 반목하는 사이라도 서로를 존중하며 지내는 훌륭한 경험 법칙을 이미 터득했을 가능성이 있다. 우리 연구실의 박사 후 연구원 에밀리 쿠빈Emily Kubin은 이런 아이디어에서 출발해 사람들이 직관적으로 생각하는 분열의 해결책은 무엇인지 조사했다. 쿠빈은 미국인 251명을 표본으로 모집한 후 동성 결혼, 낙태 같은 도덕적 쟁점에서 "자신과 의견이 다른 사람"을 떠올리고, "무엇이 그 사람의 의견을 존중하게 하는지" 물었다.

우리는 참가자의 응답을 주제별로 묶고 그 비율을 확인했다. 가장 많이 나온 답변은 참가자의 56퍼센트가 언급한 '사실과 증거'였다. 자신과 의견이 달라도 사실과 증거로 뒷받침된다면 그 의견을 더 존중한다는 것이다. 전체의 대다수에 해당한 이 응답자들은 증

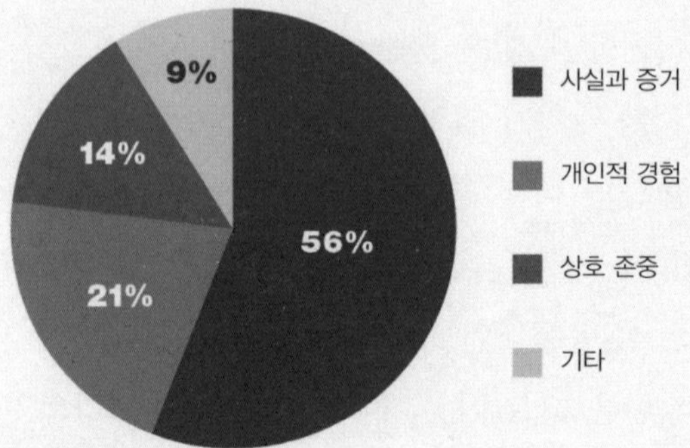

그림 17 ● 미국인에게 자신과 도덕적 신념이 다른 사람을 존중하게 하는 요소가 무엇인지 묻자, 대다수가 사실과 증거의 중요성을 강조했다.

거를 편집 없이 있는 그대로 제시하는 것이 합의점을 찾는 가장 좋은 방법이라고 보았다. 이렇게 생각하는 사람들은 의견이 대립할 때는 진짜 진실이 무엇인지 모두에게 잘 알려주기만 하면 정치적 분열도 줄일 수 있다고 믿는다. 2위와 3위는 각각 개인적 경험(21퍼센트)과 상호 존중하는 마음(14퍼센트)이 차지했다.

우리 연구에서 밝혀진 사람들의 직관은 정확할까? 사실과 그것을 뒷받침하는 통계가 분열을 봉합하는 데 도움이 될까? 우리는 정말로 그런지 조사에 나섰다. 정치적 견해가 다른 사람들이 총기 규제, 세금, 환경보호 정책에 관해 대화하면서 각자의 의견을 뒷받침하는 사실 정보를 활용하도록 한 연구 결과를 종합하면, 사실은 서로를 이해하는 최상의 해결책이 아닌 것으로 나타났다. 어떤 결과가 나왔는지 자세히 설명하기에 앞서 왜 사람들은 사실을 그토록 중시하는지부터 살펴보자.

사실의 군림

무언가가 진실인지는 어떻게 알 수 있을까? 철학에는 이 의문을 탐구하는 인식론이라는 세부 분야가 따로 있다. 인식론을 뜻하는 영어 단어 에피스테몰로지epistemology는 '지식'을 의미하는 그리스어 에피스테메epistēmē에서 유래했고, 이는 '알다' 또는 '방법을 알다'라는 뜻의 더 오래된 그리스어 에피스타스타이epistasthai에서 왔다. 앞서 소개한 우리 연구 결과를 보면, 사람들은 인식론이 사실에 기반해야 한다고 생각하는 듯하다. 즉, 사실로 뒷받침되는 것이 곧 진실이라는 의미다.

사실이 늘 이렇게 중시된 건 아니었다. 몇 세기 전 현대 경험론이 등장하기 전에 사람들은 대체로 경전 같은 신성한 기록이나 사람들과 나누는 대화, 권위 있는 존재가 하는 말 등 비과학적 방식으로 지식을 획득했다. 역사를 기록하기 시작한 이후, 특히 로마제국이 기독교를 국교로 삼은 4세기 이후부터는 신의 계시도 인식론의 중요한 줄기가 되었다. 과거에는 글을 모르는 사람이 태반이라 의학, 우주학, 심리학, 신학 등의 지식을 스스로 직접 읽어서 터득하지 못했다. 그래서 우주가 어떻게 만들어졌고 인간의 정신과 몸이 어떻게 기능하는지를 종교 지도자에게서 배웠다. 그렇게 교회가 인식론을 지배한 1,000년이 넘는 역사는 계몽주의 시대의 개막과 함께 완전히 바뀌었다.

계몽주의는 이성과 경험 그리고 권위에 대한 회의론을 밑거름으로 탄생한 사상이다. 코페르니쿠스, 갈릴레오, 마틴 루터 같은 몇몇 유명한 계몽주의 사상가들은 가톨릭의 권위가 진실에 우선하는지 의문을 던지며 지식에 이 같은 혁신적 변화가 일어날 수 있는 터전을 닦았다. 이런 기조에 힘입어 지식과 사회는 한 세기 넘게 계속해서 발전했고 17세기 말부터 19세기 초까지 최고조에 이르렀다. 계몽주의는 사람들에게 글을 스스로 읽고 세상을 직접 탐구하며 사유하도록 독려했다. 1660년에 설립되어 현존하는 가장 오래된 학술 단체 자리를 여전히 지키고 있는 영국 왕립학회는 새로운 지식을 추구하는 과학자들을 한데 모았다. 왕립학회가 내건 표어는 "눌리우스 인 베르바nullius in verba", 즉 "누구의 말도 받아들이지 말라"였다.

계몽주의의 등장으로 세상에 관한 객관적 정보, 즉 독립적으로 증명할 수 있는 사실이 인식론의 왕좌를 차지했다. 그로부터 3세기가 지난 지금도 사실은 여전히 가장 높은 자리에 군림하며, 사회의 모든 면면을 밝히는 통계와 과학이 그 곁에 자리하고 있다. 각종 데이터, 측정치, 분석치는 경제가 더 효율적으로 굴러가도록 힘을 실어준다. 업체들은 개개인에게 표적화한 광고를 내보내고, 상품을 주문하면 바로 다음 날 문 앞에 갖다준다. 초등학교에서 학생들에게 글 읽기를 가르치는 가장 좋은 방법, 의사가 병을 치료하는 가장 좋은 방법, 건축가가 사상 최대의 높은 건물을 짓는 가장 좋은 방법까지 모든 게 사실에 해당한다. 인류가 봉건제를 따르던 18세기 도시국가에서 벗어나 수많은 국가가 상호 연결되고, 국제우주정거장으로 우주비행사를 보내는 시대를 열게 된 것도 사실에 의존한 덕분이다.

　현대인이 중시하는 사실이 계몽사상이 강조한 사실과 얼마나 일치하는지 궁금할 수도 있다. 계몽사상은 이성과 객관성·증거를 중시했지만, 오늘날 이런 원칙은 무시되는 것 같다. 특히 정치, 보건, 경제 분야에서 쏟아져나오는 의견들을 보면 진실마저 외면하는 듯한 경우가 많다. 심리학자 스티븐 핑커도 그 점에 주목하고 '지금 다시 계몽'이 필요하다고 주장하며 동명의 저서를 통해 우리가 중시해야 하는 건 사실임을 재차 강조하고 나섰다.

　핑커는 과거 계몽주의가 중요한 역할을 할 수 있었던 이유는 논리와 비판적 사고의 원칙에 따라 문제를 해결하고 인간의 편향을 극복함으로써 중요한 사회적 목표를 달성하는 합리성의 가치를 중시했기 때문이라고 주장한다. 핑커는 과학, 민주주의, 무역 등 인류에게 가장 유익한 결과를 가져온 사회제도가 발달할 수 있었던 것도 합리성이 중요한 촉매 역할을 했기 때문이라고 평가하며 지금까지 이루어진 발전을 칭송했다. 그리고 이렇게 덧붙였다. "합리성은 우리가 생각하고 실행하는 모든 것의 길잡이가 되어야 한다."

　합리성이 중요하다는 점에는 나도 동의한다. 오늘날처럼 갈등이 팽배한 정치 상황에서는 합리적인 사람으로 보이는 게 중요하다. 그래야 존중받을 수 있기 때문이다. 논리가 부족한 사람, 즉 도덕적 판단이 제멋대로 바뀌거나 방송에 나온 전문가들의 말을 앵무새처럼 따라 하는 사람과는 누구도 진지하게 논쟁하려고 하지 않는다.

　사실은 주장을 합리적으로 만드는 동시에 합리적으로 보이게끔 하는 해결책인 듯하다. 그래서 사실을 내밀면 정치적 적개심도 단번에 싹 정리할 수 있을 것 같다. 모두가 사실만 놓고 토론한다면 문명인다운 성숙한 대화로 진실을 찾아낼 수 있지 않을까?

안타깝게도 우리가 진행한 여러 연구 결과를 보면, 사실은 사람들의 직관과 달리 기대하는 힘을 발휘하지 못한다. 그게 이 책에서 바로잡을 세 번째 오해다. 사실은 도덕적 갈등을 봉합하는 최상의 방안이 될 수 없다. 사실에 의존하면 주장을 합리적으로 만드는 데에는 도움이 될 수 있지만, 그런다고 해서 다른 사람들 눈에도 그 주장이 반드시 합리적으로 보이지는 않는다. 자신과 생각이 다른 사람이 내미는 사실은 진짜가 아니라고 여기기 때문이다.

사회에 계몽사상이 확산하면서 수립된 인식론은 다른 의견을 가진 사람들이 합리적 주장에 압도당해 무릎을 꿇을 수밖에 없을 만큼 사실을 잔뜩 제시하는 것이야말로 서로 존중하며 살아가는 길이라는 확신을 준다. 통계로 상대편의 정치적 확신을 제대로 꺾을 수 있을 것처럼 느껴진다. 실제로 국회의원이나 정치 평론가, SNS에서 큰 영향력을 떨치는 사람 모두가 데이터를 상대편의 방어를 뚫을 수 있는 무기처럼 여긴다. 어떤 문제로 대립하는 상대편에게 "제대로 한 방 먹였다"는 평가를 받으며 같은 편 안에서 공유하는 동영상들을 보면, 누가 더 확실한 사실을 내밀어 그 싸움에서 승리를 거두었는지에 초점이 맞춰져 있다. 문제는 같은 편 사람들은 그런 동영상을 보고 흡족한 기분을 만끽할지 몰라도, 상대편 사람들의 생각이 그런 식으로 바뀌는 경우는 드물다는 것이다. 하물며 정치적 대립에서 그런 방식으로 서로를 더 이해하길 기대한다면 실패할 수밖에 없다.

지금과 같이 가짜 뉴스가 판치고 다들 자신이 아는 통계가 진짜라고 믿는 시대에는 사실이 힘을 발휘할 수 없다. 현대의 SNS에서는 신뢰할 수 있는 정보와 허위 정보를 구분하기가 갈수록 어려워지는 실정이다. 가장 극단적인 주장도 그것을 뒷받침하는 '데이터'가 있을 정도다. 객관적 진실의 개념이 흔들리는 오늘날의 상황에서는 도덕적 이해를 키우려는 노력에서 사실이 할 수 있는 몫이 줄어들고 있다.[1]

SNS의 허위 정보 문제를 해결한다고 가정하더라도, 사실이 가짜 뉴스의 틈바구니에서만 힘을 못 쓰는 것이 아니라는 게 문제다. 도덕적 갈등에서는 사실이 그 자리에 안 어울리는 진실일 뿐이다. 사실은 세상이 작동하는 방식에 관한 객관적인 정보다. 가령 갈릴레오가 증명한, 가벼운 물체와 무거운 물체의 추락 속도는 같다는 것이 그런 사실에 해당한다. 하지만 도덕성은 중력과 달리 객관적이지 않다. 비록 우리는 각자 자신의 도덕적 확신이 '객관적' 진실이라고 느끼지만 말이다. 홀로코스트는 사악한 일이었고 부모님의 사랑은 위대하다는 점에는 모두가 동의할 수 있어도, 의견이 첨예하게 대립하는 도덕적 쟁점에서는 객관적 답이 그렇게 간단히 나올 수 없다. 사람마다 위험성을 다르게 인식하고, 그에 따라 여러 판단이 복잡하게 얽히기 때문이다. 도덕적 쟁점에서는 어느 한쪽의 도덕적 신념이 객관적 진실임을 증명하기가 어렵거나 아예 불가능하다.

태아와 임신한 여성 중 누가 우선인지, 흑인의 목숨과 백인 경찰관의 안전 중 무엇이 우선인지를 놓고 벌어지는 갈등에서는 어떤 사실로도 모두의 확신을 얻지 못한다. 최근에 사람들과 서로 도덕적으로 다르게 판단하는 사안에 관해 이야기를 나눴던 기억을 떠올려보라. 스스로 굳게 확신하는 도덕적 가치와 관련된 쟁점을 놓고 서로의 의견을 나눈 후 '아무래도 내가 틀렸나 봐. 저들이 말하는 사실이 너무 정확하잖아!'라고 내심 놀라며 얼른 생각을 바꾼 적이 있는가? 아마 한 번도 없을 것이다.

다음 장에서 자세히 설명하겠지만, 사실이 분열을 봉합하는 방법일 수 있는지를 조사한 우리 연구에서 사실은 대립하는 사람들의 상호 이해를 키우는 최상의 방안이 될 수 없다는 결과가 나왔다. 사람들은 자신을 설득하려면 가공되지 않은 정확한 통계를 내놓으라고 주장하지만, 우리가 막상 그런 통계를 제공하자 무시했다. 예를 들어, 총기 규제가 필요하다고 주장하는 사람들에게 총기 소지 권리를 인정해야 한다는 반대 주장에 더 힘을 싣는 통계(일반 시민이 자기방어를 위해 총을 사용하는 횟수가 연간 98만 9,000회 이상이라는 데이터[2])를 제시하자, 이 통계로는 총기 사용과 관련한 상황을 전체적으로 볼 수 없다거나 논쟁과 무관한 통계, 왜곡된 데이터라는 반응이 돌아왔다. 마찬가지로 총기 소지 권리를 인정해야 한다고 주장하는 사람들에게 미국에서 발생하는 살인의 73퍼센트가 총기에 의한 것이라는 통계를 제시하자,[3] 총기 규제를 주장하는 사람들이 사실을 똑바로 이해하지 못한다고 반박하면서 총기를 강제로 포기하게 만든다면 무고한 이들이 얼마나 많이 목숨을 잃겠느냐고 되물었다. 이렇듯 사람들은 사실을 내밀어도 아무렇지 않게 거부하거나 자신이 깊이 확신하는 도덕적 진실과 상관없는 내용이라고 여긴다.

사실이 정치적 논쟁을 서로 존중하는 방향으로 이끌지 못하는 이유는, 객관적 증거가 아닌 각자가 직관적으로 느끼는 위험성이 우리의 도덕적 신념을 형성하기 때문이다. 우리의 도덕적 확신은 통계가 아니라 각자가 느끼는 위험에서 비롯된다. 사회가 정상적으로 기능하고 정치적으로 훌륭한 정책을 만들려면 당연히 사실이 꼭 필요하지만, 도덕적으로 분열된 사람들을 하나로 이으려면 '객관적' 진실이 아니라 '도덕적' 진실이 필요하다. 그럴 때 필요한 것이 고통을 경험한 이야기다.

핵심 요약

◎ 이 책에서 바로잡을 세 번째 오해는 사실이 분열을 봉합하는 가장 좋은 방법이라는 것이다. 계몽사상이 등장한 이래 지금까지 사실은 가장 훌륭한 지식의 원천으로 군림해왔다(그게 잘못된 건 아니다).

◎ 미국인 대다수는 도덕적 분열을 해결하고 서로 존중하는 가장 좋은 방법이 사실을 제공하는 것이라 여기지만, 이는 틀린 생각이다.

경험의 공유와
이해

미국인은 해마다 11월 네 번째 목요일이 되면 여럿이 모여 칠면조 고기와 으깬 감자를 먹는데, 그 자리가 싸움판으로 변하는 경우가 늘고 있다. 추수감사절에 만나는 가족과 친구들은 제각기 선거에서 서로 다른 쪽에 투표하거나 도덕적 신념이 다르다. 큰 명절이나 기념일은 늘 표면 아래에 긴장감이 깔려 있게 마련이지만, 추수감사절에 유독 분위기가 살벌해진다는 사실은 과학적으로도 입증됐다.

2020년 추수감사절을 앞두고 많은 미국인이 장을 보거나 그날 열릴 풋볼 특집 경기에 어떤 선수가 선발로 나올지 점치고 있을 무렵, 가족 모임이 얼마나 양극화할 수 있는지 조사할 방법을 고민한 두 연구자가 있었다.[1] 이들은 먼저 추수감사절에 가족과 저녁 식사를 함께하기로 한 사람들을 모집하고, 식사를 마친 후 작은 과제를 하나 요청했다. 집에 도착한 시각과 나온 시각을 정확하게 기록해 달라는 과제였다.

두 연구자가 주목한 건 식사 시간이었다. 정치 성향이 다른 사람들이(특히 민주당 지지자와 공화당 지지자) 한자리에 모여 식사하면, 지지하는 정치 진영이 모두 같은 사람끼리 모였을 때보다 빨리 식사를 마치고 헤어지는지를 조사한 것이다. 이들은 각 참가자에게 집에 도착한 시각과 나온 시각 외에 그날 한 식탁에 둘러앉은 성인 참석자들에 대한 정보(이름, 정치 성향, 도널드 트럼프에 관한 견해 등)도 요청했다.

이 연구에서는 몇 가지 중요한 공변량共變量을 통제했다. 공변량은 주요 변수와 함께 나타나는(즉, '함께 변하는') 다른 경향으로, 연구에서 측정하려는 변수에 영향을 줄 수 있는 요인을 말한다. 예를 들어, 아이스크림을 먹고 싶은 욕구와 스포츠카를 운전하고 싶은 욕구의 상관관계를 조사한다면, 고려해야 할 중요한 공변량은 '더운 날씨'다. 날씨가 더우면 그 두 가지 욕구가 모두 강화되므로, 통계 분석 시 이 공변량을 통제하면 조사하려는 두 행동의 연관성이 감소할 수 있다. 하지만 이런 요인을 통제하지 않으면 드러나지 않을 영향이 나타나기도 한다.

추수감사절 저녁 식사를 조사하면서 연구진이 통제한 공변량 중 하나는 식사 장소가 집이 아닌 식당인 경우였다. 식당에서는 눈치가 보여서 마음껏 오래 머무르기 힘들므로, 집에서보다 식사 시간이 최대 몇 시간까지 줄어들 수 있다. 이 조사에서 외식했다고 밝힌 참가자는 4퍼센트였는데, 이들은 집에서 식사한 사람들보다 정치 성향이 더 다양한 것으로 나타났다. 다들 알다시피 지리적으로 가까이에 살면 정치 성향이 비슷한 경향이 있다. 같은 도시의 가까운 동네에 사는 친척은 다른 주에 사는 친척보다 정치적 견해가 같을 확률이 높고, 서로 멀리 떨어져 사는 친척은 거리가 중간쯤 되는 곳에 있는 식당에서 만날 확률이 높다. 이와 같은 여러 공변량을 통제하고 분석한 결과, 정치 성향이 서로 다른 사람들의 추수감사절 저녁 모임은 정치 성향이 모두 같은 사람들보다 평균 24분 더 일찍 끝났다.

이 연구의 결과는 24분이었지만, 실제 상황은 훨씬 안 좋았을 수도 있다. 미주리주에서 배관공으로 일하는 삼촌이 이민자에 대한 불만을 토로하기 시작하고, 오하이오주 오벌린 칼리지Oberlin College에 다니는 사촌이 그런 삼촌을 향해 신나치주의자라고 하는 순간, 식탁에 있던 사람들이 하나둘 서둘러 자리에서 일어났을 수도 있다. 24분이면 식사를 마치고 후식으로 파이와 아이스크림이 나올 즈음인데, 미국인이 추수감사절에 파이도 건너뛰고 집에 가버린다면 무슨 희망이 있단 말인가?

대다수의 미국인이 명절이나 연휴에 가족이 모여 식사하다 분위기가 싸늘해진 경험이 있다면, 이는 미국의 양극화가 이제 되돌릴 수 없을 만큼 심각한 수준에 이르렀다는 뜻일까? 그렇게 믿는 전문가들도 있다. 사람들이 인식하는 양극화가 어느 정도인지 나타내는 유명한 지표 중 하나가 민주주의 지수다(민주주의다양성연구소 Varieties of Democracy Institute에서 발표한다). 이 지표는 5~7명의 전문가에게 세계 각국의 정치 상황에 관해 다양한 질문을 한 후 그 결과를 모아서 도출한다. 전문가 평가에는 예를 들어 다음과 같은 질문이 제시된다. "사회가 서로 적대적인 진영들로 분열되어 정치적 견해 차이가 단순한 논쟁을 넘어서 사회적 관계에도 영향을 준다고 생각하는가? 그 영향의 정도를 1점부터 4점으로 평가한다면 몇 점인가?" 전문가들이 미국에 대해 답한 점수는 세계 어느 나라보다 높은 약 3.8점이었다.[2] 하지만 이런 결과에 너무 당황할 필요는 없다.

이렇게 부정적인 평가가 나온 이유 중 하나는 대비 효과 때문이다. 미국의 최근 역사가 비교적 평온한 편이라, 정치적 갈등이 더욱 두드러진다는 의미다. 원래 나쁜 일은 좋은 일과 대비하면 더 나빠 보인다. 위의 질문에 다른 나라들이 어떤 평가를 받았는지 보면 결과를 더 폭넓은 관점에서 이해할 수 있다. 가령 1990년대에 내전이 일어나 정치적 분열이 미국보다 훨씬 심각했던 보스니아의 양극화 점수는 3.2점이었다.

이는 보스니아의 실제 상황과 영 어울리지 않는 낙관적인 평가다. 분열 극복을 위해 범종교 단체를 설립한 에부 파텔Eboo Patel은 보스니아의 일상을 이렇게 전했다. "가톨릭을 믿는 크로아티아인이 운영하는 소방서는 이슬람교를 믿는 보스니아인의 건물에 불이 나면 출동하지 않는다. 불난 건물이 소방서 가까이에 있어도 가지 않는다. 마찬가지로, 이슬람교를 믿는 보스니아인이 운영하는 소방서는 가톨릭 신자인 크로아티아인의 집에 화염에 휩싸여도 내버려 둔다."[3]

미국의 분열이 심각한 상황이긴 해도 그 정도 수준은 아니다. 또한 전반적으로 상황이 좋지 않다고 해도, 북아일랜드 분쟁과 르완다의 후투족과 투치족 간에 벌어진 대량 학살처럼 그보다 더 극심한 분열을 겪고 다시 화합한 사례도 있다. 베르나데트 무카카베라Bernadette Mukakabera라는 르완다 여성은 후투족이 자기 눈앞에서 투치족인 남편을 살해하는 광경을 지켜보았다. 그로부터 10년 뒤, 베르나데트는 법정에서 남편을 죽인 그라시앵 니아미나니Gratien Nyaminani와 마주했고, 그 살인자는 베르나데트에게 사과했다.

대부분은 그런 상황에서 사과를 거부하고 최대한 큰 벌을 내려달라고 요청할 것이다. 하지만 베르나데트는 그를 용서했다. 판사는 베르나데트의 용서를 참작해 니아미나니에게 선고한 징역 19년을 감형해 사회봉사 2년을 명령했다. 베르나데트의 자비로움은 거기서 그치지 않고, 니아미나니의 딸이 자기 아들과 연인이 되는 것까지 받아들였다. 두 사람의 사랑이 점점 커지는 걸 보면서 자신의 오랜 편견을 내려놓은 것이다. "저는 그 아이의 마음과 행동을 사랑합니다. 그래서 내 아들이 그 아이를 아내로 맞이하고 싶다고 했을 때 반대하지 않았어요." 베르나데트의 말이다.[4]

베르나데트 무카카베라는 1장에서 소개한, KKK 단원 수백 명과 친해진 흑인 남성 대릴 데이비스처럼 아주 특별한 사람이다. 이런 사람들의 이야기를 예로 드는 이유는 어떤 악행이든 용서받을 수 있다고 주장하려는 게 아니다. 그보다는 추수감사절에 보수 성향인 삼촌과 진보 성향인 사촌 사이에 벌어지는 것과 같은 갈등을 좀 더 넓은 시각으로 볼 필요가 있음을 강조하기 위해서다. 물론 친척이 잔뜩 화가 나서 선거에 관해 일장 연설을 늘어놓거나, 회사에서 동료가 법원의 어떤 판결 때문에 펄펄 뛰고, 같은 동네 이웃이 자기 집 잔디밭에 공격적인 문구가 적힌 표지판을 떡하니 세워놓은 걸 보면 침착하게 반응하기 힘들다. 그러나 극심한 양극화라도 그 정도는 광범위하다. 우리가 일상생활에서 겪는 갈등은 대부분 절대 극복할 수 없을 만큼 극단적으로 심각한 분열이 아니다.

이 책의 마지막 두 챕터에서는 어떻게 해야 도덕적 갈등을 가장 잘 봉합할 수 있는지 살펴본다. 갈등 해소를 다룬 책은 도서관 하나를 다 채울 수 있을 만큼 이미 넘쳐나므로, 갈등은 어떻게 해결해야 한다는 식의 일방적 가르침을 제시할 생각은 없다. 그 방대한 주제를 다루려고 애쓰는 대신, 이 책에서는 도덕적 판단이 위험성에서 비롯된다는 우리 이론을 토대로 각기 다른 생각을 지닌 사람들이 유대를 형성하고 서로를 같은 인간으로 보도록 돕는 방안을 집중적으로 다루고자 한다.

인간다움

내전, 종파 간 폭력을 포함한 모든 도덕적 갈등에 기름을 붓는 가장 막강한 동력이 비인간화다. 어느 학자의 설명을 빌리면, 비인간화는 "특정 집단을 일반적인 인간보다 모자란 부류로 보거나 악마, 괴물, 사탄 등 나쁜 의미의 초인간적 존재로 딱지를 붙이는" 부정적 신념이다. 상대방을 온전한 사람으로 보지 않고 사물, 동물, 심지어 기계로 여기는 것도 비인간화에 해당한다.[5] 다른 사람을 '동물' '바퀴벌레' '짐승' '기계' '로봇'이라고 칭하는 건 그를 비인간화하는 것이다.

비인간화는 상대편을 자신과 근본적으로 다르다고 간주할 때, 특히 그들의 정신세계와 도덕관이 자신과 차이가 있다고 여기는 것에서부터 시작된다. 서로의 차이를 깨닫는 게 반드시 나쁜 일은 아니며, 오히려 흥미로운 계기가 될 수도 있다. 하지만 갈등이 일어나면 그 차이는 자신이 더 우월하고 상대방은 열등하다는 인식의 바탕이 될 수 있다. 예를 들어, 인도인·스리랑카인을 포함해 전 세계 인구의 약 3분의 1이 손으로 음식을 집어 먹는데, 서구 사람들은 이를 재밌게 느끼고 심지어 진귀하게 생각하기도 한다. 여러 민족의 전통 음식을 맛볼 수 있는 뉴욕시의 고급 식당 중 일부는 부유한 백인이 아무에게도 해를 끼치지 않으면서 미국의 식사 규범을 깨고 손으로 식사하는 경험을 해볼 수 있도록 100달러짜리 메뉴를 내놓는다.[6]

그러나 20세기 초의 서구인은 우월감에 젖어 다른 나라를 '개화' 시키는 것이 자신들의 사명이라 여겼고, 손으로 음식을 집어 먹는 행위는 미개함을 드러내는 명백한 근거라고 평가했다. 영국인 저술가 클래런스 룩Clarence Rook은 손으로 음식을 집어 먹는 사람들을 동굴 생활을 하던 머나먼 옛 인류와 비교하며 "본능에 충실한 짐승을 떠올리게 한다"고 묘사했다.[7] 이런 비인간화는 '미개한' 자들을 잔인하게 대하고 억압하는 게 정당하다는 주장의 근거로 쓰이기도 했다.

어떤 갈등이든 서로를 향한 적대감이 커지게 마련이지만, 비인간화는 그 대상의 정신과 도덕적 지위를 아예 인정하지 않는다는 점에서 가장 간사하게 남을 경멸하는 방식이다. 7장에서 다른 사람이나 대상의 취약성을 어떻게 평가하는지 살펴봤듯 우리는 정신 능력을 기준으로 도덕적 지위를 부여한다. 그리고 세상에 존재하는 모든 생물과 창조물을 통틀어 인간의 정신이 가장 위대하다는 점에 대체로 동의한다. 인류 역사에 등장한 모든 시대의 학자들이 인간의 뛰어난 합리성과 감정 능력을 칭송했다.

영리한 동물은 많지만, 복잡한 계산을 할 줄 아는 건 인간이 유일하다. 마찬가지로 기분이 좋거나 나쁜 정도의 기본적인 정서를 표현하는 동물은 있어도 수치심, 분노, 사랑, 희망, 실망 등 복잡한 감정을 느끼는 건 인간이 유일하다. 상대편을 비인간화하는 사람들은 인간의 이런 특별한 능력이 상대편에게는 없다고 주장하는 경우가 많다. 한 연구에서, 특정 정당을 지지하는 사람들의 59퍼센트가 다른 정당을 지지하는 사람들은 감정이 덜 풍부하다고 여긴다는 결과가 나온 것도 그런 비인간화의 예다.[8]

정치 성향이 자신과 같은 사람들의 행동은 스스로를 보호하려는 의도에서 나온 것이라 해석하고, 정치 성향이 다른 사람들의 행동에는 파괴 서사를 적용해 포식 동물 같은 본능을 드러낸 것이라고 해석하는 것에도 은근한 비인간화가 깔려 있다. '인류의 진화 과정'을 나타낸 그림을 활용한 평가에서는 그런 비인간화가 노골적으로 드러난다(그림 18). 평가 방식은 간단하다. 특정 정당 지지자들에게 유인원에서 시작해 여러 단계를 거쳐 인류가 진화하는 과정을 나타낸 단순한 그림을 제시하고, 자신이 지지하는 정당이나 다른 정당 지지자들이 어느 단계에 해당한다고 생각하는지 묻는 방식이다.

그림 18 ◉ 인류의 진화 과정. 인류는 긴 시간에 걸쳐 맨 왼쪽의 유인원에서 직립보행하는 인간으로 진화했다.

이 평가에서 사람들은 자신과 정치 성향이 다른 쪽을 자신들보다 평균 30퍼센트 정도 덜 진화했다고 평가했다. 상대편을 고대 원시인류인 타웅 아이와 비슷한 수준이라고 여기지는 않지만, (라틴어로 '지혜로운 사람'을 뜻하는) 호모 사피엔스보다는 덜 발달했다고 보는 것이다. 우리는 침팬지와 달리 호모 사피엔스를 우리에 가두지 않는다. 그리고 고릴라에게 인간의 기본권을 부여하지도 않는다. 이런 점을 생각하면 다른 사람을 유인원과 비슷하게 여기는 게 얼마나 그릇된 인식인지 알 수 있다.

특정 정당을 지지하는 사람들은 다른 정당 지지자를 단순한 캐리커처처럼 여기는 방식으로 비인간화한다는 사실도 여러 연구로 밝혀졌다. 한 연구에서는 사람들에게 수백 쌍의 얼굴을 보여주고 보수주의자 또는 진보주의자와 가장 잘 어울리는 것을 골라보라고 했다.[9] 그리고 자신과 정치 성향이 다른 사람들의 얼굴 생김새를 평균적으로 어떻게 생각하는지 확인하기 위해 각 참가자가 선택한 얼굴들을 전부 합쳐 하나의 합성물로 만들었다. 그 결과, 보수

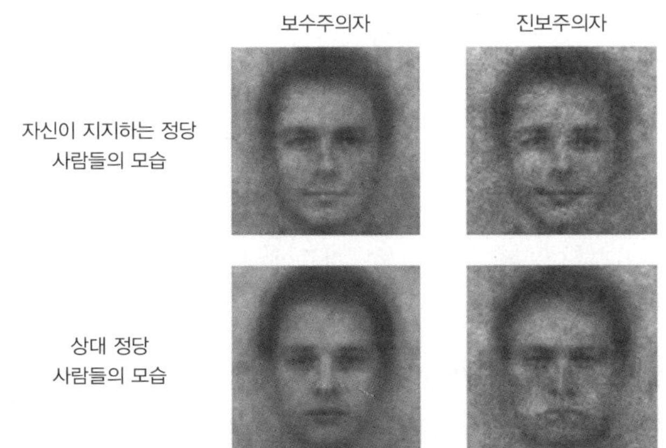

그림 19 ◉ 왼쪽 상단은 보수주의자가 생각하는 보수주의자의 얼굴, 오른쪽 상단은 진보주의자가 생각하는 진보주의자의 얼굴이다. 왼쪽 하단은 보수주의자가 생각하는 진보주의자의 얼굴, 오른쪽 하단은 진보주의자가 생각하는 보수주의자의 얼굴이다.

주의자와 진보주의자 모두 상대 정당 사람들의 특징을 캐리커처처럼 단순화하는 경향이 있으며, 그 특징에는 차이가 있는 것으로 드러났다. 보수 성향인 사람들은 진보 성향인 사람들의 외모를 대체로 젊고 순진한 모습으로 떠올렸고, 진보 성향인 사람들은 보수 성향인 사람들을 심술궂고 진지한 모습으로 떠올렸다. 엄밀히 따지면 둘 다 인간의 모습은 맞지만, 양쪽 모두 개개인의 개성은 다 사라지고 없다.

인간이 다른 동물과 달리 특별한 종이 될 수 있었던 특성을 '인간다움(인간성)'이라고 한다면, 사람들은 호모 사피엔스에게 두 가지 핵심적인 인간성이 있다고 생각한다는 사실이 한 연구에서 밝혀졌다. 그 분야의 가장 대표적인 전문가로 꼽히는 학자도 깜짝 놀란 결과였다. 임상심리학부터 지저분한 유머까지 다양한 연구 활

동을 해온 멜버른대학교의 사회심리학자 닉 해즐럼은 수십 년 전
에 사람들이 풍부한 감정 경험과 이성적인 행동 같은 인간의 고유
한 능력을 정확히 인식하고 있는지 조사해보기로 했다. 이를 위해
해즐럼은 인간의 정신 능력에 관한 두 가지 질문을 통해 사람들이
인식하는 인간성을 평가했다. 한 질문에서는 특정한 정신 능력이
'인간의 고유한 특성'이라고 생각하는지 물었고, 다른 질문에서는
특정한 정신 능력이 '인간의 본성'이라고 생각하는지 물었다. 해즐
럼 자신은 인간의 고유한 특성이 곧 인간의 본성이라고 생각했으
므로, 그 두 질문의 답변에도 깊은 상관관계가 있으리라고 예상했
다. 그러나 예상과 달리, 사람들은 그 두 가지를 다르게 평가했다.
사람들이 인간의 고유한 특성이라고 평가한 정신 능력과 인간의
본성이라고 평가한 정신 능력이 일치하지 않은 것이다.

이어진 후속 연구들에서 그 두 가지 넓은 범주의 인간성을 사람
들이 어떻게 구분하는지 상세히 밝혀졌다. 사람들이 인간의 고유
한 특성이라고 여기는 정신 능력은 예의 바른 태도, 정교한 사고
등 합리성 및 지성과 관련된 능력이었다. 수천 년 전 아리스토텔레
스가 주장한 것처럼 이 같은 '인간의 고유한 특성'은 인간을 여느
동물들과 다른 존재로 만들 뿐만 아니라, 짐승의 본능을 딛고 더
위로 올라가게 하는 발판이다.[10] 사람들이 '인간의 본성'으로 여기
는 정신 능력은 깊은 감정을 느낄 줄 아는 것, 우호성, 참을성 등 다
른 사람들을 다정하게 대하는 능력이다. 인간의 이런 타고난 특성
은 다른 동물에서도 나타나지만, 사람들은 인간의 능력이 더 우수
하다고 평가한다.

사람들이 인간다운 특성을 두 종류로 나누어 생각한다는 것은 비인간화도 두 가지 방식으로 일어날 수 있음을 의미한다. 가령 누군가를 향해 인간의 고유한 특성인 합리성과 지능이 없다고 판단하는 것은 그들을 미개한 동물로 여기는 것이다. 그래서 이러한 비인간화를 '동물적 비인간화'라고 부른다. 이와 달리 제2차 세계대전 당시 연합군이 독일군과 일본군은 연민도 동정심도 없는 살인 기계 같다고 선전한 것처럼, 누군가를 인간의 본성이 없는 기계나 로봇처럼 여기는 것은 '기계적 비인간화'라고 부른다.

7장에서 마음 지각과 취약성을 추정하는 방식에 관해 설명한 내용을 떠올려보면, 사람들이 두 가지로 나누어 인식하는 인간다움은 특정 대상을 정신 능력에 따라 사고력을 갖춘 실행자 또는 감각 기능을 갖춘 약자로 나누는 것과 일치한다. 사고력을 갖춘 실행자는 인간의 고유한 특성인 합리성을 가진 존재로 인식하고, 감각 기능을 갖춘 약자는 인간의 본성인 풍부한 감정을 느끼는 존재로 인식한다는 의미다. 이를 종합하면, 누군가를 온전한 인간으로 인식한다는 건 합리적인 사고 능력과 정서적 취약성을 모두 갖추었다고 여기는 것이다.

정치적인 대화에서 합리적인 사람으로 인식되는 것은 분명 장점이다. 계몽 시대의 이상이 여전히 뿌리 깊게 남아 있는 우리 사회에서 합리성은 매우 훌륭하게 평가받는다. 또한 누구나 합리성을 중시하는 사람으로 평가받기를 원한다. 두 번째 요건인 정서적 취약성은 합리성만큼 사람들에게 온전한 인간으로 인식되는 이유가 명확히 드러나지 않지만, 이 특성을 갖춘 사람은 최소 세 가지 장점을 얻는다. 첫 번째는 걱정하고 염려하는 감정을 느끼는 사람의 행위는 파괴 서사와 대조적인 보호 서사로 해석되기 쉽다는 점이다. 기계는 냉혹하게 파괴할 수 있어도 감정이 있는 사람은 연민할 줄 알고 소중한 것을 지키려 한다고 여겨진다. 두 번째 장점은 8장에서 도덕적 정형화와 함께 설명했듯이 사람들에게 감각 기능을 갖춘 약자로 여겨지면 가해자로 인식되어 악마화될 가능성이 크게 줄어든다는 것이다. 사람들에게 고통받는 피해자로 인식되면, 냉담하게 남한테 해를 끼칠 리 없다고 여겨진다. 세 번째 장점은 사람들의 공감을 얻는다는 것이다. 즉, 결코 접근할 수 없는 각자의 정신 사이에 존재하는 무한한 간격을 넘어 상대방의 감정에 공감하게 된다.

우리가 정치적으로 대립하는 상대방을 비인간화하는 경향이 큰 것이 갈등을 키운다면, 서로를 좀 더 인간으로 인식하게 만드는 방법, 즉 합리적이고 취약한 존재로 인식할 방법을 찾는 게 관건이다. 자신과 다른 도덕적 판단을 상대편이 사악한 증거라고 여기는 대신, 누군가 혹은 무언가가 고통을 초래할 수 있다는 추정이 자신과 달라서 그런 판단에 이르렀을 거라는 (좀 더 정확한) 이해를 끌어내는 방법이라면 더더욱 좋을 것이다. 그런 방법을 찾는 건 굉장히 까다로운 과제지만, 우리 연구진은 한 가지 좋은 아이디어를 떠올렸다.

우리는 이전에 진행한 연구들로 도덕적 판단의 마스터키는 위험성의 인식임을 확인했다. 그렇다면 위험성이 상대편을 같은 인간으로 바라보게 만드는 열쇠가 될 수 있지 않을까? 자신과 정반대의 도덕적 판단을 하는 상대편이 인식하는 위험성, 그리고 진심으로 자신을 보호하려는 욕구가 그런 판단을 내리게 된 이유임을 이해한다면 도덕적 판단은 달라도 합리적이고 취약한 똑같은 인간으로 여길 수 있다. 이것이 우리가 세운 가설이었다.

위험성을 염려하는 건 합리적인 사람이라는 인상을 준다. 위험을 피하려는 것보다 더 논리적인 건 없기 때문이다. 오래전에 찰스 다윈이 깨달았듯이 다람쥐든, 단세포생물인 아메바든, 인간이든 해를 입지 않으려고 하는 게 합리적인 반응이다.[11] 뜨거운 난로에 손이 닿지 않도록 얼른 피하는 사람을 보면, 우리는 '당연히 그래야지' 하고 이해한다. 그러므로 정치적으로 대립하는 상대방의 도덕적 확신이 해를 입지 않기 위해 자신을 보호하려는 마음에서 나온 것임을 이해한다면, 서로를 더 잘 이해하게 될 수도 있다.

위험성을 염려하는 것은 합리성과 더불어 인간다움의 두 번째 요소인 취약성도 드러낸다. 해를 입을까 봐 걱정하는 사람을 보면, 우리는 그 사람이 고통에 취약하다고 생각한다. 그렇지 않고서야 왜 그런 피해를 걱정한단 말인가? 다른 사람도 자신처럼 해를 입을 수 있는 존재임을 알면 그에게 더 공감하게 된다. 우리는 혹시 모를 피해를 깊이 염려하도록 진화했다. 그래서 부당한 대우를 당할까 봐 염려하는 사람의 심정에 쉽게 공감한다. 사실을 들이밀 게 아니라 각자가 느끼는 위험성을 이야기의 형태로 서로에게 제시한다면 분열을 봉합할 수 있을지도 모른다.

이야기는 분열을 봉합한다

분열된 사람들이 서로를 좀 더 같은 인간으로 인식하게 할 방안을 찾으려면, 인간의 정신에 관한 지식을 활용해야 한다. 계몽사상은 사실을 중심에 둠으로써 현대사회가 등장하도록 힘을 보탰지만, 인간의 도덕성은 계몽사상이 등장하기 훨씬 전부터 긴 시간에 걸쳐 형성됐다. 인류가 그 오랜 역사를 지나오면서 세상을 배운 방식은 이야기였다. 먼 옛날 밤늦도록 모닥불 주변에 둘러앉은 인류의 선조에게 이야기는 포식 동물을 피하는 방법이나 좋은 사냥법을 얻고 알 수 없는 세상을 최대한 이해하는 수단이었을 것이다. 한 진화심리학자는 이야기야말로 인간을 정의하는 특징이라고 주장하며, 인간은 "이야기하는 동물"이라고 말했다.[12]

우리는 이야기에서 여러 가지를 배우지만, 우리가 접하는 이야기는 도덕과 해를 입지 않는 방법에 관한 내용이 특히 많다.[13] 디즈니에서 만드는 최신 영화들은 친구를 배려하고 다른 사람을 친절하게 대해야 한다고 강조한다. 그리고《헨젤과 그레텔》《빨간 망토》같은 고전 동화는 나쁜 의도를 품은 낯선 존재가 얼마나 위험한지 가르쳐준다.

우리는 아이들을 위한 이야기가 대체로 행복한 내용이라고 생각하지만, 혹시 모를 위험을 경계해야 한다는 교훈을 강하게 남기려고 특유의 명랑한 분위기 대신 사건이 꽤 암울하게 흘러가는 경우도 많다. 가령 자제력을 잃으면 자신과 가족이 모두 위험해질 수 있음을 보여주는 이야기도 그렇다. 〈겨울 왕국〉의 엘사는 자기감정을 다잡지 못해 엄청난 혼란을 일으킨다. 왕국 전체가 꽁꽁 얼고, 여동생을 거의 죽일 뻔하고, 마녀로 낙인찍혀 꼼짝없이 살해당할 위기에 내몰린다. 《신데렐라》(1812)는 가족을 잔인하게 대하는 건 잘못임을 분명하게 경고한다. 이 동화의 원작에서는 가족에게 오랫동안 학대당하던 신데렐라가 발에 꼭 맞는 유리 구두를 신고 왕자와 결혼하는 반면, 이기적으로 굴던 이복자매들은 비둘기 떼의 공격을 받아 눈을 잃는다.

오늘날의 이야기는 이복자매가 시력을 잃는 식의 전개는 드물고, 주로 주인공이 자신이나 소중한 이들이 고통받지 않도록 지키려는 모습을 보여주며 사람들이 느끼는 위험성을 실감 나게 그린다. 등장인물이 해를 입지 않으려고 고투를 벌이면, 사람들은 단순한 캐릭터가 아닌 3차원적 인간으로 생생하게 느낀다. 데이비드 코벳David Corbett은 《캐릭터의 기술: 기억에 남는 소설, 영화, TV 캐릭터 만들기The Art of Character: Creating Memorable Characters for Fiction, Film, and TV》에서 매력적인 캐릭터를 창조하는 몇 가지 지침을 제시하는데, 가장 중요하게 꼽는 한 가지가 취약성이다. 물리적인 고통이나 곤란한 상황, 도덕적인 괴로움 등에 시달리는 모습으로 그려져야 한다는 의미다. "우리는 다치거나 도움이 필요한 사람들을 보면 곧장 관심을 쏟는다. 그게 인간의 기본적인 반응이다. (…) 취약성은 수면 아래의 저류와 같다. 다치거나 불완전한 등장인물은 우리를 끌어당긴다. '호감을 느낄 만한' 인물인지보다 우리의 관심을 끌어당기는 그 힘이 훨씬 중요하다."[14] 우리가 약한 캐릭터에게 이끌리는 이유는 해를 입고 고통을 피하려 애쓰는 인물에게서 인간다움을 느끼기 때문이다. 슈퍼맨Superman이 눈에서 레이저 빔이 나오는 무적의 존재로 다가올 때는 거리감을 느끼다가 그 역시 우리와 똑같이 고통을 느낀다는 사실을 알게 되면 공감하는 이유도 바로 거기에 있다. 친부모를 잃고 슬퍼하는 모습, 크립토나이트kryptonite 앞에서 무력해지고 로이스 레인Lois Lane을 염려하는 모습은 우리의 공감을 부른다.

가상의 인물을 진짜 인간처럼 그려내는 건 작가가 추구할 만한 목표지만, 우리 연구진은 같은 원리로 분열을 봉합할 수 있는지 확인해보기로 했다. 박사 후 연구원인 에밀리 쿠빈의 주도로 진행한 이 연구에서,[15] 위험성에 초점을 맞춘 이야기는 정치적으로 대립하는 사람들을 더 존중하고 자신과 같은 인간으로 인식하게 만드는 데 도움이 되는 것으로 나타났다. 한 실험에서는 연구진이 대학 캠퍼스에 가서 아무나 두 사람을 모집한 후 의견이 분분한 문제인 총기 규제에 관해 토론하게 했다. 그런데 연구자가 모집한 두 사람 중 한 명은 사실 우리 팀의 연구자였고, 주변을 지나가다 우연히 붙잡힌 것처럼 대화에 참여해서 참가자의 생각과 정반대 의견을 말하는 역할을 맡았다. 즉, 참가자가 총기 규제에 동의한다고 말하면 우리의 '공범'은 총기 사용 권리를 인정해야 한다고 주장했다. 우리는 두 사람이 총기 사용의 도덕성을 놓고 논쟁하는 내용을 녹음해서 참가자가 상대방을 얼마나 합리적이고 존중할 만한 사람으로 여기는지 분석했다.

이 연구에 참여한 모두가 총기 사용에 관해 열띤 논쟁을 벌였는데, 우리는 대화의 흐름이 두 가지 조건 중 하나로 흘러가도록 설정하고 토론마다 그 두 조건 중 하나를 무작위로 배정했다. 한 가지 조건은 의견이 대립할 때 가장 확실한 설득력이 있다고 대다수가 굳게 믿는 사실 중심의 토론이었고, 다른 하나는 이야기 중심의 토론이었다. '사실' 중심의 토론에서는 우리의 공범이 상대방과 다른 도덕적 판단을 주장하면서 그 근거로 다음과 같은 객관적 지식을 제시했다. "전 총기 정책에 관한 책과 정부 보고서를 정말 많이 읽었어요. 그래서 제가 알게 된 사실을 토대로 이렇게 확신하는 거예요."

'이야기' 중심의 대화에서는 우리 공범이 총기 사용에 관한 특정 견해가 생긴 이유로 개인적 경험을 들었다. 총기 사용 권리를 인정해야 한다는 주장을 펼칠 때는 "엄마가 공격당한 적이 있는데, 그때 총을 갖고 계셨다면 스스로를 보호할 수 있었을 것"이라고 말했고, 총기 규제가 필요하다고 주장할 때는 "엄마가 빗나간 총알을 맞고 입원한 적이 있다"고 말했다.

사실을 강조할 때, 또는 개인적 피해 경험을 공유할 때 분열을 얼마나 좁힐 수 있는지 비교할 수 있는 연구 설계였지만, 한 가지 문제가 있었다. 참가자들이 대부분 지나치게 예의 바른 태도를 보인 것이다. 이 실험은 SNS에서 익명 뒤에 숨어 내키는 대로 험한 말을 뱉을 수 있는 환경이 아니라, 대학 캠퍼스를 지나는 사람과 우리 팀의 활달하고 긍정적인(낯선 사람과 편하게 대화를 나누려면 꼭 필요한 특성) 젊은 여성 공범이 얼굴을 마주하고 토론하는 방식이었기 때문일 것이다. 사람들이 그렇게 정중한 태도로 토론에 임한다는 건 신선한 충격이었지만, 이 방법으로는 정치적 긴장감을 조성하기 힘들다는 사실을 알게 됐다.

그래서 우리는 토론이 가열되게끔 방식을 다시 조정해서, 우리의 공범이 상대한테 일부러 모욕적인 말을 하게 했다. 가령 참가자가 총기 사용에 반대하거나 지지하는 의견을 밝히면, 우리 공범은 각각 "총이 있어야 지역사회를 안전하게 지킬 수 있다는 사실도 모르면서 어떻게 스스로 미국인이라고 할 수 있느냐"고 비난하거나 "총이 사람도 해치고 지역사회도 망친다는 사실을 망각하고서 어떻게 스스로 미국인이라고 할 수 있느냐"고 타박했다. 그런 말부터 한 다음에 기존 계획대로 '사실' 중심으로 주장을 펼치거나 '이야기' 중심으로 견해를 제시했다. 이 조정은 효과가 있었다. 서로 고성이 오가지는 않았지만, 기분 나쁜 말을 들은 사람들은 덜 공손하게 자신의 도덕적 입장을 주장했다.

이렇게 수집한 153건의 토론을 분석한 결과, 사실을 강조할 때보다 개인적인 피해 경험을 공유하는 게 분열 해소에 더 도움이 된다는 사실이 명확히 드러났다. 우리는 연구 보조들로 하여금 녹음된 대화 내용을 듣고 토론 참여자들이 우리의 공범을 합리적인 대화 상대로 대하는 태도, 존중하는 태도, 우리 공범과 기꺼이 토론하려는 태도를 얼마나 보이는지 각각 7점 만점으로 평가하도록 했다. 그 결과, 공범이 사실 중심으로 주장을 펼칠 때보다 이야기를 중심으로 주장할 때 더욱 합리적인 대화 상대로 대했고(이야기 중심일 때는 7점 만점에 5.2점, 사실 중심일 때는 4.3점), 더 존중하는 태도를 보였으며(각각 5.9점과 5.2점), 더 기꺼이 토론하려는 태도를 보였다(각각 5.9점과 5.2점). 자신의 도덕적 신념을 다른 사람에게 이야기하면서 대화가 정중하게 흘러가길 원한다면, 피해 경험을 공유하는 게 가장 확실한 방법임을 알 수 있는 결과다.

사실을 내미는 대신 개인적 경험을 이야기할 때 정치적으로 대립하는 상대에 대한 전반적인 인식이 7점 만점에 0.7~0.9점 정도 개선됐다. 미미한 수치처럼 보이지만, 사실 매우 큰 의미가 있는 변화다. 심리학자들은 연구에서 다루는 특정한 방식이 얼마나 큰 변화를 일으키는지를 '효과 크기'로 평가한다. '코헨의 D Cohen's D'라고도 불리는 이 효과 크기가 0.2면 작은 효과, 0.5면 중간 정도의 효과, 0.8 이상이면 큰 효과가 있는 것으로 해석한다. 그리고 0이면 아무런 변화도 일으키지 않은 것이다.

상황에 따라서는 효과 크기가 아주 작아도 실제로는 큰 의미가 있다. 가장 대표적인 예가 심장 발작 위험성을 낮추는 아스피린의 효과다.[16] 아스피린의 효과를 확인하기 위한 연구에서 크지 않은 결과(0.12)가 나왔음에도, 의학계는 이 정도면 아스피린을 쓰는 게 매우 큰 도움이 되므로 연구를 조기에 중단해야 한다고 판단했다. 즉, 환자들을 위약군과 치료군으로 나눠서 한쪽만 아스피린을 주는 연구를 진행했는데, 이를 중단하고 위약군에 배정된 환자들에게도 아스피린으로 치료해야 한다고 결론지은 것이다.[17] 이렇게 작은 효과 크기도 수천 명의 생과 사를 가르는 영향을 준다.

우리 연구에서 토론에 참여한 사람들은 정치적으로 대립하는 우리 공범이 사실 위주로 주장할 때보다 개인적 피해 경험을 이야기할 때 자신과 다른 그 주장을 합리적이라 여기고, 존중하는 태도를 보이고, 기꺼이 대화하려 했다. 효과 크기로 평가하면 중간 정도의 변화를 일으켰다(0.47). 이는 아스피린보다 큰 효과일 뿐만 아니라, 행동과학 연구에서 특정한 방식의 효과는 대체로 결과가 뒤죽박죽으로 나온다는 점을 고려하면 고무적인 결과다. 다른 연구진이 유명한 심리학 연구 28건을 선정해 재현했을 때도 효과 크기는 작은 수준에 머물렀다(0.15).[18] 우리 연구에서 피해 경험을 이야기하며 주장할 때 나타난 효과 크기보다 훨씬 작은 수준이다.

여기서 한 가지 짚고 넘어갈 점이 있다. 우리 연구에서는 개인적 경험을 이야기하면서 서로 존중하는 태도를 강화하려 했을 뿐 상대방이 생각을 바꾸도록 설득하지 않았다. 정치적인 대화는 상대방의 신념을 바꾸려 드는 경우가 많지만, 우리는 그보다 더 기본적인 요건인 정중한 대화를 목표로 정했다. 상대방의 말에 수긍하려면 우선 상대를 존중할 수 있어야 하는데, 정치적으로 대립하는 사람들이 역사상 지금처럼 서로를 존중하지 않은 적도 없었다. 민주주의가 제대로 기능하려면 어떤 일에 대한 의견이 다르더라도 서로에게 자기 생각을 말하고 토론할 수 있어야 한다. 그러려면 일단 정중한 대화부터 가능해야 하므로, 우리는 이를 권장할 방안부터 찾기로 했다.

대학 캠퍼스에서 진행한 우리 연구의 한 가지 아쉬운 점은 행인인 척 토론에 참여한 '공범'이 총기 사용에 관한 의견을 밝힐 때 언급한 사실이나 개인적 경험이 모두 지어낸 이야기라는 것이다. 우리는 이 점을 보완해 실제 사실과 진짜 피해 경험을 활용한 후속 연구를 진행했다. 사실 정보는 연례 보고서와 미국 연방정부가 공개하는 데이터 등 믿을 만한 출처의 총기 관련 폭력 통계를 제공하는 웹사이트(www.justfacts.com)에서 얻었다. 미국에서 발생하는 살인의 73퍼센트가 화기에 의한 것이라거나(총기 규제가 필요하다는 주장을 뒷받침하는 근거), 해마다 미국 시민이 자기방어를 목적으로 총을 사용하는 횟수가 98만 9,000건(총기 사용 권리를 인정해야 한다는 주장의 근거)이라는 앞서 나온 통계도 이 사이트에서 얻은 정보다. 이러한 통계는 도덕적 판단의 바탕이 되는 위험성에 관한 것이지만, 우리는 이런 통계 자료는 사람들의 도덕적 평가에서 피해 경험에 관한 이야기만큼 큰 비중을 차지하지는 못할 거라고 추정했다.

총기와 관련된 실제 피해 사례는 온라인상에서 자신의 경험을 스스로 공유한 사람들의 이야기로 수집했다. 그리고 각 이야기에 담긴 피해가 어느 정도 수준인지 분류하기 위해, 별도의 참가자를 모집해서 우리가 수집한 피해 사례를 제시하고 그 수준을 경미한 피해, 중간 정도의 피해, 심각한 피해로 평가하도록 했다. 총기 규제를 지지하는 쪽과 총기 사용 권리를 지지하는 쪽의 주장을 각각 뒷받침할 수 있는 총기 관련 피해 사례를 모두 같은 방식으로 수집했다. 피해가 경미하다고 평가된 피해 사례로는 다음과 같은 내용이 있었다. "총을 가진 이웃이 있었어요. 그 남자는 화가 많이 나면 허공에 총을 쏴대곤 했습니다. 실제로 다친 사람은 아무도 없었지만, 누구든 해칠 수 있는 상황이었죠." 피해가 중간 정도로 심각하다고 평가된 사례는 다음과 같은 내용이었다. "교정에서 갑자기 누가 총을 난사할 때를 대비한 훈련을 여러 번 받았습니다. 학교는 이런 걱정 없이 다닐 수 있는 곳이어야 하는데 말이죠. 하루는 〈배트맨〉을 보려고 극장에 갔는데, 그날 다른 극장에서 총기 사건이 일어났어요." 피해가 심각하다고 평가된 사례로는 다음과 같은 내용이 있었다. "제 친구가 총에 맞아 살해됐습니다. 원래 총을 사려면 구매자의 신원을 확인해야 하는데, 범인은 그런 절차를 제대로 거치지 않았다고 하더군요."

예상대로, 총기 규제와 총기 사용 권리 중 어느 쪽을 주장하든 심각한 피해 경험을 공유할 때 정치적으로 대립하는 상대방은 그 사람의 주장이 합리적이라고 느끼고 더 존중하는 것으로 나타났다. 명백한 피해 경험을 들려주면서 그 일로 확신하게 된 도덕적 판단을 이야기하면, 누구나 그 사람의 판단을 이해한다. 그런데 이 조사에서 알게 된 한 가지 놀라운 점은 경미한 피해 경험도 사실 중심으로 주장할 때보다 상대방의 존중감을 더 크게 얻었다는 것이다. 심지어 주장을 뒷받침하는 사실이 매우 강력해도(적어도 연구자들이 평가하기에) 마찬가지였다. 우리 연구의 참가자들도 오늘날 모두가 그렇듯 상대편이 내미는 통계에는 이미 무감각해진 듯하다. 정치적으로 대립하는 사람들이 내미는 통계는 늘 잔뜩 화가 나서 소란을 피우는 주장이라 여기고 쉽게 무시하는 것이다. 그러나 누군가 자신이 고통받은 경험을 이야기하면 관심을 보인다.

유튜브 콘텐츠에 달리는 댓글처럼 양당 지지자들의 독한 주장이 넘쳐나고 사람들이 잔인한 말을 내키는 대로 쏟아내는 논쟁터에서도 피해 경험을 이야기하는 방식이 큰 힘을 발휘할 수 있다. 우리는 이 사실을 여러 건의 연구로 확인했다. 그중 한 건에서는 낙태 문제를 놓고 여성의 선택이 우선이라고 주장하는 동영상과 태아의 생명이 우선이라고 주장하는 동영상을 모두 합쳐 194건 선정하고, 각 콘텐츠에 달린 댓글 총 30만 978건을 수집해 분석했다. 우리가 선정한 동영상 중에는 계획에 없던 임신에 관한 통계, 미국 특정 주에서 낙태 수술을 제공하는 병원 수, 미국가족계획연맹에 지원되는 세부적인 자금 내역 등 사실을 강조하며 낙태에 관한 주장을 펼치는 내용도 있었고, 자신의 낙태 경험과 그때의 기분을 시청자들이 생생하게 느낄 수 있게 공유하며 낙태에 관한 도덕적 입장을 밝힌 내용도 있었다.

다음 단계로, 우리는 LIWC('루크'라고 읽는다)라는 컴퓨터 프로그램으로 각 동영상에서 수집한 댓글을 분석했다. 루크는 영어로 작성한 글에 특정 단어가 몇 회 쓰였는지를 토대로 작성자의 심리를 분석하는 프로그램이다. 이 루크 분석을 활용한 여러 연구 결과 중 내가 좋아하는 한 가지는 대화할 때 '너you'라는 단어를 많이 쓰는 커플일수록 관계가 깨질 확률이 높다는 것이다. 사람들은 주어가 자신이 아닌 상대방이면 자신보다 상대방에게 더 초점을 맞춘 대화이므로 좋은 관계를 유지하는 데 도움이 되리라고 생각하지만, 꼭 그렇지는 않다. "넌 진짜 게으른 인간이야. 내가 다 뒤치다꺼리하게 만들잖아"라거나 "당신은 늘 일만 해요. 당신에겐 가족보다 늘 일이 중요하죠"와 같이 이인칭 대명사가 비판과 비난에 더 많이 쓰일 수 있다. 이런 이유로 심리 치료에서는 자신의 경험을 상대방에게 좀 더 주관적으로 전달할 수 있도록 자기감정을 이야기할 때는 '나'를 주어로 쓰라고 조언하는 경우가 많다.

이 방식으로 특정 단어 외에 언어의 범주를 더 넓게 지정해서 해당 단어가 얼마나 사용됐는지도 알 수 있다는 점을 활용해서, 우리는 유튜브 동영상에 달린 댓글의 정서적 어조와 사회성을 분석했다. 정서적 어조는 사용 언어가 전반적으로 심술궂은지 또는 다정한지로 나뉘는데, 우리는 알고리즘을 활용해 '행복하다' '감사하다' 같은 긍정적인 정서의 단어와 '짜증 난다' '화가 난다' 같은 부정적인 정서의 단어가 얼마나 쓰였는지 확인해서 댓글의 전반적인 어조를 평가했다. 서로 존중하는 대화는 어조가 긍정적이거나 최소한 덜 부정적인 특징이 있으므로, 이 같은 정서적 어조는 분열을 봉합할 방안을 찾는 데 중요한 정보다.

정서적 어조와 함께 분석한 사회성은 댓글에 '친화적 언어'가 얼마나 많이 쓰였는지로 평가했다. 친화적 언어는 사람들이 타인과 관계를 맺고, 유대를 형성하고, 협력하길 얼마나 원하는지를 나타낸다. 우리가 분석에 활용한 알고리즘에서, 이런 친화적 언어가 포착된 댓글은 대체로 정서적 어조가 긍정적이고 '친구' '가족' '함께' 같은 단어가 같이 쓰이거나 '우리' '우리에게' '우리의' 등 포괄적인 대명사가 주로 쓰이는 경향이 있었다. 글에서 나타나는 사회성은 사람들이 타인과 얼마나 소통하고자 하는지를 드러내고, 이 역시 분열 해소 방안을 찾는 데 중요한 정보다. 이렇게 정서적 어조와 사회성을 기준으로 분석한 결과, 통계를 요약해서 전달하는 동영상보다 자신의 경험을 이야기하는 동영상에 긍정적인 어조의 댓글과 친화적인 댓글이 모두 더 많은 것으로 나타났다.

우리는 정치적 갈등이 거칠게 표출되는 또 다른 환경에서도 피해를 겪은 경험담이 그와 같은 힘을 발휘할 수 있는지 궁금했다. CNN의 울프 블리처Wolf Blitzer나 폭스 뉴스의 빌 오라일리Bill

　　　　　　　　　　　　　　　3부 · 분열의 봉합

O'Reilly 같은 앵커가 초대 손님에게 질문을 던지는(그리고 많은 경우 달달 볶는) 인터뷰에서도 과연 그러한 경험담이 힘을 발휘하는지 확인하기 위해, 우리는 그 두 방송사에서 방영한 인터뷰 145건을 선정했다. 기간별로는 2002~2004년의 인터뷰 32건, 2008~2010년의 인터뷰 72건, 2015~2017년의 인터뷰 41건이었다. 이렇게 다양한 시점의 인터뷰를 선정한 것은 시기별 미국의 정치 상황과 연계해 전반적인 경향성을 확인하기 위해서였다.

우리는 연구 보조들로 별도의 팀을 꾸려 각 인터뷰의 초대 손님들이 자신의 도덕적 견해를 사실 중심으로 밝히는지, 아니면 고통을 겪은 자신의 경험담을 공유하면서 주장하는지 평가하도록 했다. 예를 들어, 어떤 정치인은 경제 변화의 중요성을 언급하면서 "6.3퍼센트까지 올랐던 실업률이 현재 5.7퍼센트로 감소했습니다. 지난여름 이후 일자리가 약 25만 개 늘어났고요. 하지만 이걸로는 충분하지 않습니다"라고 이야기했고, 다른 정치인은 같은 주제에 관해 자신의 개인적 경험을 공유했다. "제가 겪어봐서 하는 말입니다. 제 남편이 실업자가 됐거든요. 많이 배운 사람이고 굉장히 똑똑한데도 일할 곳이 없습니다. 우리는 전형적인 중산층이에요. 지금 중산층은 고통받고 있습니다."

우리 팀은 각 인터뷰의 진행자가 초대 손님의 말을 얼마나 합리적이라고 여기는지도 평가했다. 진행자는 초대 손님과의 대화에 건설적으로 참여하고 상대방이 말할 시간을 충분히 제공하는가? 아니면 상대방의 말을 조롱하듯 코웃음을 치며 윽박지르는가? 이 분석에서도 사실보다 자신의 경험담을 공유할수록 진행자가 상대

방의 말을 합리적인 주장으로 여기는 확률이 더 높은 것으로 나타
났다.

피해 경험을 이야기하면 대화 상대로부터 더 존중받을 뿐만 아
니라 비인간화가 일어날 확률도 줄어든다. 우리 연구진은 참가자
에게 정치적 견해가 다른 사람들의 다양한 주장이 담긴 페이스북
게시물을 보여주는 또 다른 실험도 진행했다.[19] 우리가 선정한 게
시물 중에는 사실 위주로만 주장하는 내용도 있고, 자신의 경험담
을 공유하는 내용도 있었다. 이러한 게시물을 보여주고 "이 사람의
옆집에 살게 된다면 어떨까요?" 또는 "이 사람이 당신의 자녀와 데
이트한다면 어떨까요?" 같은 질문으로 각 참가자가 게시물 작성자
를 정치적으로 얼마나 견딜 수 있다고 여기는지(정치적 관용도) 평가
했다. 또한 게시물 작성자에 관해 참가자가 밝힌 견해를 토대로 기
계적 비인간화의 정도("로봇처럼 기계적이고 냉혹하군요")와 동물적 비
인간화의 정도("동물처럼 자제력이 없네요")를 함께 평가했다. 이 분석
에서도 게시물 작성자가 피해 경험을 공유하며 주장을 펼칠 때 (사
실 위주로 주장을 펼친 내용일 때보다) 참가자들의 정치적 관용도가 상
승하고 비인간화도 덜 일어나는 것으로 나타났다.

이 같은 수십 건의 연구에서, 우리는 피해 경험을 사람들과 공유
하는 것이 도덕적·정치적 분열을 해소하는 효과적인 방법임을 일
관되게 확인했다. 온라인 설문 조사, 뉴스 인터뷰, 유튜브 댓글, 가
상의 페이스북 게시물, 사람들이 직접 만나서 나누는 대화 등 모두
마찬가지였다. 위험성의 인식과 이야기는 인간의 정신을 이루는
바탕이다. 따라서 고통을 겪은 이야기는 정치 성향을 넘어 서로를

더 존중할 수 있는 열쇠다. 현실에서 벌어지는 도덕적 갈등 해소에
도 도움이 될 수 있는 통찰이다.

이야기를 활용한 갈등 해소

내러티브 4Narrative 4는 접점을 찾기 힘들 만큼 정반대 견해를 가
진 사람들도 서로에게서 인간다움을 발견할 수 있도록 도와주는
비영리단체다. 이 단체의 설립자 중 한 명은 9·11 테러 공격을 풍
자한 전미도서상 수상작《거대한 지구를 돌려라Let the Great World
Spin》를 쓴 아일랜드 출신 작가 콜럼 매캔Colum McCann이다. 매캔
은 공감을 일으키는 글과 갈등 관계에 있는 사람들의 미묘한 관점
차이를 집어내는 솜씨로 유명하다.

매캔은 미국 콜로라도주의 비영리단체 애스펀작가협회Aspen
Writers’ Foundation의 상임이사 리사 콘실리오Lisa Consiglio를 포함한
몇몇 작가와 함께 글쓰기 피정을 떠난 적이 있다. 서로의 경험을
얼마나 깊이 이해할 수 있는지에 관해 논의하던 어느 날, 매캔과
작가들은 둘씩 짝을 지어 이야기를 바꿔서 해보기로 했다. 한 명이
자기 이야기를 들려주면, 상대방이 그걸 다시 일인칭으로 이야기
하는 방식이었다. 가령 내가 캐나다 북부의 꽁꽁 얼어붙은 숲에서
길을 잃고 헤맨 이야기를 들려주면, 그걸 들은 상대방이 일인칭 주
어 ‘나’를 사용해 자신의 감정과 인상을 담아서 자기 경험처럼 다
시 말하는 것이다.

이렇게 이야기를 바꿔서 말해본 많은 작가가 눈물을 흘렸고, 매캔과 콘실리오는 자신들이 분열을 넘어 공감을 키우는 강력한 방법을 우연히 찾아냈다는 걸 깨달았다. 나도 내러티브 4의 '이야기 바꿔 말하기 프로그램'을 직접 접한 적이 있는데, 대화에 참여한 사람들 사이에 금세 유대가 형성되는 걸 보고 깊은 인상을 받았다. 다른 사람의 경험을 내 경험처럼 이야기하면, 특히 실제로 그 일을 겪은 당사자 앞에서 그렇게 다시 이야기하면 그 사람의 정신, 삶, 관점에 곧바로 공감하고 그의 도덕적 견해를 더욱 잘 이해할 수 있다.

내러티브 4의 이 프로그램 중 가장 까다로웠던 사례로 꼽히는 대화는 총기 사용에 관해 의견이 완전히 다른 두 사람이 파트너가 됐을 때였다. 총기 사용 권리를 인정해야 한다고 강력히 주장한 쪽은 총기 수집가이자 온라인 총기 판매 사이트 유나이티드 건 그룹United Gun Group의 창립자 토드 언더우드Todd Underwood였다. 언더우드가 운영하는 사이트는 흑인 소년 트레이본 마틴Trayvon Martin을 살해한 조지 지머먼George Zimmerman이 총을 구입한 곳이기도 하다. 토드는 이 대화에 참여하기 전에 자신이 "총기를 다수 소유하고 있다"며 총기 사용을 제한하려는 시도는 "아무것도 모르는 자들이 퍼뜨리는 허위 정보에서 비롯된 일이며, 그런 사람들은 중요한 결정을 감정적으로 하면서 지적인 판단처럼 정당화하려 한다"고 말했다.

토드의 대화 상대는 솔트레이크시티의 한 쇼핑몰에서 벌어진 무차별 총격 사건의 피해자 캐럴린 터프트Carolyn Tuft였다. 그 사건으로 당시 열다섯 살이던 캐럴린의 딸이 총에 맞아 목숨을 잃었고, 캐럴린은 근거리에서 허리 아래쪽에 세 발을 맞아 납 중독까지 겪었지만 겨우 살아남았다. 현재 총기 규제 운동가로 활동 중인 캐럴린은 그 사건을 떠올리며 "그날 내가 입은 옷의 모든 주머니에 총이 한 자루씩 들어 있었더라도 결코 쓰지 못했을 것"이라고 이야기했다.

토드와 캐럴린의 대화는 처음부터 끝까지 버릴 게 하나도 없을 만큼 가치가 있지만, 딸을 잃은 캐럴린의 경험을 토드가 다시 이야기할 때 가장 감동적이었다. 그는 캐럴린이 딸을 잃고 느낀 아픔을 자기 일처럼 이야기했는데, 그때 체감한 상실감이 마음에 너무도 깊게 남아서 이제 그 대화를 하기 이전으로는 돌아갈 수 없게 되었다. 토드는 결국 흐느꼈고, 캐럴린은 손을 내밀어 그의 손을 잡았다. 도덕적 판단의 차이를 넘어 서로의 인간다움을 느낀 강렬한 순간이었다.

토드만 캐럴린을 이해한 게 아니었다. 캐럴린도 토드가 해를 입을 수 있는 취약한 사람이자 합리적인 사람임을 이해할 수 있었다. 그 바탕에는 역시나 위험성에 기반한 토드의 경험담이 있었다. 토드가 총을 판매하는 온라인 사이트를 운영하게 된 이유는, 장애가 있어 집 밖으로 나가 일하기 힘든 상황에서 자신과 가족이 먹고살기 위해서였다.

토드와 캐럴린이 이야기를 바꿔 말해보는 대신 사실을 내세우며 맞섰다면, 서로의 도덕적 판단을 이해했을 가능성은 희박하다. 아무리 '객관적인' 사실이라도, 정치적으로 대립하는 쪽에 통계를 억지로 떠먹이는 방식으로는 상대방에 대한 인식, 즉 상대방은 비합리적이고 해를 입을 리 없다는 확신을 없애기 힘들다.

도덕적 논쟁에서 피해 경험을 공유하는 것이 서로의 갈등을 줄이는 효과가 크고 '사실'은 그런 힘이 약하다고 해서, 사실이 중요하지 않다는 의미는 아니다. 사실은 우리 삶의 모든 측면에 꼭 필요하고, 특히 사회에 가장 유익한 정책은 반드시 사실에 토대를 두어야 한다. 내가 지금까지 과학자로 살면서 해온 모든 일의 바탕도 사실이다. 우리는 연구를 통해 상반된 의견을 가진 사람들의 대화에서는 서로 어느 정도 존중하는 관계를 형성한 후에 사실을 제시해야 그 사실이 제 기능을 가장 잘 발휘한다는 걸 알았다. 그리고 서로에 대한 존중은 피해 경험을 공유할 때 가장 쉽게 생긴다는 것도 알았다. 물론 토론 주제와 일치하는 이야기라면 가장 좋겠지만, 의견 대립이 첨예한 도덕적 논쟁마다 다른 사람에게 들려줄 만한 감동적인 경험담이 있을 수는 없다. 그런 경우는 자신을 전반적으로 소개하고, 살아온 배경과 함께 지금의 신념이 어떤 경험에서 비롯된 것인지를 이야기하면 된다. 살면서 단 한 번도 고통이나 고난을 겪지 않은 사람은 없으므로, 그런 이야기만으로도 자신의 경험을 충분히 전달할 수 있다.

분열을 해소하는 수단으로 이야기를 활용할 때는 지켜야 할 중요한 규칙이 몇 가지 있다. 첫 번째는 이야기하는 사람과 듣는 사람 모두 상대방을 설득하는 게 아니라 이해하려고 노력해야 한다는 것이다. 여러 연구에서 밝혀졌듯 이야기를 설득의 수단으로 활용하면 역효과가 난다.[20] 공격하려는 의도로 대화를 시도하면 상대방은 금세 알아채고 곧바로 방어 태세에 들어가기 때문이다. 대화할 때는 상대방의 견해를 바꾸려 들지 말고, 서로 이해하는 게 대화의 목적임을 분명히 해야 한다.[21] "이 일을 당신의 관점에서 한번 이해해보고 싶습니다"라고 아예 대놓고 말하는 것도 좋은 방법이다. 그냥 하는 말처럼 들릴 수도 있지만, 서로를 이해하는 게 대화의 목표임을 분명하게 밝히는 것은 호의적인 분위기를 형성하는 데 효과적이다.

두 번째 규칙은 사실과 이야기를 혼동해선 안 된다는 것이다. 사실은 특정한 관점이 없는 객관적 정보의 조각들이다. 말하는 사람이 누구든 내용이 달라지지 않는다. 그것이 사실의 핵심이다. 중력 이론은 설명하는 사람이 누구든, 어떤 정체성을 가진 사람이 설명하든 중력 이론이다. 그와 달리 이야기는 사실이 아니며, 관점이 있다. 다른 사람에게 이야기를 들려줄 때는 자신의 관점에서 경험한 일이라는 걸 분명히 해야 한다. 그래야 상대방도 그 개인적 관점을 더욱 잘 이해할 수 있다.

세 번째 규칙은 다른 사람의 이야기를 경청해야 한다는 것이다. 우리는 대화할 때 상대방이 말하는 중에도 자신이 신경 쓰이는 일에 몰두하는 경우가 너무나 많다. 또한 이야기하는 사람의 생각과 신념에 집중하기보다 상대방이 말하는 요지를 어떻게 반박할지 머리를 굴리곤 한다.

사람들은 상대방이 자기 말을 듣고 있지 않다는 걸 금세 알아챈다. 인간의 사회성은 다른 사람의 행동에서 새어 나오는 극히 미세한 단서도 포착하게끔 정교하게 발달했다. 나는 시험 날 학생들에게 강의실 맨 뒤에 앉아 있어도 남의 시험지를 훔쳐보면 다 알 수 있다고 말한다. 실제로 우리는 남들이 어디에 주의를 집중하고 있는지 포착하는 능력이 대단히 뛰어나서, 어떤 학생이 가까이 앉은 다른 학생의 시험지를 몰래 훔쳐보고 있으면 그 모습이 훤히 보인다. 그래서 상대방의 눈빛이 흐릿하고 대강 고개만 끄덕일 뿐 속으로는 자기감정에 빠져 있다는 걸 분명하게 눈치챈다. 사람들이 자기 이야기를 하는 이유는 상대방이 그걸 들어주고 이해해주길 바라기 때문이다. 그러므로 듣는 사람은 귀를 기울이며 이해하려고 노력해야 한다.

이 세 가지 규칙은 전부 연결되어 있다. 즉, 설득이 아니라 서로를 이해하는 게 목표다. 이를 위해서는 (1) 상대방을 이해하려고 진심으로 노력하고 (2) 이야기는 사실과 달리 인간이 서로를 이해하도록 도와주는 특별한 수단임을 알아야 하며 (3) 상대방의 이야기를 귀담아들어야 한다. 그래야 다른 사람을 이해할 수 있다.

이야기가 분열을 해소하는 훌륭한 수단인 또 한 가지 이유는 경험을 공유함으로써 다른 사람에게 마음을 열 수 있기 때문이다. 자기 이야기를 하는 건 마음 깊은 곳에 있는 무언가를 꺼내 다른 사람에게 선물로 건네는 것과 같다. 이야기를 들려주는 것, 특히 자신의 피해 경험을 이야기하는 것은 단순한 일 같아도 상대를 신뢰하고자 하는 의지와 상대방의 신뢰를 바라는 마음을 모두 보여주는 일이라는 점에서 자신의 취약성을 스스로 딛고 일어서는 대단한 시도다. 취약성은 반대편에 선 사람들과의 유대를 형성하게 도와주지만, 그걸 드러내는 건 취약성과 '정반대'의 일이므로, 결코 쉽지 않다.

그것이 취약성의 모순이다. 분열을 해소하는 가장 효과적인 방법은 약한 면을 드러내는 것이지만, 그게 가장 힘들다. 힘없이 당하는 걸 두려워하는 것이 인간의 본성인데, 이를 딛고 취약성이 주는 효과를 얻으려면 어떻게 해야 할까? 공격받을지 모른다는 두려움 없이 마음을 여는 방법은 무엇일까? 다음 장에서는 이 문제를 해결하는 방법을 소개한다.

핵심 요약

◎ 사람들은 대부분 도덕적 분열을 봉합하는 가장 효과적인 수단이 '사실'이라고 생각하지만, 실제로는 그렇지 않다. 도덕적 논쟁에서는 사실을 내밀어봐야 논쟁과 맞지 않는 엉뚱한 진실로만 여겨진다. 정치적 논쟁에서는 어떤 사실이 진실이고 타당한지도 의견이 엇갈린다.

◎ 비인간화는 갈등을 지피는 주된 요인이다. 상대편을 비합리적이고 해를 입을 리 없는 존재, 즉 일반적인 인간이 아니라고 여기면, 그게 잔인하게 굴어도 되는 근거인 것처럼 생각하게 된다. 갈등을 빚는 사람들이 서로를 온전한 인간으로 보게끔 만드는 가장 좋은 방법은 피해 경험을 공유하는 것이다. 피해를 입은 경험을 이야기하면 먼 옛날부터 위험성을 중시해온 인간 정신의 특성상 반향을 일으킬 수 있다. 그래서 그걸 듣는 상대방은 자신과 다른 주장을 하는 사람이라도 합리적이고 똑같이 약한 존재라고 이해하게 된다.

◉ 도덕적으로 분열된 사람끼리도 피해 경험을 공유하면 상대방의 주장을 합리적이라고 인식하고, 상대방을 더 존중하게 된다는 사실이 여러 연구에서 밝혀졌다. SNS, TV 뉴스, 논평, 직접 대화 등에서 모두 그러한 효과가 확인되었다. 피해 경험을 공유하며 서로를 어느 정도 이해한 후에는 '사실'이 각자의 주장에 유용하게 쓰일 수 있다.

◉ 피해 경험을 이야기하는 방식이 분열을 해소하는 효과를 발휘하려면, 상대방을 '이기는' 수단이 아니라 이해하는 방법으로 이야기를 활용하는 데 집중해야 한다. 또한 다른 사람이 자신의 피해 경험을 들려주면 귀 기울여 잘 듣는 것도 중요하다.

11장

열린 대화와
희망

　　　　피해 경험을 공유하는 것이 분열 해소에 도움
이 되는 이유 중 하나는 자신이 약한 존재임을 드러냄으로써 똑같
은 인간임을 보여주는 방법이기 때문이다. 그러나 이런 경험담을
다른 사람에게 이야기하는 것은 스스로 약한 모습을 보이는 일이
므로, 쉽지 않다. 인류는 수백만 년에 걸쳐 공격을 두려워하는 동
물로 진화했다. 굶주린 포식 동물 앞에서 어서 잡아먹으라고 목덜
미를 들이대는 건 상상할 수 없는 일인 것처럼, 자신의 도덕적 신
념이 공격당할 위험을 무릅쓰고 자진해서 정서적으로 약한 모습을
보이는 것도 상상하기 힘든 일이다. 이것이 취약성의 모순이다. 생
각이 다른 사람들과 소통하는 가장 좋은 방법이지만 가장 실천하
기 어렵다.

　다행히도 현재 많은 단체에서 수많은 전문가가 이 모순을 해결하
려고 노력 중이다. 비욘드 컨플릭트Beyond Conflict, 오버 제로Over
Zero, 전국시민대화연구소National Institute for Civil Discourse, 모어 인

커먼, 원 아메리카 무브먼트One America Movement 등 나는 단체명에서부터 희망이 느껴지는 곳들과 협업해왔다. 이런 단체에는 과학자가 구성원으로 일하기도 하지만 실무는 대부분 분열 해소를 위해 헌신하는 참을성 있고 개방적인 직원들이 담당한다.

이런 단체의 상당수는 양극화 해소와 갈등 중재 분야를 선도해온 에센셜 파트너스Essential Partners에서 영감을 받았다. 에센셜 파트너스의 직원들은 상호 신뢰 구축을 돕는 다양한 틀을 개발하는 한편, 도덕적 갈등 상황에서 분열을 심화하는 폭탄 같은 요소를 찾아내 없애는 전문가로 활동 중이다. 예를 들어, 미국 남부에서 갈등을 일으킨 경찰과 흑인 공동체의 대화를 주선하고, 복음주의 교단 내부의 험악한 파벌 싸움을 조정하고, 요르단으로 온 난민들과 그 나라 국민간의 갈등 중재도 맡았다.

에센셜 파트너스는 1989년 로라 카신Laura Chasin이 설립했다. 당시 매사추세츠주 케임브리지의 가족연구소Family Institute에서 치료사로 일하던 카신은 가족 관계 회복에 도움이 될 만한 새로운 기법을 한창 개발 중이었다. 가족 가운데 한 명이 말하면 다른 가족이 들어주는, 이야기 중심 기법이었다.

그러던 중 카신은 집에서 TV 채널을 이리저리 돌리다 한 토크쇼를 보았다. 미국의 유명한 토크쇼인 〈제리 스프링어 쇼The Jerry Springer Show〉(1991~2018)의 전신인 그 프로그램에서는 카리스마 넘치는 진행자가 세간에서 논란이 되는 주제를 놓고 출연자들과 의견을 나눴다. 카신이 우연히 그 토크쇼를 본 날은 흔히 나올 법한 "애 아빠가 누구야?" "그녀는 여태 속았다!" 같은 이야기가 아니라 낙태를 주제로 다루었다. 1980년대에도 낙태는 지금만큼 뜨거운 논쟁거리였고, 그날 토크쇼에는 태아의 생명이 우선이라고 주장하는 사람 2명과 여성의 선택이 우선이라고 주장하는 사람 2명이 출연해 30분간 논쟁을 벌였다. 진행자는 시청률을 높이려고 양쪽에 싸움을 붙이려는 기색이 역력했다.

가족 상담사인 카신은 토론이 시작되기 전부터 토크쇼 무대만 보고도 진행자의 의도대로 될 거라고, 즉 토론이 제대로 이루어질 수 없을 거라고 짐작했다. 의견이 대립하는 출연자들은 흡사 전쟁터의 보병부대가 만든 참호처럼 양쪽으로 나뉘어 있었고, 진행자는 그 중간 지대에서 "왜 이쪽이 착한 사람들이고, 저쪽은 나쁜 사람들인지 말해주세요"라는 말로 양쪽 진영을 도발했다. 시작부터 선과 악이라는 극명한 도덕적 판단을 하게 만들어서 싸움의 불씨를 지핀 것이다. 시작한 지 2분 만에 토론은 서로에게 모욕적인 말을 쏟아내는 고성 경쟁으로 변질됐다.

가족 치료사로 일하며 쌓아온 경험상 카신은 자신이 그와 같은 도덕적 분열을 해소하는 데 힘을 보탤 수 있을 것 같았다. 하지만 그때는 상담을 받으러 찾아오는 가족들을 외면할 수 없다는 생각에 주저했다. 그러다 매사추세츠주 브루클린의 한 여성 건강 클리닉에서 남성이 여성 2명을 총으로 쏘는 사건이 벌어졌다. 지역사회가 발칵 뒤집혔고 폭력 행위에 대응할 방법이 필요하다는 요구와 함께 정치적 대립을 넘어 서로를 좀 더 이해하는 방안이 필요하다는 목소리가 터져나왔다. 그제야 카신은 자신이 할 수 있는 일을 해보기로 결심했다. 그리고 사람들의 갈등 해소를 돕는 에센셜 파트너스를 설립했다. 카신은 도덕적으로 각기 다른 견해를 가진 사람들은 관계가 틀어진 가족과 비슷하다고 보았다. '서로를 반대편에 선 사람들'로 여기고 중재하는 것보다, 양측의 대화를 좀 더 생산적으로 끌어낼 수 있는 관점이었다. 카신은 집단 토론에서 참가자들의 관계에 주목하고, 자신과 다른 의견을 가진 사람들이 왜 그런 주장을 하는지 생각해보도록 권장했다. 또한 누구나 각자의 관점에서 걱정되고 겁나는 일이 있게 마련이라는 것도 강조했다.

카신은 가족을 포함한 모든 관계가 원만하게 유지되는 핵심 비결은 자신의 약한 면을 기꺼이 보여주는 데 있음을 깨달았다. 하지만 사람들은 상대방이 자신을 이해하려 노력하고 서로의 유대를 소중하게 여긴다고 생각할 때만 기꺼이 자신의 약한 면을 드러낸다. 심리학에서는 자진해서 취약성을 드러내는 이런 조건을 '심리적 안전감'이라고 표현하는데, 인간은 기본적으로 해를 입지 않으려 애쓴다는 사실이 명확하게 담긴 용어다.[1] 자신의 약한 면을 보여주려면 '심리적으로 안전한' 환경, 즉 거부당하거나 공격당할 수 있다는 두려움 없이 자기 생각과 감정을 공유할 수 있고 함께 대화하는 사람들이 자신을 해치려는 포식자가 아니라고 확신할 수 있는 환경이 조성되어야 한다.

심리적으로 안전한 대화 환경을 조성하는 건 가족 상담에서도 쉽지 않은 일이다. 상담을 시도하는 가족은 대부분 수십 년간 쌓인 정서적 앙금이 있기 때문이다. 정치적으로 대립하는 관계는 각자가 가장 굳건하게 믿는 도덕적 확신이 다르므로, 취약성을 드러내라고 권하기가 훨씬 힘들다. 그래서 에센셜 파트너스는 사람들이 열린 마음으로(또한 압박감 없이) 자신의 약한 면을 드러낼 수 있는 물리적·정서적 공간을 마련하기 위해 집중적으로 노력한다.

에센셜 파트너스가 제공하는 대화 공간에서는 과거 카신이 본 토크쇼 무대처럼 사람들의 자리를 양분하지 않을 뿐만 아니라 마주 보지도 않는다. 대신 둥근 탁자에 모두가 둘러앉게 하고(각진 테이블의 맨 앞자리는 힘 있는 사람의 자리라는 인상을 주므로 그런 테이블은 사용하지 않는다) 서로 의견이 다른 양쪽 집단의 구성원이 한 명씩 끼어 앉도록 자리를 배치한다. 이렇게 하면 대화가 진행되는 동안, 가까이 앉은 같은 편끼리 단합하지 못하게 막는 효과도 있다. 발언 기회도 앉은 자리 순서대로 한 명씩 돌아가며 제공하므로 차례가 오면 모두가 자기 생각을 피력할 수 있다.

에센셜 파트너스는 우리가 개인의 피해 경험이 분열 해소에 큰 도움을 준다는 사실을 연구로 밝혀내기 수십 년 전부터 서로의 차이를 넘어 유대를 형성하는 수단으로 이야기를 활용했다. 또한 이야기 중에서도 해를 입을지 모른다는 걱정과 과거에 겪은 고통에 관한 이야기가 분열을 봉합하는 데 가장 효과적이라는 사실을 여러 공동체를 대상으로 진행한 수백 건의 프로젝트를 통해 확인했다. 그리고 피해 경험담이 인간다움을 부각해서 적대 관계인 사람들에게 자신도 감정과 생각이 있는 존재라는 걸 보여주는 역할을 한다는 사실도 발견했다.

에센셜 파트너스에서 갈등 중재를 담당하는 구성원들은 참가자가 자신의 피해 경험을 다른 사람에게 들려주도록 도와주는 한편, 갈등의 중심인 도덕적 우려나 도덕적 가치가 이야기에 분명하게 드러나는 게 좋다고 알려준다. 그런 이야기는 상대방에게 자신이 도덕적 가치를 중시하는 도덕적인 사람이라는 인상을 준다. 또한 각자가 중시하는 가치와 위험성을 인식하는 방식이 얼마나 복잡한지도 보여줄 수 있다. 이런 깨달음은 서로에게 그간 드러나지 않았던 공통점이 있다는 걸 발견하는 기회가 될 수도 있다. 예를 들어, 이런 방식으로 낙태에 관해 의견을 나누면, 정치적으로 대립하는 상대편이 사실 '자유'와 '연민'을 모두 중시하고 여성의 건강과 태아의 권리도 중요하게 여기지만, 우선순위가 자신과 다를 뿐이라는 사실을 깨달을 수 있다.

에센셜 파트너스의 갈등 중재자들은 참가자에게 자신이 추구하는 도덕적 가치도 복잡하게 얽혀 있음을 상기하게끔 한다. 개개인의 도덕적 입장도, 자세히 들여다보면 서로 상충하는 면이 팽팽히 맞서고 불협화음도 있다. 다시 낙태를 예로 들면, 태아의 생명을 우선시하는 사람들도 성폭행 피해자의 낙태에 관해서는 무조건 반대해야 하는지 내적 갈등을 느낄 수 있다. 여성의 선택을 우선시하는 사람들 역시 임신 후기에, 특히 의학적으로 특별한 이유 없이 낙태하려는 것도 무조건 찬성해야 하는지 심리적 갈등을 느낄 수 있다. 개개인의 도덕적 신념은 대부분 각자가 지지하는 정당에서 내거는 주장보다 훨씬 세밀한 측면이 있다. 저마다 다르게 인식하는 상대적 위험성에 따라 미세한 가치 교환이 일어나고, 그에 의거해 각자의 도덕적 신념이 형성된다.

자신의 도덕적 판단이 얼마나 복잡한지 스스로 살펴보도록 안내하면, 도덕성을 선과 악으로만 나누는 흑백논리에서 벗어나도록 도울 수 있다. 도덕적 세상이 완전한 피해자와 완전한 가해자로만 나뉘는 양 생각하는 단순한 시각에서 벗어나게 할 수도 있다. 더불어 자신과 생각이 같은 사람과 다른 사람 모두 도덕적 판단과 정치적 입장에 불확실한 면이 있음을 깨달아 대화하는 모두가 취약한 존재라는 사실이 드러나므로 '심리적으로 더 안전한' 토론 환경이 조성된다.

함께 대화하는 모두의 취약성을 부각하는 이 기법은 매우 효과적이지만, 전문적인 갈등 중재자가 있어야 효과를 제대로 얻을 수 있다. 10년 전 카신이 갑자기 세상을 떠난 후에도 이 단체가 지금까지 35년째 계속 운영되는 비결도 그런 전문성에 있다. 갈등의 악순환에 갇힌 사람들이 서로에게 마음을 열게끔 하는 건 쉬운 일이 아니다. 대화가 옆길로 새고, 서로 질세라 고성이 오가고, 인신공격이 난무하지 않게 하려면 튼튼한 가드레일 같은 중재자가 있어야 한다. 문제는 그런 전문가는 턱없이 부족하고, 갈등을 풀고 상대방을 좀 더 이해하려는 사람은 너무나 많다는 것이다. 대화를 통해 분열을 해소하는 좀 더 손쉬운 방법은 없을까?

도덕적으로 대립하는 사람들이 세 단계 정도의 간단한 방법으로 서로의 도덕적 판단을 더 잘 이해할 수는 없을까? 나는 에센셜 파트너스의 핵심 구성원인 존 사루프John Sarrouf에게 그렇게 질문했다. 어느 화창한 봄날 오후, 사루프와 줌Zoom으로 화상회의를 할 때였다. 열린 창문 너머로 새들이 지저귀는 소리가 들리는 가운데 인터넷 세상에서는 낙태 문제, 트랜스젠더의 권리, 무차별 총격 사건, 연방 예산을 두고 연일 거센 싸움이 벌어졌다.

서글서글한 눈매에 머리를 길게 기른 사루프는 연극배우 출신답게 발음이 정말 정확하다. 인간의 경험이 가진 힘, 그리고 그 경험의 복잡성을 파헤치고 싶어서 배우의 길로 들어섰던 그는 카신처럼 자신의 고유한 기술로 사회의 분열 해소에 힘을 보태야 한다는 책임감을 느꼈다. 미국의 저명한 단체인 배우노동조합에 여전히 소속되어 있지만, 사루프는 그런 책임감 때문에 전업 배우의 길을 그만두고 매사추세츠대학교에서 분쟁 조정을 공부해 석사학위를 취득했다. 이후 까다로운 대화를 시도하도록 도와주는 학내 사업을 지휘하다가 지금은 에센셜 파트너스의 공동 대표이사로 일하며 도덕적으로 분열된 사람들의 소통을 돕고 있다.

나는 사루프와 도덕적 이해를 주제로 열린 여러 콘퍼런스에서 협업한 적이 있다. 그런 자리에서 나는 주로 도덕적 이해와 관련한 최신 과학 연구 결과를 소개하고, 사루프는 유대를 강화하는 실질적인 방법을 설명한다. 내가 미국과 세계 각국이 극심한 양극화라는 불치병에 찌든 지금의 현실을 치유할 좋은 방법을 간단히 세 단계로 만들 수는 없느냐고 묻자, 유머 감각이 뛰어난 사루프는 웃음을 터뜨렸다. 나도 기대하지 않고 그냥 던져본 질문이었다. 그런데 뜻밖에도 사루프는 한번 찾아보겠다고 대답했다. 누구보다 낙관적인 사람다운 반응이었다. 그 정도로 낙관적이기에 전업 연극배우로 살다가 인류의 극심한 갈등을 해결하는 일에 매진하기로 결심할 수 있었을 거라는 생각이 들었다.

얼마 후, 사루프는 내게 취약성의 모순을 해결하고 대화를 통해 분열을 해소하는 여러 가지 팁을 제시했다. 하지만 아무리 생각해도 '3'이 딱 좋은 숫자 같아서, 나는 그가 알려준 팁을 세 묶음으로 정리했다. 도덕성과 정치에 관한 토론이 원활하게 진행되기 위한 조건은 유대 형성하기connect, 요청하기invite, 타당성 인정하기validate 세 가지다. 이 세 가지 조건의 영어 앞 글자를 모으면 그러한 토론이 추구해야 할 목표인 '정중한civil' 대화를 상징하는 'civ'가 된다.

대화로 분열을 해소하는 첫 번째 팁 – 유대 형성하기

가족 심리 치료는 관계를 (재)구축하고 정서적인 유대가 (재)형성되도록 돕는 게 관건이다. 어떤 일에 견해가 다른 사람과 그 일에 관해 이야기할 때는 먼저 상대방을 자신과 같은 사람으로 볼 수 있어야 한다. 분열 해소의 최종 목표는 다른 사람을 온전한 인간으로 보는 것이다. 정치적 신념은 그 사람의 전부가 아니다.

1장에서 살펴봤듯 오늘날 많은 사람이 '정치에 질린 다수'에 속하고, 이들은 정치 성향이 자신의 본질에서 차지하는 비중이 가장 낮다고 여긴다. 평소 정치에 관심이 많은 사람도 정치 말고 다른 수많은 일에 신경을 쓰며 산다. 병원에 입원한 친구를 걱정하고, 곧 다가올 휴가를 기대하고, 회사에서 맡고 있는 큰 프로젝트에 몰두하고, 함께 살 반려동물을 한 마리 더 들일지, 차를 새로 바꿀지 고민한다. 우리의 내적인 삶은 대부분 (적어도 SNS에서 새로고침만 반복하지 않을 때는) 나라의 정치 상황이 아닌 다른 일들에 관한 생각으

로 채워진다. 그러므로 의견 차이가 큰 주제를 놓고 대화하려면, 일
단 그 주제는 저만치 치워야 한다. 정치와 무관한 이야기, 자기 삶
에 관해 대화하는 게 첫 단계다.

평범한 대화도 겁내는 사람이 많지만, 우리는 그런 대화를 실제
로는 즐기면서 별로 좋아하지 않는다고 심하게 과소평가하는 경향
이 있다. 시카고대학교의 줄리아나 슈뢰더Juliana Schroeder와 닉 에
플리Nick Epley를 비롯한 연구진은 시카고 외곽에서 통근 열차를
기다리는 사람들을 대상으로 설문 조사를 진행했다. 열차에서 우
연히 낯선 사람과 대화를 나누며 가는 것과 혼자 조용히 가는 것
에 관해 묻자, 대다수가 다른 사람과 대화하는 건 부정적인 경험이
될 것이라 예상하며 혼자 조용히 가는 게 더 즐거울 것 같다고 답
했다. 연구진은 응답자들의 직관이 사실인지 확인했다. 통근 열차
에 탑승한 출퇴근 승객 중 일부에게는 말을 걸어 대화를 시도하고
일부는 혼자 조용히 가도록 둔 다음, 시내에 도착했을 때 각 승객
에게 출퇴근길이 얼마나 즐거웠는지 묻는 설문지를 나눠줬다. 그
리고 작성한 설문지는 연구진이 있는 대학에 우편으로 보내달라고
요청했다.

연구진이 받아 든 설문 결과는 놀라웠다. 열차에서 낯선 사람과
대화한 응답자는 심지어 내향적인 이들까지 포함해서 출퇴근길이
즐거웠다고 답했다.[2] 혼자 고독을 즐기며 출퇴근할 때의 기분도 잘
못 짚은 거라는 사실이 드러났다. 실제로 혼자 조용히 출퇴근한 응
답자는 앞선 설문 조사에서 낯선 사람과 대화하는 건 별로 좋은 경
험이 아닐 것 같다고 예상한 것과 같은 수준으로 그렇게 출퇴근하

                                                3부 · 분열의 봉합

는 게 별로 좋지는 않았다고 답했다.

열차에서 낯선 사람과 가벼운 대화를 나누는 건 정치적으로 대립하는 사람과의 대화와 별로 상관없는 일 같지만, 도덕적 판단에 관한 이야기를 매끄럽게 만드는 훌륭한 첫 단계다. 우리는 한 가지 일에 서로 생각이 달라도 그 외의 수많은 다른 일에는 비슷한 점이 있을 가능성이 크다. 가벼운 대화는 그 공통점을 찾는 데 유용하다. 알고 보면 같은 스포츠를 좋아하고 심지어 같은 팀을 응원할 수도 있다. 같은 종류의 반려동물을 키우고 있을 수도 있다. 균류학mycology 같은 희귀한 관심사가 일치할 수도 있다. 정치 이야기를 시작하기 전에 서로 '유대'를 형성할 수 있는 이야깃거리는 많다.

한 연구에서는 정치적 견해가 다른 사람들이 먼저 자신의 관심사와 정체성에 관해 이야기하며 유대를 형성한 다음 정치적인 주제로 넘어가면 대화가 더 원활해진다는 사실이 확인됐다.[3] 이 연구진은 온라인 커뮤니티에서 활동하는 사람 중 연구자가 설정한 특정 조건에 맞는 부류를 찾아주는 알고리즘을 활용해, 정치적 견해는 다르고 다른 관심사는 일치하는 이들을 선별했다. 예를 들어, 조지프와 제임스라는 참가자는 부의 재분배에 관한 견해가 정반대지만 태어난 도시가 같고(허위 정보가 아님을 확인했다), 좋아하는 영화 장르도 같고, 둘 다 등산을 아주 좋아한다는 공통점이 있었다. 이 두 사람은 대화를 나누면서 서로 정치적 견해가 달라도 그건 한 가지 차이일 뿐 다른 비슷한 점이 있음을 알게 됐고, 결과적으로 자신이 동의하지 않는 상대방의 정치적 견해도 더 너그럽게 받아들일 수 있게 되었다.

낯선 사람과 가벼운 대화를 나누는 게 진심으로 싫다면(스스로 그렇다고 생각한다면), 정치적으로 대립하는 사람들과의 대화를 개선할 수 있는 다른 검증된 방법도 있다. 우리가 낯선 사람과 가벼운 대화를 실제로는 즐기면서도 별로 좋아하지 않는다고 과소평가하는 경향이 있는 것처럼, 대화할 때 상대방에게 질문하고 이야기가 상대방 중심으로 흘러가도록 하는 것의 중요성 역시 과소평가하는 경향이 있다.

심리학자들로 구성된 한 연구진은 215쌍의 참가자를 연구실로 부른 다음 먼저 온라인 채팅으로 대화하며 '서로 친해지는' 시간을 제공했다.[4] 이때 참가자의 절반은 상대방에게 할 수 있는 질문 횟수를 제한하고(4개 미만), 나머지 절반은 질문을 더 많이 하도록 했다(9개 이상). 가령 대화 중 상대방이 "캐나다로 여행 갈 계획이에요"라고 말하면, '질문 횟수에 제한이 있는' 참가자는 "부럽네요. 전 캐나다에 한 번도 안 가봤어요"처럼 대답하는 데 그치고, 질문을 '많이 해야 하는' 참가자는 "부럽네요. 예전에도 가본 적이 있나요?"라고 질문하도록 유도하기 위한 조건이었다. 연구진은 이와 같이 15분간 대화를 이어가게끔 한 후, 각 참가자한테 대화 상대에게 얼마나 호감을 느꼈는지 물었다. 그리고 상대방은 자신에게 얼마나 호감을 느꼈을 것 같은지도 함께 질문했다.

참가자들은 대체로 대화가 스스로 예상한 것과 다르게 흘러가는 것에 놀랐다는 반응이었는데, 특히 질문을 많이 해야 하는 조건으로 대화한 쪽이 그랬다. 사람들은 자신이 질문을 적게 할수록 상대방이 좋아할 거라고 예상했지만(이건 대화이지 취조가 아니니까!),

그 직관은 틀린 것으로 나타났다. 상대방에게 질문을 많이 받은 사람들이 대화 상대에게 더 큰 호감을 느꼈다고 답한 것이다. 이들은 상대방이 자신이 한 말을 듣고 "좀 더 자세히 말해줄 수 있어요?"라고 더 질문한 게 특히 좋았다고 평가했다. 이런 질문을 받으면, 상대방이 자기 말에 진심으로 관심을 기울이고 있다고 느끼기 때문이다(데이트 기회를 얻는 것도 마찬가지다. 한 공간에서 다양한 사람과 짧게 교류할 기회를 제공하는 스피드 데이트를 활용한 연구에서, 상대방에게 질문을 많이 하는 사람일수록 다시 만나고 싶다는 요청을 많이 받는 것으로 나타났다).

대화할 때 상대방에게 질문하는 것은 유대를 형성하는 훌륭한 방법인데도 우리가 그 중요성을 잘 모르는 이유는 질문의 기능을 엉뚱한 관점에서 지레짐작하기 때문이다. 즉, 자신이 직접 대화하는 게 아니라 다른 사람들의 이야기를 외부에서 지켜본다고 가정하고 질문의 기능을 예상해서다. 위의 연구에서 참가자들이 둘씩 짝을 지어 대화할 때 그걸 지켜보기만 한 사람들은 실제로 대화한 사람들과 달리 질문을 받고 대답한 쪽에 더 호감이 간다고 밝혔다. 그리고 그 이유는 말을 더 많이 했기 때문이라고 설명했다. 지켜보는 이들의 눈에는 말을 많이 한 사람이 대화의 주인공처럼 더 돋보인 것이다. 하지만 다른 이들의 대화를 지켜보는 것과 직접 대화하는 것은 전혀 다른 경험이다. 우리는 대화하면서 생각과 감정을 나눌 수 있을 때 그 대화가 즐겁다고 느낀다. 함께 대화하는 상대방이 알맞은 질문을 하며 내 관점을 이해하려고 하면 그 즐거움을 가장 확실하게 느낄 수 있다.

대화에서 질문이 유대를 형성하는 중요한 방법이라면, 진지한 질문은 그 효과가 더더욱 크다. 사루프는 우리가 생각이 다른 상대방을 복잡하고 입체적인 사람이 아니라 특정 부분만 잘라낸 2차원의 납작한 존재로 여기는 경향이 있다고 지적했다. 의미 있는 관계는 의미 있는 대화가 쌓여 형성된다. 가벼운 대화를 넘어 상대방의 삶에 중요한 부분을 차지하는 경험과 신념, 인생에서 바라는 것에 관해 질문하면 그런 의미 있는 대화를 시작할 수 있다. 진지한 질문을 던지면 상대방은 자신이 무엇을 어떻게 느끼고 인식하는지 더 깊이 보여줄 기회가 생기므로, 그 사람을 '납작한' 존재로 보는 시각을 물리치고 온전한 한 명의 인간임을 새삼 상기하게 된다.

진지한 질문을 하라는 얘기에 낯선 사람한테 '사적인 질문'을 하라는 거냐며 반발심이 들 수도 있다. 아마도 개인사를 과도하게 떠들고 다니는 누군가가 다들 주변에 한 명쯤 있기 때문일 것이다. 가령 어느 파티에서 동료들과 업무 관련 농담을 주고받으며 즐겁게 대화하던 중 누군가 끼어들어서는 최근에 자신이 연인과 이별한 이야기를 불쑥 꺼내고, 지금 마음이 얼마나 불안정한 상태인지 토로하면서 대화의 방향이 자신에게로 쏠리게 만들면, 영 거북해서 얼른 빠져나갈 기회를 엿보게 된다. 이런 불편한 경험이 사람들의 마음에 각인되어 사적으로 너무 진지한 이야기는 대화를 망친다는 고정관념이 생긴다는 사실이 여러 연구에서 밝혀졌다. 그건 잘못된 고정관념이다. 중요한 주제를 놓고 진지하게 대화하는 건 우리가 상상하는 것보다 그리 거북하지 않을 뿐만 아니라 오히려 즐거울 수 있다. 한쪽이 일방적으로 자기중심적 독백만 이어가는 대신 서로 질문하면서 대화한다면 더욱 그렇다.

한 연구에서는 참가자들을 낯선 사람이나 친한 사람과 대화하게 하면서, 화제를 피상적인 수다로 제한하거나 진지한 문제에 관해 논의하도록 했다.[5] 피상적인 수다에서는 자신이 살고 있는 도시나 날씨, 최근에 휴일을 어떻게 보냈는지에 관한 이야기가 오갔다. 진지한 대화에서는 가장 최근에 눈물을 흘린 일, 인생에서 가장 감사한 일, 다가올 자신의 미래에 관해 가장 알고 싶은 것은 무엇인지 등을 서로 질문했다.

참가자들은 처음에 낯선 사람과의 대화는 가벼운 수다든 진지한 주제든 다 어색할 것 같다고 예상했는데, 실제로 이야기를 나눈 후에 나온 반응을 보면 과도한 염려였다는 사실을 알 수 있다. 시카고에서 열차로 출퇴근하는 사람들을 조사했을 때와 같은 결과였다. 특히 낯선 사람과의 진지한 대화 이후에 참가자들의 반응이 예상과 크게 어긋났다. 참가자 대다수가 가벼운 수다만 할 때보다 깊은 대화를 나눈 후 자신의 희망과 꿈에 관해 마음을 열고 이야기할 수 있어 즐거웠으며, 상대에게 더 큰 유대감을 느꼈다는 일관된 평가를 내놨다. 물론 이 연구 하나로 결론을 내리기에는 한계가 있다. 진지한 대화를 해보려고 야유회나 친목 모임 중 이런저런 게임을 하다가 갑자기 옆 사람에게 "살면서 가장 절망했던 때는 언제인가요?" 같은 질문을 한다면, 별로 좋은 대화를 기대하기 힘들 수도 있다. 핵심은 진지한 질문이 우리가 상상하는 것보다 상대방에게 훨씬 긍정적으로 받아들여진다는 것이고, 그렇다는 사실이 과학적으로도 입증됐다는 점이다. 누군가와 대화하다가 더 진지한 질문을 할지 말지 망설여진다면, 일단 눈 딱 감고 해보라.

　정치적으로 대립하는 사람들끼리의 대화도 서로 진지한 질문을 하는 전략이 효과적이다. 그런 질문은 상대방을 단순화하기보다 온전한 사람으로 보는 데 도움을 주기 때문이다. 한 연구에서는 정치적으로 대립하는 사람들을 2명씩 짝지어 온라인상에서 이야기를 나누도록 하고, 대화 주제를 정치적 쟁점(총기 사용 규제)과 삶의 의미 중 한 가지로 무작위 배정했다.[6] 정치적인 대화와 그렇지 않은 대화 모두 상대방에게 느끼는 불쾌감이 크게 줄어드는 효과가 있었지만, 이런 효과는 삶의 의미에 관해 대화한 사람들에게서 훨씬 더 크게 나타났다. 대화 후에는 상대방을 '비열하다' '생각이 닫혀 있다'고 묘사하는 비율이 줄고 '똑똑하다' '애국심이 있다'고 표현하는 비율이 늘어났다. 정치적으로 대립하는 사람들을 모집해 화상 통화를 하게 한 다른 연구에서도 같은 결과가 나왔다. 이 연구에서는 정치적 견해가 다른 사람끼리 각자가 생각하는 '가장 이상적인 하루'를 이야기하게 했는데, 대화 이후에 상대방을 향한 적개심이 대폭 감소했다.[7]

　다른 사람과의 대화, 특히 진지한 질문을 포함한 대화는 간단하면서도 유대를 형성하는 효과가 놀랍도록 크다. 이때 주의해야 할 중요한 사항이 하나 있다. 상대방과 유대를 형성하고 싶다면, 나중에 상대방의 뒤통수를 칠 수 있는 정보를 캐내려 하지 말고 정말로 유대가 형성되도록 노력해야 한다는 것이다. 서로의 도덕적 판단을 이해하려면 상대를 자기 손아귀에 넣으려 하는 대신 이해하려 노력해야 한다. 유대 관계는 상대방이 자신을 '이해하려는' 태도를 보인다고 느낄수록 수월하게 형성된다. 유대가 잘 형성되면 '정중한' 대화로 이끄는 두 번째 방법인 요청하기에도 상대방이 기꺼이 응할 가능성이 커진다.

대화로 분열을 해소하는 두 번째 팁 – 요청하기

먼저 유대를 형성하고 나면, 그 사람과 도덕·가치·위험성에 관한 인식 등 불편한 주제가 포함된 정치 이야기를 나눠볼 수 있다. 이때 자신의 정치적 확신을 장황하게 늘어놓는 것으로 시작하지 말고, 앞서 확인한 질문의 기능을 잘 활용하는 게 좋다. 상대방의 견해를 듣고 싶다고 요청하는 것이다.

여기서 핵심은 '요청'이다. 요구하거나 강제해선 안 된다. 우리는 사회적 압박을 느끼면 그 일에 반대하거나 하지 않으려는 심리적 반발심이 생긴다. 세 살짜리 아이에게 뭔가를 하라고 하면 지시한 사람을 골탕 먹이려고 청개구리처럼 정반대로 하는 경우가 있는데, 이 역시 반발심에서 나오는 행동이다. 서로를 이해하는 게 궁극적 목표라면, 상대방이 자기감정을 털어놔야만 한다는 부담을 느끼게 해서는 안 된다.

선거 기간에 독일 시민을 대상으로 실시한 연구에서도 정치적 반발심이 어떤 상황에서 나오는지 확인할 수 있었다.[8] 온라인 쇼핑 중 갑자기 특정 후보를 공격하는 광고가 튀어나오는 등 정치가 일상생활에 억지로 끼어들자, 사람들은 의도적으로 정치를 외면하고 선거에 관한 어떤 정보도 찾아보려 하지 않는 반응을 보였다. 정치적 선전이 일상을 침범하는 걸 누구도 반기지 않듯이, 회사 휴게실에서 느닷없이 동료한테 낙태에 관해 어떻게 생각하는지 말해달라고 요구한다면 거의 아무도 반기지 않을 것이다. 사람들과 정치에 관해 이야기를 나누고 싶다면, 의견을 강요할 게 아니라 '초대장'을 건네듯 생각을 듣고 싶다는 뜻을 전해야 한다.[9]

요청은 공격이 아니라 제안으로 시작해야 한다. 까다로운 주제에 관해 깊은 대화를 나누고 싶다면 "뭐 하나 물어봐도 될까요?"라거나 "제가 물어볼 게 하나 있는데, 지금 여쭤도 괜찮을까요?"라고 의중을 분명하게 밝히는 것도 좋은 방법이다. 다소 부자연스러워 보일 수는 있지만, 이렇게 먼저 물어보면 선택권이 상대방에게 주어지므로 매우 유용하다. 즉, 상대방은 정치 이야기를 별로 하고 싶지 않으면 거절할 수 있다. 이렇게 먼저 물을 때 얻을 수 있는 또 한 가지 중요한 효과는 상대가 정치 이야기를 거절하더라도 대화를 청한 사람이 자기 생각을 일방적으로 쏟아내려는 게 아니라, 견해를 듣고 싶어 한다는 사실을 알게 된다는 것이다. 그 결과 정치적인 대화를 하는 것에 부담을 덜 느끼고, 다음에는 더 마음을 열고 대화하려고 할 수도 있다.

상대방에게 의견을 청하면, 대화의 목적이 '이해'라는 사실이 한층 뚜렷해진다. 대화에서는 "목적이 가장 중요하다"고 사루프는 말한다. 사회적 기능이 고도로 발달한 뇌를 가진 우리는 누군가 자신과 대화하려고 하면 그 이유에 매우 민감하다. 어떤 일에 관해 상대방의 의견을 청하는 것은 대화의 목적이 이해임을 미리 알리는 기능을 한다. 내가 사루프에게 의견을 어떻게 청해야 하는지 좀 더 구체적으로 알고 싶다고 하자, 그는 나를 상대로 그 과정을 능숙하게 선보였다. 먼저 내게 우리가 얼마 전에 선거를 치렀고 각기 다른 후보한테 투표했다고 가정해보자고 했다. 그리고 내게 이렇게 물었다. "커트, 이번 선거와 관련해서 뭐 하나 물어봐도 될까요? 이 이야기를 왜 꺼내느냐 하면, 이번 선거에 관해 사람들이 쓴 글을 정말 많이 읽었는데, 솔직히 이해가 잘 안 되는 게 많아서요. 당신이 저와는 다른 후보한테 투표한 걸 알고 있어요. 저는 정말로 이해가 안 되지만, 그래도 이해해보고 싶어요." 사루프는 이렇게 '이해'라는 표현을 세 번 반복하면서 자신의 의도가 무엇인지 분명하게 밝혔다.

상대방에게 의견을 청했을 때 그걸 받아들여서 자신의 관점을 말해주고, 어떻게 그런 생각을 하게 됐는지도 설명한다면 가장 이상적인 대화가 될 것이다. 하지만 모두가 도덕적 판단에 관한 책을 읽는 건 아니므로, 지금 그런 책을 읽고 있는 여러분과 달리 다소 공격적으로 자기주장을 펼칠 수도 있음을 유념해야 한다. 누구나 보편적으로 이해할 수 있는 피해 경험을 얘기하는 게 아니라, 자신이 아는 사실을 들이밀며 주장을 펼칠 수도 있다. 그렇더라도 상대방의 생각을 듣고 싶다고 먼저 청하면, 더 격하게 표출될 수도 있었을 적대적 반응이 조금이나마 줄어들 확률이 높다. 의견을 청하면, 상대방은 자기의 감정과 생각을 말로 옮기는 게 어렵고 불편하다고 느낄 수는 있지만, 자신이 이해받고 자기 생각을 전달할 기회가 주어졌다는 것을 알게 된다.

요청대로 자기 생각을 밝힌 사람들은 자신의 약한 모습이 드러났다고 느낀다. '정중한' 대화의 세 번째 단계인 타당성 인정하기가 필요한 이유다.

대화로 분열을 해소하는 세 번째 팁 – 타당성 인정하기

서로 유대를 형성하고, 견해를 청하고, 상대방이 그 요청을 받아들여 자신의 도덕적 입장과 그런 판단을 하게 된 원칙·근거·인식을 공유했다면, 그 사람은 자신의 말이 어떤 결과를 초래할지 몰라 불안감을 느낄 수 있다. 자신과 생각이 다른 상대방의 희망과 신념을 새로 알게 됐으니 그걸 약점으로 삼고 공격해야 할까? 이 대화를 정중하게 마무리하려면, 의견을 청한 쪽은 상대가 그런 두려움을 느끼지 않도록 안심시켜야 한다. 즉, 상대방이 들려준 견해가 의미 있다고 생각하며 잘 이해했다고 알려줘야 한다. 상대방의 견해가 타당하다는 것을 인정해야 한다.

타당성을 인정한다는 건 상대방에게 진심으로 중요하게 여기는 도덕적 입장이 있으며, 상대방은 그것이 자신과 소중한 사람들 그리고 사회를 안전하게 지키는 방법이라고 굳게 믿는다는 사실을 받아들이는 것이다. 또한 상대방도 옳은 일을 하고 선하게 살면서 힘없는 사람들을 보호하려고 최선을 다해 노력한다는 걸 인정하는 것이다. 상대방의 견해를 듣고 타당성을 인정하는 것은 그 사람의 생각에 동의하는 게 아니다. 그 사람의 관점과 그것이 선한 의도에서 나온 나름의 판단임을 이해하는 것이다.

이 세 번째 단계는 그 견해를 듣고 느낀 점을 이야기할 기회이기도 하다. 앞서 우리는 다른 사람의 생각과 감정을 절대로 정확하게 알 수 없다고 언급했던 것을 기억하는가? 타인의 정신에는 결코 접근할 수 없는 이 문제가 서로 의견이 부딪칠 때 다른 사람의 말을 쉽사리 오해하게 만든다. 상대는 그저 뒤죽박죽 복잡한 감정을 말로 옮기기 힘들 뿐인데도 뭔가 나쁜 의도가 있다고 억측할 수 있다.

사루프는 상대방이 직접 밝힌 자기 견해와 그것을 듣는 사람이 받는 느낌은 차이가 있으므로, 그 '간격을 좁힐' 필요가 있다고 이야기한다. 그래서 타당성을 인정하는 단계에서 해야 할 일에는 상대방에게 의견을 청한 쪽이 그 얘길 듣고 자신이 느낀 점을 상세히 밝히는 것이 포함된다. 상대방이 한 말 중 공감한 부분, 깊이 생각하게 된 점을 이야기할 수도 있다. 심지어 상대방의 말에 당황했다면, 그것도 언급할 수 있다. 이야기를 들으며 자신이 느낀 감정을 전하고, 적정선을 넘지 않는다면 화가 났다는 걸 솔직하게 밝혀도 괜찮다. 이때 주어를 일인칭 '나'로 고정한다. 즉, 이인칭 주어 '당신'을 써서 상대방을 비난하지 않도록 주의해야 한다.

상대를 모욕하고 싶은 충동이 들어도 참아야 한다. 의견이 엇갈리면 격분하기 쉽다. 도덕적인 갈등은 원래 그런 법이다. 상대방의 견해를 들으며 자신이 느낀 점을 소상히 밝히면, 자기 견해를 이야기한 상대방 역시 이쪽을 더 많이 이해하게 된다. 또한 자신이 견해를 밝히면서 사용한 특정 단어나 표현 때문에 듣는 사람이 오해한 부분이 있다면 바로잡아줄 수도 있다. 서로를 짓밟아 이기려는 게 아니라, 서로 이해하려고 노력하게 되는 것이다.

상대방의 견해를 듣고 그 의견을 존중한다는 뜻을 제대로 전달하는 건 쉬운 일이 아니다. 정치적인 대화에서는 더욱 그렇다. 이런 어려움을 인공지능AI 챗봇을 활용해서 해결할 수 있을지 고민한 연구자들이 있다.[10] 이 연구진은 챗봇이 도덕적 이해의 전문가가 되도록 훈련해서, 사람들의 실시간 대화에 참여해 그들이 상대방에게 더 이해받았다고 느끼도록 말하는 법을 조언할 수 있도록 했다. 이 챗봇을 활용한 한 연구에서는 여러 쌍의 참가자가 총기 규제에 관한 의견을 상대방과 글로 주고받도록 하고, 그중 일부 대화에 챗봇이 끼어들어 한쪽이 다른 쪽에 보내는 메시지를 먼저 보고 다듬어서 제시했다. 참가자들은 챗봇이 다듬은 글과 자신이 쓴 원본 중 하나를 골라 상대방에게 보냈다.

예를 들어, 총기 규제가 필요하다고 생각하는 참가자가 상대방에게 이런 의견을 밝혔다. "해마다 총기에 맞아 목숨을 잃는 사람이 용납할 수 없을 만큼 많습니다. 전 세계 선진국을 통틀어 미국만큼 총기 관련 폭력 행위가 많은 곳도 없죠. 그런 사태를 방지하려면, 지금보다 훨씬 엄격한 총기 규제법이 필요하다고 봅니다. 그래서 저는 모든 총기 소지자의 자격을 검증하고 총기 등록을 의무화하는 법률을 지지합니다."

총기 사용 권리를 인정해야 한다고 주장하는 참가자는 이 메시지를 받고 다음과 같은 답변을 작성했다. "그건 공산주의자나 하는 생각이죠! 미국 국민의 한 사람으로서 총을 보유하는 건 제게 아주 중요한 의미가 있습니다. 내가 이 나라 국민인 게 자랑스러운 이유 중 하나고요. 총이 있어야 100만 배는 더 안전하다고 느낍니다." 챗봇은 이 메시지를 다음과 같이 다듬었다. "의견 잘 들었습니다. 저 역시 안전하게 살고 싶고, 지금처럼 위험한 세상에서 스스로를 보호하려면 총을 갖는 게 중요하다고 생각합니다. 총을 보유하는 건 제가 미국인으로서 이 나라 국민임을 자랑스러워하는 큰 이유입니다. 총이 있어야 100만 배는 더 안심되고요. 만약 내 총을 갖지 못한다면, 지금처럼 안심하고 살지 못할 것 같아요."

챗봇이 다듬은 글은 상대방의 의견도 타당하다는 것을 인정한다. 또한 다듬기 전의 글이 공격적이었던 것과 달리 "의견 잘 들었습니다"라는 말로 상대방에게 견해를 공유해줘서 고맙다는 뜻을 전한 다음, 자신도 안전을 염려한다고 강조한다. "위험한 세상"이라는 표현을 쓰고 안전성을 언급함으로써 둘 다 위험성을 걱정하는 건 마찬가지임을 짚어주는 게 먼저 의견을 밝힌 사람이 더 이해받는다고 느끼게끔 하는 가장 좋은 대화 방법임을 파악한 것이다. 이처럼 상대방의 주장과 행동이 자기 자신을 보호하려는 욕구에서 나온 것임을 인정하는 것(즉, 상대방의 말과 행동을 보호 서사로 받아들이는 것)은 자신과 다른 주장의 타당성을 이해하려는 노력으로 거둘 수 있는 가장 큰 성취다. 이 연구에서는 이 같은 대화의 조정이 유용한 것으로 밝혀졌다. 챗봇의 도움을 받아 상대방의 견해가 타당하다고 인정하며 대화한 참가자는 (그들 스스로 평가하기에) 더 양질의 토론을 할 수 있었고, 최종적으로 상대방의 의견을 더 존중하게 됐다.

자신과 다른 의견의 타당성을 인정하면서 대화하면, 상대방의 도덕적 판단을 더 열린 마음으로 이해할 수 있다. 이해는 올바른 인식을 여는 길이 될 수 있다. 하지만 이 쉽지 않은 대화의 일차적 목표가 상대방을 설득하는 게 아니라 서로를 이해하는 것임을 잊지 말아야 한다. 앞에서도 설명했듯이 민주주의가 제대로 기능하려면 다양한 의견이 공존하는 도덕적 다원주의가 필수다. 나뿐만 아니라 다른 의견을 가진 상대방도 자신의 도덕적 판단을 고수할 자유가 있다. 다른 사람의 도덕적 신념과 그들이 인식하는 위험에 동의하지 않더라도, 그들의 진정성을 인정할 수는 있다.

유대 형성하기, 요청하기, 타당성 인정하기의 세 단계로 생각이 다른 사람과 정중한 대화를 시도하면, 격렬한 논쟁이 간단히 해결되지는 않더라도 그런 노력을 하지 않을 때보다는 대화가 더 수월해질 것이다. 우리가 서로를 좀 더 이해하려면, 또한 민주주의를 지키려면 대화가 중요하다.

핵심 요약

◉ 취약성에는 모순적인 특징이 있다. 피해 경험을 터놓고 이야기하면 분열을 해소하는 데 도움이 되지만, 도덕적으로 '대립하는' 사람들에게 마음을 여는 건 힘든 일이다. 이런 모순은 피해 경험을 다른 사람과 공유할 때 생기는 큰 효과와 자신을 보호하려는 욕구 사이에서 어느 쪽도 선택하지 못하게끔 만든다.

◉ 에센셜 파트너스에서 분열 해소 전문가로 일해온 존 사루프는 생각의 차이를 넘어 정중하게 대화할 수 있는 세 가지 팁을 제

시했다.

◉ 첫 번째 팁은 '유대 형성하기'다. 정치 이야기를 하기 전에 먼저 같은 인간 대 인간으로서 유대를 형성해야 한다. 같은 취미나 자신의 희망, 꿈에 관해 이야기를 나누는 등 다양한 방법으로 사람들과 가까워질 수 있다. 상대방에게 (진지한) 질문을 많이 하는 것, 특히 상대방의 이야기를 잘 듣고 더 자세히 묻는 것은 서로에 대한 공감을 키우는 좋은 방법이다. 단, 질문은 상대방을 진심으로 이해하려는 것이 목적이어야 한다.

◉ 두 번째 팁은 '요청하기'다. 약한 면을 어서 드러내라는 압박은 누구도 반기지 않는다. 상대방이 반발심을 느끼지 않게 하려면, 의견을 강요하지 말고 청해야 한다. 상대방의 생각과 관점을 물을 때는 "질문은 목적이 가장 중요하다"는 사실을 기억해야 한다. 즉, 자신이 의견을 청하는 목적은 서로를 이해하는 것임을 분명히 밝혀야 한다.

◉ 세 번째 팁은 '타당성 인정하기'다. 상대방이 마음을 열고 자기 생각을 공유했다면, 자신의 의견이 존중받는다고 느낄 수 있어야 한다. 상대방의 의견이 타당하다고 인정하는 건 거기에 동의하는 게 아니라 진심으로 경청하는 것이다. 다른 사람이 하려는 말과 그걸 듣는 사람이 받는 느낌은 다를 수 있으므로, 그 '격차를 좁히는' 노력이 필요하다. 자신도 상대방과 마찬가지로 자신을 보호하려는 욕구가 있음을 밝히는 것 또한 상대방이 들려준 의견의 타당성을 인정하는 좋은 방법이다.

도덕적 겸손함
- 언제나 배우는 자세

나는 매년 대학에서 '도덕적 이해'에 관해 가르친다. 이런 수업을 한다고 하면, 동료들은 내가 위험천만한 임무를 맡아 적진으로 돌진하는 군인이라도 된 것처럼 행운을 빌어준다. 지금의 대학생들은 자기 신념과 맞지 않는 주장과 부딪히면, 너무나 쉽게 펄펄 뛰고 과도하게 화낸다고 단정하는 사람이 많다. 나약해서 정중한 대화는 불가능하다고도 여긴다.

내 수업의 목표는 학생들에게 인간의 도덕 정신과 지금의 도덕적 분열이 어디에서 비롯되는지 가르치는 것이다. 이 책에서 소개한 개념들, 특히 사람마다 위험성을 다르게 인식하며 그것이 사람들의 도덕적 판단이 갈리는 기반을 이룬다는 내용도 수업에서 다룬다. 또한 사회에서 큰 논란이 되는 주제를 놓고 어려운 대화를 직접 해보는 연습도 중요한 부분을 차지한다. 학생들은 토론에 어떻게 임해야 하는지 배운 후, 실생활에서 자신과 생각이 다른 사람들과 이야기를 나눠본다.

이 과목이 가르치기 쉽지 않다는 건 나도 잘 안다. 내 친구들은 수강생이 너무 없어서 '폐강'될 가능성을 경고하곤 하는데, 어느 학기에 개강을 일주일 앞두고 수강 신청 현황을 확인하던 중 그 경고가 현실이 될 수도 있음을 깨달았다. 내가 숫자를 잘못 쓰는 바람에 정말로 수업이 사라질 위기에 처했던 것이다.

나는 자잘한 실수를 많이 하는 편이다. 이 책도 매우 훌륭한 편집자가 도와주지 않았다면 오자가 왕창 있을 테고, 편집자가 최선을 다했음에도 분명 몇몇 오류가 있을 것이다. 실수하면 안 되는 중요한 일도 예외가 아니다. 오래전 대학원 진학을 준비할 때 스탠퍼드대학교에 연구 계획서와 함께 입학 서류를 제출하면서 내가 지망하는 지도 교수 이름을 적는 칸에 이미 수년 전 그 대학을 떠난 분의 이름을 쓴 적도 있다(그래서인지 면접 보러 오라는 연락은 받지 못했다).

그날 수강 신청 사이트에서 수강 현황을 살피던 나는 내 수업의 번호를 '심리학 574'가 아니라 '심리학 572'로 써놓은 걸 그제야 발견하고 기겁했다. 숫자만 보면 '2' 차이지만, 그건 심각한 오류였다.

심리학 574는 내 수업인 '도덕적 이해에 관한 과학적 설명'의 번호이고, 심리학 572는 다른 교수의 수업인 '생물학적 성별과 사회적 성별의 차이에 관한 이론적·경험적 해석'의 번호였다. 둘 다 우리 대학 심리학과에서 진행하는 심화 강의지만, 내 수업의 내용은 '(낙태, 안락사 등) 판단하기 까다로운 쟁점에서 나타나는 도덕적 판단의 차이와 (…) 갈등을 해소하는 가장 효과적인 방법'인 반면, 심리학 572의 강의 내용은 '사회심리학적 구성 요소의 하나로 해석한 사회적 성별'이었다. 이 실수로 내가 부주의한 사람이라는 게 들통나는 것보다 수강 신청을 마친 학생들을 딜레마에 빠뜨린 게 큰 문제였다. 물론 수강 신청한 학생들에게는 이 사실을 알리고 다른 강의로 바꿀 기회를 제공했다. 하지만 우리 대학의 심리학과 심화 강의들은 최대 수강 인원이 늘 금방금방 채워져서 내 수업을 신청한 학생들이 다른 수업을 듣고 싶어도 자리가 남아 있는 강의가 없었다. 졸업에 필요한 필수 학점을 채우려면 내 수업을 그냥 들을 수밖에 없었다.

내 수업은 정치 성향이 진보와 보수 어느 쪽이든 흥미를 느낄 만한 내용이지만, 내가 생각하기에 사회적 구성 요소로서 사회적 성별을 탐구하는 심리학 572 강의는 진보 쪽 학생들이 주로 관심을 둘 만한 내용이었다. 또한 SNS에서 나타나는 정치 성향별 특징을 보면, 진보 쪽 학생들은 쉽게 격분하는 경향이 있다.

그 두 가지를 종합할 때, 그 학기에 내 강의실을 채운 학생들은 양쪽이 고루 섞이기보다는 진보 성향이 아주 강한 스물두 살 청년이 대부분이었다. 내 실수로 빚어진 상황이었지만, 사실 나는 크게 염려하지 않았다. 이전에도 수업에서 논란이 많은 문제를 다룬 적이 있고, 학생들은 진솔한 대화를 좋아한다는 것도 알고 있었기 때문이다. 물론 토론의 기본 규칙을 미리 정하고 논란이 뜨거운 주제는 가열되지 않도록 잘 중재해야 하지만, 수업 중에 누군가 자리를 박차고 나가버리거나 수강 신청을 취소해달라고 요구한 적은 한 번도 없었다.

조금 남아 있던 염려마저 개강 첫 주에 말끔히 사라졌다. 학생들은 도덕적 갈등이 어디서 비롯되는지 큰 관심을 기울이며 배우려는 열정을 보였다. 낙태 문제를 놓고 토론할 때는 여성의 선택을 더 중시하는 학생들에게 태아의 생명을 더 중시하는 쪽의 주장을 펼쳐보도록 했는데, 다들 실제 자기 생각과는 정반대 주장을 아주 훌륭하게 얘기하는 걸 보고 얼마나 뿌듯했는지 모른다.

학생들이 수업에서 배운 토론 기술을 현실로 가져가서 사람들과 도덕성에 관한 대화를 시도한 일이 내게는 특히 자랑스러운 기억으로 남아 있다. 인종차별이 사회구조와 개인의 증오심 중 어느 쪽에서 기인한 부분이 큰지를 놓고 토론을 벌이기도 했다. 기숙사에서 같은 방을 쓰는 친구들, 자신과 생각이 비슷한 친구들과 도덕적 판단에 관해 대화하기도 했다. 내가 정말 놀랐던 건 학생들 스스로 '난이도'를 높여서 '미국을 다시 위대하게'라는 구호를 외치고 다니는 트럼프 지지자인 자기 부모나 조부모와 토론을 시도하거나, 학내 남학생 사교 클럽 회원하고도 토론을 마다하지 않았다는 사실이다.

남학생 사교 클럽 회원과 대화한 여학생은 그 일을 돌이켜보며 이런 글을 남겼다. "방학 때 남학생 사교 클럽에 가입한 백인과 인종차별에 관해 대화해보기로 마음먹었다(써놓고 보니 이 문장이 너무 웃기다). 예상대로 그는 '썩은 사과' 이론을 믿는 것 같았다." 그 남학생이 인종차별은 사회구조의 문제라기보다 나쁜 사람 몇몇이 원인이라고 믿는 듯하다는 의미다.

두 사람의 대화는 인종차별 정책을 비롯해 인종과 관련된 주제로 폭넓게 확장됐다. 여학생은 경찰이 전부 나쁜 건 아니지만, 미국의 오랜 인종차별과 불공정한 법 집행 역사에 깊이 영향을 받는 건 분명하다고 주장했다. 그리고 인종차별은 어린아이에게도 영향을 줄 만큼 사회구조적인 문제이며, 실제로 흑인 아이들까지도 흑인 인형보다 백인 인형을 더 선호한다고 말했다.

남학생은 자기 삼촌이 경찰인데, 그분을 좋아하고 존경하는 한 사람으로서 모든 경찰이 무심코 인종차별을 자행한다고 생각하지는 않는다고 말했다. 여학생은 이 대화를 나누는 동안 "인내심을 발휘해 그의 말을 적극적으로 경청했다"고 썼다. 그리고 이렇게 덧붙였다. "그가 소중하게 여기는 사람들을 인신공격하지 않으려고 주의하면서 내 주장을 굳게 유지했다. 서로를 완전하게 이해하지는 못했지만, 대화를 처음 시작했을 때보다 상대방에게 더 공감했던 것 같다."

짧은 대화로 서로 그만큼 공감하게 됐다니, 내가 기대한 것 이상의 성과였다. 물론 대화를 시도했다가 제대로 흘러가지 못한 사례도 있었지만, 그 일로 관계가 틀어진 일은 없었다. 대화 시도 자체를 후회한다고 말한 학생도 없었다. 가장 중요한 건 학생들 모두 상대방을 이기고 싶어서가 아니라 이해해보려는 마음으로 대화를 시작했다는 점이다. 그 결과 상당수가 상대방을 더 깊이 이해하게 되었고, 일부는 우정이 더 깊어졌다고 전했다.

학생들의 후일담 중 내가 가장 좋아하는 사례 하나를 소개하고 싶다. "나는 공화당 지지자인 룸메이트와 이야기를 나눠보기로 했다. 상대방을 존중하고 친절하게 대화하는 게 내 목표였다. 내 정치 성향은 다소 강한 좌익이다." 이 학생은 배경 정보를 이렇게 상세히 설명한 후, 그 룸메이트와의 대화가 어땠는지 전했다. "이번 대화는 전반적으로 아주 원만했다. 룸메이트의 도덕적 판단을 존중하고, 겸손한 태도를 유지하고, 상대방이 자신의 도덕적인 의견을 말할 때 내가 경청하고 있다는 것을 말이나 몸짓으로 표현하고, 내 생각과는 너무나 다른 의견을 무척 강하게 주장할 때도 말을 막지 않았기 때문에 그랬던 것 같다. 특정한 쟁점에 관해 이야기할 때 내가 룸메이트보다 잘 모르는 점들이 있다는 것도 알게 됐다. 내가 어떤 개념을 이야기하자, 룸메이트가 공화당 지지자들의 실제 생각은 그게 아니며, 내가 잘못 알고 있는 것이라고 반박하기도 했다. 그런 부분에서 나는 내 도덕적 판단의 오류를 인정하게 됐다. 예전에는 이런 대화를 하다 관계가 나빠진 적도 있는데, 이번에는 서로 얼싸안고 끝났다. 그리고 다른 사람은 세상을 어떤 눈으로 보며 살아가는지 상대방 말을 듣고 깨닫는 게 정말 재밌었다는 점에 우리 둘 다 동의했다. SNS에서나 문자메시지로 이런 대화가 오갔다면 화면 뒤에 숨어서 감정을 격하게 드러내게 마련인데, 우리 대화가 그렇지 않았다는 건 우리 모두에게 뜻밖의 일이었다. 그날 우리는 함께 저녁을 먹으러 갔다. 둘 다 토론에 시간을 할애해준 서로에게 고마워서, 자연스럽게 그렇게 됐다. 도덕적 겸손함을 내 개인적 생활에도 이렇게 적용할 수 있다는 게 정말 좋다!"

한 가지 사례에 불과하지만, 나는 이 학생의 이야기를 들으며 오늘날과 같이 정치적 분열이 극에 달한 상황에도 희망이 있음을 확신하게 됐다. 특히 '도덕적 겸손함'이라는 표현이 아주 인상적이었다. 내가 수업을 통해 학생들에게 꼭 가르치고 싶었던 것들이 모두 집약된 말이다. 학생이 스스로 평가한 대로, 나 역시 그날 둘의 대화가 원만하게 흘러간 건 이 학생이 도덕적 겸손함을 유지했기 때문이라고 생각한다.

도덕적 겸손함은 자신의 도덕적 판단을 고수하면서도 자신이 하나부터 열까지 전부 다 알지는 못한다는 사실을 인정할 줄 아는 태도다. 자신이 소중하게 생각하는 가치를 의심하는 게 아니라, 다른 사람이 확신하는 도덕적 판단도 타당할 수 있음을 받아들이는 것, 즉 상대방의 도덕적 판단이 자신과 다르더라도 그 판단 역시 진정성이 있음을 수긍하는 것이다. 도덕적 겸손함을 이야기한 학생은 룸메이트의 주장도 나름의 근거에서 나온 유효한 관점이고, 자신이 잘 모르는 것을 룸메이트는 알고 있다는 사실을 인정하는 한편, 자신과 정치 성향이 다른 사람들의 생각을 오해한 부분이 있었다는 점도 수긍했다. 그게 이 학생이 생각한 도덕적 겸손함이다.

이 책의 주제도 도덕적 겸손함이라고 요약할 수 있다. 나와 생각이 다른 사람들이 파괴적인 의도로 그런 주장을 펼치는 거라는 단순한 억측을 거부하는 것, 알고 보면 모두가 크게 다르지 않다는 걸 아는 것이 도덕적 겸손함이다. 내 생각과 '대립하는' 사람도 같은 인간으로서 동일한 도덕 정신을 갖고 있다. 우리 모두 위험을 피하고, 방지하고, 이미 발생한 피해를 벌충하려는 똑같은 마음으로 각자 도덕적 판단을 내린다.

자신과 생각이 다른 사람들에게도 배울 점이 있음을 인정하는 것 또한 도덕적 겸손함이다. 그 배움의 폭은 상대방의 생각과 도덕적 판단을 알게 되는 정도에 그치는 경우처럼 매우 좁을 수도 있지만, 더 폭넓은 배움을 얻는 경우가 많다. 상대방의 인간성을 더 분명하게 알아보고, 민주주의를 탄탄하게 유지하려면 서로 다른 도덕적 판단이 꼭 필요하다는 신념이 확고해지기도 한다.

도덕적 이해

서로의 도덕적 판단을 이해하는 건 어려운 일인 데다 성공하더라도 다시 원점으로 돌아가기 쉽다. 그렇게 되는 가장 큰 원인은 이 책에서 하나하나 반박한 세 가지 오해 때문이다. 인류가 먹잇감이 아니라 포식자로 진화했다는 첫 번째 오해대로 인간의 본질을 잘못 이해하면, 정치적으로 대립하는 사람을 바라보는 인식이 변질되어 그가 세상을 깡그리 불태우려 한다는 식으로 해석하게 된다. 다행히도 우리는 포식자가 아닌 먹잇감에 더 가까운 동물이라는 게 진실이며, 파괴보다는 우리 자신과 사회를 보호하려는 동기가 더 강하다.

정치적 견해가 다른 사람은 정신세계까지 아예 다르다는 두 번째 오해도 도덕적 이해를 가로막는다. 한 도덕심리학 이론에서는 진보주의자가 육체나 정신의 직접적 피해나 부당한 대우로 발생하는 피해에만 신경 쓰고, 보수주의자는 그런 피해와 더불어 집단 구성원의 충성도와 권위를 존중하는 태도·순수성 등 '피해와 무관한' 도덕적 가치에도 신경 쓴다고 설명한다. 그러나 '무해한 잘못'

은 개개인이 느끼는 위험성을 객관적 사실로 전제해야 존재할 수 있는 틀린 개념이다. 개개인이 느끼는 위험성은 객관적으로 평가할 수 있는 사실이 아니다.

인간의 도덕성에서 나타나는 심리적 특성을 살펴보면, 위험성은 각자가 인식하며 도덕적 판단은 해를 입을 가능성에 관한 직관적인 지각에서 나온다. 사람마다 도덕적 판단이 다른 건 누가 또는 무엇이 특히 해를 입기 쉬운지 사람마다 다르게 추정하기 때문이다. 도덕적 입장이 서로 달라서 대립하는 사람들도 각자가 인식하는 위험성에 따라 도덕적 판단을 한다는 건 모두 똑같다. 이 공통점은 분열을 해소하는 바탕이 될 수 있다.

이 공통점을 최대한 활용하고 정치적 의견이 다른 사람끼리도 유대를 형성하려면, 도덕적 이해를 가로막는 세 번째 오해도 바로잡아야 한다. 바로 논란이 큰 쟁점에서는 사실을 제기하는 것이 서로의 도덕적 판단을 이해하는 가장 좋은 길이라는 생각이다. 사실은 계몽 시대 이후 지금까지 우리 사회에서 큰 특권을 누려왔지만 (그럴 만한 이유는 있었다), 인간의 정신은 사실보다 다른 사람의 이야기, 특히 고통스러운 경험에 더 크게 반응한다. 의견이 다른 사람들에게는 통계를 제시하기보다 피해 경험을 공유하는 것이 분열 해소에 더 유용하다. 갈등 해소 분야의 실무자가 대립하는 사람하고도 원만하게 대화하는 요령으로 제안한 유대 형성하기, 의견 요청하기, 타당성 인정하기를 함께 활용한다면, 정치적 성향이 다른 사람들과도 훨씬 좋은 대화를 나눌 수 있다.

지금까지 이 책은 우리의 도덕적 갈등에 어떤 심리학적 특징이

494

있는지 설명했다. 인간이 처한 상황을 이해하려면, 인간의 정신을 아는 게 중요하기 때문이다. 도덕적 입장이 어떻든 우리는 모두 인간이다. 인간의 정신이 어떻게 기능하는지 알면 도덕적 판단이 팽팽하게 엇갈리고 긴장감이 높아져도, 좀 더 느긋하게 받아들일 수 있다. 나와 생각이 다른 이들도 좋은 사람일 수 있다. 네브래스카주에 사는 내 가족이 그렇듯 선거 때 나와 다른 후보에게 투표하는 사람들도 얼마든지 배려심 넘치고, 정답고, 도덕적인 사람일 수 있다.

도덕적 확신이 나와 다른 사람도 소중한 이들을 챙기고 현대사회를 위험하다고 느끼며 살아간다. 애초에 각자 굳게 확신하는 그 도덕적 판단은 자신이 아끼는 사람들을 보호하고 위험한 세상에서 안전하게 살고 싶은 그 공통적인 마음에서 나온 것이다. 사회가 안전하게 유지되도록 보호하는 가장 좋은 방법이 무엇인지는 정치 성향에 따라 의견이 갈릴 수 있다. 하지만 사회가 입을 수 있는 피해를 막으려 하고 그 방법을 진심으로 고민하려는 마음은 모두 같다.

우리 대다수는 정치적으로나 일상생활에서나 도덕적으로 살아가려고 최선을 다한다. 물론 SNS에서 서로 모욕적인 말을 해대거나 어떤 주장을 펼쳤다가 나치나 할 법한 생각이라는 비난을 들으면, 그 사실을 망각하기 쉽다. 내가 10대 시절, 친구들과 영화관에 가려다 컴컴한 하역장에서 꼼짝없이 코너에 몰렸던 날처럼 누군가에게 쫓겨 위험에 처하는 일을 겪으면 더욱 그럴 수 있다. 하지만 정말로 우리 대다수는 도덕적으로 살아가려고 노력한다. 그날 밤

나를 괴롭혔던 그 남자도 포함해서, 모두가 하루하루 올바르게 살아보려고 애쓴다. 위험을 감지하는 인간의 본성, 피해를 방지하는 데 초점을 맞춘 도덕적 판단, 고통받은 경험을 인정받고 싶은 마음도 우리 모두의 공통점이다.

요즘은 다들 화가 많은 게 사실이다. 하지만 대부분은 화를 덜 내면서 살고 싶어 한다. 인간의 도덕적 판단이 어떻게 나오는지 이해하면, 화를 덜 내며 사는 데 도움이 될 것이다.

감사의 말

감사의 말

　　　　　이 책은 수많은 이의 노고로 만들어졌다. 그분들의 수고를 인정하지 않는다면 나는 정말 배은망덕한 인간이 될 것이다.

　내가 이 책을 쓸 수 있도록 독려해준, 늘 크게 생각할 줄 아는 내 에이전트 맥스 브로크먼은 쉼 없이 내가 나아갈 길을 알려줬다. 편집을 맡은 에드워드 카스텐마이어는 이 책의 아이디어가 중요하다는 점을 굳게 믿어주었고, 참고 인내하며 과학과 이야기가 균형을 이루면서 사람들에게 생각할 거리를 줄 수 있는 책을 만들자는 비전을 제시했다. 이 두 사람과 함께 내 연구 보조 윌 블레이키와 샘 프랫에게도 감사드린다. 윌은 가장 힘든 순간마다 참호에서 나와 함께 싸운 동지 같은 사람이다. 그가 없었다면 이 전투는 지금처럼 잘 끝나지 못했을 것이다. 내가 여러 아이디어를 폭넓게 볼 수 있도록 도와주고, 우리 연구의 큰 틀을 잡고, 초고를 점검하고, 문장을 고쳐주고, 글의 구조를 제시하고, 이야기를 찾아주고, 논란이 생길 만한 부분을 확인하고, 흩어진 점을 하나로 이어줬다. 샘은 이 책이 결승선에 도달할 수 있도록 도와줬다. 사려 깊게 전체를 편집하고, 훌륭한 관점을 제시하고, 빠르고 정확하게 핵심을 다듬고, 오자가 생기지 않게 꼼꼼히 살피고, 책을 제작하는 과정에도 신경을 써줬다.

초고를 읽고 솔직하고 유용한 의견을 주신 분들께도 감사드린다. 몰리 워던, 조시 에이브럼스, 채드 울프가 나를 (부족한) 지식의 저주에서 구해줬다. 멋진 그림을 만들어준 케빈 하우스에게도 감사드린다.

판테온 출판사의 크리스 하워드우즈와 리사 콴, 그리고 펭귄 랜덤하우스 스피커스 뷰로, 특히 이 책의 아이디어가 널리 알려질 수 있도록 나를 대신해서 힘써준 킴 인제니토께 감사드린다. 내 아이디어를 사람들에게 알릴 기회를 준 테드엑스 리노TEDx Reno의 브렛 시먼스와 카야 스탠리, 매력적인 영상을 제작해준 프리싱크FreeThink 사이트의 대니얼 존스와 네이선 크리스트, 데번 에이펄에게도 감사드린다.

과거에 우리 연구실을 거쳐 갔거나 지금 함께하고 있는 박사 과정 학생, 박사 후 연구원, 연구실 관리자의 노고가 없었다면 이 책의 토대 또한 없었을 것이다. 첼시 샤인, 닐 헤스터, 어밀리아 고랜슨, 조시 잭슨, 레이철 하트먼, 샘 에이브럼스, 코넌 오팰런, 대니카 딜런, 조너선 킬리, 시몬 탕, 피터 슈미트, 에밀리 쿠빈, 키라 카프사스키스, 스티븐 앤더슨, 캐머런 도일, 요하난 빅먼, 앤드루 보내시, 프랭크 카차노프, 니치 디마지오, 카를로스 레볼라까지 모두에게 감사드린다. 또한 새로 연구실에 들어온 마둘리카 새스트리, 샬린

페르난데스, 헬렌 디바인에게도 앞으로 하게 될 연구에 미리 고맙다는 인사를 전한다.

여러 연구비 지원 단체와 연구 사업 담당자들이 우리를 도와주었다. 미국 국립과학재단의 스티브 브레클러, 템플턴재단의 버지니아 쿠퍼께 감사드리고, 특히 내가 도덕이해과학센터를 만들 수 있도록 힘을 보태준 자선단체 스탠드 투게더Stand Together의 후세인 후세인과 니콜 고든, 닉 워커께 감사드린다. 우리 센터가 연구와 아이디어로 가득한 활기찬 곳이 될 수 있게 도와준 모든 제휴 단체에도 감사 인사를 전한다.

뉴 플루럴리스트New Pluralists의 모든 구성원, 그 외 실무자를 중심으로 도덕적 이해에 관한 연구를 현실에 적용하려는 노력을 이어나가는 단체들에도 감사드린다. 뉴 플루럴리스트의 로런 히긴스와 우마 비스와나탄 그리고 앨리슨 그럽스, 원 아메리카 무브먼트One America Movement의 새라 베커먼과 레이철 슈멜킨 그리고 찬드라 웨트스타인, 모어 인 커먼의 줄리아 코펀, 그레이터 굿 사이언스 센터Greater Good Science Center의 제이슨 마시, 더 빌리지 스퀘어The Village Square의 리즈 조이너께 감사드린다.

동지애를 보여준 노스캐롤라이나대학교 사회심리학부의 내 동료 키스 페인과 킬리 무스카텔, 패스컬 시런, 바브 프레데릭슨, 새라 앨고, 줄리언 러커에게도 감사드린다.

오하이오주립대학교의 동료들께도 감사드린다. 특히 기퍼드 위어리, 듀언 베게너, 러스 파시오, 리치 페티, 리사 리비, 스티브 스펜서, 딜런 와그너, 켄 후지타, 볼드윈 웨이는 팀 분위기를 화기애애하게 만들어주었고, 이 책에 담긴 아이디어의 영향을 확장할 좋은 기회를 제공했다.

내가 정신없이 책을 쓰는 동안 버팀목이 되어준 친구들에게도 감사드린다. 노스캐롤라이나대학교의 마이크 크리스천, 제스 크리스천, 앨릭스 밀러, 질리언 뎀프시, 조나 버거, 조던 에트킨, 스티브 부진스키와 킴 위드, 데이브 로즈, 에이드리언 비쇼프와 마거릿 셰리든, 제이슨 골드스미스와 레베카 골드스미스, 데이비드 잉글리시와 섀넌 잉글리시, 그리고 대학원 시절과 그 이전에 만난 카림 카삼, 캐리 모어웨지, 라이언 다라크, 모두프 아키놀라, 애덤 웨이츠, 케빈 루이스(원고를 꼼꼼하게 읽고 오타를 수천 개 찾아준 장본인)에게 고맙다.

내가 희망찬 미래를 그려볼 수 있게 해준 페이턴 미야레스, 벨린다 우더드 등 우리 연구실에서 연구 보조로 일하는 수많은 대학원생과 내 수업을 들은 제자들에게도 감사드린다. 생각하고 글 쓰는 법을 가르쳐준 댄 웨그너, 한결같이 좋은 멘토가 되어준 리사 배럿과 닉 에플리께도 감사드린다.

늘 사랑을 주시는 부모님과 내 가족 앤 클라크와 필 클라크, 마크 그레이와 루이스 그레이, 수 린드퀴스트와 스티브 린드퀴스트, 킴 린드퀴스트, 조 캐프리오에게도 감사 인사를 전한다. 흥미롭고 사랑으로 가득한 하루하루를 만들어주는 우리 멋진 아이들 아이리스와 이다에게도 고맙다. 마지막으로 내 멋진 아내 크리스틴 린퀴스트에게 나로서는 상상할 수도 없을 만큼 최고의 동반자가 되어줘서 고맙다고 말하고 싶다. 이 모든 게 그 멤피스발 비행기에서 우리가 나란히 옆자리에 앉은 덕분이다.

머리말 | 급회전 – 위험과 분노

1. YouGov, "Have You Lost Any Friendships Because of Differences in Opinion Related to the COVID-19 Pandemic?"
2. Binder, *Polarized We Govern?*, "Political Opponents Accept Blatant Moral Wrongs, Fueling Partisan Divides."
3. Reilly, "Read Hillary Clinton's 'Basket of Deplorables' Remarks About Donald Trump Supporters."
4. Manchester, "Conservative Writer Calls Democratic Party an 'Evil Institution.'"
5. Puryear et al., "People Believe Political Opponents Accept Blatant Moral Wrongs, Fueling Partisan Divides."
6. Schein and Gray, "Theory of Dyadic Morality."
7. Jones et al., "Exposure to Descriptions of Traumatic Events Narrows One's Concept of Trauma."

1장 | 전쟁 – 이해하면 배신일까?

1. *The Matt Walsh Show*, March 7, 2023, https://www.mediamatters.org/media /4001834.
2. Ali, W. August 4, 2022. "If Dems Fought an All-Out Culture War, They'd Win." Daily Beast. https://www.thedailybeast.com/if-democrats-fought-an-all-out-culture-war-against-republicans-theyd-win.
3. Puryear et al., "People Believe Political Opponents Accept Blatant Moral Wrongs, Fueling Partisan Divides."
4. Williamson, "Christmas Truce."
5. Weintraub, *Silent Night*.
6. ANES, "Independent Analysis of American National Election Survey."

7. Hartman, Hester, and Gray, "People See Political Opponents as More Stupid Than Evil."

8. Ibid.

9. Kemmelmeier, "Is There a Relationship Between Political Orientation and Cognitive Ability?"

10. Woessner, Maranto, and Thompson, "Is Collegiate Political Correctness Fake News?"

11. Carl, "Cognitive Ability and Political Beliefs in the United States."

12. Ibid.; Jedinger and Burger, "Do Smarter People Have More Conservative Economic Attitudes?"

13. Kahan, Peters, Dawson, and Slovic, "Motivated Numeracy and Enlightened Self-Government."

14. Puryear et al., "People Believe Political Opponents Accept Blatant Moral Wrongs, Fueling Partisan Divides."

15. Goya-Tocchetto et al., "Partisan Trade-Off Bias."

16. Amira, Wright, and Goya-Tocchetto, "In-Group Love Versus Out-Group Hate."

17. Womick and King, "Right-Wing Authoritarianism and Anti-Asian Prejudice in Response to the COVID-19 Pandemic in the United States."

18. Waytz, Young, and Ginges, "Motive Attribution Asymmetry for Love vs. Hate Drives Intractable Conflict."

19. Pasek et al., "Misperceptions About Out-Partisans' Democratic Values May Erode Democracy."

20. Ramos Salazar, "Negative Reciprocity Process in Marital Relationships."

21. Ripley, *High Conflict*.

22. Yourish et al., "Inside the Apocalyptic Worldview of 'Tucker Carlson Tonight.'"

23. Berry and Sobieraj, *Outrage Industry*.

24. Sobieraj and Berry, "From Incivility to Outrage."

25. Moore-Berg et al., "Exaggerated Meta-perceptions Predict Intergroup Hostility Between American Political Partisans."

26. Landry et al., "Reducing Explicit Blatant Dehumanization by Correcting

Exaggerated Meta-perceptions."

27. Ahler and Sood, "Parties in Our Heads."

28. *Toward a More Responsible Two-Party System*.

29. Kalmoe and Mason, "Lethal Mass Partisanship."

30. Pasek et al., "Misperceptions About Out-Partisans' Democratic Values May Erode Democracy."

31. Davis, "Why I, as a Black Man, Attend KKK Rallies."

32. Broockman and Kalla, "Durably Reducing Transphobia."

33. Strohminger, Knobe, and Newman, "True Self."

오해 1 | 인간의 본성에 관한 오해

1. Henrich and Muthukrishna, "What Makes Us Smart?"

2. Abramson, "Our Brains Are Stuck in the Stone Age."

3. World Health Organization, *Obesity and Overweight*.

4. Stiner, Barkai, and Gopher, "Cooperative Hunting and Meat Sharing 400-200 Kya at Qesem Cave, Israel."

5. Darwin, *Narrative of the Surveying Voyages of His Majesty's Ships Adventure and Beagle*.

6. Gayley, "Compassionate Treatment of Animals."

7. Ben-Dor, Sirtoli, and Barkai, "Evolution of the Human Trophic Level During the Pleistocene"; Roopnarine, "Humans Are Apex Predators"; Suraci et al., "Fear of Humans as Apex Predators Has Landscape-Scale Impacts from Mountain Lions to Mice."

8. Young, "Evolution of the Human Hand."

9. Lieberman, *Exercised*.

10. Wrangham, *Catching Fire*.

11. Brink, *Imagining Head-Smashed-In*.

12. Harari, *Sapiens*.

13. Dart, *Adventures with the Missing Link*.

14. Dart, "*Australopithecus africanus*."

15. Garwin and Lincoln, *Century of "Nature."*

16. Tennyson, *In Memoriam A. H. H.*

17. Freud, *Civilization and Its Discontents*.

18. Wrangham, "Two Types of Aggression in Human Evolution."

2장 | 인간의 본성에 관한 새로운 해석

1. Ruark, *Horn of the Hunter*.

2. Ritchie, "Did Humans Cause the Quaternary Megafauna Extinction?"

3. Roach et al., "Elastic Energy Storage in the Shoulder and the Evolution of High-Speed Throwing in Homo."

4. Harcourt-Smith, "First Hominins and the Origins of Bipedalism."

5. Hart and Sussman, *Man the Hunted*.

6. Wilkins et al., "Evidence for Early Hafted Hunting Technology."

7. Henrich, *Secret of Our Success*.

8. Falk, *Primate Diversity*.

9. Jordania, *Why Do People Sing?*

10. Lovejoy, "Evolution of Human Walking."

11. Lieberman, *Exercised*.

12. Morin and Winterhalder, "Ethnography and Ethnohistory Support the Efficiency of Hunting Through Endurance Running in Humans."

13. Pattison, "Born to Run?"

14. Ibid.

15. Liebenberg, "Persistence Hunting by Modern Hunter-Gatherers."

16. Pickering and Bunn, "Endurance Running Hypothesis and Hunting and Scavenging in Savanna-Woodlands."

17. Boaz et al., "Large Mammalian Carnivores as a Taphonomic Factor in the Bone Accumulation at Zhoukoudian."

18. Hart and Sussman, *Man the Hunted*.

19. Evans et al., "Microcephalin, a Gene Regulating Brain Size, Continues to Evolve Adaptively in Humans."

20. Goodall, "Infant Killing and Cannibalism in Free-Living Chimpanzees."

21. Tutin, McGrew, and Baldwin, "Social Organization of Savanna-Dwelling Chimpanzees, *Pan troglodytes verus*, at Mt. Assirik, Senegal."

22. Tsukahara, "Lions Eat Chimpanzees."

23. Hart, "Primates as Prey."

24. Martins and Harris, "Movement, Activity, and Hunting Behaviour of Leopards in the Cederberg Mountains, South Africa."

25. Nakazawa et al., "Leopard Ate a Chimpanzee."

26. Dart, *A Note on the Taungs Skull*.

27. Brown, *Eagles of the World*.

28. Berger and Clarke, "Eagle Involvement in Accumulation of the Taung Child Fauna"; Berger and McGraw, "Further Evidence for Eagle Predation of, and Feeding Damage on, the Taung Child."

29. Gabunia et al., "Dmanisi and Dispersal."

30. Hart and Sussman, *Man the Hunted*.

3장 | 사회화 – 도덕성의 등장

1. Stevens et al., "Motion Dazzle and Camouflage as Distinct Anti-predator Defenses."

2. De Vos and O'Riain, "Sharks Shape the Geometry of a Selfish Seal Herd."

3. Maynard Smith and Harper, *Animal Signals*.

4. Henrich, *Secret of Our Success*.

5. Timmermann, "Quantifying the Potential Causes of Neanderthal Extinction."

6. Henrich, *Secret of Our Success*; Norenzayan et al., "Cultural Evolution of Prosocial Religions."

7. van der Bijl and Kolm, "Why Direct Effects of Predation Complicate the Social Brain Hypothesis."

8. Seidensticker and Lumpkin, *Great Cats*.

9. Dunbar, "Social Brain Hypothesis and Its Implications for Social Evolution."

10. Ringelmann, "Recherches sur les moteurs animés."

11. Endicott, "Peaceful Foragers."

12. Pinker, *Better Angels of Our Nature*.

13. Ferguson, "Pinker's List."

14. Gómez et al., "Phylogenetic Roots of Human Lethal Violence."

15. Everett, *Don't Sleep, There Are Snakes*.

16. Ibid.

17. Alfano, Cheong, and Curry, "Moral Universals."

18. Fukuyama, *Trust*.

19. Lieberman and Smith, "It's All Relative."

20. Alvarez, Ceballos, and Quinteiro, "Role of Inbreeding in the Extinction of a European Royal Dynasty."

21. Daly and Wilson, "Some Differential Attributes of Lethal Assaults on Small Children by Stepfathers Versus Genetic Fathers."

22. Curtis, *Habsburgs*.

23. Vilas et al., "Is the 'Habsburg Jaw' Related to Inbreeding?"

24. Alvarez, Ceballos, and Quinteiro, "Role of Inbreeding in the Extinction of a European Royal Dynasty."

25. Alshaikhli, Killeen, and Rokkam, "Hemophilia B"; Rogaev et al., "Genotype Analysis Identifies the Cause of the 'Royal Disease.' "

26. Haidt and Joseph, "Intuitive Ethics."

27. Curry, "Morality as Cooperation."

28. Janoff-Bulman, Sheikh, and Baldacci, "Mapping Moral Motives."

29. Gelfand et al., "Differences Between Tight and Loose Cultures."

30. Matsumura, "Moral Economy as Emotional Interaction."

31. Podolefsky, "Contemporary Warfare in the New Guinea Highlands."

32. Fiske and Rai, *Virtuous Violence*.

33. Nisbett and Cohen, *Culture of Honor*.

34. Meyer, *Highland Scots of North Carolina*.

35. McCorkle, "Personal Precautions to Violence in Prison."

36. Gambetta, *Codes of the Underworld*.

37. Fehr and Gächter, "Altruistic Punishment in Humans."

38. Ibid.

39. Uehara et al., "Fate of Defeated Alpha Male Chimpanzees in Relation to Their Social Networks"; Whyte, "Chimps Beat Up, Murder, and Then Cannibalise Their Former Tyrant."

40. Boehm, *Hierarchy in the Forest*.

4장 | 위험성의 인식 — 안전하지만 안전하지 않아

1. Ronson, "How One Stupid Tweet Blew Up Justine Sacco's Life."

2. Wessels, *Myth of Progress*.

3. Acemoglu and Restrepo, "Tasks, Automation, and the Rise in U.S. Wage Inequality."

4. Everett, *Don't Sleep, There Are Snakes*.

5. David, *Fashion Victims*.

6. Crowley, Smyth, and Murphy, "Emigration to North America in the Era of the Great Famine," 214.

7. World Meteorological Organization, "Weather-Related Disasters Increase over Past 50 Years, Causing More Damage but Fewer Deaths."

8. Skenazy, "Suburban Mom Handcuffed, Jailed for Making 8-Year-Old Son Walk Half a Mile Home."

9. Campbell and Manning, *Rise of Victimhood Culture*; Lukianoff and Haidt, *Coddling of the American Mind; Twenge, iGen*.

10. CDC, "Youth Risk Behavior Survey Data Summary & Trends Report: 2011-2021."

11. McGrath and Haslam, "Development and Validation of the Harm Concept Breadth Scale."

12. Katz, "Poor Haitians on a Mud Diet."

13. Yiend and Mathews, "Anxiety and Attention to Threatening Pictures."

14. Adams and Kleck, "Perceived Gaze Direction and the Processing of Facial Displays of Emotion."

15. Adams et al., "Effects of Gaze on Amygdala Sensitivity to Anger and Fear Faces."

16. Gómez et al., "Phylogenetic Roots of Human Lethal Violence."

17. "50 of the Most Dangerous Cities in the World," *USA Today*.

18. Brenan, "Worry About Crime in U.S. at Highest Level Since 2016."

19. Levari et al., "Prevalence-Induced Concept Change in Human Judgment."

20. Jones et al., "Exposure to Descriptions of Traumatic Events Narrows One's Concept of Trauma."

21. Jones and McNally, "Does Broadening One's Concept of Trauma

Undermine Resilience?"

22. Jones, "Neurotic Treadmill."

23. Dückers, Alisic, and Brewin, "Vulnerability Paradox in the Cross-National Prevalence of Post-traumatic Stress Disorder."

24. McNally, "Expanding Empire of Psychopathology."

25. Mastroianni and Gilbert, "Illusion of Moral Decline."

26. Yuan et al., "Did Cooperation Among Strangers Decline in the United States?"

27. Singer, *Animal Liberation*.

28. "Prozac for Puppy?," ABC News.

29. Turner, "Year of Outrage."

30. Friedersdorf, "Reflections on a Year of Outrage."

31. Ellison et al., "Anonymity and Aggressive Driving Behavior."

32. Brady et al., "Emotion Shapes the Diffusion of Moralized Content in Social Networks."

33. Grubbs et al., "Moral Grandstanding in Public Discourse."

34. Lin et al., "Association Between Social Media Use and Depression Among U.S. Young Adults."

35. Schwartz, "Dungeons & Dragons Prison Ban Upheld."

36. Puryear, Vandello, and Gray, "Moral Panics on Social Media Are Fueled by Signals of Virality."

오해 2 | 도덕성에 관한 오해

1. Haidt, Bjorklund, and Murphy, "Moral Dumbfounding."

2. Royzman, Kim, and Leeman, "Curious Tale of Julie and Mark."

3. Ibid.

4. Stanley, Yin, and Sinnott-Armstrong, "Reason-Based Explanation for Moral Dumbfounding."

5. Haslam, "Concept Creep."

5장 | 인류의 유산 – 최근 역사와는 다르다

1. Hamlin, Wynn, and Bloom, "Social Evaluation by Preverbal Infants."

2. Turiel, *Development of Social Knowledge.*

3. Henrich, Heine, and Norenzayan, "Weirdest People in the World?"

4. Shweder, Mahapatra, and Miller, "Culture and Moral Development."

5. Carter, "7 Reasons No One Does Funerals Like the South."

6. Shweder, "Relativism and Universalism."

7. Shweder et al., " 'Big Three' of Morality (Autonomy, Community, Divinity) and the 'Big Three' Explanations of Suffering."

8. Shweder, "Psychology of Practice and the Practice of the Three Psychologies."

9. Turiel, Killen, and Helwig, "Morality."

10. Turiel, *Development of Social Knowledge.*

11. Shweder et al., " 'Big Three' of Morality (Autonomy, Community, Divinity) and the 'Big Three' Explanations of Suffering."

12. Haidt and Joseph, "Intuitive Ethics."

13. Haidt, *The Righteous Mind.*

14. Barrett and Satpute, "Large-Scale Brain Networks in Affective and Social Neuroscience."

15. Cushman and Young, "Patterns of Moral Judgment Derive from Nonmoral Psychological Representations."

16. Graham et al., "Mapping the Moral Domain."

17. Ibid.

18. Haidt, "Emotional Dog and Its Rational Tail."

6장 | 직감 – 현대의 새로운 위험

1. Shweder, "Relativism and Universalism."

2. Gendler, "Alief and Belief."

3. Cushman et al., "Simulating Murder."

4. Barnes-Holmes et al., "Using the Implicit Association Test and the Implicit Relational Assessment Procedure to Measure Attitudes Toward Meat and Vegetables in Vegetarians and Meat-Eaters"; Ordóñez and Benson, "Decisions Under Time Pressure"; Rand et al., "Social Heuristics Shape Intuitive Cooperation."

5. Gray, Schein, and Ward, "Myth of Harmless Wrongs in Moral Cognition."

6. Ibid.

7. Schein, Ritter, and Gray, "Harm Mediates the Disgust-Immorality Link."

8. Gray and Schein, "The Myth of the Harmless Wrong."

9. Bryant, *Anita Bryant Story*.

10. Uhlmann and Zhu, "Acts, Persons, and Intuitions."

11. Royzman, Kim, and Leeman, "Curious Tale of Julie and Mark."

12. Chakroff et al., "From Impure to Harmful"; DeScioli, Gilbert, and Kurzban, "Indelible Victims and Persistent Punishers in Moral Cognition"; Stanley, Yin, and Sinnott-Armstrong, "Reason-Based Explanation for Moral Dumbfounding."

13. Graham et al., "Moral Foundations Theory."

14. Rottman, Young, and Kelemen, "Impact of Testimony on Children's Moralization of Novel Actions."

15. Ochoa, "Template Matching and Moral Judgment."

16. Dalin-Kaptzan, "Most Punctual Countries in the (On-Demand) World."

17. Gelfand et al., "Differences Between Tight and Loose Cultures."

18. Hirota, Nakashima, and Tsutsui, "Psychological Motivations for Collectivist Behavior"; Takamatsu et al., "Moralization of Japanese Cultural Norms Among Student Sojourners in Japan"; Zhai, "Values of Deference to Authority in Japan and China."

7장 | 누가 약자인가 – 정치적 갈등의 원인

1. Gray, *Men Are from Mars, Women Are from Venus*.

2. Mehl et al., "Are Women Really More Talkative Than Men?"

3. Meterko and Cooper, "Cognitive Biases in Criminal Case Evaluation."

4. Hergovich, Schott, and Burger, "Biased Evaluation of Abstracts Depending on Topic and Conclusion."

5. Haidt, *Righteous Mind*.

6. 2004 Republican Party Platform: A Safer World and a More Hopeful America.

7. Frankovic, "Americans Are Patriotic — but Differ on What That Means."

510

8. Pew Research Center, "Party Identification Among Religious Groups and Religiously Unaffiliated Voters."

9. Frimer, Tell, and Motyl, "Sacralizing Liberals and Fair-Minded Conservatives."

10. Frimer, Tell, and Haidt, "Liberals Condemn Sacrilege Too."

11. Harrington, "Liberals More Likely to Cry Than Conservatives."

12. Ochoa, "Template Matching and Moral Judgment."

13. Chalmers, "Consciousness and Its Place in Nature."

14. Hastorf and Cantril, "They Saw a Game."

15. Caplan, McCartney, and Sisti, *Health, Disease, and Illness*.

16. Guillory, "Pro-slavery Arguments of Dr. Samuel A. Cartwright."

17. Douglass, "What to the Slave Is the Fourth of July?"

18. Descartes, "Animals Are Machines."

19. Gray, Gray, and Wegner, "Dimensions of Mind Perception."

20. Lovejoy, *Great Chain of Being*.

21. Dennett, *Kinds of Minds*.

22. Govrin, *Ethics and Attachment*.

23. O'Toole, "3-Year-Old Taken to Syracuse Hospital After She Eats Marijuana Candy."

24. Womick et al., "Moral Disagreement Across Politics Is Explained by Different Assumptions About Who Is Most Vulnerable to Harm."

25. Ibid.

26. Harris et al., "Global Maps of Twenty-First Century Forest Carbon Fluxes"; "Rainforest," *National Geographic*.

27. Hughes et al., "Global Warming and Recurrent Mass Bleaching of Corals."

28. Pew Research Center, "As Economic Concerns Recede, Environmental Protection Rises on the Public's Policy Agenda."

29. Joselow and Sotomayor, "House GOP Passes Energy Package with Eye on Gas Prices, 2024."

30. Denning, "Drilling for Oil on the Moon."

31. Gashaw, "In God We Trust."

32. Fahmy, "Key Findings About Americans' Belief in God."

33. Weinandy, *Does God Suffer?*

34. Rooney, "Suffering and the Teachings of Jesus Christ."

35. Gray, Schein, and Ward, "Myth of Harmless Wrongs in Moral Cognition."

36. Smith, "Just One-Third of U.S. Catholics Agree with Their Church That Eucharist Is Body, Blood of Christ."

37. Cowen, *Big Business*.

38. "In Their Own Words, Owners Explain How Tax Increases Would Harm Their Businesses."

39. Pierson et al., "Large-Scale Analysis of Racial Disparities in Police Stops Across the United States."

40. Mapping Police Violence, *2023 Police Violence Report*.

41. Federal Bureau of Investigation Crime Data Explorer.

42. Thune, "Demonizing and Defunding Police Has Consequences."

43. Jost, "Quarter Century of System Justification Theory."

44. Beauvoir, *Second Sex*.

45. Ordoñez, "What a Second-Term Trump Immigration Agenda Might Look Like."

46. Wellons, "Affirmative Action Is Still an Effective and Necessary Tool."

47. Dirks, "Affirmative Action Divided Asian Americans and Other People of Color."

48. Hughes, "10 Notes on the End of Affirmative Action."

49. Guzman and Kollar, *Income in the United States*.

50. Fryer, "Empirical Analysis of Racial Differences in Police Use of Force."

51. Lemieux, "Is Being a Cop So Dangerous?"

52. Marx and Engels, *Communist Manifesto*.

53. King, "Letter from Birmingham Jail."

54. Locke, *Second Treatise of Government*.

55. Ingraham, "Laura Ingraham: 'Because You're a Minority, You Get Special Standards, Special Treatment.' "

56. Continetti, "Battle of Woke Island."

57. Kendi, *How to Be an Antiracist*.

8장 | 비난 – 도덕적 정형화

1. Diver, "Journal Reveals Hitler's Dysfunctional Family."
2. Larson, "Canyon of Secrets"; Monacelli, "Why Did Cody Posey Kill His Family?"
3. Sousa et al., "Longitudinal Study on the Effects of Child Abuse and Children's Exposure to Domestic Violence, Parent-Child Attachments, and Antisocial Behavior in Adolescence."
4. Godwin, "Meme, Counter-meme."
5. Perry and Grubbs, "How Americans Polarize Around Historical Figures."
6. Steele, "Moral Typecasting Explains Evaluations of Undocumented Immigrants."
7. Ibid.
8. Dennett, *Kinds of Minds*.
9. Gray and Wegner, "Moral Typecasting."
10. Garra et al., "Validation of the Wong-Baker FACES Pain Rating Scale in Pediatric Emergency Department Patients."
11. Spence, *Win Your Case*, 162.
12. Gray and Wegner, "To Escape Blame, Don't Be a Hero—Be a Victim."
13. Konnikova, *Confidence Game*.
14. Murphy, "At 71, She's Never Felt Pain or Anxiety."
15. Lerner, *Belief in a Just World*.
16. Brown, "Women's Narratives of Trauma: (Re)storying. Uncertainty, Minimization and Self-Blame."
17. Domestic Violence Hotline, "Domestic Violence Statistics."
18. Reynolds et al., "Man Up and Take It."
19. Zenovich, "Fantastic Lies."
20. Lisak et al., "False Allegations of Sexual Assault."
21. Levi, *The Drowned and the Saved*.
22. Klein, "Primo Levi."

9장 | 자기중심적 피해의 해석

1. "Putin Compared the Attack on Russian Culture in the West with the

Events in Hitler's Germany."

2. Descartes, *Meditations on First Philosophy with Selections from the Objections and Replies*.

3. Ibid.

4. Piaget and Inhelder, *Psychology of the Child*.

5. Keysar et al., "Taking Perspective in Conversation."

6. Keysar, Lin, and Barr, "Limits on Theory of Mind Use in Adults."

7. Calvin, *Commentaries on the Book of the Prophet Jeremiah and the Lamentations*.

8. Epley et al., "Believers' Estimates of God's Beliefs Are More Egocentric Than Estimates of Other People's Beliefs."

9. Guo, "CNN Cut Ties with Reza Aslan for Calling Trump a 'Piece of Shit.'"

10. Hippel and Hoeppner, "Biased Judgements of Fairness in Bargaining"; Komlik, "Egocentric Perceptions and Self-Serving Bias in Negotiations."

11. Babcock et al., "Biased Judgments of Fairness in Bargaining."

12. Wall, *Pain*.

13. Baumeister et al., "Bad Is Stronger Than Good."

14. Price, Von der Gruen, Miller, Rafii, and Price, "A Psychophysical Analysis of Morphine Analgesia."

15. Moore, Keogh, and Eccleston, "The Interruptive Effect of Pain on Attention."

16. Goggins, *Can't Hurt Me*.

17. Lim and DeSteno, "Suffering and Compassion."

18. Ibid.

19. Lee and Ma, "Pain Sensitivity Predicts Support for Moral and Political Views Across the Aisle."

20. Zitek et al., "Victim Entitlement to Behave Selfishly."

21. Gray, Ward, and Norton, "Paying It Forward."

22. Kilpatrick, *Mental Health Impact of Rape*.

23. Winter, *Cambridge History of the First World War*, vol. 1, *Global War*.

24. Gabay et al., "Tendency for Interpersonal Victimhood."

25. Ibid.

26. Moore, Keogh, and Eccleston, "The Interruptive Effect of Pain on

Attention.”

27. McCullough et al., “Narcissists as ‘Victims.’ ”

28. Määttä, Uusiautti, and Määttä, “Intimate Relationship in the Shadow of Narcissism.”

29. Harsey, Zurbriggen, and Freyd, “Perpetrator Responses to Victim Confrontation.”

30. Noor et al., “When Suffering Begets Suffering.”

31. Vallone, Ross, and Lepper, “Hostile Media Phenomenon.”

32. Vollhardt, “Role of Victim Beliefs in the Israeli-Palestinian Conflict.”

33. Burkhardt-Vetter, “Reconciliation in the Making.”

34. Vollhardt and Bilali, “Role of Inclusive and Exclusive Victim Consciousness in Predicting Intergroup Attitudes.”

35. Brewer and Hayes, “Victimhood Status and Public Attitudes Towards Post-conflict Agreements”; Noor et al., “On Positive Psychological Outcomes.”

36. Rupar et al., “General Inclusive Victimhood Predicts Willingness to Engage in Intergroup Contact.”

37. Noor et al., “On Positive Psychological Outcomes.”

38. Rupar et al., “General Inclusive Victimhood Predicts Willingness to Engage in Intergroup Contact.”

39. Demirel and Eriksson, “Competitive Victimhood and Reconciliation”; Uluğ et al., “How Do Conflict Narratives Shape Conflict-and Peace-Related Outcomes Among Majority Group Members?”

40. Gray and Kubin, “Victimhood: The Most Powerful Force in Morality and Politics.”

41. Danbold, Onyeador, and Unzueta, “Dominant Groups Support Digressive Victimhood Claims to Counter Accusations of Discrimination.”

42. Aquino and Bradfield, “Perceived Victimization in the Workplace”; Jockin, Arvey, and McGue, “Perceived Victimization Moderates Self-Reports of Workplace Aggression and Conflict”; Mackey et al., “Victim and Culprit?”

43. Bischoff (@EBischoff), “Beginning to see a pattern.”

오해 3 | 분열의 해소에 관한 오해

1. Vernon, "Science in the Post-Truth Era."
2. Agresti, Smith, and Reynolds, "Gun Control Facts."
3. Ibid.

10장 | 경험의 공유와 이해

1. Frimer and Skitka, "Are Politically Diverse Thanksgiving Dinners Shorter Than Politically Uniform Ones?"
2. McCoy and Press, *What Happens When Democracies Become Perniciously Polarized?*
3. Patel, "America's Hidden Strength."
4. Bucyana, "Rwanda Genocide."
5. Haslam, "Dehumanization."
6. Wang, "At These Hot New York Restaurants, Eating with Your Hands Is the Point."
7. Rook, "Art of Eating."
8. Martherus et al., "Party Animals?"
9. Petsko and Kteily, "Political (Meta-)Dehumanization in Mental Representations."
10. Aristotle, *Nicomachean Ethics*.
11. Darwin, *Origin of Species*.
12. Gottschall, *Storytelling Animal*.
13. Haven, *Story Proof*.
14. Corbett, *Art of Character*.
15. Kubin et al., "Personal Experiences Bridge Moral and Political Divides Better Than Facts."
16. Leucht et al., "How Effective Are Common Medications."
17. Steering Committee of the Physicians' Health Study Research Group, "Final Report on the Aspirin Component of the Ongoing Physicians' Health Study."
18. Klein et al., "Many Labs 2."
19. Kubin, Gray, and von Sikorski, "Reducing Political Dehumanization by Pairing Facts with Personal Experiences."

20. Appel, "Affective Resistance to Narrative Persuasion."

21. Hussein and Tormala, "Undermining Your Case to Enhance Your Impact."

11장 | 열린 대화와 희망

1. Newman, Donohue, and Eva, "Psychological Safety."

2. Epley and Schroeder, "Mistakenly Seeking Solitude."

3. Balietti et al., "Reducing Opinion Polarization."

4. Huang et al., "It Doesn't Hurt to Ask."

5. Kardas, Kumar, and Epley, "Overly Shallow?"

6. Rossiter, "Similar and Distinct Effects of Political and Non-political Conversation on Affective Polarization."

7. Santoro and Broockman, "Promise and Pitfalls of Cross-Partisan Conversations for Reducing Affective Polarization."

8. Marcinkowski and Došenović, "From Incidental Exposure to Intentional Avoidance."

9. Foss and Griffin, "Beyond Persuasion."

10. Argyle et al., "Leveraging AI for Democratic Discourse."

참고문헌

ABC News. "Prozac for Puppy? More American Pets Are Prescribed Psychiatric Drugs." ABC News, Feb. 6, 2012.

Abramson, Ashley. "Our Brains Are Stuck in the Stone Age." *Elemental*, Feb. 5, 2020. elemental.medium.com.

Acemoglu, Daron, and Pascual Restrepo. "Tasks, Automation, and the Rise in U.S. Wage Inequality." *Econometrica* 90, no. 5 (2022): 1973–2016. doi:10.3982/ECTA19815.

Adams, Reginald B., Heather L. Gordon, Abigail A. Baird, Nalini Ambady, and Robert E. Kleck. "Effects of Gaze on Amygdala Sensitivity to Anger and Fear Faces." *Science* 300, no. 5625 (2003): 1536. doi:10.1126/science.1082244.

Adams, Reginald B., and Robert E. Kleck. "Perceived Gaze Direction and the Processing of Facial Displays of Emotion." *Psychological Science* 14, no. 6 (2003): 644–47. doi:10.1046/j.0956-7976.2003.psci_1479.x.

Agresti, James D., Reid K. Smith, and William T. Reynolds. "Gun Control Facts." Just Facts, Nov. 15, 2023. www.justfacts.com.

Ahler, Douglas J., and Gaurav Sood. "The Parties in Our Heads: Misperceptions About Party Composition and Their Consequences." *Journal of Politics* 80, no. 3 (2018): 964–81. doi:10.1086/697253.

Alfano, Mark, Marc Cheong, and Oliver Scott Curry. "Moral Universals: A Machine-Reading Analysis of 256 Societies." *Heliyon* 10, no. 6 (2024): e25940. doi:10.1016/j.heliyon.2024.e25940.

Alshaikhli, Alfarooq, Robert B. Killeen, and Venkata R. Rokkam. "Hemophilia B." StatPearls, Oct. 29, 2023. www.ncbi.nlm.nih.gov.

Alvarez, Gonzalo, Francisco C. Ceballos, and Celsa Quinteiro. "The Role of Inbreeding in the Extinction of a European Royal Dynasty." Edited by

Marc Bauchet. *PLoS ONE* 4, no. 4 (2009): e5174. doi:10.1371/journal. pone.0005174.

Amira, Karyn, Jennifer Cole Wright, and Daniela Goya-Tocchetto. "In-Group Love Versus Out-Group Hate: Which Is More Important to Partisans and When?" *Political Behavior* 43, no. 2 (2021): 473-94. doi:10.1007/s11109-019-09557-6.

ANES. "Independent Analysis of American National Election Survey." Accessed July 20, 2023. electionstudies.org.

Appel, Markus. "Affective Resistance to Narrative Persuasion." *Journal of Business Research* 149 (2022): 850-59. doi:10.1016/j.jbusres.2022.05.001.

Aquino, Karl, and Murray Bradfield. "Perceived Victimization in the Workplace: The Role of Situational Factors and Victim Characteristics." *Organization Science* 11, no. 5 (2000): 525-37. doi:10.1287/orsc.11.5.525.15205.

Argyle, Lisa P., Christopher A. Bail, Ethan C. Busby, Joshua R. Gubler, Thomas Howe, Christopher Rytting, et al. "Leveraging AI for Democratic Discourse: Chat Interventions Can Improve Online Political Conversations at Scale." *Proceedings of the National Academy of Sciences* 120, no. 41 (2023): e2311627120. doi:10.1073/pnas.2311627120.

Aristotle. *Nicomachean Ethics.* Translated by W. D. Ross. Lexington, Ky.: World Library Classics, 2009.

Babcock, Linda, George Loewenstein, Samuel Issacharoff, and Colin Camerer. "Biased Judgments of Fairness in Bargaining." *American Economic Review* 85, no. 5 (1995): 1337-43.

Balietti, Stefano, Lise Getoor, Daniel G. Goldstein, and Duncan J. Watts. "Reducing Opinion Polarization: Effects of Exposure to Similar People with Differing Political Views." *Proceedings of the National Academy of Sciences* 118, no. 52 (2021): e2112552118. doi:10.1073/pnas.2112552118.

Barnes-Holmes, Dermot, Louise Murtagh, Yvonne Barnes-Holmes, and Ian Stewart. "Using the Implicit Association Test and the Implicit Relational Assessment Procedure to Measure Attitudes Toward Meat and Vegetables in Vegetarians and Meat-Eaters." *Psychological Record* 60, no. 2 (2010): 287-305. doi:10.1007 /BF03395708.

Barrett, Lisa Feldman, and Ajay Bhaskar Satpute. "Large-Scale Brain Networks in Affective and Social Neuroscience: Towards an Integrative Functional Architecture of the Brain." *Current Opinion in Neurobiology* 23, no. 3 (2013): 361–72.

Baumeister, Roy F., Ellen Bratslavsky, Catrin Finkenauer, and Kathleen D. Vohs. "Bad Is Stronger Than Good." *Review of General Psychology* 5, no. 4 (2001): 323–70. doi:10.1037/1089-2680.5.4.323.

Baumeister, Roy F., and Mark R. Leary. "The Need to Belong: Desire for Interpersonal Attachments as a Fundamental Human Motivation." *Psychological Bulletin* 117, no. 3 (1995), 497–529. https://doi.org/10.1037/0033-2909.117.3.497.

Beauvoir, Simone de. *The Second Sex.* New York: Vintage Books, 1989.

Ben-Dor, Miki, Raphael Sirtoli, and Ran Barkai. "The Evolution of the Human Trophic Level During the Pleistocene." *American Journal of Physical Anthropology* 175, no. S72 (2021): 27–56. doi:10.1002/ajpa.24247.

Berger, L. R., and R. J. Clarke. "Eagle Involvement in Accumulation of the Taung Child Fauna." *Journal of Human Evolution* 29, no. 3 (1995): 275–99. doi:10.1006/jhev.1995.1060.

Berger, L. R., and W. S. McGraw. "Further Evidence for Eagle Predation of, and Feeding Damage on, the Taung Child." *South African Journal of Science* 103, no. 11–12 (2007): 496–98.

Berry, Jeffrey M., and Sarah Sobieraj. *The Outrage Industry: Political Opinion Media and the New Incivility.* Reprint, Oxford: Oxford University Press, 2016.

Binder, Sarah A. *Polarized We Govern?* Center for Effective Public Management, Brookings, May 27, 2014. www.brookings.edu.

Bischoff, Eric (@EBischoff). "Beginning to see a pattern. Social media is where people compete in the victim olympics. There's a division for everyone." Twitter, July 21, 2020, 8:52 p.m. twitter.com/EBischoff/status/1285739380519440386?s=20.

Boaz, Noel, Russell Ciochon, Xu Qinqi, and Jinyi Liu. "Large Mammalian Carnivores as a Taphonomic Factor in the Bone Accumulation at Zhoukoudian." *Acta Anthropologica Sinica* 19 (2000).

Boehm, Christopher. *Hierarchy in the Forest: The Evolution of Egalitarian Behavior*. Cambridge, Mass.: Harvard University Press, 2001.

Brady, William J., Julian A. Wills, John T. Jost, Joshua A. Tucker, and Jay J. Van Bavel. "Emotion Shapes the Diffusion of Moralized Content in Social Networks." *Proceedings of the National Academy of Sciences* 114, no. 28 (2017): 7313–18. doi:10.1073/pnas.1618923114.

Brenan, Megan. "Worry About Crime in U.S. at Highest Level Since 2016." Gallup, April 7, 2022. news.gallup.com.

Brewer, John D., and Bernadette C. Hayes. "Victimhood Status and Public Attitudes Towards Post-conflict Agreements: Northern Ireland as a Case Study." *Political Studies* 61, no. 2 (2013): 442–61. doi:10.1111/j.1467-9248.2012.00973.x.

Brink, Jack W. *Imagining Head-Smashed-In: Aboriginal Buffalo Hunting on the Northern Plains*. Edmonton: Athabasca University Press, 2008.

Broockman, David, and Joshua Kalla. "Durably Reducing Transphobia: A Field Experiment on Door-to-Door Canvassing." *Science* 352, no. 6282 (2016): 220–24. doi:10.1126/science.aad9713.

Brown, Catarina. "Women's Narratives of Trauma: (Re)storying. Uncertainty, Minimization and Self-Blame," *Narative Works* 3, no. 1 (2013). https://doi.org /10.7202/1062052ar.

Brown, Leslie. *Eagles of the World*. New York: Universe Books, 1977.

Bryant, Anita. *The Anita Bryant Story: The Survival of Our Nation's Families and the Threat of Militant Homosexuality*. Old Tappan, N.J.: Revell, 1977.

Bucyana, Yves. "Rwanda Genocide: 'I Forgave My Husband's Killer — Our Children Married.'" BBC News, April 23, 2022. www.bbc.com.

Burkhardt-Vetter, Olga. "Reconciliation in the Making: Overcoming Competitive Victimhood Through Inter-group Dialogue in Palestine/Israel." In *The Politics of Victimhood in Post-conflict Societies: Comparative and Analytical Perspectives*, edited by Vincent Druliolle and Roddy Brett, 237–63. Cham: Springer International Publishing, 2018. doi:10.1007/978-3-319-70202-5_10.

Calvin, John. *Commentaries on the Book of the Prophet Jeremiah and the Lamentations*.

Vol. 1. Translated by John Owen. Edinburgh: Calvin Translation Society, 1850. Accessed September 16, 2024. https://www.ccel.org/ccel/c/calvin / calcom 39/cache/calcom39.pdf.

Campbell, Bradley, and Jason Manning. *The Rise of Victimhood Culture: Microaggressions, Safe Spaces, and the New Culture Wars.* Cham: Palgrave Macmillan, 2018.

Caplan, Arthur L., James J. McCartney, and Dominic A. Sisti, eds. *Health, Disease, and Illness: Concepts in Medicine.* Washington, D.C.: Georgetown University Press, 2004.

Carl, Noah. "Cognitive Ability and Political Beliefs in the United States." *Personality and Individual Differences* 83 (2015): 245–48. doi:10.1016/ j.paid.2015.04.029.

Carter, Maria. "7 Reasons No One Does Funerals Like the South." *Country Living,* Jan. 21, 2018. www.countryliving.com.

CDC. "Youth Risk Behavior Survey Data Summary & Trends Report: 2011– 2021." 2023.

Chakroff, Alek, Pascale Sophie Russell, Jared Piazza, and Liane Young. "From Impure to Harmful: Asymmetric Expectations About Immoral Agents." *Journal of Experimental Social Psychology* 69 (2017): 201–9. doi:10.1016/j .jesp.2016.08.001.

Chalmers, David J. "Consciousness and Its Place in Nature." In *Blackwell Guide to Philosophy of Mind,* edited by Stephen P. Stich and Ted A. Warfield, 1–45. Malden, Mass.: Blackwell, 2003.

Continetti, Matthew. "The Battle of Woke Island." *National Review,* April 7, 2018. www.nationalreview.com.

Corbett, David. *The Art of Character: Creating Memorable Characters for Fiction, Film, and TV.* New York: Penguin Books, 2013.

Cowen, Tyler. *Big Business: A Love Letter to an American Anti-hero.* New York: St. Martin's Press, 2019.

Crowley, John, William Smyth, and Michael Murphy. "Emigration to North America in the Era of the Great Famine, 1845–55." In *Atlas of the Great Irish Famine,* edited by John Crowley, William Smyth, and Michael Murphy.

New York: New York University Press, 2012.

Curry, Oliver Scott. "Morality as Cooperation: A Problem-Centered Approach." In *The Evolution of Morality*, edited by Todd K. Shackelford and Ranald D. Hansen, 27–51. Cham: Springer International, 2016. doi:10.1007 /978 -3 -319-19671-8_2.

Curtis, Benjamin. *The Habsburgs: The History of a Dynasty*. London: Bloomsbury, 2013.

Cushman, Fiery, Kurt Gray, Allison Gaffey, and Wendy Berry Mendes. "Simulating Murder: The Aversion to Harmful Action." *Emotion* 12, no. 1 (2012): 2–7. doi:10.1037/a0025071.

Cushman, Fiery, and Liane Young. "Patterns of Moral Judgment Derive from Nonmoral Psychological Representations." *Cognitive Science* 35, no. 6 (2011): 1052–75. doi:10.1111/j.1551–6709.2010.01167.x.

Dalin-Kaptzan, Zahava. "The Most Punctual Countries in the (On-Demand) World." Bringg, Nov. 28, 2016. www.bringg.com.

Daly, Martin, and Margo I. Wilson. "Some Differential Attributes of Lethal Assaults on Small Children by Stepfathers Versus Genetic Fathers." *Ethology and Sociobiology* 15, no. 4 (1994): 207–17. doi:10.1016/0162–3095(94)90014–0.

Danbold, Felix, Ivuoma N. Onyeador, and Miguel M. Unzueta. "Dominant Groups Support Digressive Victimhood Claims to Counter Accusations of Discrimination." *Journal of Experimental Social Psychology* 98 (2022): 104233. doi:10.1016/j.jesp.2021.104233.

Dart, Raymond A. "A Note on the Taungs Skull." *South African Journal of Science* 26 (1929).

———. *Adventures with the Missing Link*. New York: Harper, 1959.

———. "Australopithecus africanus: The Man-Ape of South Africa." Nature 115, no. 2884 (1925): 195–99. doi:10.1038/115195a0.

Darwin, Charles. *Narrative of the Surveying Voyages of His Majesty's Ships Adventure and Beagle, Between the Years 1826 and 1836, Describing Their Examination of the ⋯ Circumnavigation of the Globe*. Vol. 1. London: Henry Colburn, 1839.

———. *The Origin of Species*. New York: P. F. Collier, 1909.

David, Alison Matthews. *Fashion Victims: The Dangers of Dress Past and Present*. London: Bloomsbury Visual Arts, 2017.

Davis, Daryl. "Why I, as a Black Man, Attend KKK Rallies." TEDxNaperville, TED Talk, Nov. 2017. www.ted.com.

Demirel, Cagla, and Johan Eriksson. "Competitive Victimhood and Reconciliation: The Case of Turkish–Armenian Relations." *Identities* 27, no. 5 (2020): 537–56. doi:10.1080/1070289X.2019.1611073.

Dennett, Daniel C. *Kinds of Minds: Toward an Understanding of Consciousness*. New York: Basic Books, 1997.

Denning, Liam. "Drilling for Oil on the Moon." *Bloomberg*, July 9, 2023. www.bloomberg.com.

Descartes, René. "Animals Are Machines." In *Environmental Ethics: Divergence and Convergence*, edited by Susan J. Armstrong and Richard G. Botzler, 281–85. New York: McGraw–Hill, 1993. dhaydock.org.

———. *Meditations on First Philosophy with Selections from the Objections and Replies*. Translated by Mike Moriarty. Oxford: Oxford University Press, 2008.

DeScioli, Peter, Sarah Gilbert, and Robert Kurzban. "Indelible Victims and Persistent Punishers in Moral Cognition." *Psychological Inquiry* 23, no. 2 (2012): 143–49.

De Vos, Alta, and M. Justin O'Riain. "Sharks Shape the Geometry of a Selfish Seal Herd: Experimental Evidence from Seal Decoys." *Biology Letters* 6, no. 1 (2010): 48–50. doi:10.1098/rsbl.2009.0628.

Dirks, Sandhya. "Affirmative Action Divided Asian Americans and Other People of Color. Here's How." NPR, July 2, 2023.

Diver, Krysia. "Journal Reveals Hitler's Dysfunctional Family." *Guardian*, Aug. 4, 2005. www.theguardian.com.

Domestic Violence Hotline. "Domestic Violence Statistics." Hotline. Accessed Aug. 2, 2023. www.thehotline.org.

Douglass, Frederick. *Narrative of the Life of Frederick Douglass, an American Slave*. London: Collins, 1851.

———. "What to the Slave Is the Fourth of July?" 1852. https://www.pbs.org/wgbh/aia/part4/4h2927t.html.

Dückers, Michel L. A., Eva Alisic, and Chris R. Brewin. "A Vulnerability Paradox in the Cross-National Prevalence of Post-traumatic Stress Disorder." *British Journal of Psychiatry* 209, no. 4 (2016): 300–305. doi:10.1192/bjp.bp.115.176628.

Dunbar, R. I. M. "The Social Brain Hypothesis and Its Implications for Social Evolution." *Annals of Human Biology* 36, no. 5 (2009): 562–72. doi:10.1080/03014460902960289.

Ellison, Patricia A., John M. Govern, Herbert L. Petri, and Michael H. Figler. "Anonymity and Aggressive Driving Behavior: A Field Study." *Journal of Social Behavior and Personality* 10, no. 1 (1995): 265–72.

Endicott, Kirk. "Peaceful Foragers: The Significance of the Batek and Moriori for the Question of Innate Human Violence." In War, *Peace, and Human Nature*, edited by Douglas P. Fry, 243–61. New York: Oxford University Press, 2013. doi:10.1093/acprof:oso/9780199858996.003.0012.

Epley, Nicholas, Benjamin A. Converse, Alexa Delbosc, George A. Monteleone, and John T. Cacioppo. "Believers' Estimates of God's Beliefs Are More Egocentric Than Estimates of Other People's Beliefs." *Proceedings of the National Academy of Sciences* 106, no. 51 (2009): 21533–38. doi:10.1073/pnas.0908374106.

Epley, Nicholas, and Juliana Schroeder. "Mistakenly Seeking Solitude." *Journal of Experimental Psychology: General* 143 (2014): 1980–99. doi:10.1037/a0037323.

Evans, Patrick D., Sandra L. Gilbert, Nitzan Mekel-Bobrov, Eric J. Vallender, Jeffrey R. Anderson, Leila M. Vaez-Azizi, et al. "Microcephalin, a Gene Regulating Brain Size, Continues to Evolve Adaptively in Humans." *Science* 309, no. 5741 (2005): 1717–20. doi:10.1126/science.1113722.

Everett, Daniel L. *Don't Sleep, There Are Snakes: Life and Language in the Amazonian Jungle*. New York: Vintage, 2009.

Fahmy, Dalia. "Key Findings About Americans' Belief in God." Pew Research Center, April 25, 2018. www.pewresearch.org.

Falk, Dean. *Primate Diversity*. New York: W. W. Norton, 2000.

Federal Bureau of Investigation Crime Data Explorer. Federal Bureau of Investigation, 2022. cde.ucr.cjis.gov.

Fehr, Ernst, and Simon Gächter. "Altruistic Punishment in Humans." *Nature* 415, no. 6868 (2002): 137–40. doi:10.1038/415137a.

Ferguson, R. Brian. "Pinker's List: Exaggerating Prehistoric War Mortality." In *War, Peace, and Human Nature: The Convergence of Evolutionary and Cultural Views*, edited by Douglas P. Fry, 112–31. New York: Oxford University Press, 2013. doi:10.1093/acprof:oso/9780199858996.003.0007.

Fiske, Alan Page, and Tage Shakti Rai. *Virtuous Violence: Hurting and Killing to Create, Sustain, End, and Honor Social Relationships.* Cambridge, U.K.: Cambridge University Press, 2014. doi:10.1017/CBO9781316104668.

Foss, Sonja K., and Cindy L. Griffin. "Beyond Persuasion: A Proposal for an Invitational Rhetoric." *Communication Monographs* 62, no. 1 (1995): 2–18. doi:10.1080/03637759509376345.

Frankovic, Kathy. "Americans Are Patriotic — but Differ on What That Means." YouGov, July 3, 2018. today.yougov.com.

Freud, Sigmund. *Civilization and Its Discontents.* Austria: Internationaler Psychoanalytischer Verlag Wien, 1930.

Friedersdorf, Conor. "Reflections on a Year of Outrage." *Atlantic*, Dec. 30, 2018.

Frimer, Jeremy A., and Linda J. Skitka. "Are Politically Diverse Thanksgiving Dinners Shorter Than Politically Uniform Ones?" *PLoS ONE* 15, no. 10 (2020): e0239988. doi:10.1371/journal.pone.0239988.

Frimer, Jeremy A., Caitlin E. Tell, and Jonathan Haidt. "Liberals Condemn Sacrilege Too: The Harmless Desecration of Cerro Torre." *Social Psychological and Personality Science* 6, no. 8 (2015). doi.org/10.1177/1948550615597974.

Frimer, Jeremy A., Caitlin E. Tell, and Matt Motyl. "Sacralizing Liberals and Fair-Minded Conservatives: Ideological Symmetry in the Moral Motives in the Culture War." *Analyses of Social Issues and Public Policy* 17, no. 1 (2017): 33–59. doi:10.1111/asap.12127.

Fryer, Roland G. "An Empirical Analysis of Racial Differences in Police Use of Force." *Journal of Political Economy* 127, no. 3 (2017). https://doi.org /10 .1086 /701423.

Fukuyama, Francis. *Trust: The Social Virtues and the Creation of Prosperity.* New

York: Free Press, 1996.

Gabay, Rahav, Boaz Hameiri, Tammy Rubel-Lifschitz, and Arie Nadler. "The Tendency for Interpersonal Victimhood: The Personality Construct and Its Consequences." *Personality and Individual Differences* 165 (2020): 110134. doi:10.1016/j.paid.2020.110134.

Gabunia, Leo, Susan C. Antón, David Lordkipanidze, Abesalom Vekua, Antje Justus, and Carl C. Swisher III. "Dmanisi and Dispersal." *Evolutionary Anthropology: Issues, News, and Reviews* 10, no. 5 (2001): 158–70. doi:10.1002/ evan .1030.

Gambetta, Diego. *Codes of the Underworld: How Criminals Communicate.* Princeton, N.J.: Princeton University Press, 2011.

Garra, Gregory, Adam J. Singer, Breena R. Taira, Jasmin Chohan, Hiran Cardoz, Ernest Chisena, et al. "Validation of the Wong-Baker FACES Pain Rating Scale in Pediatric Emergency Department Patients." *Academic Emergency Medicine* 17, no. 1 (2010): 50–54. doi:10.1111/j.1553–2712.2009.00620.x.

Garwin, Laura, and Tim Lincoln, eds. *A Century of "Nature": Twenty-One Discoveries That Changed Science and the World.* Chicago: University of Chicago Press, 2003.

Gashaw, Amen. "In God We Trust: How American Christianity Became Republicanism." *Harvard Political Review,* Jan. 9, 2021. harvardpolitics.com.

Gayley, Holly. "The Compassionate Treatment of Animals." *Journal of Religious Ethics* 45, no. 1 (2017): 29–57. doi:10.1111/jore.12167.

Gelfand, Michele J., Jana L. Raver, Lisa Nishii, Lisa M. Leslie, Janetta Lun, Beng Chong Lim, et al. "Differences Between Tight and Loose Cultures: A 33-Nation Study." *Science* 332, no. 6033 (2011): 1100–1104. doi:10.1126 / science.1197754.

Gendler, Tamar Szabo. "Alief and Belief." *Journal of Philosophy* 105, no. 10 (2008): 634–63.

Godwin, Mike. "Meme, Counter-meme." *WIRED*, Oct. 1, 1994. www.wired. com.

Goggins, David. *Can't Hurt Me: Master Your Mind and Defy the Odds.* N.p.: Lioncrest, 2018.

Gómez, José María, Miguel Verdú, Adela González-Megías, and Marcos Méndez. "The Phylogenetic Roots of Human Lethal Violence." *Nature* 538, no. 7624 (2016): 233–37. doi:10.1038/nature19758.

Goodall, Jane. "Infant Killing and Cannibalism in Free-Living Chimpanzees." *Folia Primatologica* 28, no. 4 (1977).

Gottschall, Jonathan. *The Storytelling Animal: How Stories Make Us Human.* Boston: Mariner Books, 2013.

Govrin, Aner. *Ethics and Attachment: How We Make Moral Judgments.* London: Routledge, 2018. doi:10.4324/9781315114286.

Goya-Tocchetto, Daniela, Aaron C. Kay, Heidi Vuletich, Andrew Vonasch, and Keith Payne. "The Partisan Trade-Off Bias: When Political Polarization Meets Policy Trade-Offs." *Journal of Experimental Social Psychology* 98 (2022): 104231. doi:10.1016/j.jesp.2021.104231.

Graham, Jesse, Jonathan Haidt, Matt Motyl, Peter Meindl, Carol Iskiwitch, and Marlon Mooijman. "Moral Foundations Theory: On the Advantages of Moral Pluralism over Moral Monism." In *Atlas of Moral Psychology*, edited by Kurt Gray and Jesse Graham, 211–22. New York: Guilford Press, 2018.

Graham, Jesse, Brian A. Nosek, Jonathan Haidt, Ravi Iyer, Spassena Koleva, and Peter H. Ditto. "Mapping the Moral Domain." *Journal of Personality and Social Psychology* 101, no. 2 (2011): 366–85. doi:10.1037/a0021847.

Gray, Heather M., Kurt Gray, and Daniel M. Wegner. "Dimensions of Mind Perception." *Science* 315, no. 5812 (2007): 619.

Gray, John. *Men Are from Mars, Women Are from Venus: The Classic Guide to Understanding the Opposite Sex.* New York: Harper, 2012.

Gray, Kurt, and Emily Kubin. "Victimhood: The Most Powerful Force in Morality and Politics." *Advances in Experimental Social Psychology* 70 (2024): 137–220. https://doi.org/10.1016/bs.aesp.2024.03.004.

Gray, Kurt, Chelsea Schein, and Adrian F. Ward. "The Myth of Harmless Wrongs in Moral Cognition: Automatic Dyadic Completion from Sin to Suffering." *Journal of Experimental Psychology: General* 143 (2014): 1600–1615. doi:10.1037 /a0036149.

Gray, Kurt, Adrian F. Ward, and Michael I. Norton. "Paying It Forward:

Generalized Reciprocity and the Limits of Generosity." *Journal of Experimental Psychology: General* 143 (2014): 247–54.

Gray, Kurt, and Daniel M. Wegner. "Moral Typecasting: Divergent Perceptions of Moral Agents and Moral Patients." *Journal of Personality and Social Psychology* 96, no. 3 (2009): 505–20. doi:10.1037/a0013748.

———. "To Escape Blame, Don't Be a Hero — Be a Victim." *Journal of Experimental Social Psychology* 47, no. 2 (2011): 516–19. doi:10.1016/j.jesp.2010.12.012.

Grubbs, Joshua B., Brandon Warmke, Justin Tosi, A. Shanti James, and W. Keith Campbell. "Moral Grandstanding in Public Discourse: Status–Seeking Motives as a Potential Explanatory Mechanism in Predicting Conflict." *PLoS ONE* 14, no. 10 (2019): e0223749. doi:10.1371/journal.pone.0223749.

Guillory, James Denny. "The Pro–slavery Arguments of Dr. Samuel A. Cartwright." *Journal of the Louisiana Historical Association* 9, no. 3 (1968): 209–27.

Guo, Jeff. "CNN Cut Ties with Reza Aslan for Calling Trump a 'Piece of Shit.'" *Vox*, June 9, 2017.

Guzman, Gloria, and Melissa Kollar. *Income in the United States: 2022.* U.S. Census Bureau, Sept. 12, 2023. www.census.gov.

Haidt, Jonathan. "The Emotional Dog and Its Rational Tail: A Social Intuitionist Approach to Moral Judgment." *Psychological Review* 108, no. 4 (2001): 814–34.

———. *The Righteous Mind: Why Good People Are Divided by Politics and Religion.* New York: Pantheon Books, 2012.

Haidt, Jonathan, Fredrik Björklund, and Scott Murphy. "Moral Dumbfounding: When Intuition Finds No Reason." MS, University of Virginia, Aug. 10, 2000.

Haidt, Jonathan, and Craig Joseph. "Intuitive Ethics: How Innately Prepared Intuitions Generate Culturally Variable Virtues." *Daedalus* 133, no. 4 (2004): 55–66.

Hamlin, J. Kiley, Karen Wynn, and Paul Bloom. "Social Evaluation by Preverbal Infants." *Nature* 450, no. 7169 (2007): 557–59. doi:10.1038/nature06288.

Harari, Yuval Noah. *Sapiens: A Brief History of Humankind.* New York: Harper, 2015.

Harcourt-Smith, William H. E. "The First Hominins and the Origins of Bipedalism." *Evolution: Education and Outreach* 3, no. 3 (2010): 333–40. doi:10.1007 /s12052-010-0257-6.

Harrington, Elizabeth. "Liberals More Likely to Cry Than Conservatives." *Washington Free Beacon,* July 13, 2016. freebeacon.com.

Harris, Nancy L., David A. Gibbs, Alessandro Baccini, Richard A. Birdsey, Sytze De Bruin, Mary Farina, et al. "Global Maps of Twenty-First Century Forest Carbon Fluxes." *Nature Climate Change* 11, no. 3 (2021): 234–40. doi:10.1038 /s41558-020-00976-6.

Harsey, Sarah J., Eileen L. Zurbriggen, and Jennifer J. Freyd. "Perpetrator Responses to Victim Confrontation: DARVO and Victim Self-Blame." *Journal of Aggression, Maltreatment, and Trauma* 26, no. 6 (2017): 644–63. doi:10.1080/10926771.2017.1320777.

Hart, Donna. "Primates as Prey: Ecological, Morphological, and Behavioral Relationships Between Primate Species and Their Predators." PhD diss., Washington University in St. Louis, 2000. www.proquest.com.

Hart, Donna, and Robert W. Sussman. *Man the Hunted: Primates, Predators, and Human Evolution.* New York: Westview Press, 2005.

Hartman, Rachel, Neil Hester, and Kurt Gray. "People See Political Opponents as More Stupid Than Evil." *Personality and Social Psychology Bulletin* 49, no. 7 (2023). doi:10.1177/01461672221089451.

Haslam, Nick. "Concept Creep: Psychology's Expanding Concepts of Harm and Pathology." *Psychological Inquiry* 27, no. 1 (2016): 1–17.

———. "Dehumanization: An Integrative Review." *Personality and Social Psychology Review* 10, no. 3 (2006): 252–64.

Hastorf, Albert H., and Hadley Cantril. "They Saw a Game: A Case Study." *Journal of Abnormal and Social Psychology* 49 (1954): 129–34. doi:10.1037/ h0057880.

Haven, Kendall. *Story Proof: The Science Behind the Startling Power of Story.* Westport, Conn.: Libraries Unlimited, 2007.

Henrich, Joseph. *The Secret of Our Success: How Culture Is Driving Human Evolution, Domesticating Our Species, and Making Us Smarter.* Princeton, NJ.: Princeton University Press, 2015.

Henrich, Joseph, Steven Heine, and Ara Norenzayan. "The Weirdest People in the World?" *Behavioral and Brain Sciences* 33, no. 2-3 (2010): 61-83.

Henrich, Joseph, and Michael Muthukrishna. "What Makes Us Smart?" *Topics in Cognitive Science*, April 22, 2023. doi:10.1111/tops.12656.

Hergovich, Andreas, Reinhard Schott, and Christoph Burger. "Biased Evaluation of Abstracts Depending on Topic and Conclusion: Further Evidence of a Confirmation Bias Within Scientific Psychology." *Current Psychology* 29, no. 3 (2010): 188-209. doi:10.1007/s12144-010-9087-5.

Hippel, Svenja, and Sven Hoeppner. "Biased Judgements of Fairness in Bargaining: A Replication in the Laboratory." *International Review of Law and Economics* 58 (2019): 63-74. doi:10.1016/j.irle.2019.02.001.

Hirota, Shinichi, Kiyotaka Nakashima, and Yoshiro Tsutsui. "Psychological Motivations for Collectivist Behavior: Comparison Between Japan and the U.S." *Mind and Society* 22, no. 1-2 (2023): 103-28. doi:10.1007/s11299-023-00298-y.

Huang, Karen, Michael Yeomans, Alison Wood Brooks, Julia Minson, and Francesca Gino. "It Doesn't Hurt to Ask: Question-Asking Increases Liking." *Journal of Personality and Social Psychology* 113, no. 3 (2017): 430-52. doi:10.1037 /pspi0000097.

Hughes, Coleman. "10 Notes on the End of Affirmative Action." *Coleman's Corner*, June 29, 2023. colemanhughes.substack.com.

Hughes, Terry P., James T. Kerry, Mariana Álvarez-Noriega, Jorge G. Álvarez-Romero, Kristen D. Anderson, Andrew H. Baird, et al. "Global Warming and Recurrent Mass Bleaching of Corals." *Nature* 543, no. 7645 (2017): 373-77. doi:10.1038/nature21707.

Hussein, Mohamed A., and Zakary L. Tormala. "Undermining Your Case to Enhance Your Impact: A Framework for Understanding the Effects of Acts of Receptiveness in Persuasion." *Personality and Social Psychology Review* 25 (2021): 229-50. doi:10.1177/10888683211001269.

Ingraham, Laura. "Laura Ingraham: 'Because You're a Minority, You Get Special Standards, Special Treatment.'" Media Matters, Jan. 23, 2019. www.media matters.org.

"In Their Own Words, Owners Explain How Tax Increases Would Harm Their Businesses." NFIB, Feb. 1, 2022. www.nfib.com.

Janoff-Bulman, Ronnie, Sana Sheikh, and Kate G. Baldacci. "Mapping Moral Motives: Approach, Avoidance, and Political Orientation." *Journal of Experimental Social Psychology* 44, no. 4 (2008): 1091–99. doi:10.1016/j.jesp.2007.11.003.

Jedinger, Alexander, and Axel M. Burger. "Do Smarter People Have More Conservative Economic Attitudes? Assessing the Relationship Between Cognitive Ability and Economic Ideology." *Personality and Social Psychology Bulletin* 48, no. 11 (2022): 1548–65. doi:10.1177/01461672211046808.

Jockin, Victor, Richard D. Arvey, and Matt McGue. "Perceived Victimization Moderates Self-Reports of Workplace Aggression and Conflict." *Journal of Applied Psychology* 86 (2001): 1262–69. doi:10.1037/0021-9010.86.6.1262.

Jones, Payton J. "The Neurotic Treadmill: Decreasing Adversity, Increasing Vulnerability?" PhD diss., Harvard University, 2021. dash.harvard.edu.

Jones, Payton J., David E. Levari, Benjamin W. Bellet, and Richard J. McNally. "Exposure to Descriptions of Traumatic Events Narrows One's Concept of Trauma." *Journal of Experimental Psychology: Applied* 29, no. 1 (2023): 179–87. doi:10.1037/xap0000389.

Jones, Payton J., and Richard J. McNally. "Does Broadening One's Concept of Trauma Undermine Resilience?" *Psychological Trauma: Theory, Research, Practice, and Policy* 14, no. S1 (2022): S131–39. doi:10.1037/tra0001063.

Jordania, Joseph. *Why Do People Sing? Music in Human Evolution.* Edited by Alexander Jordania. Tbilisi: Logos, 2011.

Joselow, Maxine, and Marianna Sotomayor. "House GOP Passes Energy Package with Eye on Gas Prices, 2024." *Washington Post*, March 30, 2023.

Jost, John T. "A Quarter Century of System Justification Theory: Questions, Answers, Criticisms, and Societal Applications." *British Journal of Social Psychology* 58, no. 2 (2019): 263–314. doi:10.1111/bjso.12297.

532

Kahan, Dan M., Ellen Peters, Erica Cantrell Dawson, and Paul Slovic. "Motivated Numeracy and Enlightened Self-Government." *Behavioural Public Policy* 1, no. 1 (2017): 54–86. doi:10.1017/bpp.2016.2.

Kalmoe, Nathan P., and Lilliana Mason. "Lethal Mass Partisanship: Prevalence, Correlates, and Electoral Contingencies." NCAPSA American Politics Meeting, 2019.

Kardas, Michael, Amit Kumar, and Nicholas Epley. "Overly Shallow? Miscalibrated Expectations Create a Barrier to Deeper Conversation." *Journal of Personality and Social Psychology* 122, no. 3 (2022): 367–98. doi:10.1037/pspa0000281.

Katz, Jonathan M. "Poor Haitians on a Mud Diet." *Los Angeles Times*, Feb. 3, 2008.

Kemmelmeier, Markus. "Is There a Relationship Between Political Orientation and Cognitive Ability? A Test of Three Hypotheses in Two Studies." *Personality and Individual Differences* 45, no. 8 (2008): 767–72. doi:10.1016/j.paid.2008.08.003.

Kendi, Ibram X. *How to Be an Antiracist*. New York: One World/Random House, 2019.

Keysar, Boaz, Dale J. Barr, Jennifer A. Balin, and Jason S. Brauner. "Taking Perspective in Conversation: The Role of Mutual Knowledge in Comprehension." *Psychological Science* 11, no. 1 (2000): 32–38. doi:10.1111/1467-9280.00211.

Keysar, Boaz, Shuhong Lin, and Dale J. Barr. "Limits on Theory of Mind Use in Adults." *Cognition* 89, no. 1 (2003): 25–41. doi:10.1016/S0010 –0277(03)00064-7.

Kilpatrick, Dean. *Mental Health Impact of Rape*. National Violence Against Women Prevention Research Center, 2000. Accessed Aug. 7, 2023. mainweb-v.musc.edu.

King, Martin Luther, Jr. "Letter from Birmingham Jail." April 16, 1963. letterfromjail.com.

Klein, Ilona. "Primo Levi: The Drowned, the Saved, and the 'Grey Zone.'" *Brigham Young Scholars Archive*, 1990.

Klein, Richard A., Michelangelo Vianello, Fred Hasselman, Byron G. Adams, Reginald B. Adams, Sinan Alper, et al. "Many Labs 2: Investigating Variation in Replicability Across Samples and Settings." *Advances in Methods and Practices in Psychological Science* 1, no. 4 (2018): 443–90. doi:10.1177/2515245918810225.

Komlik, Oleg. "Egocentric Perceptions and Self-Serving Bias in Negotiations: Fairness, Dynamics, and Ethics." *Journal of Intercultural Management and Ethics* 4, no. 3 (2021): 61–70.

Konnikova, Maria. *The Confidence Game: Why We Fall for It ⋯ Every Time.* New York: Viking, 2016.

Kubin, Emily, Kurt J. Gray, and Christian von Sikorski. "Reducing Political Dehumanization by Pairing Facts with Personal Experiences." *Political Psychology* 44, no. 5 (2023): 1119–40. doi:10.1111/pops.12875.

Kubin, Emily, Curtis Puryear, Chelsea Schein, and Kurt Gray. "Personal Experiences Bridge Moral and Political Divides Better Than Facts." *Proceedings of the National Academy of Sciences* 118, no. 6 (2021): e2008389118. doi:10.1073 /pnas.2008389118.

Landry, Alexander P., Jonathan W. Schooler, Robb Willer, and Paul Seli. "Reducing Explicit Blatant Dehumanization by Correcting Exaggerated Meta-perceptions." *Social Psychological and Personality Science* 14, no. 4 (2023): 407–18. doi:10.1177/19485506221099146.

Larson, John. "Canyon of Secrets." NBC News, May 7, 2006.

Lee, Spike W. S., and Cecilia Ma. "Pain Sensitivity Predicts Support for Moral and Political Views Across the Aisle." *Journal of Personality and Social Psychology* 125, no. 6 (2023): 1239–64. doi:10.1037/pspa0000355.

Lemieux, Pierre. "Is Being a Cop So Dangerous?" Econlib, July 7, 2020. www .econlib.org.

Lerner, Melvin. *The Belief in a Just World: A Fundamental Delusion.* New York: Springer, 1980.

Leucht, Stefan, Bartosz Helfer, Gerald Gartlehner, and John M. Davis. "How Effective Are Common Medications: A Perspective Based on Meta-analyses of Major Drugs." *BMC Medicine* 13, no. 1 (2015): 253. doi:10.1186/

s12916 -015-0494-1.

Levari, David E., Daniel T. Gilbert, Timothy D. Wilson, Beau Sievers, David M. Amodio, and Thalia Wheatley. "Prevalence-Induced Concept Change in Human Judgment." *Science* 360, no. 6396 (2018): 1465-67. doi:10.1126 / science .aap 8731.

Levi, Primo. *The Drowned and the Saved.* New York: Vintage International, 1989.

Liebenberg, Louis. "Persistence Hunting by Modern Hunter-Gatherers." *Current Anthropology* 47, no. 6 (2006): 1017-26. doi:10.1086/508695.

Lieberman, Daniel. *Exercised: Why Something We Never Evolved to Do Is Healthy and Rewarding.* New York: Vintage Books, 2021.

Lieberman, Debra, and Adam Smith. "It's All Relative: Sexual Aversions and Moral Judgments Regarding Sex Among Siblings." *Current Directions in Psychological Science* 21, no. 4 (2012): 243-47. doi:10.1177/0963721412447620.

Lim, Daniel, and David DeSteno. "Suffering and Compassion: The Links Among Adverse Life Experiences, Empathy, Compassion, and Prosocial Behavior." *Emotion* 16, no. 2 (2016): 175-82. doi:10.1037/emo0000144.

Lin, Liu Yi, Jaime E. Sidani, Ariel Shensa, Ana Radovic, Elizabeth Miller, Jason B. Colditz, et al. "Association Between Social Media Use and Depression Among U.S. Young Adults." *Depression and Anxiety* 33, no. 4 (2016): 323-31. doi:10.1002/da.22466.

Lisak, David, Lori Gardinier, Sarah C. Nicksa, and Ashley M. Cote. "False Allegations of Sexual Assault: An Analysis of Ten Years of Reported Cases." *Violence Against Women* 16, no. 12 (2010): 1318-34. doi:10.1177/1077801210387747.

Locke, John. *Second Treatise of Government* (chapter VI, section 61), 1689.

Lovejoy, Arthur O. *The Great Chain of Being: A Study of the History of an Idea.* Cambridge, Mass.: Harvard University Press, 1976.

Lovejoy, C. Owen. "Evolution of Human Walking." *Scientific American* 259, no. 5 (1988): 118-25.

Lukianoff, Greg, and Jonathan Haidt. *The Coddling of the American Mind: How Good Intentions and Bad Ideas Are Setting Up a Generation for Failure.* New York:

Penguin Books, 2019.

Määttä, Marju, Satu Uusiautti, and Kaarina Määttä. "An Intimate Relationship in the Shadow of Narcissism: What Is It Like to Live with a Narcissistic Spouse?" *International Journal of Research Studies in Psychology* 1, no. 1 (2012). doi:10.5861/ijrsp.2012.v1i1.28.

Mackey, Jeremy D., Jeremy R. Brees, Charn P. McAllister, Michelle L. Zorn, Mark J. Martinko, and Paul Harvey. "Victim and Culprit? The Effects of Entitlement and Felt Accountability on Perceptions of Abusive Supervision and Perpetration of Workplace Bullying." *Journal of Business Ethics* 153, no. 3 (2018): 659–73. doi:10.1007/s10551-016-3348-7.

Manchester, Julia. "Conservative Writer Calls Democratic Party an 'Evil Institution.' " *Hill*, March 3, 2019. thehill.com.

Mapping Police Violence. *2023 Police Violence Report.* policeviolencereport.org.

Marcinkowski, Frank, and Pero Došenović. "From Incidental Exposure to Intentional Avoidance: Psychological Reactance to Political Communication During the 2017 German National Election Campaign." *New Media and Society* 23, no. 3 (2021): 457–78. doi:10.1177/1461444820902104.

Martherus, James L., Andres G. Martinez, Paul K. Piff, and Alexander G. Theodoridis. "Party Animals? Extreme Partisan Polarization and Dehumanization." *Political Behavior* 43, no. 2 (2021): 517–40. doi:10.1007/s11109-019-09559-4.

Martins, Quinton, and Stephen Harris. "Movement, Activity, and Hunting Behaviour of Leopards in the Cederberg Mountains, South Africa." *African Journal of Ecology* 51, no. 4 (2013): 571–79. doi:10.1111/aje.12068.

Marx, Karl, and Friedrich Engels. *The Communist Manifesto.* London: Workers' Educational Association, 1848.

Mastroianni, Adam M., and Daniel T. Gilbert. "The Illusion of Moral Decline." Nature 618, no. 7966 (2023): 782–89. doi:10.1038/s41586-023-06137-x.

Matsumura, Keiichiro. "Moral Economy as Emotional Interaction: Food Sharing and Reciprocity in Highland Ethiopia." *African Studies Quarterly* 9, no. 1–2 (2006).

Maynard Smith, John, and David Harper. *Animal Signals.* New York: Oxford

University Press, 2004.

McCorkle, Richard C. "Personal Precautions to Violence in Prison." *Criminal Justice and Behavior* 19, no. 2 (1992): 160-73. doi:10.1177/00938548920 19002004.

McCoy, Jennifer and Benjamin Press. *What Happens When Democracies Become Perniciously Polarized?* Carnegie Endowment for International Peace, Jan. 18, 2022. carnegieendowment.org.

McCullough, Michael E., Robert A. Emmons, Shelley Dean Kilpatrick, and Courtney N. Mooney. "Narcissists as 'Victims': The Role of Narcissism in the Perception of Transgressions." *Personality and Social Psychology Bulletin* 29, no. 7 (2003): 885-93. doi:10.1177/0146167203029007007.

McGrath, Melanie J., and Nick Haslam. "Development and Validation of the Harm Concept Breadth Scale: Assessing Individual Differences in Harm Inflation." *PLoS ONE* 15, no. 8 (2020): e0237732. doi:10.1371/journal. pone.0237732.

McNally, Richard J. "The Expanding Empire of Psychopathology: The Case of PTSD." *Psychological Inquiry* 27, no. 1 (2016): 46-49. doi:10.1080/1047840X .2016 .1108168.

Mehl, Matthias R., Simine Vazire, Nairán Ramírez-Esparza, Richard B. Slatcher, and James W. Pennebaker. "Are Women Really More Talkative Than Men?" *Science* 317, no. 5834 (2007): 82. doi:10.1126/science.1139940.

Meterko, Vanessa, and Glinda Cooper. "Cognitive Biases in Criminal Case Evaluation: A Review of the Research." *Journal of Police and Criminal Psychology* 37, no. 1 (2022): 101-22. doi:10.1007/s11896-020-09425-8.

Meyer, Duane. *The Highland Scots of North Carolina*, 1732-1776. Chapel Hill: University of North Carolina Press, 1987.

Monacelli, Antonia. "Why Did Cody Posey Kill His Family? Murder on a New Mexico Ranch." *CrimeWire*, Nov. 7, 2023. thecrimewire.com.

Moore-Berg, Samantha L., Lee-Or Ankori-Karlinsky, Boaz Hameiri, and Emile Bruneau. "Exaggerated Meta-perceptions Predict Intergroup Hostility Between American Political Partisans." *Proceedings of the National Academy of Sciences* 117, no. 26 (2020): 14864-72. doi:10.1073/pnas.2001263117.

Morin, Eugène, and Bruce Winterhalder. "Ethnography and Ethnohistory Support the Efficiency of Hunting Through Endurance Running in Humans." *Nature Human Behaviour*, May 13, 2024, 1–11. doi:10.1038/s41562-024-01876-x.

Murphy, Heather. "At 71, She's Never Felt Pain or Anxiety. Now Scientists Know Why." *New York Times*, March 28, 2019.

Nakazawa, Nobuko, Shunkichi Hanamura, Eiji Inoue, Masato Nakatsukasa, and Michio Nakamura. "A Leopard Ate a Chimpanzee: First Evidence from East Africa." *Journal of Human Evolution* 65, no. 3 (2013): 334–37. doi:10.1016/j.jhevol.2013.04.003.

National Geographic. "Rainforest." education.nationalgeographic.org.

Newman, Alexander, Ross Donohue, and Nathan Eva. "Psychological Safety: A Systematic Review of the Literature." *Human Resource Management Review* 27, no. 3 (2017): 521–35. doi:10.1016/j.hrmr.2017.01.001.

Nisbett, Richard E., and Dov Cohen. *Culture of Honor: The Psychology of Violence in the South*. New York: Westview Press, 1996.

Noor, Masi, Rupert Brown, Roberto Gonzalez, Jorge Manzi, and Christopher Alan Lewis. "On Positive Psychological Outcomes: What Helps Groups with a History of Conflict to Forgive and Reconcile with Each Other?" *Personality and Social Psychology Bulletin* 34, no. 6 (2008): 819–32. doi:10.1177/0146167208315555.

Noor, Masi, Nurit Shnabel, Samer Halabi, and Arie Nadler. "When Suffering Begets Suffering: The Psychology of Competitive Victimhood Between Adversarial Groups in Violent Conflicts." *Personality and Social Psychology Review* 16, no. 4 (2012): 351–74. doi:10.1177/1088868312440048.

Norenzayan, Ara, Azim F. Shariff, Will M. Gervais, Aiyana K. Willard, Rita A. McNamara, Edward Slingerland, et al. "The Cultural Evolution of Prosocial Religions." *Behavioral and Brain Sciences* 39 (2016): e1.

Ochoa, Nicolas Restrepo. "Template Matching and Moral Judgment: A New Method and Empirical Test." *Poetics* 92 (2022): 101643. doi:10.1016/j.poetic.2021.101643.

Ordoñez, Franco. "What a Second-Term Trump Immigration Agenda Might

Look Like." *All Things Considered*, NPR, Feb. 11, 2024.

Ordóñez, Lisa, and Lehman Benson. "Decisions Under Time Pressure: How Time Constraint Affects Risky Decision Making." *Organizational Behavior and Human Decision Processes* 71, no. 2 (1997): 121–40. doi:10.1006/obhd.1997.2717.

O'Toole, Katie. "3-Year-Old Taken to Syracuse Hospital After She Eats Marijuana Candy; Parents Charged." *Syracuse*, Feb. 17, 2022. www.syracuse.com.

Pasek, Michael H., Lee-Or Ankori-Karlinsky, Alex Levy-Vene, and Samantha L. Moore-Berg. "Misperceptions About Out-Partisans' Democratic Values May Erode Democracy." *Scientific Reports* 12, no. 1 (2022): 16284. doi:10.1038/s41598-022-19616-4.

Patel, Eboo. "America's Hidden Strength." Persuasion, May 16, 2022. www.persuasion.community.

Pattison, Kermit. "Born to Run? Endurance Running May Have Evolved to Help Humans Chase Down Prey." Science, May 13, 2024. doi:10.1126/science.zmxb8it.

Perry, Samuel, and Joshua B. Grubbs. "How Americans Polarize Around Historical Figures" (unpublished manuscript, 2024).

Petsko, Christopher D., and Nour S. Kteily. "Political (Meta-)Dehumanization in Mental Representations: Divergent Emphases in the Minds of Liberals Versus Conservatives." *Personality and Social Psychology Bulletin*, July 7, 2023. doi:10.1177/01461672231180971.

Pew Research Center. "As Economic Concerns Recede, Environmental Protection Rises on the Public's Policy Agenda." Feb. 13, 2020. www.pewresearch.org.

——— . "Party Identification Among Religious Groups and Religiously Unaffiliated Voters." April 9, 2024. www.pewresearch.org.

Piaget, Jean, and Bärbel Inhelder. *The Psychology of the Child*. New York: Basic Books, 1969.

Pickering, Travis Rayne, and Henry T. Bunn. "The Endurance Running Hypothesis and Hunting and Scavenging in Savanna-Woodlands." *Journal of*

Human Evolution 53, no. 4 (2007): 434–38. doi:10.1016/j.jhevol.2007.01.012.

Pierson, Emma, Camelia Simoiu, Jan Overgoor, Sam Corbett-Davies, Daniel Jenson, Amy Shoemaker, et al. "A Large-Scale Analysis of Racial Disparities in Police Stops Across the United States." *Nature Human Behaviour* 4, no. 7 (2020): 736–45. doi:10.1038/s41562-020-0858-1.

Pinker, Steven. *The Better Angels of Our Nature: Why Violence Has Declined.* New York: Viking, 2011.

Podolefsky, Aaron. "Contemporary Warfare in the New Guinea Highlands." *Ethnology* 23, no. 2 (1984): 73–83. doi:10.2307/3773694.

Price, D. D., A. Von der Gruen, J. Miller, A. Rafii, and C. Price. "A Psychophysical Analysis of Morphine Analgesia." *Pain* 22, no. 3 (July 1985), 261–69. https://doi.org/10.1016/0304-3959(85)90026-0.

Puryear, Curtis, Emily Kubin, Chelsea Schein, Yochanan Bigman, Pierce Ekstrom and Kurt Gray. "People Believe Political Opponents Accept Blatant Moral Wrongs, Fueling Partisan Divides." *PNAS Nexus* 3 (2024). https://doi.org /10.1093/pnasnexus/pgae244.

Puryear, Curtis, Joseph A. Vandello, and Kurt Gray. "Moral Panics on Social Media Are Fueled by Signals of Virality." *Journal of Personality and Social Psychology* (2024). Accessed April 15, 2024. https://dx.doi.org/10.1037/pspa0000379.

"Putin Compared the Attack on Russian Culture in the West with the Events in Hitler's Germany." *Izvestia*, March 25, 2022. iz.ru.

Ramos Salazar, Leslie. "The Negative Reciprocity Process in Marital Relationships: A Literature Review." *Aggression and Violent Behavior* 24 (2015): 113–19. doi:10.1016/j.avb.2015.05.008.

Rand, David G., Alexander Peysakhovich, Gordon T. Kraft-Todd, George E. Newman, Owen Wurzbacher, Martin A. Nowak, et al. "Social Heuristics Shape Intuitive Cooperation." *Nature Communications* 5, no. 1 (2014): 3677. doi:10.1038/ncomms4677.

Reilly, Katie. "Read Hillary Clinton's 'Basket of Deplorables' Remarks About Donald Trump Supporters." *Time*, Sept. 10, 2016.

Republican Party Platform: A Safer World and a More Hopeful America.

August 30, 2004. Retrieved from https://www.presidency.ucsb.edu/ documents /2004 -republican-party-platform.

Reynolds, Tania, Chuck Howard, Hallgeir Sjåstad, Luke Zhu, Tyler G. Okimoto, Roy F. Baumeister, et al. "Man Up and Take It: Gender Bias in Moral Typecasting." *Organizational Behavior and Human Decision Processes* 161 (2020): 120-41. doi:10.1016/j.obhdp.2020.05.002.

Ringelmann, Max. "Recherches sur les moteurs animés: Travail de l'homme." *Annales de l'Institut National Agronomique* 12 (1913): 1-40.

Ripley, Amanda. *High Conflict: Why We Get Trapped and How We Get Out.* New York: Simon & Schuster, 2021.

Ritchie, Hannah. "Did Humans Cause the Quaternary Megafauna Extinction?" Our World in Data, Nov. 30, 2022. ourworldindata.org.

Roach, Neil T., Madhusudhan Venkadesan, Michael J. Rainbow, and Daniel E. Lieberman. "Elastic Energy Storage in the Shoulder and the Evolution of High-Speed Throwing in Homo." *Nature* 498, no. 7455 (2013): 483-86. doi:10.1038 /nature12267.

Rogaev, Evgeny I., Anastasia P. Grigorenko, Gulnaz Faskhutdinova, Ellen L. W. Kittler, and Yuri K. Moliaka. "Genotype Analysis Identifies the Cause of the 'Royal Disease.'" *Science* 326, no. 5954 (2009): 817. doi:10.1126/ science.1180660.

Ronson, Jon. "How One Stupid Tweet Blew Up Justine Sacco's Life." *New York Times*, Feb. 12, 2015.

Rook, Clarence. "The Art of Eating." *Marlborough Express*, July 13, 1909. paper spast.natlib.govt.nz.

Rooney, Rev. Donald J. "Suffering and the Teachings of Jesus Christ." *Claritas: Journal of Dialogue and Culture* 4, no. 2 (2015): 18-25.

Roopnarine, Peter D. "Humans Are Apex Predators." *Proceedings of the National Academy of Sciences* 111, no. 9 (2014): E796. doi:10.1073/pnas.1323645111.

Rosenthal, Marina N., and Jennifer J. Freyd. "From DARVO to Distress: College Women's Contact with Their Perpetrators After Sexual Assault." *Journal of Aggression, Maltreatment, and Trauma* 31, no. 4 (2022): 459-77. doi:10.1080/10926771.2022.2055512.

Rossiter, Erin. "The Similar and Distinct Effects of Political and Non-political Conversation on Affective Polarization." 2023. erossiter.com.

Rottman, Joshua, Liane Young, and Deborah Kelemen. "The Impact of Testimony on Children's Moralization of Novel Actions." *Emotion* 17, no. 5 (2017): 811–27. doi:10.1037/emo0000276.

Royzman, Edward, Kwanwoo Kim, and Robert F. Leeman. "The Curious Tale of Julie and Mark: Unraveling the Moral Dumbfounding Effect." *Judgment and Decision Making* 10, no. 4 (2015): 296–313.

Ruark, Robert. *Horn of the Hunter.* Garden City, N.Y.: Doubleday, 1953.

Rupar, Mirjana, Magdalena Bobowik, Maitane Arnoso, Ainara Arnoso, and Johanna Ray Vollhardt. "General Inclusive Victimhood Predicts Willingness to Engage in Intergroup Contact: Findings from Bosnia-Herzegovina and the Basque Country." *Journal of Applied Social Psychology* 52, no. 2 (2022): 71–84. doi:10.1111/jasp.12835.

Santoro, Erik, and David E. Broockman. "The Promise and Pitfalls of Cross-Partisan Conversations for Reducing Affective Polarization: Evidence from Randomized Experiments." *Science Advances* 8, no. 25 (2022): eabn5515. doi:10.1126/sciadv.abn5515.

Schein, Chelsea, and Kurt Gray. "The Theory of Dyadic Morality: Reinventing Moral Judgment by Redefining Harm." *Personality and Social Psychology Review* 22, no. 1 (2018): 32–70. doi:10.1177/1088868317698288.

Schwartz, John. "Dungeons & Dragons Prison Ban Upheld." *New York Times*, Jan. 26, 2010.

Seidensticker, John, and Susan Lumpkin. *Great Cats.* Emmaus, Pa.: Rodale Press, 1991.

Shweder, Richard A. "The Psychology of Practice and the Practice of the Three Psychologies." *Asian Journal of Social Psychology* 3, no. 3 (2000): 207–22. doi:10.1111/1467-839X.00065.

———. "Relativism and Universalism." In *A Companion to Moral Anthropology,* edited by Didier Fassin, 85–102. Hoboken, N.J.: John Wiley & Sons, 2012.

Shweder, Richard A., Manamohan Mahapatra, and Joan G. Miller. "Culture and Moral Development." In *The Emergence of Morality in Young Children,* edited by Jerome Kagan and Sharon Lamb, 1–83. Chicago: University of Chicago Press, 1987.

Shweder, Richard A., Nancy C. Much, Manamohan Mahapatra, and Lawrence Park. "The 'Big Three' of Morality (Autonomy, Community, Divinity) and the 'Big Three' Explanations of Suffering." In *Morality and Health*, edited by Allan M. Brandt and Paul Rozin. New York: Routledge, 1997.

Singer, Peter. *Animal Liberation*. New York: Random House, 1975.

Skenazy, Lenore. "Suburban Mom Handcuffed, Jailed for Making 8-Year-Old Son Walk Half a Mile Home." *Reason*, Nov. 16, 2022. reason.com.

Smith, Gregory A. "Just One-Third of U.S. Catholics Agree with Their Church That Eucharist Is Body, Blood of Christ." Pew Research Center, Aug. 5, 2019. www.pewresearch.org.

Sobieraj, Sarah, and Jeffrey M. Berry. "From Incivility to Outrage: Political Discourse in Blogs, Talk Radio, and Cable News." *Political Communication* 28, no. 1 (2011): 19–41. doi:10.1080/10584609.2010.542360.

Sousa, Cindy, Todd I. Herrenkohl, Carrie A. Moylan, Emiko A. Tajima, J. Bart Klika, Roy C. Herrenkohl, et al. "Longitudinal Study on the Effects of Child Abuse and Children's Exposure to Domestic Violence, Parent–Child Attachments, and Antisocial Behavior in Adolescence." *Journal of Interpersonal Violence* 26, no. 1 (2011): 111–36. doi:10.1177/0886260510362883.

Spence, Gerry. *Win Your Case: How to Present, Persuade, and Prevail — Every Place, Every Time*. New York: St. Martin's Press, 2005.

Stanley, Matthew L., Siyuan Yin, and Walter Sinnott-Armstrong. "A Reason-Based Explanation for Moral Dumbfounding." *Judgment and Decision Making* 14, no. 2 (2019): 120–29. doi:10.1017/s1930297500003351.

Steele, Rachel R. "Moral Typecasting Explains Evaluations of Undocumented Immigrants." *Journal of Social and Political Psychology* 11, no. 1 (2023): 348–61. doi:10.5964/jspp.5617.

Steering Committee of the Physicians' Health Study Research Group. "Final Report on the Aspirin Component of the Ongoing Physicians' Health Study." *New England Journal of Medicine* 321, no. 3 (1989): 129–35. doi:10.1056 /NEJM198907203210301.

Stevens, Martin, W. Tom L. Searle, Jenny E. Seymour, Kate L. A. Marshall, and Graeme D. Ruxton. "Motion Dazzle and Camouflage as Distinct Antipredator Defenses." *BMC Biology* 9 (2011): 81. doi:10.1186/1741-7007-9-81.

Stiner, Mary C., Ran Barkai, and Avi Gopher. "Cooperative Hunting and Meat Sharing 400–200 Kya at Qesem Cave, Israel." *Proceedings of the National Academy of Sciences* 106, no. 32 (2009): 13207–12. doi:10.1073/pnas.0900564106.

Strohminger, Nina, Joshua Knobe, and George Newman. "The True Self: A Psychological Concept Distinct from the Self." *Perspectives on Psychological Science* 12, no. 4 (2017): 551–60. doi:10.1177/1745691616689495.

Suraci, Justin P., Michael Clinchy, Liana Y. Zanette, and Christopher C. Wilmers. "Fear of Humans as Apex Predators Has Landscape-Scale Impacts from Mountain Lions to Mice." *Ecology Letters* 22, no. 10 (2019): 1578–86. doi:10.1111 /ele.13344.

Takamatsu, Reina, May Cho Min, Lina Wang, Wenzhen Xu, Norihito Taniguchi, and Jiro Takai. "Moralization of Japanese Cultural Norms Among Student Sojourners in Japan." *International Journal of Intercultural Relations* 80 (2021): 242–49. doi:10.1016/j.ijintrel.2020.12.001.

Tennyson, Alfred. *In Memoriam* A. H. H. London: E. Moxon, 1850.

Thune, John. "Demonizing and Defunding Police Has Consequences." John Thune U.S. Senator for South Dakota, July 16, 2021. www.thune.senate.gov.

Timmermann, Axel. "Quantifying the Potential Causes of Neanderthal Extinction: Abrupt Climate Change Versus Competition and Interbreeding." *Quaternary Science Reviews* 238 (2020): 106331. doi:10.1016/j.quascirev.2020.106331.

Toward a More Responsible Two-Party System: A Report. American Political Science Association: Committee on Political Parties, 1950. archive.org/details / towardmorerespon0000amer.

Tsukahara, Takahiro. "Lions Eat Chimpanzees: The First Evidence of Predation by Lions on Wild Chimpanzees." *American Journal of Primatology* 29, no. 1 (1993): 1–11. doi:10.1002/ajp.1350290102.

544

Turiel, Elliot. *The Development of Social Knowledge: Morality and Convention*. Cambridge, U.K.: Cambridge University Press, 1983.

Turiel, Elliot, Melanie Killen, and Charles C. Helwig. "Morality: Its Structure, Functions, and Vagaries." In *The Emergence of Morality in Young Children*, edited by Jerome Kagan and Sharon Lamb, 155–243. Chicago: University of Chicago Press, 1987.

Turner, Julia. "The Year of Outrage." *Slate*, Dec. 17, 2014.

Tutin, C., William McGrew, and P. Baldwin. "Social Organization of Savanna-Dwelling Chimpanzees, *Pan troglodytes verus*, at Mt. Assirik, Senegal." Primates 24 (1983): 154–73. doi:10.1007/BF02381079.

Twenge, Jean. *iGen: Why Today's Super-Connected Kids Are Growing Up Less Rebellious, More Tolerant, Less Happy— and Completely Unprepared for Adulthood— and What That Means for the Rest of Us*. New York: Atria Books, 2017.

Uehara, Shigeo, Mariko Hiraiwa-Hasegawa, Kazuhiko Hosaka, and Miya Hamai. "The Fate of Defeated Alpha Male Chimpanzees in Relation to Their Social Networks." *Primates* 35, no. 1 (1994): 49–55. doi:10.1007/BF02381485.

Uhlmann, Eric Luis, and Luke [Lei] Zhu. "Acts, Persons, and Intuitions: Person-Centered Cues and Gut Reactions to Harmless Transgressions." *Social Psychological and Personality Science* 5, no. 3 (2014). doi:10.1177/19485506 13497238.

Uluğ, Özden Melis, Brian Lickel, Bernhard Leidner, and Gilad Hirschberger. "How Do Conflict Narratives Shape Conflict-and Peace-Related Outcomes Among Majority Group Members? The Role of Competitive Victimhood in Intractable Conflicts." *Group Processes and Intergroup Relations* 24, no. 5 (2021): 797–814. doi:10.1177/1368430220915771.

USA Today. "50 of the Most Dangerous Cities in the World." July 24, 2019.

Vallone, Robert P., Lee Ross, and Mark R. Lepper. "The Hostile Media Phenomenon: Biased Perception and Perceptions of Media Bias in Coverage of the Beirut Massacre." *Journal of Personality and Social Psychology* 49, no. 3 (1985): 577–85. doi:10.1037/0022-3514.49.3.577.

van der Bijl, Wouter, and Niclas Kolm. "Why Direct Effects of Predation

Complicate the Social Brain Hypothesis: And How Incorporation of Explicit Proximate Behavioral Mechanisms Might Help." *BioEssays: News and Reviews in Molecular, Cellular, and Developmental Biology* 38 (2016). doi:10.1002/bies.201500166.

Vernon, Jamie. "Science in the Post-truth Era." *American Scientist* (2017). https://www.americanscientist.org/article/science-in-the-post-truth-era.

Vilas, Román, Francisco C. Ceballos, Laila Al-Soufi, Raúl González-García, Carlos Moreno, Manuel Moreno, et al. "Is the 'Habsburg Jaw' Related to Inbreeding?" *Annals of Human Biology* 46, no. 7-8 (2019): 553-61. doi:10.1080/03014460 .2019.1687752.

Vollhardt, Johanna R. "The Role of Victim Beliefs in the Israeli-Palestinian Conflict: Risk or Potential for Peace?" *Peace and Conflict: Journal of Peace Psychology* 15, no. 2 (2009): 135-59. doi:10.1080/10781910802544373.

Vollhardt, Johanna Ray, and Rezarta Bilali. "The Role of Inclusive and Exclusive Victim Consciousness in Predicting Intergroup Attitudes: Findings from Rwanda, Burundi, and DRC." *Political Psychology* 36, no. 5 (2015): 489-506. doi:10.1111/pops.12174.

Wall, Patrick. *Pain: The Science of Suffering.* New York: Columbia University Press, 2002.

Wang, Andy. "At These Hot New York Restaurants, Eating with Your Hands Is the Point." *Forbes*, Jan. 26, 2024.

Waytz, Adam, Liane L. Young, and Jeremy Ginges. "Motive Attribution Asymmetry for Love vs. Hate Drives Intractable Conflict." *Proceedings of the National Academy of Sciences* 111, no. 44 (2014): 15687-92.

Weinandy, Thomas Gerard. *Does God Suffer?* Notre Dame, Ind.: University of Notre Dame Press, 2000.

Weintraub, Stanley. *Silent Night: The Remarkable Christmas Truce of 1914.* London: Simon & Schuster, 2014.

Wellons, Tonia. "Affirmative Action Is Still an Effective and Necessary Tool." *Contexts* 18, no. 1 (2019): 80. doi:10.1177/1536504219830685.

Wessels, Tom. *The Myth of Progress: Toward a Sustainable Future.* Rev. ed. Hanover, N.H.: University Press of New England, 2013.

Whyte, Chelsea. "Chimps Beat Up, Murder, and Then Cannibalise Their Former Tyrant." *NewScientist*, Jan. 30, 2017. www.newscientist.com.

Wilkins, Jayne, Benjamin J. Schoville, Kyle S. Brown, and Michael Chazan. "Evidence for Early Hafted Hunting Technology." *Science* 338, no. 6109 (2012): 942–46. doi:10.1126/science.1227608.

Williamson, Henry. "The Christmas Truce." 1914. Accessed March 9, 2023. www.worldwar1.com.

Winter, Jay, ed. *The Cambridge History of the First World War*. Vol. 1, *Global War*. Cambridge, U.K.: Cambridge University Press, 2014. doi:10.1017 / CHO9780511675669.

Woessner, Matthew, Robert Maranto, and Amanda Thompson. "Is Collegiate Political Correctness Fake News? Relationships Between Grades and Ideology." EDRE Working Paper No. 2019–15, May 6, 2019. doi:10.2139/ ssrn.3383704.

Womick, Jake, Daniela Goya–Tocchetto, Nicolas R. Ochoa, Carlos Rebollar, Kyra Kapsaskis, Samuel Pratt, et al. "Moral Disagreement Across Politics Is Explained by Different Assumptions About Who Is Most Vulnerable to Harm." PsyArXiv, March 26, 2024. doi.org/10.31234/osf.io/qsg7j.

Womick, Jake, and Laura A. King. "Right–Wing Authoritarianism and Anti–Asian Prejudice in Response to the COVID–19 Pandemic in the United States." *Journal of Applied Social Psychology* 53, no. 12 (2023): 1202–13. doi:10.1111 /jasp.13007.

World Health Organization. *Obesity and Overweight*, March 1, 2024. www.who .int.

World Meteorological Organization. "Weather–Related Disasters Increase over Past 50 Years, Causing More Damage but Fewer Deaths." Aug. 31, 2021. wmo.int.

Wrangham, Richard W. *Catching Fire: How Cooking Made Us Human*. New York: Basic Books, 2009.

———. "Two Types of Aggression in Human Evolution." *Proceedings of the National Academy of Sciences* 115, no. 2 (2018): 245–53. doi:10.1073/pnas .1713611115.

Yiend, Jenny, and Andrew Mathews. "Anxiety and Attention to Threatening Pictures." *Quarterly Journal of Experimental Psychology A: Human Experimental Psychology* 54A, no. 3 (2001): 665–81. doi:10.1080/02724980042000462.

YouGov. "Have You Lost Any Friendships Because of Differences in Opinion Related to the COVID-19 Pandemic?" Aug. 5, 2021. today.yougov.com.

Young, Richard W. "Evolution of the Human Hand: The Role of Throwing and Clubbing." *Journal of Anatomy* 202, no. 1 (2003): 165–74. doi:10.1046/j.1469 -7580.2003.00144.x.

Yourish, Karen, Weiyi Cai, Larry Buchanan, Aaron Byrd, Barbara Harvey, Blacki Migliozzi, et al. "Inside the Apocalyptic Worldview of 'Tucker Carlson Tonight.' " *New York Times*, April 30, 2022.

Yuan, Mingliang, Giuliana Spadaro, Shuxian Jin, Junhui Wu, Yu Kou, Paul A. M. Van Lange, et al. "Did Cooperation Among Strangers Decline in the United States? A Cross-Temporal Meta-analysis of Social Dilemmas (1956-2017)." *Psychological Bulletin* 148, no. 3-4 (2022): 129–57. doi:10.1037/bul0000363.

Zenovich, Marina, dir. "Fantastic Lies." 30 for 30, ESPN, March 20, 2016.

Zhai, Yida. "Values of Deference to Authority in Japan and China." *International Journal of Comparative Sociology* 58, no. 2 (2017): 120–39. doi:10.1177/0020715217694078.

Zitek, Emily, Alexander Jordan, Benoît Monin, and Frederick Leach. "Victim Entitlement to Behave Selfishly." *Journal of Personality and Social Psychology* 98 (2010): 245–55. doi:10.1037/a0017168.

그림 출처

그림 1_ Kevin House

그림 2_ From C. Puryear, E. Kubin, C. Schein, Y. Bigman, P. Ekstrom, and K. Gray, "People Believe Political Opponents Approve of Blatant Moral Wrongs, Fueling Partisan Divides," *PNAS Nexus* 3 (2024). Reprinted with permission. (Figure adapted by Kevin House)

그림 3_ From H. Hart and R. W. Sussman, *Man the Hunted: Primates, Predators, and Human Evolution*. Rights obtained from Routledge. (Figure adapted by Kevin House)

그림 4_ Data source: Our World in Data, based on EM-DAT, CRED / UCLouvain, Brussels, Belgium-www.emdat.be (D. Guha-Sapir). (Figure adapted by Kevin House)

그림 5_ Data Source: U.S. Bureau of Labor Statistics, Survey of Occupational Injuries and Illnesses, www.bls.gov. (Figure adapted by Kevin House)

그림 6_ Courtesy of the author

그림 7_ Courtesy of the author

그림 8_ Figure by Kevin House

그림 9_ From F. Cushman, K. Gray, A. Gaffey, and W. B. Mendes, "Simulating Murder: The Aversion to Harmful Action," *Emotion* 12, no. 1 (2012): 2-7. Reprinted with permission.

그림 10_ Original data and figure from K. Gray, C. Schein, and A. F. Ward, "The Myth of Harmless Wrongs in Moral Cognition: Automatic Dyadic Completion From Sin to Suffering," *Journal of Experimental Psychology: General* 143, no. 4 (2014). (Figure adapted by Kevin House)

그림 11_ Rights received from Alamy Images.

그림 12_ From H. M. Gray, K. Gray, and D. M. Wegner, "Dimensions of Mind Perception," *Science* 315, no. 5812 (2007). Reprinted with permission from AAAS.

그림 13_ From J. Womick et al., "Moral Disagreement Across Politics Is Explained by Different Assumptions About Who Is Most Vulnerable to Harm," PsyArXiv, March 26, 2024. Reprinted with permission. (Figure adapted by Kevin House)

그림 14_ Wong-Baker FACES Foundation (2022). Wong-Baker FACES Pain Rating Scale. Retrieved May 18, 2023, with permission from www.WongBaker FACES.org.

그림 15_ Original figure from Joseph Jastrow, "The Mind's Eye," *Popular Science Monthly*, Jan. 1899, 299-312. (Public Domain). (Figure adapted by Kevin House)

그림 16_ From B. Keysar, D. J. Barr, A. Balin, and J. S. Brauner, "Taking Perspective in Conversation: The Role of Mutual Knowledge in Comprehension," *Psychological Science* 11, no. 1 (2000): 32–38. Reprinted with permission. (Figure adapted by Kevin House)

그림 17_ Original data and figure from E. Kubin, C. Puryear, C. Schein, and K. Gray, "Personal Experiences Bridge Moral and Political Divides Better Than Facts," *Proceedings of the National Academy of Sciences* 118, no. 6 (2021). (Figure adapted by Kevin House)

그림 18_ From N. Kteily, E. Bruneau, A. Waytz, and S. Cotterill, "The Ascent of Man: Theoretical and Empirical Evidence for Blatant Dehumanization," *Journal of Personality and Social Psychology* 109, no. 5 (2015): 901–31. Reprinted with permission.

그림 19_ From C. Petsko and N. Kteily, "Political (Meta-)Dehumanization in Mental Representations: Divergent Emphases in the Minds of Liberals Versus Conservatives," *Personality and Social Psychology Bulletin*, July 7, 2023. Reprinted with permission. (Figure adapted by Kevin House)

ㄱ

ㄴ

마음 지각 292~295, 297, 300, 306,
   336, 374, 437
매캔, 콜럼 453
메타 지각 52
모어 인 커먼 48, 462, 499
무신론자 53, 273
무임승차자 122, 125, 141, 143~145
무카카베라, 베르나데트 430
무해한 잘못 25, 197, 201~203, 205,
   206, 208, 209, 216, 237, 247,
   248, 252~254, 256, 258, 260,
   262, 274, 493
미어캣 95, 125
미첼, 테일러 110
민주당 14, 30, 33, 35, 37~39,
   41~47, 52, 53, 55, 56, 64, 305,
   427
민주당원 47
민주주의 지수 428

ㅂ

반려동물 82, 178, 294, 297, 469,
   471
발달장애 335, 336
버빗원숭이 118
번디, 테드 337, 347
범죄율 37, 38, 125, 165
보복 349, 406
보수주의자 18, 22, 27, 35, 37,

174, 202, 227, 230, 231,
260~262, 264, 268, 277, 280,
281, 284~287, 299, 300, 302,
304~312, 314, 315, 317,
319~322, 325, 326, 332, 388,
434, 435, 493
보엠, 크리스토퍼 143
보호 서사 44, 54, 58, 61, 64, 65, 73,
   79, 114, 190, 388, 410, 438, 483
볼셰비키 혁명 131
부시먼족 98
부정적 감정 164, 381, 383, 394
부족사회 124, 139
북아일랜드 407, 429
분노 산업 51
분노의 해 179, 180
불법 이민자 189, 282, 302, 309,
   310, 312, 325, 333
불안 애착 400~402
불평등 20, 149, 317, 321, 322
브라만 26, 214~217, 219, 220, 223,
   231, 232, 236, 237, 241, 267,
   299, 307
비인간화 293, 431~434, 437, 483,
   452, 459

ㅅ

사기꾼 346, 347
사냥감 22, 80, 83, 94, 96, 98, 99,
   101, 104, 117

이슬람교 273, 306, 309~311, 312,
429
이타적인 처벌 142, 143
인간성 28, 340, 363, 417, 435, 436,
493
인식론 419, 420, 422
인종차별 13, 14, 22, 53, 56, 148,
280, 310, 318, 376, 408, 489,
490

ㅈ

자기애성 성격장애 401~403
자기중심성 369, 371~373,
375~380, 382, 383, 389, 391,
394, 395, 402, 404, 410, 411
자연재해 15~153, 192, 271, 279,
352, 400
잠비아 161
제1차 세계대전 32, 396
제2차 세계대전 134, 437
직관적 반응 254
직립보행 77, 78, 92, 93, 95, 434
진보주의자 18, 22, 27, 35, 37, 202,
208, 227, 230, 260, 268, 277,
280, 281, 284~287, 299, 300,
302, 304, 306, 307, 309~312,
314, 315, 317, 319~322, 325,
326, 332, 388, 434, 435, 493
짐 크로 법 317
집단 갈등 404, 406, 407, 411

집단생활 24, 113, 115, 116, 118,
119, 121~123, 125, 126, 129,
133, 145, 146, 150, 224, 416
집단 학살 278, 279, 396, 405

ㅊ

철학적 좀비 291
청나라 73
최상위 포식자 23, 24, 69, 73, 80,
82, 83, 92, 94, 99, 102, 122, 347
추수감사절 426~428, 430
침팬지 91, 99, 102, 103, 104, 143,
294, 295, 434

ㅋ

카메룬 161
캘리포니아 152, 211, 214, 241, 305
코로나19 13, 44, 150, 188, 221,
222, 409
코페르니쿠스 420
콩키스타도르 17
크루키드 미디어 50

ㅌ

타당성 인정하기 469, 480, 484,
485, 494
타웅 아이 77~79, 81, 82, 105~108,
113, 434
타자화 309, 311